李四龙 著

人文宗教引论

ON
HUMANISTIC
RELIGION

中国信仰传统
与日常生活

社会科学文献出版社
SOCIAL SCIENCES ACADEMIC PRESS (CHINA)

李四龙 北京大学人文特聘教授，哲学系、国学研究院博士生导师，《人文宗教研究》主编，出版《天台智者研究》《欧美佛教学术史》《美国佛教》等6部专著，《宗教与人文价值》等12部编著，在海内外刊物发表中英文学术论文百余篇。

序

中国的宗教有别于西方宗教,这已慢慢成为大家的共识。但究竟怎么从理论上概括中国宗教的特点?这还需要学术界深入挖掘、认真研究。四龙教授从"人文宗教"的角度理解中国人传统的宗教生活,并把"人文宗教"解释为世界宗教的一种基本类型,这是我国学者在宗教学理论研究上的一项重要成果。

2010年北京大学宗教文化研究院准备办一份刊物,在考虑刊物名称时,经过反复推敲,我们最终定为《人文宗教研究》,转眼这份刊物已出了10多年。本书的出版,也意味着我们在这个问题上的讨论有了阶段性突破。近年来,我一直强调"人文"是中华文化的特质,主张"人文立本"。四龙教授进一步提出"人文立本,感应为体"是人文宗教的基本特征,认为人文主义是基本的宗教伦理,感应是宗教生活的基本形式。这是从中国文化出发的理论提炼,既概括了中国宗教的整体特点,还展现了一种独特的宗教类型。本书认为,人文宗教是古代中国的宗教观,也很可能是未来社会的宗教观。这种强调自我修身的宗教生活,有可能对治全球化所引发的伦理秩序冲突,使宗教成为一种人文教育,避免因信仰而起争执。

宗教学研究都很重视人神关系,中国人对"神"的理解不同于西方宗教。本书认为,研究中国宗教,"文神关系"比人神关系更加重要。荀子提出"君子以为文,而百姓以为神","其在君子以为人道也,其在百姓以为鬼事也",儒家对待神灵的态度比较灵活,把对鬼神的祭祀看作一种教化百姓的礼教。文与神的关系,即礼教与宗教的并存。在中国人的宗教生活里，礼教的因素高于宗教信仰。所以，西方宗教学家讲"宗教是文化的核心"，这在中国社会并不正确。也就是说，宗教所处的中国和西方的文化土壤完全不同。这个观点是作者长期深入研究中国宗教史的心得，揭示了中国宗教和西方宗教的根本差异，具有重要的学术价值和现实意义。

四龙教授从2006年起在北大主讲"中国宗教史"这门课程，该课当时在北大哲学系历史上尚属首次开设，也是他在博士毕业以后新开辟的研究方向。他依据自己的讲课经验，从四个方面展开分析中国宗教的特点："天道人情——中国宗教的思想基础""感应道交——中国宗教的神秘体验""会通共生——中国宗教的关系格局""混元并用——日常生活的信仰图景"。这四个主题比较系统地说明了中国宗教的主要特点和丰富内容，表现了宗教信仰和中国人日常生活的密切关系。这些方面，也被用来具体展现"人文宗教"的基本特征。

我认为，本书以"人文宗教"概括中国宗教观，这是一种积极的理论探索，能帮助我们更好地认识中国的宗教，客观把握宗教在中国社会的实际作用。

楼宇烈
2021年12月

目 录

绪言　人文教育者的宗教学 …………………………………… 1
　一　人之为人 ……………………………………………………… 4
　二　欲望与仁爱 …………………………………………………… 8

第一章　人文宗教
　　　　——中国宗教史的核心范畴 ……………………………… 13
　一　在中国发现宗教 …………………………………………… 16
　　1. "宗教"作为全新的知识范畴　20
　　2. "宗教界"在近现代中国的整合　28
　　3. 世界文明史与"中国宗教"的特点　35
　　4. 当代中国宗教学者与"人文宗教"　47
　二　中国宗教的三大领域 ……………………………………… 54
　　1. 传统宗教生活　54
　　2. 以佛教为代表的外来宗教　58
　　3. 民间宗教信仰　67
　三　作为关系存在的中国宗教 ………………………………… 70
　　1. 官方宗教与民间宗教信仰的关系：政治认同及其
　　　社会秩序　72
　　2. 本土宗教与外来宗教的关系：文化认同及其
　　　伦理秩序　76
　　3. 其他宗教关系论：待定的第三维　78

4. 深层的自我认同：信仰的哲学基础　83
　四　文神并存的宗教观 …………………………………… 89
　　1. 古代中国的"神"　90
　　2. 神道设教与文神关系　98
　　3. 感应作为宗教生活的基本形式　105
　　4. 人文主义是基本的宗教伦理　108

　小结　中国宗教的人文结构 …………………………………… 115
　　1. 以"人文宗教"概括中国宗教　115
　　2. "人文宗教"作为一种世界宗教的基本类型　116

第二章　天道人情
　　——中国宗教的思想基础 …………………………… 119
　一　巫与上古日常生活 …………………………………… 122
　　1. 巫的职能分化　123
　　2. 礼教与方术的分野　132
　二　阴阳五行与自然主义宇宙论 ……………………………… 138
　　1. 气化的宇宙论　138
　　2. 知识与信仰体系的基础　144
　三　礼乐文明与人文主义人生观 ……………………………… 150
　　1. "人文"观念的形成　151
　　2. 巫史传统与理性化　156
　　3. 礼教的两重性：宗教性与伦理性　157

　小结　封神与成仙 ………………………………………… 163
　　1. 封神阐教　163
　　2. 修炼成仙　165

第三章　感应道交
　　——中国宗教的神秘体验 …………………………… 169
　一　神秘主义的直观思维 …………………………………… 171
　　1. 天人感应与董仲舒　175

        2. 儒教与谶纬　180
        3. 感天而生　186
    二　佛教因果论与感应论的互补 …………………… 191
        1. 业感缘起与新宇宙论　193
        2. 圆机妙应与佛教解脱论　195
        3. 应验记　200
    三　"显灵"的公共效验 …………………………… 204
        1. 仁寿舍利的感应形式　207
        2. 个人体验的社会转化　213
        3. 显灵与宗教研究的史料问题　217
    小结　"感应"的两种基本形式 ………………… 220

第四章　会通共生
        ——中国宗教的关系格局 ………………… 225
    一　儒家主导的三教互动 …………………………… 229
        1. 政主教从　230
        2. 宗教生活的差序格局　233
    二　征服与屈服的佛教史 …………………………… 237
        1. 佛教传播及其与中国社会的冲突整合　237
        2. 佛教对中国文化的主动调适　242
        3. 佛教成为中国文化的新传统　249
    三　佛道互诤与三教讲论 …………………………… 253
        1. "通道"与三教讲论　254
        2. 道教早期对佛教的排斥　259
        3. 佛教对道教的批驳　265
        4. 自然与因缘：佛教与道教的思想会通　268
    四　三教合流的类型分析 …………………………… 270
        1. 儒家的出入佛老与帝王的三教平等　271
        2. 佛教的三教同归　274
        3. 道教的三教同源　278

小结　体用兼顾的共生格局 ………………………………… 282
　　1. 体上会通　282
　　2. 用上合流　285
　　3. 劝善与平等　286

第五章　混元并用
　　　　——日常生活的信仰图景 …………………………… 289
　一　民俗生活里的多层信仰 ………………………………… 293
　　1. 佛道为主的儒家丧祭　293
　　2. 斋僧度鬼与中元祭祖　296
　　3. 庙会与乡土文化　300
　二　基层社会的信仰重组与蜕变 …………………………… 302
　　1. 民间宗教的演变小史　303
　　2. 白莲教的形成与演变　306
　　3. 罗教的创立与分流　309
　三　民间的经典崇拜 ………………………………………… 314
　　1. 宝卷的信仰对象　318
　　2. 救劫的教义思想　320
　　3. 佛道教和民间法术杂糅的修炼法　322
　四　民间信仰的观念史 ……………………………………… 326
　　1. 淫祀、邪教和迷信：谁在给草根社会贴标签？　327
　　2. 神灵、仪式和组织：民间信仰的范围与中国宗教的
　　　　整体性　334
　　3. 民间信仰与基层人文教育　348
　小结　乡愁·历史记忆的纽带 ……………………………… 352

余论　即圣而凡的未来社会 ……………………………… 355

参考文献 …………………………………………………… 360

致敬与鸣谢 ………………………………………………… 385

绪言

人文教育者的宗教学

在读大学本科的时候，卡西尔（Ernst Cassirer，1874－1945）①的《人论》②正风靡校园。当时读《少年维特之烦恼》，并没有什么隔膜或陌生的感觉。然而，像《人论》这样的书，当初真的让我读得很费解：做人哪里还有那么多事！一个大二的学生，居然要问：如何成为"文化的人"？人类的本性，固然难以追问，然而，"自我认识"也那么难吗？该书第一章引用了舍勒（Max Scheler，1874－1928）的一段话：

> 在人类知识的任何其他时代中，人从未像我们现在那样对人自身越来越充满疑问。我们有一个科学的人类学，一个哲学的人类学和一个神学的人类学，它们彼此之间都毫不通气。因此我们不再具有任何清晰而连贯的关于人的观念。从事研究人的各种特殊科学的不断增长的复杂性，与其说是阐明我们关于人的概念，不如说是使这种概念更加混乱不堪。

这段引文出自舍勒的名著《人在宇宙中的地位》，很长一段时间，我又努力想弄明白舍勒这本书为什么重要。1993年我到北京大学哲学系读研究生，去图书馆找到了该书的德文本。时光荏苒，转眼到2018年，北大哲学系承办了"第24届世界哲学大会"，主题是"学以成人"。杜维明先生对此议题的凝练起了关键的作用。儒家语境

---

① 本书所列外国人名，通常加注原文，若已作古，并注生卒年。若在中国已广为人知，则不注。外国地名原则上不注原文，但在中国较生僻的地名例外。
② 〔德〕卡西尔：《人论》，甘阳译，上海译文出版社，1985。

里的"人"含义隽永,内涵丰富。从 2006 年起,我在北大讲授"中国宗教史",虽有"宗教"之名,实则讲述潜藏于中国人日常生活里的精神世界,说是"神学""佛学",实为"人学"——如何成就有精神品味的人生。

精神品味,当然不仅是宗教能够提供,哲学、艺术、文史研究、政治活动等,也都有其精神品味。不过,既然身为宗教学者,我从宗教的视角讲述这种社会现象的人文内涵,而不是简单地强调宗教对现实生活的超越感。回想自己的年轻时代,自我超越的意愿非常强烈,然而年过半百,突然意识到过去的 30 年主要是在重返生活。我从来没有像今天这样强烈意识到,这个世界上有那么多朋友,过着无忧无虑的生活却有严重的心理障碍。我不很清楚其中的道理,却隐约感受到很多人是想实现对自我的超越却又经不起生活的磨砺,又有很多人无奈于生活的平庸却又奢望自我的风华。本书希望能给这个时代的读者一种轻松,一份思考,这个世界从来没有两全其美的事情,有得有失,祸福相倚,但我们还是有足够的思想资源去寻找能让自己安心的东西。

有的人找到了宗教,我想对这些朋友说,在宗教里我们找到的还是人自身的内涵,只是多了一些精神品味,而且,这种品味还须靠人自己的理性或悟性去甄别去成就。

一 人之为人

中国宗教所展现的精神世界,不同于那些伟大人物的哲学观念,更多地与普通中国人的生活连为一体,可以被说成"宗教"或"信仰",也可以用最直白的话说,就是"活法"或"想法",转换成学术语言,即"生活方式"与"价值观"。中国宗教史,既不同于中国哲学史,也不同于诸如中国佛教史、中国道教史等具体的宗教史,而是要在儒家、佛教、道教、民间信仰等具体的生活或行为里,去寻绎中国人一以贯之的基本观念。从学科的角度说,中国宗教史是在建构一个作为整体的"中国宗教"的传统；从自己的兴趣说，中国宗教史是演绎古代中国人的生活方式和价值观。儒家讲出来的道理，落实到民间，往往会有较大的变化，既在规范民间社会的基本观念，又容易被民间社会的开放性改变。民间社会既有不同于儒家的其他本土思想资源，还有各种外来的生活方式和思想资源。民间社会有着惊人的稳定性，同时也能以奇特的方式接受各种异质文化。民间与精英，从古至今，在阶层之间、在社会流动之中，一直有着复杂的"互怼鄙视链"，但都有人之为人的价值观。

在进一步阐释"人文宗教"前，有必要先说明"中国宗教"的范围。当然，确立研究范围的前提，是如何理解"中国宗教"的整体性，第五章将会单独讨论这个更深的问题。

本书所讲的"中国宗教"，主要是指中国人在近现代以前的宗教生活，重点包括"三个领域"：一是传统宗教生活，以"宗法性宗教"为主，但并不完全源于宗法性宗教，譬如方术或法术；二是以佛教为代表的外来宗教，包括祆教、摩尼教、景教、天主教、伊斯兰教、印度教等，它们来自波斯、印度、阿拉伯、古罗马、西欧等地，这部分内容最没有异议，但它们在中国的表现方式，依旧需要我们做出与时俱进的思考与叙述；三是民间宗教信仰，既有内部组织比较严密的民间宗教或教派，也有组织松散、地域特色鲜明的民间信仰，这是最含糊不清的领域，稍有不慎就会被贴上"迷信""邪教"等标签，很多学者从中解剖中国基层社会的结构、社会变迁的精神要素或基层社会的心理传统。这三个领域构成错综复杂的宗教关系，本书先以最直白的方式概括出"两组关系"——官方宗教与民间宗教信仰的关系、本土宗教与外来宗教的关系，重点寻找这两组看似存在张力的关系之间的观念基础，进而构建研究中国宗教的多维动态坐标系。

上述三个领域的划分，着眼于"中国宗教"之体，两组关系或多维动态坐标系则是"中国宗教"之用，涉及各种宗教现象的功能研究，呈现出各宗教内部的自身逻辑，并与其他社会系统发生复杂的互动关系。"中国宗教"有体有用，本书以"人文宗教"总括中国传统社会的宗教观。

本书并不会花太多篇幅去讲述佛教的传入，更不涉及基督教、伊斯兰教、印度哲学、西方哲学等这些外来文化的在华传播，但要在这样的中外文化交流关系里审视古代中国人"人之为人"的内涵。这些年，我陆续以五个概念去概括古代中国人的精神生活：人文宗教、天道人情、感应道交、会通共生、混元并用。

我们已经习惯了说"宗教"这个词，但又不太敢多说。讨论中国古代的事情，有时还不太容易直接对应"宗教"这个概念。我主编了一份刊物《人文宗教研究》，努力讲述中国人自己的宗教观，以"人文"为特点，而不是以神为根本，即使是讲"神"，古代中国人的"神"和西方宗教的"唯一神""至上神"很不一样。"人文宗教"这个概念，描述了中国人对人间现实生活的重视，也表现了中国人对现实生活的超越感。生活，在中国人那里并不沉重也不轻浮。

中国人喜欢称自己的国家是"礼义之邦"，直至今天，生活里还有许多"老礼"。"礼"在日常生活里怎么做是一回事儿，为什么要这么做又是一回事儿。《礼记·礼运》的解释是，礼是"达天道、顺人情之大窦"。礼的背后有人情因素，中国人一般都很懂，但是，礼的背后还有天道，就没多少人在意。诸子百家各有各的"道"，后来传进来的佛教、天主教、伊斯兰教个个讲"道"。宋儒把"天道"慢慢讲成"天理"，情与理的关系如何统一，似乎成了一大难题。人情所代表的感性，甚至是欲望，与天道或天理所代表的内在理性、外在权威，似乎存在某种张力。但在中国人的日常生活里，又有一种灵活的沟通机制，有的称之为"天人合一"，有的称之为"天人感应"，而老百姓最朴素的表述则是"和为贵"。

感应，也叫"感通"或"交感"，同类相感。《周易》咸卦的象辞说，"二气感应以相与"，感应的基础是阴气和阳气的交感。感应的结果，则是"天地感而万物化生，圣人感人心而天下和平"。

万物化生，天下和平，是我们最喜爱的理想盛世，"天地万物之情"由此得以展现。在中国人的观念里，天、地、人莫不是气，凡圣之间亦因心气交感。交感的过程颇为神秘。道家以气化的原理解释其中的发生机制，后来传入的佛教则顺着感应的思路，把信徒引导到大乘佛教的净土世界。不过，佛教一直强调，凡夫祈求佛菩萨的保佑，首先要依靠自己的修行。修行到位了，得到佛菩萨保佑的时机才会成熟，所谓"圆机妙应"。

人之为人，在很大程度上是由他们的理想决定的。目标定位决定我们的人生道路，我们未必能实现自己的目标，但这个过程塑造了我们基本的人格形象，品位、格调、情怀等这些常见的词语都是人格的组成部分。诸子百家备受大家的推崇，给大家提供了很多方术或道术。但在后来的历史上，儒家和道家的作用异常重要，形成"儒道互补"的文化结构，内圣外王、家国情怀、逍遥成仙，都是伟大的理想形象，其根本都原出于"道"。佛教的传入，给中国人增加了一种人生境界，辞亲出家，觉悟成佛，人的自觉得到了空前的重视。人之为人的内涵，在不断地扩增，乃至于南宋孝宗赵昚（1127—1194）说，"以佛修心，以老治身，以儒治世"①。三教合流，遂成中国处理外来文化的基本模式，从不同的角度成就、完善人之为人的内涵，身家性命、道德情操、家国社会，其实是一个整体，都是"人"不断完善自身的必备要素。

三教合流是从社会整体的视角来看的，若从儒释道三家各自的角度来看，彼此各行其道，相互的差异明显多于彼此的共性。但是，经过统治者的倡导，三教合流成了明清社会的主流意识形态，很自然地也成了民间信仰的基调和底色。更重要的是，"合流"成了民间的一种思维方式。只要能够起到"劝善"的作用，民间莫不认同，到了近代甚至还有"五教同源"（儒教、佛教、道教、耶稣

---

① 语出南宋孝宗《原道论》，参见（元）念常《佛祖历代通载》卷二十，《大正藏》第49册，第692页下。(宋) 志磐《佛祖统纪》卷四十七作"以佛修心，以道养生，以儒治世"。

教、回教)、"一贯道"等说法。在精英阶层,经常会说"求同存异",对彼此的差异心知肚明。但到民间,这种差异是模糊的,大而化之。不过,这种模糊隐含着民间社会自己的用意,他们在三教的基础上增设自己的神灵,用三教的思想诠释他们自己的神灵,给那些富有地方色彩的神灵赋予一些普世性,给那些神灵增加一些法力。这是民间社会的"实用理性",我把这种现象概括为"混元并用"。

上述五个概念,是我这些年讲授"中国宗教史"的主要心得。我从一开始就不愿意把这门课讲成各个宗教在中国发展或传播的历史,而是想通过"宗教史"去深入理解中国社会的历史空间、中国人内心的精神原则。这五个概念涉及古代中国人的一些重要维度,比如,天人之际、夷夏之防、雅俗之间、官民关系。这些关系维度放在今天,已经有了很大的变化,并不仅仅是人文学科的事情,还涉及自然科学和社会科学。即使局限在人文学科内部,宗教史也有别于那些主流学科。比如,哲学史过于关注天才或圣贤的思想,此前的中国史过于关注帝王将相和政治事件,现在的中国史又过于关注具体的史料和文物。宗教史,好似一个万花筒,从圣贤到凡夫,从帝王到草民,从七情六欲到修身养性,这门学科听上去都要面对,应有尽有。当然,本书涵盖不了那么多。

二 欲望与仁爱

每个宗教都有自己的宇宙论或世界观,与现代自然科学的解释并不相同,但也未必就直接冲突,而是有其基于人心的、关注生命价值的诉求。宗教还代表一种思维方式,这种不同于科学的思维并没有把人生的全部内容限定在理性的框架内。现实生活的混沌状态,经常会给这个社会打开宗教之门,因为人心在很多时候都很脆弱,即使受过高等教育,即使有富裕的物质生活。仅此一点,宗教学作为一种通识教育,有它在大学教育体系里的位置。此外,宗教学是了解日常生活、社会结构和文明史(特别是异域文明史)的重要途径。

我现在要讲一个最不起眼的理由，为什么在充满理性的现代大学教育体系里安排宗教学？基于人性最脆弱的部分，欲望或情绪。很多人不愿意承认自己有欲望，总把欲望理解成"恶"，我因此把欲望改说成"情绪"。事实上，欲望的冲动，直接表现为情绪的变化。有很多人能掩饰自己的情绪，但这并不表明他们内心没有情绪的波动。这种波动，是欲望的真实表现。年轻人并不见得就比中老年人欲望更强，但一定更善于表现自己的情绪。大学是年轻人的世界，除了要给他们知识和能力，还要帮助他们化解自己的情绪。这是我们的人文教育的组成部分。

讨论"生命"的时候，通常会列举两个要素：身体和心灵。然而，身心的根本是什么？彼此的关系是什么？哲学家们议论纷纷，免不了厚此薄彼。佛教并不代表所有人的想法，但它对"苦"的理解反映了生命的基本处境。"苦"是身心受逼迫的状态，身不由己，懊恼不已。论其由来，欲望是所有苦恼的根源。"欲为苦本"，是佛教伦理学的重要论断。在这个意义上说，构成我们生命最本质特征的，是欲望。人生的苦与乐，都在于这个"欲望"。有时候，我们对这个"欲望"羞于启齿，就改称"愿望"或"愿景"、"梦想"、"期待"或"需要"，等等。其实，欲望是生命的基调，没了欲望也就没了生命，欲望本身无所谓好坏，落到现实生活里，有的被认为是好的，更多的被认为是不好的。

满足欲望，从纯粹个人的角度来说，无可厚非，但从社会的角度就不能提倡。为什么？欲壑难填。不好的欲望，沉湎于感官的享受，往往难以自拔；好的欲望，譬如"求知欲"，同样也是难以自拔。在北大，"未名湖是个海洋"[①]，要想把北大图书馆的藏书全都读通想透，比登天还难。因此，即使是美好的如"求知欲"，我们

---

① 《未名湖是个海洋》是北大经典校园歌谣，由北京大学社会学系 1991 级许秋汉作词、作曲并演唱。歌中唱道："未名湖是个海洋，诗人都藏在水底，灵魂们都是一条鱼，也会从水面跃起。"

也主张节欲。但要像朱熹（1130—1200）所讲的那样，"明天理，灭人欲"，在我看来，也是不可能的事情。我们普通人能做的，只是学会如何节制自己的欲望，或者说，如何转化自己的欲望。佛教最高的境界，是看透欲望的本性是空。但这不是初学者能够达到的境界，我们由此关心普通人的欲望及其表现出来的情绪。

欲望如果只为自己，这是"私欲"。凡是我们自己无法控制的情绪，往往就是"私欲"。与此相对的，便是"公心"——为大家服务的欲望。公心固然很好，但真的要为大家服务，这就进入了超出个体范围的社会关系领域。一旦涉及公共事务，美好的愿望是否属于"公心"，也不能是一厢情愿，而要取决于公共的决定。社会上经常有人抱怨，"我有心做件好事，怎么就这么难？""公心"可能比私欲受到更多因素的制衡，这个结论或许超出了很多人最初的想象。如何协调公心和私欲的关系，一靠社会的制度环境，二靠个人的修养境界。

儒家在这个问题上给出了绵密的思考，以"仁"字同时要求社会制度和个人修养。在中国的思想传统里，人文的问题，是放在人和天的关系中思考。人是什么？人一定是相对于天。"天"可以被理解成"自然"，包括通俗意义上的天和地，人要处在某种自然环境中才有可能被理解。老子说："人法地，地法天，天法道，道法自然。"在这种思路中，人是否孤独并不重要，关键是能与天地精神相往来，在一种自然的状态中确立自身的价值，达到生命的逍遥。中国人的文化基因里都有一种"穷则独善其身"的想法，这是道家自然精神的流露。但这只是在他们"穷"（不达）的时候，他们更愿意追求"达"的境界——兼济天下，听上去非常接近佛教所说的"普度众生"。不管我们能不能做到兼济天下，这种想法已经把人与人的关系放到了首位。在人伦关系之中确立自己的价值，这即是"仁"。

"克己复礼为仁"，人的价值体现在人与人的交往中。我们现在讲儒学，更多是讲儒家的礼学，强调它的规范性。然而，孔子之所以是圣人，而不同于博闻强记的编校者，不同于富于文采的学问家，即在于孔子之"仁"。仁者爱人，这与"智者知人"不同。从知识的理解与把握，到具体的实践，并不能相提并论。仁爱之心，是儒家整个实践体系的枢纽，贯穿于五伦关系的建构，同时也是儒家培养君子"六艺"（礼、乐、射、御、书、数）的道德操守。

为人处事积极主动，即是仁爱的表现，"我欲仁，斯仁至矣"。博施济众，更是仁爱的表现，甚至可以与圣人比肩，这是把个人的主观境界外推到社会交往的具体实践。大乘佛教同样也把社会实践放在了比个人解脱更高的位置，通过对空性的领悟获得般若智慧，最终则要落实到慈悲的境界。慈是给众生快乐，悲是拔众生痛苦。恒顺众生，普皆回向，在佛教里是最高的境界。

仁爱或慈悲，是化解情绪波动的有效手段。那些导致极端行为的心理障碍者，通常是活在自己的情感天地里，并不顾及他人包括父母的感受，这在哲学上是一种"唯我论"。如果没有足够的哲学天赋去"与天地精神相往来"，唯我论者无法排遣自己的苦难。普通人的化解方法，是让自己回到社会交往，以仁爱心或慈悲心破解对自己的执念，承担最必要的社会责任，回归平常的自我。

很多人特别喜欢讲"舍我其谁"，但事实上，芸芸众生只是活在"没你也行"的状态里。凡夫俗子苦于维持生计，很多情绪易受波动的人，又给自己太高太多的人生目标，苦难源自在自卑和好强之间的摇摆。我们要做的，是让他们重返正常的生活。所有的人，都会遇到此类如何超越日常生活的机械和琐碎的问题。

或许，我在讨论"欲望伦理学"，但我更愿意尝试以古老的传统智慧去平复苦恼的内心。"观乎人文，以化成天下"，"人文"不仅是一套礼乐制度，也泛指人之为人的道理和行为方式。我们综合古今中外的人文思想，包括源自宗教的人文精神，去教育天下英才。

在这个意义上，我要强调宗教学的人文学科立场。宗教学是一门横跨人文学科与社会科学的交叉学科。我们可以借鉴社会科学的各种方法，不断开拓宗教学的各个分支领域，诸如伦理学、人类学、社会学、政治学等，方法的变化会带来领域的改变，领域的变化也能激发新的方法。但在所有这些变化面前，宗教学作为人文学科的一个分支，依旧是最重要的，所谓"神学"其实还是"人学"。

作为人文学者，我的宗教学是人文教育的组成部分，希望宗教成为社会教育的一部分，淡化其信仰背后的世界观。

第一章

人文宗教

——中国宗教史的核心范畴

"宗教"这个外来词,如何对应中国传统的知识体系?
人文立本,感应为体,是中国人宗教生活的基本特点。

"宗教"在近现代中国,在其作为一个外来语出现之初,就引发了一系列争议。中国有没有宗教?中国要不要宗教?从晚清到民国时期,被贴上"宗教"标签的佛教、道教,动辄就被要求拿出"庙产"兴办新式学校。在20世纪上半叶,直到80年代改革开放,"宗教"被视为中国现代化的阻力,有时甚至被等同于天主教和基督教(特指"新教"),常被看作帝国主义侵略殖民的工具。经历了改革开放四十多年,中国宗教学取得长足的发展,各项宗教政策得到了落实,构建有中国特色的宗教学理论,有了水到渠成之势。

　　在过去的一百多年里,尤其是民国时期的学者经常议论中国有没有宗教。梁启超(1873—1929)常被当作"中国无宗教论"的代表,① 胡适(1891—1962)有时也被误当作这种论调的代表,认为他说从整体上看中国是没有宗教的国家。② 从明末来华的利玛窦(Matteo Ric-

---

① 王治心《中国宗教思想史大纲》(1931年初版)、杨庆堃《中国社会中的宗教》(1961年英文初版)、张志刚《"中国无宗教论"反思》(《北京大学学报(哲学社会科学版)》2013年第3期)全都以梁启超为例。梁启超认为:"中国是否为有宗教的国家,大可研究。"在他看来,中国原有的宗教只有道教,但做中国宗教史要把道教写进去,"可以说是大羞耻,他们所做的事,对于民族毫无利益,而且以左道惑众,扰乱治安"。在外来的宗教里,只有佛教的禅宗,在他看来,勉强算是中国自创的一派,但这算是教派还是学派,又成问题。"中国土产里既没有宗教,那么,著中国宗教史,主要的部分,只是外来的宗教了。"也就是说,梁启超并不完全认为中国本土没有宗教,但他们那一代学人对道教有比较多的偏见。他本人高度认同佛教,肯定宗教对社会的积极作用。参见梁启超《中国历史研究法补编》,载《中国历史研究法》,上海古籍出版社,1998,第282-284页。
② 杨庆堃《中国社会中的宗教》在导论里以胡适为例。参见该书中译本(四川人民出版社,2016),第5页。胡适的观点,散见于他的《四十自述》《胡适口述自传》等。说胡适认为中国历史上没有宗教,并不准确。他在《名教》一文里说:"中国是个没有宗教的国家,中国人是个不迷信宗教的民族。——这是近年来几个学者的结论。有些人听了很洋洋得意,因为他们觉得不迷信(转下页注)

ci，1552－1610）开始，传教士普遍认为中国无宗教而有迷信。① 时至今日，这些问题虽然不再被热议，五大宗教（佛教、道教、伊斯兰教、天主教、基督教）已在政府层面确立了存在的合法性，民间宗教信仰也有适度的活动空间。但这并不意味着其中的深层问题得到了解决：宗教，这个在20世纪初才被广泛引入中国语境的西方观念，在中国人的社会生活与文化体系里，究竟哪些内容可以和所谓的"宗教"相对应？原本习以为常的"宗教"活动，究竟是什么原因在中国社会变得有些"敏感"？为什么目睹中国社会众多的宗教现象，知识分子说中国无宗教，或直接把"宗教"和"迷信"混为一谈？

一 在中国发现宗教

"宗教"两字虽在中国古代典籍里也有连用的现象，但其意义主要是跟佛教有关，与现代汉语所讲的"宗教"一词并不相同。中

（接上页注②）宗教是一件光荣的事。有些人听了要做愁眉苦脸，因为他们觉得一个民族没有宗教是要堕落的。于今好了，得意的也不可太得意了，懊恼的也不必懊恼了。因为我们新发现中国不是没有宗教的：我们中国有一个很伟大的宗教。"他把这个"宗教"称为"名教"。（载《胡适文存三集》卷一，黄山书社，1996，第46页）在他的学术研究里，胡适认为中国是有宗教的，但对宗教的意义持明显的贬义，就好像他在《名教》的结尾，高喊口号："打倒名教！名教扫地，中国有望！"他在《中国中古思想小史》里说，"讲思想史必不可离开宗教史……我们要时刻留心中古宗教"（《中国中古思想史长编》，上海古籍出版社，2014，第222页），专门讨论秦始皇统一中国后的宗教，研究汉武帝时期的宗教。但他认为这是"清一色的黑暗时代。古代遗留下的一点点自由思想，批评精神，怀疑态度，都抵不住这伟大而威风的帝国宗教。故这个时代和秦以前的时代确有根本不同的特点，而自成一个'中古时代'"（第171页）。显然，"帝国宗教"在胡适眼里是导致时代黑暗的重要原因，似乎是在西方中世纪意义上使用"中古时代"一词。又如，胡适的禅宗史研究有很高的学术价值，但他对佛教特别是禅宗持激烈的批判立场。张志刚在他的论文里还讨论了钱穆有关"中国无宗教"的论述，参见张志刚《"中国无宗教论"反思：兼论"中国宗教无关重要论"》，《"宗教中国化"义理研究》，宗教文化出版社，2017，第141－159页。

① 参见张志刚《"外来宗教概念"反思》《"中国民间信仰研究"反思》，《"宗教中国化"义理研究》，第128－140、222－259页；李天纲《金泽：江南民间祭祀探源》"绪论"之"民间宗教：渊源与反省"，三联书店，2017，第1－14页。

国从南北朝开始兴起"判教",对释迦牟尼一生所说的经典进行判释,其重点是"明宗",即对佛经的核心思想做出概括和诠释,揭示佛在讲述某部特定佛经时的真实意义。可以说,佛教里两字连用的"宗教",是一个解释学概念,宗是宗旨,教是教相,当然是专指佛的说教与宗旨。譬如天台宗创始人智𫖮(538—598)《法华玄义》、华严宗集大成者法藏(643—712)《华严经探玄记》,经常出现"立四宗教""立五宗教"等说法。汉语佛典里的这些提法与我们现在所讲的"宗教"并不相同。

现代汉语里的"宗教"是对译英文 religion,确切地说,是一个源自日语的外来语,借用中国古代典籍对"宗"与"教"的解释,将两字合为一体,表示对神的信仰,① 这种译法大约始见于日本明治初年。渡边浩对日本社会遭遇 religion 并最终将之定译为"宗教"的过程做出了梳理,认为明治时期的日本人有着中国人的思维模式,将 religion 理解成某种能维系国民道德的"国教",即在儒家"教育"或"教化"的意义上理解、翻译 religion,即《中庸》开篇所言,"天命之谓性,率性之谓道,修道之谓教"。他特别提到了印地语是以 dharma(法)翻译 religion,这与儒家语境下的翻译很不相同。② 根据他的研究,1862 年出版的《英和对译袖珍辞书》(堀达之助编)把 religion 译为"宗旨""神教",而到明治(1868—1912)初年,该词还有"法教"、"教法"、"教门"、"神道"、"教道"、"神教"和"宗教"等译法。在日本德川时代,"宗旨""宗门"的

---

① 参见刘正埮、高名凯等编《汉语外来词词典》,上海辞书出版社,1984,第410页。
② 参见〔日〕渡边浩《从"Religion"到"宗教"——明治前期日本人的一些思考和理解》,《复旦学报》(社会科学版)2017 年第 3 期,第 2-8 页。该文是他在自己的著作《东亚的王权与思想》(区建英译,上海古籍出版社,2016)中译本首发式上的讲演。在他看来,日本社会对"宗教"一词的接受,在一定程度上导致了明治天皇制国家的成立。西村茂树《日本道德论》(1886)提出要以"世教"维系日本国民的道德,论述"尊戴皇室"的重要性。此外,铃木范久、岛园进等多位学者研究了日本社会翻译和接受 religion 概念的历史。如:铃木範久『明治宗教思潮の研究——宗教学事始』(東京大学出版会、1979)、島薗進「近代日本における「宗教」概念の受容」(島薗進ほか編『「宗教」再考』ぺりかん社、2004)等。

意思相近，是指佛教各宗和所谓的"吉利支丹"（基督教，此处特指当时在日本传教的天主教）。吉利支丹，16世纪中叶开始在日本传播，但后来遭到德川幕府的镇压。明治时期的翻译者意识到religion有日本社会所谓"宗门"的色彩，即有一定的组织性，但若将religion界定为"宗旨"，类似被德川幕府视为治安管理对象的佛教宗派，似又不妥。以"教"对译religion，即是强调其对国民的教养功能。

当时也有日本人以"法"或"道"对译religion，这与印度人的理解相似，与中国民间把自己的教派称为"道"亦很相似，最著名的莫过于"太平道""五斗米道""一贯道"等说法。① 在中国或日本的文化里，"法""道"具有真理的意义，有本体论的色彩。同样是在《中庸》开篇，就有"道也者，不可须臾离也"的说法。"教"则是诠释或实践这些"法"或"道"的方法、言说，具有方法论的意义。《说文解字》"教部"把"教"解释为"上所施，下所效"，"教"的核心内容是"修道"，也就是修身实践，《周易》观卦象辞说"圣人以神道设教"②。修道的具体表现，在儒家的语境里，是学习《诗》《书》《礼》《乐》《易》《春秋》等儒家经典，实践仁义礼智信等道德伦理规范，这些教育的目的，则是"长善而救其失"③。西方有基督教④，东亚社会有儒教、道教和佛教，将religion译为"宗教"，即有诸教各有宗旨之意，各宗教都不是真理的唯一代表。这种多元的理解，符合当时刚在英国兴起的比较宗教学的旨趣。而从汉译的角度说，"宗教"之译名，突出了religion的教

---

① 中国的民间宗教，既爱用"教"自称，如"白莲教""罗教""弘阳教"等，也爱用"道"自称，如"先天道""一贯道"等，甚至《水浒传》的梁山好汉也喜欢标榜"替天行道"。
② （魏）王弼注，（唐）孔颖达疏《周易正义》卷三《观》，北京大学出版社，1999，第97页。
③ （汉）郑玄注，（唐）孔颖达疏《礼记正义》卷三十六《学记》，北京大学出版社，1999，第1064页。
④ 本书所讲的"基督教"，泛指包括各教派的广义基督教，包括天主教、东正教和基督新教。当代中国提出"五大宗教"，并以"基督教"特指基督新教，这是狭义的基督教。本书若在讲"五大宗教"时提到基督教，则指狭义的基督教，不再注明；其他出现狭义基督教的情况则以"基督新教"表达或单独注明。

育功能，淡化了该词所隐含的"道"的意义。

从现有的材料看，中国首次使用源自日语的借词"宗教"，是在黄遵宪1887年写就、1895年出版的《日本国志》（羊城富文斋初刻本）①里。该书多次引用或使用"宗教"一词，出版以后在国内影响较大。康有为（1858—1927）、梁启超、章太炎（1869—1936）等陆续使用新名词"宗教"，但他们对这个译名的态度并不相同。1879年在上海出版的《萨摩辞书》，以"宗旨""神教"解释religion。② 直到1919年，在《北京大学月刊》上还有人在呼应这样的解释，不主张译为"宗教"，而应译为"神教"。③ 康有为称得上抵制这个译名的代表人物，他说："'宗教'二字不典不妥，在日人已属不可，况吾国人？故必不可引之于笔端。"④ 这段引文约写于1904年，当时，"宗教"的译名已在中国流传。

缘于1894年甲午战争的失败，日本图书备受中国知识界的重视，"宗教"一词可能直接从日本书名进入中国人的视野。1895年2月，清末维新派思想家宋恕（1862—1910）客居上海，在其编写的《六字课斋津谈》里，已将"宗教"作为一个单独的知识门类。⑤ 康有为在1896—1897年编《日本书目志》，其第三类图书是"宗教门"，第二类"理学门"下收有《宗教哲学》等书。1899年，梁启超因变法失败避难日本，在日本哲学会发表讲演《论支那宗教改革》，他在1902年发表的名篇《新史学》里还提到"宗教学"。以此而言，在1898年戊戌变法前后几年内，"宗教"一词开始在汉语世界里普

---

① 黄遵宪完稿以后，邀请薛福成作序，该序撰于光绪二十年（1894）春，因此该书约在光绪二十一年（1895）印行。但该书牌记署"光绪十六年羊城富文斋刊版"，卷首除收薛序，还有李鸿章《禀批》和张之洞《咨文》。参见《日本国志》，天津人民出版社，2005，前言第7页。依据这些信息，该书1890年已完成印前准备。
② 参见韩云《关于religion几个中文译名的解析》，《世界宗教文化》2020年第1期。
③ 参见朱希祖《论Religion之译名》，《北京大学月刊》第1卷第2号，1919年2月。
④ 参见康有为《英国游记》，岳麓书社，2016，第94页。
⑤ 参见曾传辉《宗教概念之迻译与格义》，《世界宗教研究》2015年第5期；陈熙远《"宗教"——一个中国近代文化史上的关键词》，《新史学》第十三卷第四期，2002。

及。严复在1901年初版的《原富》里撰有《斯密亚当传》，已经准确地使用了"宗教"一词；1901年，蔡元培撰《学堂教科论》，在中国首次列出"宗教学"这个学科门类。翌年，陈黻宸创办《新世界学报》，开设"宗教学"栏目①。章太炎在其1904年《訄书》重订本里收录《原教》一文，大谈他自己的"宗教"观。到民国初年，"宗教"和"哲学""科学"等外来词一起成为文化界的流行语。

然而，"宗教"作为一个全新的知识范畴，在中国遭受的争议远较日本复杂，不仅有在中国有没有宗教的问题，而且还有中国要不要宗教的争论。

有没有宗教、要不要宗教，这些都是立场问题，各种解答针锋相对，而在相对冷静的学术讨论中，"宗教"如何对应中国传统的知识体系？这与宗教的定义和诠释有关，似乎不是争论的焦点，却是解决上述立场问题绕不过去的基础和关键。

1. "宗教"作为全新的知识范畴

Religion 源于拉丁文 *religio*，表示人对神灵或神圣物的敬畏，并在仪式中保持审慎和敬仰的态度，尝试实现神灵与人的结合或重归于好。② 如此丰富的内涵，源于 *religio* 的多种相关用法。卢克莱修（Titus Lucretius Carus, c. BC99 – c. BC55）的《物性论》（*De Rerum Natura*）将之理解成"注视人类的天上存在物"，他笔下的 *religio* 成了一种外在的"大有"（Great Something），是他这位古罗马唯物主义哲学家所要谴责的对象。③ 西塞罗（Marcus Tullius Cicero, BC106 – BC43）的《论神性》（*De Natura Deorum*）写于公元前45年至前44

---

① 参见曾传辉《宗教概念之迻译与格义》，《世界宗教研究》2015年第5期。
② 参见卓新平编著《西方宗教学研究导引》第十二章"宗教哲学"一节及附录"略论西方思想界对宗教的理解"，中国社会科学出版社，1990，第163、218页。
③ Wilfred Cantwell Smith, *The Meaning and End of Religion*. New York: Macmillan Company, 1963, p. 25. 该书现有中译本，〔美〕史密斯：《宗教的意义与终结》，董江阳译，中国人民大学出版社，2005。卢克莱修说："当人类在大地上到处悲惨地呻吟，人所共见地在宗教的重压底下""由于这样，宗教现在就被打倒"。参见《物性论》第一卷"序诗"，方书春译，商务印书馆，1981，第4、5页。

年，即在他生命的最后时间，这位古罗马的演说家所表现的并不是"宗教"本身，而是指人对神灵崇拜的庄严肃穆的敬畏之情，他笔下的"宗教"（religio）成了一种内在于人类生活的态度或情感。作者并将这种隐含了理性色彩的态度与迷信划清界限。① 他说："我们应当以什么样的虔诚而又公正的态度对待诸神？如果诸神与人类之间毫无共同之处，那么有什么律法能对双方进行约束呢？宗教是一门关于崇拜神的科学；但是，如果没有任何善可以归功于诸神，永远没有，那么我们为什么还要崇拜诸神呢？我不知道。"② 当代宗教学者史密斯（Wilfred Cantwell Smith，1916－2000）在评述西塞罗的"宗教"思想时说，这种态度是指对宗教仪式（religious observances）或仪式表演（performance of the ritual）的关注。③ 诸神该不该被崇拜？这需要讨论，否则就是迷信。事实上，西塞罗在西方世界首次提出"迷信"（superstitio）一词。④ 他所说的宗教，是指摆脱了迷信的状态，不再受制于禁忌或恐惧而是发自内心的尊敬与虔诚，并在仪式中协调人与神的关系。

西塞罗的"宗教"思想影响了后来特别是奥古斯丁（Saint Augustine，354－430）的基督教神学，被用来批判基督教前的罗马传统宗教。⑤ 从思想的源头上说，宗教（religion）的本质特征，是对神的信仰或敬畏，且有特殊的仪式表现。因此，有神论、人神关系是理解宗教的第一关注点，研究者进而关注宗教观念、宗教经验、宗教活动、宗教组织、宗教制度等领域。到了欧洲中世纪，religion

---

① Wilfred Cantwell Smith, *The Meaning and End of Religion*, pp. 24－26.
② 〔古罗马〕西塞罗：《论神性》第一卷第61节，石敏敏译，商务印书馆，2012。
③ 参见 Wilfred Cantwell Smith, *The Meaning and End of Religion*, pp. 25, 186。西塞罗《论神性》第一卷第6节说："我们应该怎样谈论宗教、虔诚、神圣、祭仪、信仰和誓言，怎样谈论我们的神庙、神龛、庄严的祭祀，甚至谈论我自己主持过的占卜。"（〔古罗马〕西塞罗：《论神性》，石敏敏译，第7－8页）这段文字似乎涉及仪式与宗教之间的关系。
④ 参见 Wilfred Cantwell Smith, *The Meaning and End of Religion*, pp. 186－187。
⑤ 参见王晓朝《中译本导言》，载〔古罗马〕西塞罗《论神性》，石敏敏译，导言第36－37页。

一词，还有基督教教团（order）或教会（church）的涵义，"宗教"（religion）成为把所有世人联系起来的纽带，成为与造物主的盟约，逐渐成为基督教的专用称呼。① 而在此后，经历了文艺复兴和启蒙运动，religion 似乎代表了一种源自上帝的人性，随之而来的问题是：在各种不同的信仰之间有没有一种普遍的"宗教性"（religiousness）？

进入 19 世纪，航海时代积累起来的地理知识、跨文明交流经验变得异常丰富，促成了西方的传教士和学者突破对宗教的单一理解，东方的佛教、印度教、儒教、道教、神道教，乃至世界各地的民间信仰，陆续呈现给西方社会。Religion 一词逐渐也被用来称呼这些"异教"。德国学者科本（Karl Friedrich Köppen，1808－1863）在 19 世纪 50 年代末撰写两卷本《佛教及其发展》②，他把"佛教"译为 religion of Buddha。作者是马克思的老友，马克思在 1861 年 5 月 10 日给恩格斯的书信里提到了这位作者给他送书，该书被马克思称为"一部很重要的著作"，是他平生很少提到的有关佛教的著作。③ 欧洲人把以前被他们看作"偶像崇拜"的佛教称为 religion，这是欧洲思想史上的重要事件。1870 年 2 月，缪勒（Max Müller，1823－1900）在英国皇家学会发表的四场讲座，综合当时的神话学、语言学研究经验，表示要把宗教研究变成一门"科学"，即"宗教学"（science of religion）④。这是当时欧洲社会知识精英的世界眼光。缪勒现在被尊为现代宗教学之父，其本人是著名的印度学家，长期研究印度宗教，当然也包括佛教。在他一生的事业中，有一件重要的工作是编纂了著名的《东方圣书》（Sacred Books of the East），系统展现了 19 世纪末

---

① Wilfred Cantwell Smith, *The Meaning and End of Religion*, pp. 26–32.
② Karl Friedrich Köppen, *Die Religion des Buddha und ihre Entstehung*. Berlin: F. Schneider, 1857, 1859.
③ 参见《马克思致恩格斯》（1861 年 5 月 10 日），载《马克思恩格斯全集》第 30 卷，人民出版社，2016，第 167 页。
④ science of religion 这个名称，早在 1867 年缪勒已在他的《德国作坊札记》（*Chips from a German Workshop*, London, 1867）里使用过。参见〔罗马尼亚〕伊利亚德《作为一门学科的"宗教史"》，《神圣与世俗》，王建光译，华夏出版社，2002，第 126 页。

西方人对东方宗教、东方社会的理解，把作为单数的 religion 变成了作为复数的 religions，主张要以"比较"的方式研究宗教。

如何才是一种科学的宗教研究？最简单的概括是注重实证，强调逻辑论证。以西方早期的佛教研究为例，从收集东方第一手的佛教文献开始，研究、识读佛教经典语言，进而整理、翻译这些佛教经典，解释、比较其中的教义思想。这种研究方法通常被称为"佛教文献学"（Buddhist Philology），至于东方佛教徒的禅修经验、念佛体验，乃至佛教的教义体系、哲学基础，在19世纪末20世纪初还得不到西方人的重视。其实，这些研究离缪勒所讲的"科学"还有距离，但我们从中可以有两点强烈的感受：西方的佛教研究与我们对佛教传统的理解方式大相径庭，宗教已被纳入"科学"的视野。"科学"只是把宗教从神圣王国拉向世俗社会的重要诱因，到19世纪末20世纪初，也就是在日本和中国开始认真思考"宗教"之为何物的时候，宗教在西方社会已经步入"世俗化"的进程，有关宗教的客观知识正在取代对宗教的信仰或体验，对宗教本质的理解、对宗教的定义方式正呈现出多元化的趋势。其中对宗教的质疑、批判，甚至关于宗教终将消亡的预言，并不鲜见。

急于脱亚入欧的日本，对宗教基本采取了全盘吸收的姿态，但采取了信教自由的立场，并成功地改造了天皇制。[①] 而在晚清民国初年，中国人对"宗教"普遍缺乏理解，康有为却想仿照基督教把儒家改造成宗教而建立"孔教会"，遭遇失败；[②] 知识分子拿出了多种替代宗教的方案，如梁漱溟以道德代宗教、蔡元培以美育代宗教、陈独秀以科学代宗教；[③] 在社会大众的眼里，宗教似乎是西方

---

① 参见〔日〕渡边浩《从"Religion"到"宗教"——明治前期日本人的一些思考和理解》，《复旦学报》（社会科学版）2017年第3期。
② 参见唐文明《敷教在宽：康有为孔教思想申论》，中国人民大学出版社，2012，第160–188页；韩华《民初孔教会与国教运动研究》，北京图书馆出版社，2007，第39–54页。
③ 参见张志刚《"四种取代宗教说"反思》，《"宗教中国化"义理研究》，第161–182页。

基督教的代名词，各地发生针对传教士的"教案"，乃至20世纪20年代发生"非基"运动。宗教在现代社会的张力，在近现代中国表现得淋漓尽致。一方面，伴随殖民势力进入中国的教会学校、教会医院，对中国社会的现代转型做出了重要贡献，佛教等传统宗教仿效基督教，积极投身现实社会的改良实践；另一方面，在儒家思想占传统文化主导地位的中国，历史上对"鬼神"不置可否的模糊立场，导致了对宗教持批判的态度成为近现代中国理解"宗教"的主流方式，以民间宗教信仰为主的宗教现象经常处在挨批受整的风口浪尖。

在民国初年，理解"宗教"确有其特别的难处。当时，除"宗教"一词，哲学、科学，这两个概念亦是源于日语的外来词。近现代中国理解"宗教"之难处，并不仅在精神上能否信仰宗教，更多的是要如何重建中国人的知识体系，商略旧学，融会新知，新旧之间的关系并不好处理。更大的难处还在于，这些知识体系，必须经受救亡图存、民族复兴的社会实践的检验。宗教、哲学、科学等这些新的名词，牵涉到中国人精神世界的重组。

日本学者西周（1829—1897）在1874年发表《百一新论》，所谓"百一"是指"百教一致"，最早正式将philosophy译成"哲学"。① 最早在国内使用这个译法，还是黄遵宪的《日本国志》。1898年6月康有为在给光绪皇帝的《请开学校折》里，讲到了德国大学设有"经学、哲学、律学、医学"四科，其中有"哲学"学科。而在京师大学堂的学科设置里，直到1912年改名北京大学校，才率先成立专门培养哲学人才的教育机构——"哲学门"，即现在的北京大学哲学系。在此期间，1903年张之洞会同张百熙等制订《癸卯学制》时，明确将"哲学"置之不议，主要是为"防士气之浮嚣，杜人心之偏宕"。这份被誉为中国现代教育之肇始的学制，

---

① 在此之前，1870年前后，西周在其『百學連環』『美妙學說』等手稿里已有"哲学"的译法。参见王守华《西周》，载〔日〕铃木正、卞崇道等：《日本近代十大哲学家》，上海人民出版社，1989。

1904年1月由清政府颁布并在全国范围内推行,设立传统的"名学",却杜绝采用"哲学"之名。① 近代以翻译引进西学著称的严复(1854—1921),1900—1902年在译《穆勒名学》时亦明确排斥日本人"哲学"的译法,而用"理学"之名。② 因此,清末公立的高等学堂只有经学、理学、名学或诸子学等课程。但与此同时,当时的教会学校普遍设有哲学课程,如1902年震旦学院即设"哲学"课程,包括论理学(逻辑学)、伦理学和性理学三类。③ 其实,philosophy这个概念,早在17世纪耶稣会士入华传教时就已传入。当时传教士们或将之音译为"斐禄所费亚""费罗所非亚"等,或以"理学""穷理学"对译,但也有以"爱知学"意译,只是对当时的中国文化、士大夫精神世界没有产生多少影响,士大夫大多将之视为中国传统的格物穷理之学。④ 1912年北京大学以"哲学"设系,将之纳入新式大学的学科体系,既是中国现代哲学研究的嚆矢,更是孕育中国新思想的摇篮,成为中国传统学问转向现代学术的最重要推手。

"科学"作为science的对译,亦源于日语。1881年出版的井上哲次郎(1855—1944)等编纂的《哲学字汇》,将science译为"理

---

① 《光绪二十九年管学大臣张遵旨议奏湖广总督张等奏次第兴办学堂折》,载朱有瓛主编《中国近代学制史料》第二辑上册,华东师范大学出版社,1987,第66页。
② 参见严复《〈穆勒名学〉按语》,载《严复集》第4册,中华书局,1986,第1029页。当时他把"形而上学"译为"出形气学",有"爱智学"的译名,但不同意译为"哲学"。他的这一态度可能到后来有所改变。1911年10月,辛亥革命爆发。是年冬天,京师大学堂陷于停顿。1912年,政体的改变促使京师大学堂改校名、易学科。在风雨之中掌校的严复,任期虽短,却促成了北京大学的浴火重生。经学、文学两科合并,最初提议改名"国学科",后来定名"文科",严复兼任文科学长,内设"哲学门"。
③ 参见熊月之《从晚清"哲学"译名确立过程看东亚人文特色》,《社会科学》2011年第7期。本段内容受益于该文的考证,特此鸣谢。
④ 1623年,艾儒略(Giulio Aleni,1582-1649)《西学凡》提到"斐禄所费亚之学",并以"理学"对译;1631年,傅汎际(Francois Furtado,1587-1653)、李之藻合译的《名理探》卷一,以"斐录琐费亚"音译,并以"爱知学"意译。当时哲学译名之变化及其沿用,参见熊月之《从晚清"哲学"译名确立过程看东亚人文特色》,《社会科学》2011年第7期。

学、科学"。① 17世纪初，耶稣会士刚到中国传教，即已开始引入西方的科学思想，不过，那时西方的科学，在很大程度上还附属于神学，类似"自然哲学"。但到19世纪初马礼逊（Robert Morrison, 1782 – 1834）到中国传教时，科学已在西方取得了巨大的成就，1822年他在澳门编纂《英华字典》时，列出了science，只是没有对应的汉译，留了一个空白。后来陆续有"智慧""知学""格物""致知""见识""博学之论"等译法，1876年傅兰雅（John Fryer, 1839 – 1928）开始主编《格致汇编》（*The Chinese Scientific Magazine: A Monthly Journal of Popular Scientific Information*），并由上海格致书室发售。以"格致"对译science，因此逐渐为人接受。北京京师同文馆在1888年成立"格物馆"，到1895年改名为"格致馆"。梁启超写的科学史，即以《格致学沿革考略》为题。② Science被译为"格致之学"，取意"格物致知"，虽有宋明理学色彩，但能体现实证的精神。"科学"在古汉语里原来是指"科举之学"，日本学者将之对译science，推陈出新，取意"分科之学"，自然科学贵在分门别类。

中国传统的知识体系，从《隋书·经籍志》开始被定为"经史子集"四部，并没有"科学"的独立地位，哲学、宗教在其中的位置也不清晰。1902年京师大学堂开始谋划大学分科，至1912年改名后的北京大学校设立"七科"（文科、政法、医科、格致、农科、工科、商科），中国的知识体系就从传统的"四部"分类法，改为"七科"分类法。③ "格致"相当于现在的理科，和"医科""农科"

---

① 井上哲次郎ほか編『哲學字彙』，東京大學三學部印行，初版（1881、明治十四年）。在此之前，久米邦武『米欧回覧実記』已有"科学"的用例，初版于明治六年（1873）。
② 参见钟少华《"Science"与"科学"的结合：试述辛亥革命前科学知识在中国之躁动》，《自然辩证法通讯》2011年第5期。
③ 1902年张百熙主持制定的《钦定京师大学堂章程》设立"大学专门分科"，相当于现在的本科院系，共分"七科"：政治、文学、格致、农业、工艺、商务、医术。其中，文学科又分七大门类：经学、史学、理学、诸子学、掌故学、词章学、外国语言文字学。

"工科"共同支撑"科学"的内涵。与此同时,哲学作为文科里的新知识,取代了传统的经学或理学。中国人的知识结构,随之发生了根本的变革。这种思想变局逐渐形成五四新文化运动。"宗教"在这个新的学科体系里没有独立的位置,但在开风气之先的北京大学,在其最早的课表里就有"宗教哲学""比较宗教学""宗教史"等课程,设在"哲学门"。① 这个学科体系,以实务为主,充分体现了西欧经历启蒙运动之后的学科格局:自然科学高歌猛进,世俗学科取代宗教神学。在新旧知识体系剧烈转型之际,"科学"成了新知识体系的显学,"哲学"的出现虽有小波折,但也很快找到了与中国传统学问的交汇点,胡适1918年9月就完成了《中国哲学史大纲》上卷,并于翌年连续出版印行两次。但是,如何理解"宗教"?这成了一件令人困惑的事情,即是本章开头所提到的梁启超等这代学人的普遍疑惑,"中国是否为有宗教的国家,大可研究"。

在这个问题的背后,实际上还是对"宗教"的理解问题。梁启超认为,先秦没有宗教,后来只有道教,但做中国宗教史要把道教写进去,可以说是"大羞耻",如果写中国宗教史,主要部分只能是外来宗教。所有这些观点,细究起来,并无太多的道理。即使以佛教为例,这个梁启超认为肯定属于宗教的佛教,能否归入宗教,当时并没有共识,民国时期的佛学家未必同意他的观点。确切地说,在哲学、科学、宗教之间,佛教一时找不到自己的位置。梁漱溟说:"佛法为宗教而非哲学。"欧阳渐说:"佛法非宗教非哲学。"汤用彤说:"佛法亦宗教亦哲学。"章太炎的说法最有意思,他说"佛法非宗教而为哲学",佛教是一种科学的方法,"实证的哲学""科学的哲学"。② 他们这些说法各有道理,然而,这些宗教家、思想家、学者还远没有想好给传统的学问或知识一个新的定位。他们

---

① 参见《海天集:北大一九二五哲学系毕业同学纪念刊》,北新书局,1926年12月。
② 1906年,章太炎先后发表《无神论》《建立宗教论》《人无我论》,把哲学分成三类——惟神、惟物、惟我,认为"惟物之说,犹近平等;惟神之说,崇奉一尊,与平等远绝也","惟我之说,与佛家惟识相近"。他把佛教称为(转下页注)

想要表明自己的立场，但他们忽视了一个基本的事实：他们的立场未必符合时代的选择。

宗教是其中最难定位的新范畴，学者在书斋里苦思冥想的时候，社会现实已经按照自己的逻辑演变发展，一刻也没有闲着。从清末到现在，一个被称为"宗教界"的群体开始为中国社会熟知。

2. "宗教界"在近现代中国的整合

在中国古代社会，佛教、道教和儒家一样，都被放在社会教化的层面上。儒家亦称"儒教"，三者合称"三教"，虽有主次之分，但三教是支撑中国传统社会的三根支柱。五四新文化运动以后，伴随"四部"知识体系的瓦解，"三教"组合亦告结束，佛教和道教被归并到宗教界，"儒教"的用法逐渐淡出①，社会上普遍采用"儒家"或"儒学"之说法，文化激进主义甚至要"打倒孔家店"，文化保守主义则将其视为国学的精华。虽然对什么是"宗教"还有争议，但依据这个概念，参照"政教分离"的现代治国理念，近现代中国逐渐形成了一个中国历史上未曾特别清晰的群体或阶层——"宗教界"，并在政府层面形成了"五大宗教"及其信教群众的

（接上页注②）"无神教"，并把这种不设偶像崇拜的"新宗教"称为"惟识教"，欲以"惟识教"反对当时基督教的入华。1908年，他发表《告佛子书》，开启了现代佛教改革的先声。梁漱溟在《印度哲学概论》（1919）第一篇专门讲到了"佛法与宗教""佛法与哲学"，后在《东西文化及其哲学》又有详细论述。他说，佛法与通常所说的宗教不同，但"佛法实宗教也"；同时认为，佛法不是哲学，"哲学之所事在知，佛法之所事在亡知。……凡佛之哲学悉出于佛法之禅"。鉴于传统佛教的"疲弊"，在20世纪20年代反宗教、反迷信的社会大背景中，欧阳渐宣称"佛法非宗教非哲学"，坚持佛法在宗教、哲学、科学之外，别为一学。1921年10月，他在南京高师哲学研究会上做一讲演，题为《佛法非宗教非哲学而为今时所必需》。以上内容的讨论，参见高振农《佛教文化与近代中国》（上海社会科学院出版社，1992）的相关章节。

汤用彤的观点最切近学者的态度。他在《汉魏两晋南北朝佛教史》1938年跋里说："佛法亦宗教亦哲学。宗教情绪，深存人心，往往以莫须有之史实为象征，发挥神妙之作用。故如仅凭陈迹之搜讨，而无同情之默应，必不能得其真。哲学精微，悟入实相。古哲慧发天真，慎思明辨。往往言约旨远，取譬虽近，而见道深弘。故如徒于文字考证上寻求，而乏心性之体会，则所获者其糟粕而已。"

① 现有一种意见：建议不再使用"儒教"一词，以免把儒家混同于宗教。其实，"儒教"是一个古老的词语，注重其教化作用，并无现代的宗教涵义。

说法。

《隋书·经籍志》把道经、佛经附录在子部，这是基于儒家的正统观念将佛教、道教放在中国主流文化之外，但这也说明佛教、道教在当时已有独立的地位，它们在中国社会的实际地位远比儒家士大夫所描述的要高，这是由它们所拥有的庞大寺院经济和信徒人数所决定的，在朝廷的治理体系里也有相应的专职管理部门。现在所谓"民间信仰"，在很大程度上与祭祀有关，在古代中国常由礼部制定祀典。民间宗教常被当作"邪教"受到打压，不过，大多数时候它们处于无人过问的状态。像伊斯兰教、天主教、基督教等外来宗教，在信徒人数还很有限的情况下，中国历史上也没有专门的机构负责管理。① 从晚清开始，外来宗教的信徒越来越多，"教案"频发；与此同时，佛教和道教的社会形象也与隋唐两宋鼎盛时期无法相提并论。显然，近现代中国的宗教治理政策，已经很难沿用明清两朝的管理经验，必须借鉴全球化语境下的治国理念而有所创新。

面对一个全新的名词，佛教、道教被归入"宗教"，脱离历史形成的"儒释道三教"结构，多少有些迫不得已，意味着它们的教义思想退出社会主流价值观。这个脱离的过程，首先源于晚清的"庙产兴学"运动，其次是由于民国政府的宗教政策，中间夹杂着学术界的争议。民间宗教信仰在这个过程中也受到了清理，政府借助现代科层管理体制强化了对民间祠庙和相关活动的管理。

"庙产兴学"最初是中国社会在晚清遭遇"数千年未有之大变局"的产物，在遭受西方列强和日本的侵凌之后，朝廷拟以庙产兴办新式学堂。1898年（光绪二十四年），康有为撰《请饬各省改书院淫祠为学堂折》，上奏光绪皇帝，"查中国民俗惑于鬼神，淫祠遍于天下"，以其广东老家为例，"乡必有数庙，庙必有公产。若改诸庙为学堂，以公产为公费……则人人知学，学堂遍地"。康有为与

---

① 参见赵轶峰《明代国家宗教管理制度与政策研究》，中国社会科学出版社，2008。

佛教颇为有缘，有志于会通儒佛，他的这份奏折并未涉及佛教寺院。但在后续的发展中，这场从晚清持续到民国的庙产兴学运动把佛教推到了风口浪尖，在很大程度上刺激了近现代佛教的自我变革，佛教成为中国传统宗教里最有影响力的一个宗教。

仅在康有为上折的七天后，当年五月二十二日，光绪皇帝颁布了兴学的上谕，要求将各省府厅州县的大小书院，全部改为兼习中学西学的新式学校，并提到"民间祠庙，其有不在祀典者，即由地方官晓谕居民，一律改为学堂，以节糜费而隆教育"。这份兴学上谕没有沿用康有为"淫祠"的说法，而是明确只把不在"祀典"的民间祠庙改为学堂。① 对于这些祠庙的定性，依旧采用传统的儒家礼制，着眼于民间祠庙的祭祀功能。但在中国民间的信仰里，这些祠庙往往是儒释道三教与鬼神崇拜糅为一体，所以，这种原本只针对民间祠庙的更改学堂计划，一旦到地方上受制于复杂的经济利益和权力关系，就很容易被扩大化，波及佛教寺院和道教宫观。

同在1898年，这个中国近代史上至关重要的一年，湖广总督张之洞（1837—1909）发表著名的《劝学篇》，提出"中体西用"，并对书院改学堂的计划给出具体的筹款方案，即将70%的佛教、道教寺观房产和田产用于办学。他说："今天下寺观何止数万，都会百余区，大县数十，小县十余，皆有田产，其物业皆由布施而来。若改作学堂，则屋宇、田产悉具，此亦权宜而简易之策也。"在他的想象中，这项措施一旦推行，"万学可一朝而起"。完全动用政府权力改寺观为学堂，无异于中国历史上的佛教法难，清政府并没有完全采纳张之洞的建议，但在"兴学"过程中，政府鼓励地方"借"或"租赁"公所、寺观、义塾，以及不在祀典的庙宇乡社，甚至还包括家族的祠堂。这次庙产兴学，引发了佛教界的强烈反应。僧人开始主动办学，兴办新式僧教育。1903年释笠云在长沙开福寺兴办近代第一座新式僧学堂，此后各地纷纷仿效，甚至还兴办僧众小

---

① 参见徐跃《清末庙产兴学政策的缘起和演变》，《社会科学研究》2007年第4期。

学。释敬安(1851—1912)等高僧还积极联络社会各界,请求朝廷保护庙产。在杭州等地还发生寺院投靠当时在中国传教的日本东本愿寺,谋求日本的领事保护。1907年释觉先在北京创办僧教育会,此后这种超越寺院的佛教团体或组织在中国纷纷出现,乃至在1912年在上海成立全国性的组织——中华佛教总会,1929年继而成立中国佛教会,形成从全国到省市并延伸到县的垂直网络体系。[①] 僧学堂、僧教育会、佛教会的出现,改变了佛教以往仅是方外丛林的形象,转而成为一股相对独立的社会力量。道教在庙产兴学过程中的反应没有佛教强烈,道观总数仅占寺观总数的二十分之一不到(在少数山区,这个比例会稍高),[②] 但与佛教相呼应,其社会形象多少亦有改变。

清政府、北洋政府、国民政府在一而再、再而三的庙产兴学过程中,多次发布各种章程、条例、条令,对各种传统的宗教场所实施清理,借这些场所的功能转换之际,把政府的管理触角不断延伸到社会基层。在与各级政府、乡绅势力博弈的过程中,土豪劣绅借兴学之名兼并寺田,地方驻军、警察等权力部门侵占寺院等事件层出不穷,幸存下来的宗教场所大多依靠超越寺观祠庙的社会组织力量,大多依靠联络社会名流联名向官员施压。各省、市、县僧教育会,在此期间发挥了重要作用。宗教的区域性或全国性组织,逐渐登上中国的历史舞台,成为我们现在常说的"宗教界"。

1907年,章太炎、释曼殊(1884—1918)在《告宰官白衣启》里驳斥当时支持庙产兴学的"宗教当废者":"诚使宗教当除,何以罗马、路得二宗反应保护?……今若废灭沙门,亦应拨除景教。"这些呼吁保护寺产的社会名流,敏锐地采用新词语"宗教",利用清政府保护天主教(罗马宗)、新教(路得宗)教堂的政策,譬如1862年10月17日总理衙门制定的《保护教民章程》,谋求佛教与

[①] 参见邓子美《传统佛教与中国近代化》,华东师范大学出版社,1994,第97-112页。

[②] 参见邓子美《传统佛教与中国近代化》,第105页。

这些外来宗教间的平等地位。佛教从以往习惯于位列"三教",一种养尊处优的地位,逐渐成为现代意义上的"宗教",并在兴办教育、从事慈善、组织教会等方面积极借鉴基督教的经验。青年太虚(1890—1947)所提出的"三大革命"(教制革命、教产革命和教理革命),是在庙产兴学运动①中受基督教影响而激发出来的,乃至后来还有"人生佛教"或"人间佛教"的改革理念。

从政府管理的角度来看,其对应的管理部门从清代到民国也在发生转变。1912年《中华民国临时约法》宣布"中华民国人民一律平等,无种族、阶级、宗教之区别",并规定人民有信教自由。佛教、道教在清代由僧录司、道录司管理,归口礼部管辖。国民政府成立以后,废除清代的僧录司、道录司,在内务部设置"礼教局",下设三科,其中第二科"管理各种宗教及其他类似于宗教约束方法",以及"关于淫祠之禁约事项"。袁世凯就任临时大总统以后,改礼教局为礼俗司,职掌"祠庙""宗教",并有别于礼制与祀典行政。② 也就是说,宗教的内涵越来越清晰,有别于传统的礼教,并与民间祠庙划定界线。相关的法令,亦能在政府与宗教界的互动过程中得到相应的调整。如1912年袁世凯颁布《管理寺庙条例》31条,拟将佛教寺产纳入公益事业,后经佛教界力争,1921年修改条例为24条;1929年4月中国佛教会成立,提请国民政府修改

---

① 从提出"庙产兴学"到清王朝结束,是中国近代史上第一次"庙产兴学"高潮。民国时期还有一次高潮是从1928年至1935年,纪华传将之细分为三个阶段:第一阶段是1928年4月至1929年10月,1928年时任南京国民政府内政部部长薛笃弼拟在第一次全国教育大会上提议,没收寺产,改寺院为学校,中央大学教授邰爽秋喊出了偏激的口号"打倒僧阀、解散僧众、划拨庙产、振兴教育";第二阶段是1930-1931年,主要缘于邰爽秋发表《庙产兴学促进会宣言》;第三阶段是1935年湘、浙、鲁、皖、鄂、豫、苏等七省教育厅联合呈请中央以庙产兴办短期小学或其他地方教育事业。参见纪华传《南京国民政府时期的庙产兴学运动》,《中国佛学》总第37期(2015年)。具体的起讫时间虽略有出入,但学者们把近代中国的庙产兴学运动大致分成上述两次大的高潮。参见孔令宏《晚清民国时期三大政治运动对佛教和道教的影响》,《武汉科技大学学报》(社会科学版)2016年第5期。

② 参见纪华传《民国初期的佛教政策及寺院财产管理》,《世界宗教研究》2018年第6期。

《管理寺庙条例》，该法令很快在当年11月改为《监督寺庙条例》，从21条改为13条，旨在防止寺产流失或转为私产。① 因此，在维护寺产的过程中，以僧人为主体的佛教界在民国时期逐渐形成一股拥有一定话语权的社会力量，并作为整体与国民政府有一定的互动。

20世纪20年代，中国社会还有比较明显的反宗教运动，包括反宗教联盟和非宗教联盟等组织领导的活动，既有"非基督教运动"，也有对包括道教、民间神祠在内的传统信仰的批判。在这样的背景下，康有为原想把儒教改为"孔教会"，最后的结果则连国家层面的祭孔典礼也被取消，民国初年社会上一度还有"儒、释、道、回、耶"五教的说法，但在1927年以后，儒教不再被视为"五教"之首，在新的知识体系里，儒家不再被视为"宗教"。② 南京国民政府内政部在1928年10月颁布《神祠存废标准》，同时制定《淫祠邪祀调查表》，表示要在"科学昌明时代"，辨清宗教与迷信。保存的标准有两类：一是有功于民的先哲，如伏羲、黄帝、孔子、孟子、岳飞、关公等；二是以神道设教的宗教，包括属于多神教的佛教、道教，属于一神教的回教（伊斯兰教）、耶教（基督教）。废除的标准有两类：一是在科学时代已无必要崇祀的神灵，如日月星辰；二是各类淫祠。这套标准非常理想化，在当时并没有严格实行，其中规定废除的神灵大多是民间信仰的祭祀对象。这套标准虽然没有推广，但是其中规定保存的神灵，第一类实际上是依儒家崇德报功观念而定的神灵，第二类则是我们现在所讲"五大宗教"的雏形，我们将其中的耶教区分为天主教和基督教（特指"新教"）。

李天纲认为："《神祠存废标准》完全不同于历史上的反淫祀，而是对传统宗教的现代改造。"③ 这套标准虽然把当时的崇拜对象分为"存"和"废"两类，但已没有了当时"文明的宗教"（指基督

---

① 参见邓子美《传统佛教与中国近代化》，第201页。
② 参见李天纲《金泽：江南民间祭祀探源》，第523－524页。
③ 参见李天纲《金泽：江南民间祭祀探源》，第193页。

教等）和"野蛮的宗教"（指本土的道教等）的简单区分，而能把外来宗教与本土宗教同等看待，并要以"科学"的眼光重新审视祭祀的必要性。这套标准，可以说是近现代中国人在接受了"科学""宗教""迷信"等这些新名词之后在宗教与神灵这个问题上最系统的思考。

1949年以后，在50年代逐渐形成了中国宗教有"五性"的重要论述，即中国宗教具有群众性、长期性、国际性、复杂性，在部分少数民族中还有民族性。① 这一论述回答了中国有没有宗教、要不要宗教的问题：中国在未来很长一段时间内存在宗教，宗教工作本质上是群众工作，这是我国的基本国情。

在此期间，中国陆续成立"佛、道、伊、天、基"五大宗教的全国性组织，形成了我们现在观念中的"宗教界"，顺理成章地代表了我们在宗教问题上最前沿的思考。

1982年3月，中共中央印发《关于我国社会主义时期宗教问题的基本观点和基本政策》（又称"19号文件"），对宗教在中国的实际状态做出了客观的论述，既明确了党政部门宗教工作的基本政策，也明确了"宗教界"的范围。该文件第二条说："我国是一个有多种宗教的国家。在我国，佛教已有二千年左右的历史，道教有一千七百多年的历史，伊斯兰教有一千三百多年的历史，天主教和基督教则主要是在鸦片战争之后获得了较大的发展。信教的群众，伊斯兰教在解放初约有八百多万人，现在约有一千多万人（主要是由于信仰伊斯兰教的十个少数民族人口的增加）；天主教在解放初约有二百七十万人，现在约有三百多万人；基督教在解放初约有七十万人，现在约有三百万人；佛教（包括喇嘛教）在藏、蒙、傣等

---

① 1953年，李维汉主持的中央统战部《关于过去几年党在少数民族中进行工作的主要经验总结》中，提出了中国宗教具有长期性、民族性、国际性的特点。1957年，李维汉在第七次全国统战工作会议上增加了"群众性"的提法。1958年，第五次全国宗教工作会议正式提出中国宗教具有"五性"的特征。参见龚学增、王冬丽《论李维汉的宗教观》，《世界宗教研究》2006年第3期。

少数民族中几乎还是全民信仰的宗教,佛教和道教在汉族中现在也还有一定的影响。"这里的数据是 1982 年中国宗教徒的人数,比数据更重要的是,这段叙述划定了中国宗教界的大致范围:佛教、道教、伊斯兰教、天主教和基督教。值得关注的是,这段叙述并没有说明佛教、道教的信教人数。但这份文件随后对此做出了定性:"在我国总人口中,特别是在占全国人口绝大多数的汉族中,信鬼神的人不少,而真正信教的人所占的比重是不大的;同解放初期相比,现在信教群众的绝对人数虽然有所增加,而在全国总人口中的比重则又进一步有所降低。"伊斯兰教、天主教、基督教的信教人数相对明确,但佛教、道教的信众难以确定,甚至可以说,其中有部分群众称得上"信鬼神",未必真信教,或者说兼信多个宗教。中国人的这种信仰方式很有特色,游走于将信将疑之间,此前常被当作中国人没有宗教信仰的依据。但这种形式的信仰,现在也被归到了宗教的范围内。

3. 世界文明史与"中国宗教"的特点

中国历史上并不缺乏宗教生活,然而在近现代中国,以"宗教"一词去对应佛教、印度教、犹太教、天主教、东正教、伊斯兰教、基督教、道教和民间信仰时,中国社会随之产生了要不要这些宗教的疑虑。事实上,没收庙产、废除宗教的想法,从晚清洋务运动开始,在中国社会就一直没有退场。然而,就在这样的张力中,一种全球史或世界文明史的世界观诞生了:中国和世界共生并存,隔绝的时代已经一去不复还。在古代中国,我们习惯于以儒家的礼教处理夷夏、中外关系,但在近现代中国,"宗教"成了我们探究中华文明在世界文明史进程中地位的重要视角。

在西方国家,宗教常被当作一切生活方式和社会制度的基础,也就是文化的核心。但在中国,即便是古代,宗教也没有这样的社会地位。域外的宗教,从佛教、拜火教、摩尼教到伊斯兰教、天主教、基督教,历史上全都到过中国,有的还在中国扎根,但都没有成为中国社会的支柱。宗教在东西方世俗生活中的这种地位反差,构成了宗教在中国社会的张力。

佛教传入中国不久，佛教徒就开始怀疑自己是否处在儒家所讲的"天地之中"，一种前所未有的"边国"意识油然而生，认为自己生活在远离印度菩提迦耶这个佛法中心的"边鄙之地"。① 中国佛教徒摆脱这样的边国意识，经历了一段漫长的时间，最终成就了具有鲜明中国文化特色的佛教宗派，宗派祖师被塑造成中国佛教信仰的核心要素。这是中国佛教徒在接受信仰前后世界观的挪移，也是其自我认同的立场变化或身份叠加。基本上自成一体的古代中国，有足够的能力和时间去消化远道而来的佛教世界观。但在近现代中国，航海时代汹涌而来的西方列强，并没有给这个文明古国足够的时间去消化全新的世界观和知识体系。宗教徒在中国如何厘定宗教信仰与世俗生活之间的自我认同，多少还存在国家与宗教之间的张力。化解这样的张力，除了与提升宗教徒的自身修养有关，还有必要了解中国宗教与世界文明史的关系，从而摆脱对"宗教"持本质主义的理解模式。

现代宗教学从诞生之日起，就是一种世界主义的思想体系，从不赞成孤立地看待特定的宗教，主张在不同宗教的比较之中把握宗教的共性。缪勒说，如果只知道一种宗教，那就对宗教一无所知。他把所有的宗教放在平等的位置上，声称"科学不需要宗派"，反对做出类似"天启宗教"和"自然宗教"这样有高下之争的分类。他认为，不管是多么不完善的宗教，都有"一种对无限者（the Infinite）的渴望"，并认为人类有与感觉、理性并列的第三种天赋，即作为一切宗教的基础的认识神的天赋，并用德文 Vernunft 称呼。② 因此，他能纵情而轻松地引用佛教、婆罗门教、拜火教的经典，以及老子、孔子的名言，而不局限于西方的宗教。他监修编译的《东方圣书》，多达49册（后附1册索引），把大量的东方宗教经典译

---

① 参见李四龙《论中国佛教的民族融合功能》，《中国宗教》2009年第6期。
② 参见〔英〕缪勒《宗教学导论》，陈观胜、李培茱译，上海人民出版社，1989，第12页。

为英文，内容包括印度教、佛教、道教、儒家、琐罗亚斯德教（拜火教）、耆那教与伊斯兰教，1879年出版第一卷，陆续出版到1910年，迄今仍是西方人系统了解东方宗教的必备经典。在这样的宗教学框架里，曾泽知子（Tomoko Masuzawa）分析"世界宗教"（world religion）这一观念的形成史，考察隐藏在欧洲多元主义背后的普遍主义或普世性诉求，西方宗教学者并不满足于对世界各宗教的描述，民族宗教代表了宗教大家庭的多样性，世界宗教则能有别于各种民族宗教。① 基督教、伊斯兰教和佛教，被列为三大世界宗教，这并不单从信众人数而定，而是综合其历史上的社会影响和教义思想上的普世性。

在不同宗教的比较之中概括各自的特点，并能给予平等的对待，这是现代宗教学的基本方法。不过，所谓"平等"的对待往往是理想化的说法，最常见的平等对待法，是给不同的宗教进行类型学分类。就中国宗教而言，宗教学家并不想把中国宗教看作各种不同信仰的简单叠加，而是将这些信仰看作一个有机的整体。这听上去有些不可思议，像基督教这样的一神教，怎么能和道教这样的多神教形成一个有机整体？但生活并不像书本所言一板一眼，各种不同的信仰不可能在现实社会里进行平均分配，它们对社会的影响力悬殊，同时也没有办法把书本里的概念直接搬到日常生活里。明清之际和晚清来华的传教士，他们可能是出于工作上的简便或信仰上的优越感，把中国的儒释道三教和民间数以百计的教派统称为"迷信"，受他们从中国寄回的研究报告的影响，在欧洲本土的学者们又从各自的学科背景做出不同的概括，黑格尔、韦伯是这方面的典范人物。

（1）迷信与哲人宗教

孔汉思（Hans Küng，1928－2021）、秦家懿（1934—2001）在

---

① 参见 Tomoko Masuzawa, *The Invention of World Religions: or, How European Universalism Was Preserved in the Language of Pluralism.* Chicago and London: The University of Chicago Press, 2005。

《中国宗教与基督教》①中把世界上的宗教分成三大河系（river system）：一是亚伯拉罕系三大宗教，即犹太教、基督教、伊斯兰教，以先知预言为其特点；二是印度宗教，以神秘主义为其特点，包括婆罗门教、佛教等；三是远东宗教，源于中国，其中心形象是圣贤。孔汉思是德国著名天主教神学家、普世伦理倡导者，秦家懿是加拿大华裔宗教学与中国思想史教授，这部俩人合作的著作1990年在北京出版中译本，备受关注。他们把中国宗教称为"哲人宗教"，认为其中心形象是圣贤：儒家的圣贤、道教的神仙、佛教的诸佛菩萨，都不能被看作西方宗教学所说的"神"，通常只是被当作智慧的人间导师而受到崇拜。即使是在民间社会，这些备受崇拜的圣贤、神仙、佛菩萨虽被看成救苦救难的神灵，但他们并不是至高无上的唯一神。作为致力于研究朱熹、王阳明的中国思想史教授，秦家懿的关注点是作为中国主流思想的儒释道三教。显然，这是以儒家思想为原型理解中国宗教的整体特点。

那么，如何理解中国上古时期包括神话、巫术、卜筮、祭祀在内的宗教生活？如何界定明清以来散布于民间社会的宗教与信仰？有些学者将中国上古宗教称为"巫术宗教"，甚至把整个中国宗教视为"巫术宗教"，譬如下文将要介绍黑格尔把中国宗教视为"法术宗教"。这种宗教形态在后来的民间社会长期存在，在现代中国，还不难找到这种形态的宗教生活。儒家以外的宗教生活，在近现代中国人眼里，通常会被当作"迷信"或"封建迷信"②，与孔汉思、秦家懿所说的"哲人宗教"距离甚远。这说明，中国宗教内部确实存在差异和张力。本书后文有时以官方宗教与民间宗教信仰的关系说明这种差异，但更重要的是要理解两者之间的一致性。

（2）法术宗教与文化宗教

黑格尔（1770—1831）把中国宗教说成是"法术宗教"，韦伯

---

① 〔德〕孔汉思、〔加〕秦家懿：《中国宗教与基督教》，吴华译，三联书店，1990。
② 本书第五章第四节"民间信仰的观念史"将集中讨论"淫祀、邪教与迷信"的关系。

(Max Weber，1864 – 1920）则把中国宗教视为"文化宗教"，后来的学者甚至还用"文化宗教"的说法解释全球范围当代宗教的处境和发展趋势，说明世俗化语境中的宗教现象。

从晚明开始，约 16 世纪 70 年代，耶稣会士入华传教，欧洲与中国文化之间产生实质的思想接触。这批传教士凭借西欧率先进入航海时代的便利条件，不仅带着天主教思想、西欧的科学技术和艺术，往往还带着亚洲沿海国家的游历经验到中国传教。他们细致地观察中国社会，认真地把中国经典译成西方语言，并把这些译文和他们的研究带回欧洲。中国文化对莱布尼兹（Gottfried Leibniz，1646 – 1716）、孟德斯鸠（Charles-Louis de Montesquieu，1689 – 1755）等产生重要的影响，并给欧洲启蒙运动、法国大革命、德国古典哲学提供思想资源。[1] 同时，这也是欧洲系统地近距离认识中国的开始，中国题材成为西欧知识界的热门话题，很多相关的图书出版了，中国逐渐成欧洲人撰写的世界史的重要内容。甚至可以说，在启蒙时代的欧洲，他们最感兴趣的国家就是中国。但他们在对以孔子为代表的儒家思想及其礼仪制度表达欣赏之余，对中国宗教的评价颇为负面。

黑格尔的观点很有代表性。他处在一个欧洲人逐渐把对东方的兴趣从中国转向印度的时代，但已有机会从欧洲汉学家那里，譬如法兰西学院首任汉学教授雷慕沙（Jean-Pierre Abel-Rémusat，1788 – 1832），直接学习了解中国的知识，特别是有关道教和老子的知识。[2] 黑格尔把宗教分为三个层级：最低级的是自然宗教或直接宗教，主要是

---

[1] 参见朱谦之《中国思想对于欧洲文化之影响》，山西人民出版社，2014，第 59 页。朱先生说："'耶稣会士'之东来传教，实为中欧思想接触最重要的关键。"他在书里重点列举了四个方面：一是耶稣会士对于宋儒理学之反响，二是启明运动与中国文化，三是中国哲学与法国革命，四是中国哲学与德国革命。另见〔法〕谢和耐、戴密微等《明清间耶稣会士入华与中西汇通》，耿昇译，东方出版社，2011。

[2] 参见〔法〕杜瑞乐《从法术到"理性"：黑格尔与中国宗教》，《中国学术》2001 年第 2 期。

指亚洲宗教或东方宗教（包括古埃及的宗教）；然后是艺术宗教，以犹太教和希腊宗教为代表；最高级的是天启宗教或自由宗教、绝对宗教，也就是指基督教。① 据杜瑞乐（Joel Thoraval）的研究，黑格尔对中国宗教的理解，在他实际的柏林大学讲稿里与《精神现象学》中的表述并不完全相同。在1824年的讲稿里，他在"自然宗教"中列举以下三种亚洲宗教：中国的法术（Zauberei）宗教（巫术宗教），以印度教为代表的幻想宗教（玄想宗教），以波斯宗教为代表的善或光明的宗教（光明宗教）。也就是说，中国宗教被定性为"法术宗教"，亦即"巫术宗教"，这是自然宗教的初级阶段，甚至和直接的拜物教相提并论。在1831年的讲稿里，他作了最后一次修订，把直接宗教或法术宗教与中国宗教、印度幻想宗教、佛教这三个亚洲宗教相区别。促成这次修订的重要原因，是黑格尔去巴黎聆听了雷慕沙的讲座，读到了雷慕沙关于老子的论文。在黑格尔的笔下，自然宗教是还没有将上帝与世俗的东西区别开来的宗教，仅凭一种对神的无区别的直觉；法术宗教是指最古老、最原始、最粗糙的宗教形式，甚至不能被称为宗教。在与雷慕沙的接触中，黑格尔感受到了道教的形而上基础，把"道"理解成普遍意义上的精神的正道，即"理性"（Vernunft）。他在1827年的讲稿里已经意识到儒释道三教的存在，但把孔子只是当作没有哲学思辨的道德哲人，批评传教士对"天"的解释，认为儒家所讲的"天"只是一种自然力量而不是一种精神的神。站在学术的立场上，我们不能认同黑格尔对儒家的理解，甚至可以说，他对"天"的理解完全是错误的。但相对于黑格尔把中国宗教理解成崇拜自然物的宗教，这些问题实在是小巫见大巫，可以忽略。黑格尔在资料非常有限的情况下，把中国宗教从法术宗教里排除出来，并视之为一个整体，这很了不起；但对中国宗教的整体定性，他

---

① 参见〔德〕黑格尔《精神现象学》下册，贺麟、王玖兴译，商务印书馆，1979，第185–186页。

将之放在世界宗教演化史的初级阶段，这只能说是欧洲思想界对中国宗教的初级认识。

在黑格尔之后，对世界宗教的分类和通史的写作，代不乏人。从缪勒、韦伯、涂尔干（Émile Durkheim，1858－1917）到伊利亚德（Mircea Eliade，1907－1986）、贝拉（Robert N. Bellah，1927－2013），以及前面提到的孔汉思、秦家懿，全都不再采用黑格尔的排列。但是，黑格尔对宗教分类的原则，以及对中国宗教的关注重心，却在这些宗教学家的身上一再呈现。缪勒在他的《宗教学导论》里谨慎地重新诠释自然宗教和天启宗教的关系，对"自然宗教"给出了极为不同的理解。传统的宗教徒认为，自然宗教是缺乏天启的权威的宗教，各宗教往往把自己的对手贬为"自然宗教"。但在18世纪的哲学家那里，自然宗教是指撇开各宗教的具体特点不谈而留下来的各宗教的共同原则。譬如把《新约》里那些超自然的、神奇的叙述除去以后还剩下一种宗教的框架，这个框架被认为是自然宗教，或被称为"理性宗教"。有的哲学家把天启宗教称为自然宗教的异端，而在缪勒看来，在能够建立祭坛、神庙或教堂之前，宗教必然有其基础。他把这种基础称为"自然宗教"。① 伊利亚德1961年创办学术期刊《宗教史》（History of Religions），后又出版三卷本《宗教思想史》②，以比较宗教史的方式撰写世界宗教史。该书卷一"从石器时代到厄琉西斯（Eleusis）秘仪"，讲述美索不达米亚、古埃及、地中海、安纳托利亚、古印度、古希腊、古波斯、以色列等古代文明的宗教观念；卷二"从释迦牟尼到基督教的兴起"，讲述古代中国宗教、印度教、佛教、犹太教和基督教的发展历程；卷三"从穆罕默德到宗教改革"，讲述伊斯兰教的兴起和发

---

① 参见〔英〕缪勒《宗教学导论》，陈观胜、李培茱译，第50、55页。
② 参见〔美〕伊利亚德《宗教思想史》，晏可佳、吴晓群、姚蓓琴译，上海社会科学院出版社，2004。此前有繁体字译本，埃里亚德：《世界宗教理念史》，卷一吴静宜、陈锦书译，卷二廖素霞、陈淑娟译，卷三董强译，商周出版，2001、2002。该书最初是法文本 Histoire des croyances et des idées religieuses，后出英译本 A History of Religious Ideas。

展、基督教的宗教改革运动、中世纪犹太神学等内容。他原计划还有第四卷,准备讲述基督教的扩张、中古时期的中国和日本宗教,但因健康等原因最终没有完成。在这部全景式介绍世界各地宗教思想演变的巨著里,我们几乎感受不到黑格尔式的宗教排序。伊利亚德作为宗教现象学家,通过如此繁复的宗教史研究,要揭示构成人类宗教生活的基本要素和内在结构,譬如对巨石、太阳、月亮等的崇拜是神圣性的重要来源。

2011年9月,哈佛大学出版社出版了贝拉的皇皇巨著《人类进化中的宗教:从旧石器时代到轴心时代》①。该书是其研究"宗教进化"的心血之作,并非如黑格尔那样研究不同宗教的进化序列,但他仍然相信类似黑格尔的"绝对精神",认为在世界上不同地域的早期文明之间存在共通的进化模式,并借鉴多纳德(Merlin Donald)的理论把人类文化的发展分为"模仿、神话和理论"(mimetic,mythic,theoretic)三阶段。在模仿阶段,肢体动作和舞蹈备显重要,随后进入神话阶段,出现部落社会的仪式和神话。在酋邦和古代早期国家,新的神话和仪式开始质疑此前的模仿和神话,有所谓的"反仪式主义"(antiritualism)和"去神话倾向"(demythologization),这是理论反思阶段。该书重点研究古代以色列、古希腊、中国春秋战国时期和古印度的文化与宗教,认为它们都在努力建构一种普世性的伦理精神,替代此前的等级制度,以期在宇宙、社会和自我之间建立新的秩序。日常生活的世界看似"自然",实则经过了无数文化符号的建构,能用语言的人类难免会有超越现实的需要。宗教起源于这样的超越和进化,而这样的进化并不只是存在于人类早期文明,在近现代社会仍以新的方式不断重演。他强调,宗教进化并不是从坏向好的演变,而是那些代表宗教的符号或象征系统在不断进

---

① Robert N. Bellah, *Religion in Human Evolution: From the Paleolithic to the Axial Age.* Cambridge: Harvard University Press, 2011. 此处论述,主要参见该书序言、第117-118、175、266-273页。

化，以便适应新环境新群体。①

涂尔干在他的《宗教生活的基本形式》里，建构了宗教社会学关于神圣与世俗两分的学术传统，②伊利亚德在此基础上，在他的宗教史研究中致力于剖析"神圣"及其在历史中的显现，揭示宗教生活里的"象征"结构，从而给这个世俗的时代呈现"宗教人"（homo religiosus）的思想世界和行为模式。相对而言，孔汉思、秦家懿把世界各宗教分为三大河系，亚伯拉罕系宗教、印度宗教和远东宗教（以中国宗教为代表），是在全球史视野里极简版的世界宗教图景。

韦伯对世界宗教的态度，特别是他的《儒教与道教》被认为因循了黑格尔的看法。③他在讨论"世界宗教的经济伦理"时，把自己的研究范围局限在信徒数量众多的五个宗教即中国宗教（儒教与道教）、印度教、佛教、基督教和伊斯兰教的伦理，并没有统括世界上所有的宗教，虽然也有研究古犹太教的意愿，但未能完成。作为一位划时代的社会学家，韦伯提出了"价值无涉"的研究原则，即"作为经验科学的原则向文化科学提出了客观性的要求：将价值判断从经验科学的认识中剔除出去，划清科学认识与价值判断的界限"④，强调社会科学的学术研究只解决"是什么"的问题，而不解决"应当是什么"的问题。韦伯因此把世界各宗教的"理想类型"（ideal types）区分为三种，即巫术宗教、文化宗教和救赎宗教⑤，

---

① 2011年11月16日，贝拉应邀在北京大学虚云讲座发表讲演，在回应孙尚扬对他讲演的评议时，特别解释他对现存各种宗教的平等立场，不论澳大利亚土著或者美国最大的印第安群体纳瓦霍人的宗教，都与儒家思想、佛教或者基督教具有同样的地位，但他否认自己是没有标准的相对主义者。参见孙尚扬《对贝拉教授演讲的回应》，载李四龙主编《人文宗教研究》第三辑，宗教文化出版社，2013，第56页。
② 参见〔法〕涂尔干《宗教生活的基本形式》，渠东、汲喆译，上海人民出版社，1999，第43页。
③ 苏国勋等：《走出韦伯神话：〈儒教与道教〉发表百年后之反思》，《开放时代》2016年第3期。
④ 〔德〕韦伯：《社会科学方法论》，韩水法、莫茜译，中央编译出版社，2002，第19页。
⑤ 韦伯也有"世界宗教""大众宗教"等说法，主要就其信徒人数或传播规模而言，在类型学上意义不大。

不再有黑格尔那种把基督教放到宗教演进顶端的意图，而是以宗教的"比较"取代宗教的"进化"图景。施鲁赫特（Wolfgang Schluchter）是研究韦伯的专家，他在20世纪80年代主编了五部会议论文集，分别以韦伯的古犹太教研究、儒教与道教研究、印度教与佛教研究、古基督教视野和西方基督教视野为题。对于韦伯与黑格尔之间的宗教观差异，施鲁赫特给出了清晰的回答。2017年他在北京大学虚云讲座发表讲演，专门讲述韦伯对黑格尔宗教观的反动。他说，韦伯并没有像黑格尔那样建构一个单一的世界，文化宗教和救赎宗教的分类，并不是亚洲宗教和地中海宗教的分歧，而是他要指出不同的宗教类型，即使在亚洲内部也有文化宗教和救赎宗教的类型差异：印度的耆那教和佛教是强有力的救赎宗教，就像犹太教、基督教和伊斯兰教一样。东西方之间存在差异，但这不是在高低层次的进化意义上的差异，而是文化的相对价值。[①] 救赎宗教是一种文化宗教，但并不是每个文化宗教就是救赎宗教。韦伯在《宗教社会学》第十一章开篇即说："救赎宗教愈是循着'信仰伦理'的途径体系化与内化，与现世的关系就愈是紧张。"[②] 他承认救赎宗教的多样性，同时描绘了一条从巫术宗教经文化宗教到救赎宗教的发展路线，这多少还保留了黑格尔的进化论框架，但不把救赎宗教视为完美的宗教。这种区分主要着眼于宗教类型的功能差异，文化宗教强调了宗教的社会教化功能，救赎宗教关注宗教最终对个体的解救意义，但犹太教、天主教、新教、伊斯兰教等救赎宗教也有顺应现世的一面。救赎宗教的世界观必须立足于超越性世界和内在性世界的二重性，其中超越性世界优先于内在性世界，因此，救赎宗教对世俗社会表现出明显的拒斥倾向，向往超越性的神圣秩

---

① 〔德〕施鲁赫特：《作为救赎宗教的早期佛教与耆那教：韦伯对黑格尔宗教观的反动》，《人文宗教研究》总第十辑，宗教文化出版社，2018，第45页。
② 〔德〕韦伯：《宗教社会学》，康乐、简惠美译，广西师范大学出版社，2011，第256页。此处的"内化"（internalized）译为"内在化"，或许更合适。

序，从而产生与社会伦理有所不同的信仰伦理。①

对华人学者来说，特别是在儒家学术圈，儒家或儒教是不是宗教的争论旷日持久，② 注定了将来也不会有结论。韦伯将儒教归入"入世神秘主义"宗教，与基督新教作为"入世禁欲主义"宗教相对应，而与出世神秘主义、出世禁欲主义相对立。他把儒家视为一种"文化宗教"，神秘的宗教力量被用来帮助建构世俗的道德伦理和社会秩序——以孝道为核心的亲属关系，以皇帝为中心的政治结构。真正的儒家并不信鬼神，但不主张公开批判鬼神，而是经常赞叹"鬼神之德"，把对鬼神的祭祀作为最崇高的礼，作为对天地君亲师的感恩和回报，恪守由天地君亲师奠定的社会秩序，维系他们自己的家族财产和社会地位。值得特别留意的是，韦伯对儒教的定性，表明了儒家亦有特殊的救赎色彩。他把禁欲主义和神秘主义当作走向救赎的两种类型，各自都有入世或出世的倾向，从而形成了四种不同宗教的理想类型：入世的禁欲主义、出世的神秘主义、出世的禁欲主义、入世的神秘主义。喜好冥想的神秘主义者还未得出必须逃离世界的结论，而是像入世的禁欲者一般，仍然置身于世俗的生活秩序中，此即入世的神秘主义。③ 在韦伯的笔下，儒家有理

---

① 参见韦伯《宗教社会学》第十一章"宗教伦理与'现世'"、第十二章"文化宗教与'现世'"，第256-327页。另见〔德〕施鲁赫特《作为救赎宗教的早期佛教与耆那教：韦伯对黑格尔宗教观的反动》，《人文宗教研究》总第十辑，第34页。
② 任继愈、李申等主张，儒家是一种宗教。参见任继愈主编《儒教问题争论集》，宗教文化出版社，2000；李申《儒学与儒教》，四川大学出版社，2005。杨庆堃认为，"儒学是拥有宗教特质的社会政治教化"，他关注宗教因素在儒学作为一个有效的社会政治传统的发展过程中所起的作用。西方学者大多从功能主义的角度，把儒学视为宗教。杨庆堃评价说，"这样就给无神信仰体系处理生活的终极意义一个正式宗教的地位"，因为儒学具有一个终极道德意义体系，这个理由显然带有蒂利希"文化神学"的思想因素。参见《中国社会中的宗教》，第22页。牟钟鉴、张践《中国宗教通史》认为："儒学是一种以人为本位的伦理型人文学说，它不是宗教，因为宗教必须以神为本位并有'彼岸'的追求；不过儒学有一定的宗教性，而且给予中国历史上各种宗教的世俗化过程以重大影响。"参见该书（中国社会科学出版社，2007）"卷首语"第3页。
③ 参见 Julien Freund, *The Sociology of Max Weber* 第四章。此据中译本：《宗教与世界：韦伯的宗教社会学》，康乐、简惠美译，载《韦伯作品集V：中国的宗教、宗教与世界》，广西师范大学出版社，2004，第509页。

性主义的特点，这个特点与入世神秘主义之间的张力，映衬了儒家是否属于宗教的问题复杂性。这种复杂性也是本书讨论"人文宗教"的重要思想资源，本书第三章在讨论"感应"时还会诠释这种神秘主义的来源。

从黑格尔到韦伯，救赎宗教的概念并不新鲜，但"文化宗教"的提法洞察了一个新时代的到来：在西方社会的世俗化进程中，以教会为特征的天主教或新教对大众的影响力正在消退，个人对基督或上帝的直接信仰越来越普遍，大量的信徒正在脱离教堂而使主流宗教成为"无形的宗教"[1]。这些不去教堂的信徒，并不能被认为失去了信仰，只是正在改变信仰的方式，包括对宗教真理的理解。这种采取个体形式的宗教信仰，总体上更容易接受宗教的多元化，但不排除其中有些信徒会在缺乏交流的环境里更容易接受极端思想。不管我们是否接受这种信仰方式，事实已经发生，并且这种形式的宗教徒还在继续增加。蒂利希（Paul Tillich，1886 – 1965）提出了"文化神学"，把宗教解释成文化的核心，突出了宗教的社会影响，努力避免世俗文化与宗教的二元论倾向，但也展现了宗教在现代社会已无法挽回的世俗化潮流。[2] 美国的文化氛围，确实不同于欧洲社会。当我们在美国东部新英格兰地区，面对波士顿清晨那种宁静的氛围时，或许还会相信普遍主义的价值，内心深处仿佛就在大洋彼岸江南小镇那种静谧的雨夜；但在纽约，穿梭于那些摩天大楼之间的，是操着各种口音、吃着各种口味、有着不同肤色，甚至拿着不同护照的人，生活的快节奏让信仰只是成为他们附加的生活方式。高度世俗化的商业社会，让"文化"而不是"信仰"成为一个流行语，人类学从研究未开化地区的原始部落转向研究城市人口的

---

[1] 参见〔德〕卢克曼《无形的宗教：现代社会中的宗教问题》，覃方明译，中国人民大学出版社，1996；〔德〕西美尔《现代人与宗教》，曹卫东等译，中国人民大学出版社，2005。

[2] 参见〔美〕蒂利希《文化神学》，陈新权、王平译，工人出版社，1988，第52 – 53页。

生活方式，或者研究这些大都市人口的老家生活。他们对中国农村、东南亚山区、非洲社会的关注，并不仅仅是出于美国区域研究的学科兴趣，同时也是美国社会多元人口结构对整体文化认同的实际需要。现代西方社会对"宗教"的理解，已经弥散到日常生活的细节里，并不见得有多么神圣，却与时尚的流行文化密不可分。

所以，"文化宗教"代表了世俗化潮流中传统宗教的蜕变形式，这是宗教在时代变革中的自我调整。韦伯把中国宗教归入"文化宗教"，展现了儒教的社会教化功能，但他把"学以成人"的个体修身诠释为入世的神秘主义，这不尽符合儒家的实际情况。"人文宗教"不仅要把个体的修身实践，与其世俗的伦理生活相结合，也要与其安身立命的价值关怀相一致，实现世界观、伦理观和人生境界的内在统一，在一定意义上承担"救赎宗教"的功能，类似禅宗所说的"自性自度"。"人文宗教"这个概念，揭示了现代宗教正在发生的趋势，比"文化宗教"更清楚地表现个人安身立命的价值关怀。这在很大程度上是中国宗教与世界文明史深度交融的一种尝试。

4. 当代中国宗教学者与"人文宗教"

对中国宗教史、宗教哲学的研究，在 20 世纪上半叶已有所展开，像王治心的《中国宗教思想史大纲》、谢扶雅的《宗教哲学》、丁山《中国古代宗教与神话考》等。1949 年之后，海外华人学者亦有重要成果问世，如杨庆堃《中国社会中的宗教》、陈荣捷《现代中国宗教的趋势》等。而从中国文化本位的角度研究中国宗教者，首推唐君毅先生，1951 年秋他写成《中国文化之精神价值》，基于儒家思想，首倡"人文宗教"。

1978 年以后的改革开放，促成了中国宗教学的逐步恢复。1979 年 2 月，全国宗教学研究规划会议在昆明召开，意味着中国学者开始有条件严肃地思考宗教学的理论问题，以相对客观的态度面对中国社会和世界范围的宗教现象。20 世纪 80—90 年代，学术界急于补课，译介西方宗教学理论著作，同步介绍海外汉学家对中国宗教的研究。缪勒《宗教学导论》《宗教的起源与发展》、夏普《比较宗教学史》、贝格尔《神圣的帷幕》、麦奎利《二十世纪宗教思想》等一批西方宗教学名著,在上海人民出版社组织的"西方学术译丛"中集中出版。韦伯《新教伦理与资本主义精神》《儒教与道教》、格尔兹《文化的解释》等经典著作,陆续翻译出版,产生巨大的学术影响。在此期间,吕大吉《宗教学通论》[①]《西方宗教学说史》[②]出版,标志着中国学者在宗教学理论建设上迈出了坚实的一大步。中西宗教的比较研究,在当时备受关注,而在当时的中国举办国际学术会议的机会少得可怜。1994年10月,北京大学哲学系、北京大学宗教研究所和美国国际合作研究所共同主办"中美哲学与宗教学研讨会",讨论中国宗教的特点、比较中西的文化和宗教,与会代表称得上群英荟萃,引领了此后宗教学界的研究方向。国内代表有方立天、楼宇烈、吴云贵、陈麟书、赵敦华、卓新平、张志刚、胡孚琛等,美方代表有圣母大学的普兰丁格(Alvin Plantinga)等,他们在这次会上以分析哲学、逻辑论证的方式说明基督教信仰和宗教认识论,让中国学者耳目一新。

1995年北京大学成立宗教学系,这是一个标志性事件,意味着中国宗教学进入快速发展的轨道。此后,国内多所大学成立宗教学系、研究所或研究中心,各种形式的学术会议越来越多。2008年北京举办第29届奥运会,这是中国与国际社会接轨的重要标志。宗教学研究空前繁荣,学术交流空前活跃,学术成果堪称汗牛充栋。但与此同时,在宗教领域接连出现重大事件,宗教问题在中国社会变得越来越"敏感"。这使学者们开始自觉地转换自己的关注点,从中西方宗教观、宗教哲学的比较转向中国宗教观的确立:如何建构符合中国历史文化传统的宗教观。这样的宗教观,需要立足于中国传统文化,把握外来宗教与本土宗教的差异,在现实生活里能引导外来宗教的本土化转型。这就需要在中国发现"宗教"——并不必

[①] 吕大吉主编《宗教学通论》,中国社会科学出版社,1989年。
[②] 吕大吉:《西方宗教学说史》,中国社会科学出版社,1994年。

然与西方宗教一致的生活方式，而且需要赋予与时俱进的时代内涵。2016 年 4 月，全国宗教工作会议明确提出发展中国特色社会主义宗教理论，强调中国宗教坚持中国化方向。站在学者的角度，我们有义务认真梳理"中国宗教"的内涵、特色与核心观念。

从中国文化自身的角度探索中国人自己的宗教观，这在北京大学已有近 30 年的思想历程。早在 1994 年的那次"中美哲学与宗教学研讨会"上，楼宇烈先生发表论文，阐述了中国宗教的若干特点，如：以祖先崇拜为主，神权依附于王权，中国宗教有融合与调和的精神，在教义上强调入世精神，在信仰上重明理、重自悟、重心性修养。1998 年他接受北大哲学系研究生采访时，呼吁建立我们自己的宗教学理论。① 2005 年秋季，在北京大学宗教学系建系十周年之际，笔者着手建设新课"中国宗教史"，既有引导学生综合认识中国历史上各种宗教现象的用意，更有构建有中国特色宗教学理论的意图。楼先生在该课第一讲阐述他对"中国宗教"特色的理解，这是他 1994 年会议发言的升级版，再次强调中国学者应当提出中国自己的宗教观，并从十个方面概括中国宗教的特点。此后他在韩国东亚宗教哲学 2008 年年会等多个场合发表类似观点，引起广泛的共鸣。他的说法概括为以下十点：

第一，从三代以来，在"溥天之下，莫非王土，率土之滨，莫非王臣"观念的主导下，中国从来没有出现过神权凌驾于王权之上的现象。

第二，中国历史上从来没有出现过一个一神的信仰，也没有绝对意义上的天的观念，而是一种多神的信仰。中国人所信仰的神，也没有像西方"造物主"那样的概念。

第三，祖先的崇拜。生前做出贡献的英雄人物，死后就变

---

① 《提出我们自己的宗教学理论来——楼宇烈教授访谈录》，北京大学哲学系《学园》1998 年第 2 期。

成了帝、上帝等，他会保佑和监视他下方的子孙。这些祖先神或圣贤神也不是盲目地保佑他的子孙，而是要看这些子孙是否值得保护。"皇天无亲，惟德是辅。"

第四，在人神关系上，人并不唯神命为听，不相信神有绝对的权力，在处理人神关系上，就如同人际关系一样。康有为曾分析说，西方的宗教可被称为"神道"的宗教，而中国的宗教可被称为"人道"的宗教。中国文化对人伦关系的关注，远过于神人关系。

第五，中国人的宗教信仰具有很强的现世性和功利性。

第六，中国宗教的信仰带有比较浓厚的理性色彩，并非完全感情化的东西。

第七，中国的宗教信仰强调个人内在的自我超越。儒家文化是一种"修身"的文化，即通过"修身"来提升自我、超越自我。

第八，中国的宗教缺乏强烈的传教精神，吸引信徒基本上靠信徒的自愿。

第九，在中国历史上王权对整个宗教比较宽容，允许不同宗教并存。

第十，中国是多民族国家，有大量的民族宗教，形成了中国宗教的多样化。[①]

如何概括中国宗教的特点？在过去的一百年里，学者们有多种声音。1931年王治心概括了五个"中华民族在宗教思想上的特点"：

1. 中华民族在宗教思想上没有入主出奴的成见，信仰有绝

[①] 这篇讲稿以《探求合乎本土文化传统的宗教学研究理论》为题，发表在《中国宗教》2008年第11期。楼先生在韩国的讲稿《探求合乎东亚文化传统的宗教学研究理论》和其他两篇访谈稿（《要提出我们自己的宗教学理论》《建立我们自己的宗教观》），收入《人文立本：楼宇烈教授访谈录》（李四龙编，北京大学出版社，2009）。此处的引文，系经本书作者压缩。

对的自由，所以没有宗教上信仰的争端，外来的任何宗教，莫不宏量的容纳。

2. 中华民族不很注重宗教上的限制，纯凭各个人的自由信仰；所以一个人可以同时信仰几种不同的宗教，没有教权集中的流弊。

3. 中华民族政教分离得很早，古代政治虽不免含着神权的色彩，但政由天启的思想，在周代已经打破了。

4. 中华民族的宗教信仰，不受崇拜仪式所拘束，祭礼的规定，虽不免有徒重形式的流弊，但是儒家设礼，多含着政治和伦理的作用，与祈祷礼拜等宗教仪式不同。

5. 中华民族对天的信仰，虽有若干不同的见解，但是大多数人的心理，莫不承认天为至高无上的精神主宰，为一切伦理道德的根源。①

这段引文的前三点，其实是讲中国宗教的外部环境，后两点主要是谈儒家的祭天祠祖，且有五四运动之后批判儒家的时代特点。牟钟鉴、张践在初版于 2000 年的《中国宗教通史》里，对中国宗教信仰体系做出了系统的叙述，就中国宗教的主体部分给出了"宗法性传统宗教"的定性，并将中国宗教归纳出五个特点：一是原生型宗教的连续存在和发展；二是皇权始终支配教权；三是宗教的多样性与社会的包容性（牟钟鉴后来还以"多元通和"概括中国宗教的关系格局）②；四是人文化和世俗化；五是"官方信仰"、"学者信仰"和"民间信仰"三重结构的衔接与脱节，亦即中国社会不同阶层信仰体系的内在组织关系。还指出汉族与少数民族的宗教信仰

---

① 王治心：《中国宗教思想史大纲》，东方出版社，1996，第 8 - 9 页。
② "多元通和"的概念，主要基于儒家"和而不同"等传统理念，说明中国传统宗教文化的"多元一体"结构，希望达到"多元通和，固本化外"的宗教生态，要以深厚的中华文化作为根基，促成外来宗教文化的中国化。参见牟钟鉴《中国宗教生态的多元通和模式》，《人文宗教研究》第四辑，宗教文化出版社，2014，第 1 - 12 页。

有明显差异。① 其中第一点涉及"原生型宗教""创生型宗教"这组概念，解释了"宗法性宗教"在中国社会的特殊意义。该书作者认为，原始崇拜与氏族组织相结合，这是世界范围内原始宗教的共性，许多国家和地区在贵族等级社会建立以后，原生型宗教随之消失，而为创生型宗教所取代。但是，中国的上古宗教并不是断裂的而是连续的，在私有制形成之后，利用原有的氏族血缘关系，建成以男性血缘为纽带的宗法等级社会，并将宗法制与政治体制保持不同程度的结合，一直延续到民国前夕。这种分析是符合中国历史实际情况的，牟钟鉴认为："原生型的天神崇拜、皇祖崇拜、社稷崇拜与皇权紧密结合，形成宗法性国家宗教。其郊社宗庙制度是国家礼制的重要内容。其尊天祭祖的信仰是中国全社会的普遍的基础性信仰，具有不可动摇的神圣地位。"②

牟钟鉴对中国传统宗教的分析，远比王治心客观和全面，充分重视"宗法性"在中国人宗教生活里不可替代的作用。楼宇烈先生则对中国宗教的人文精神予以深入的阐释，并在私下谈话中向笔者反复强调"中华文化的人文特质"，没有人文特质，哪来人文精神？中国的学问，以正德、利用、厚生为三德。正德，即是提升做人的德性；利用，即是付诸人伦日用；厚生，即是有益于民生事业和个人养生。他认为，我们不应该把学问当作完全对象化的东西，而是与人的生活密切相关，这是中国文化的人文特质。③ 在此基础上，他认为，人文宗教是中国文化中的宗教信仰最根本的特色，儒家要成圣，是人做的；道教要成仙，是人做的；佛教要成佛，也是人做的，都不是靠外在的造物主来拯救我们，是靠自己的努力来拯救自己。④ 在楼先生概括的中国宗教十个特点里，第二、三、四、七点，集中反映了他的"人文宗教"思想，强调了"修身"在中国宗教的

---

① 参见牟钟鉴、张践《中国宗教通史》，第917-924页。
② 牟钟鉴、张践：《中国宗教通史》，第917-918页。
③ 参见楼宇烈《中华文化的人文特质》，《人文宗教研究》总第十辑，第1-27页。
④ 楼宇烈：《中华文化的人文特质》，《人文宗教研究》总第十辑，第19页。

人神关系中所起的关键作用。有时他还说:"宗教问题归根结底就是人文的问题,因为所有的宗教最终都要解决人的问题。"①

在研究中国传统文化的学术圈里,学者们大多知道,古代中国的"神",其内涵不同于西方宗教所讲的 God。唐君毅在《中国文化之精神价值》里说,中国宗教思想的特质表现为三个方面:人神之距离小,以祖考配享上帝或天,天帝有仁爱体恤之德。② 该书完成于 1951 年,他认为孔子是"继天道以立人道","儒家之教包含宗教精神于其内,既承天道以极高明,而归极于立人道,以致广大,道中庸之人文精神所自生。故谓儒家是宗教者固非,而谓儒家反宗教、非宗教,无天无神无帝者尤非"。他接着给出"人文宗教"的说法:

> 儒家骨髓,实唯是上所谓"融宗教于人文,合天人之道而知其同为仁道,乃以人承天,而使人知人德可同于天德,人性即天命,而皆至善,于人之仁心与善性,见天心神性之所存,人至诚而皆可成圣如神如帝"之人文宗教也。③

唐君毅的人文宗教观,实质上是基于对"宗教精神"的肯定而对"儒家骨髓"所作的新概括。他说:"世之论者,咸谓中国无宗教,亦不须有宗教。然如宗教精神之特征,唯在信绝对之精神实在,则中国古代实信天为一绝对之精神生命实在。"在中国历史上,如"在宋明儒思想中,天人交贯,宗教融于道德,宗教终不成独立之文化领域",而在现实中,他希望"分开此天与人,亦即再分开道德与宗教,使宗教重成为社会文化之一领域","吾理想中未来之中

---

① 楼宇烈:《中国人的人文精神》,北京联合出版公司,2020,上册第 111 页。
② 唐君毅:《中国文化之精神价值》,广西师范大学出版社,2005,第 21-27 页。该书完成于 1951 年,初版于 1953 年春。
③ 唐君毅:《中国文化之精神价值》,第 39 页。

国文化，亦复当有一宗教"。① 在他的这些文字里，我们不仅能感受到康有为的悲情，也能体会到黑格尔"绝对精神"的哲思。尽管他的"人文宗教"观局限于儒家思想，但其"融宗教于人文"的说法，揭示了人文宗教的特点贵在"人文化成"。

不过，本书所要阐述的"人文宗教"，并不局限于儒家，而要泛指整个中国信仰体系，既有对天地君亲师的祭祀，也包括这种祭礼所蕴含的人文精神在民间信仰体系乃至外来宗教中国化过程中的表现方式。

二　中国宗教的三大领域

在对应"宗教"这个外来词的过程中，中国学者对"中国宗教"的理解，并不同于历史上的传教士，也不同于外国学者，与政府管理部门宗教工作的范围亦不完全一致。政府管理部门，主要着眼于社会治理，把宗教作为现实中的社会现象看待。但学者并不仅仅把宗教看作社会现象，同时也是历史事件，属于政治史、思想史、文化史、哲学史，甚至是心理学和价值观的表现形式。

1. 传统宗教生活

这部分内容贯彻整部中国宗教史，但为了方便研究，本节主要关注佛教传入以前的中国传统宗教生活。佛教传入中国是在两汉之际。中国佛教界历来信守"明帝感梦求法"的故事，认为东汉明帝在永平七年（64）派出使臣西行求法，三年后白马驮经，把佛教请到当时的京城洛阳。② 现代学者还流行"伊存授经"的说法，西汉哀帝元寿元年（公元前2），一位汉朝的博士弟子在大月氏王使伊存

---

① 唐君毅：《中国文化之精神价值》，第385-386页。
② 此说可见于《四十二章经序》、《牟子理惑论》、王浮《老子化胡经》（北周甄鸾《笑道论》引文）等多部古书。但对明帝遣使的时间、使臣返回洛阳的时间，各书记载并不相同。现在常用（宋）志磐《佛祖统纪》卷三十五《法运通塞志》的说法。参见任继愈主编《中国佛教史》第一卷，中国社会科学出版社，1981，第94-105页。

那里听到了佛经。① 后一种说法只有考据的意义，并不能断定佛教传入了当时的中国，因为佛教的传播需要佛法僧三宝具足。但笼统地说，在两汉之际中国人开始有能力识别"佛教"，将之视为另外一种事神致福的道术，一种有别于本土传统的生活方式。

这是中国宗教史上最重要的时间节点之一：在两汉之际，中国人的思想观念、生活方式，以及他们的知识体系、神灵谱系与信仰世界，有了相对统一的形式与内容。古代中国人一旦有了自己的正统宗教或古典宗教，就容易识别出不属于自己的外来宗教信仰。

而对本土的宗教传统，牟钟鉴"宗法性传统宗教"的概括很有价值。他说："中国宗法性传统宗教以天神崇拜和祖先崇拜为核心，以社稷、日月、山川等自然崇拜为羽翼，以其他多种鬼神崇拜为补充，形成相对稳固的郊社制度、宗庙制度以及其他祭祀制度，成为中国宗法等级社会礼俗的重要组成部分，是维系社会秩序和家族体系的精神力量，是慰藉中国人心灵的精神源泉。"② 这个说法，是以敬天法祖或祠天祭祖作为中国传统宗教生活的核心内容，即以儒家的丧祭礼为主轴。在此作为"羽翼"与"补充"的自然崇拜与鬼神崇拜，在中国宗教的发展过程中，实际上发挥了基础性的根本作用：中国宗教的原初形态是一系列的巫术活动。李泽厚认为，中国的早期文化存在一个"巫史传统"，西周初年，周公旦的"制礼作乐"，最终完成了"巫史传统"的理性化过程，"奠定了中国文化大传统的根本"。③ 这个结论解释了儒家礼教的起源，并不意味着"巫"就此退出中国人的精神生活。事实上，"巫"转而以方术或道教法术、民间巫术等形态一直在中国社会产生持久的影响。

---

① 此说依据《三国志》注引的《魏略·西戎传》。参见汤用彤《汉魏两晋南北朝佛教史》，中华书局，1983，第34－36页。
② 牟钟鉴、张践：《中国宗教通史》，序页第5页。牟钟鉴在1989年出版的《中国宗教与文化》（巴蜀书社）中提出了"传统宗法性宗教"或"宗法性宗教"概念，其在1995年台北出版的《中国宗教与文化》（唐山出版社）里，还收录了《中国宗法性传统宗教试探》。
③ 李泽厚：《由巫到礼 释礼归仁》，三联书店，2015，第21页。

在两汉之际，刘向（约公元前77—前6）、刘歆（约公元前53—公元23）完成的《七略》，代表了当时官方的知识体系，礼教与方术在其中的主次配伍已有明确的规定。所谓"七略"，核心是"六略"：六艺略、诸子略、诗赋略、兵书略、术数略、方技略。还有一个"辑略"，实为总论。该书目的大概内容可见于《汉书·艺文志》，儒家六艺位居第一，术数、方技两大类被放在最后，但其篇幅不小，总卷数高达3396卷，占六略总数的25.5%，超过六艺略的3123卷；若以流派计算，术数、方技两略共有226家，占六略总数的37.9%，是六艺略的两倍多。所以，葛兆光在《中国思想史》里感叹，以往思想史研究只关注"六略"的前三类，而现在的出土随葬文献表明，相当大的部分恰恰是后三类，天象星占、择日龟卜、医方养生、兵家阴阳的知识，在当时的"生活世界中占了相当大的分量"。① 这个知识体系，是以儒家为主导的，同时保留了方术的地位，体现了两汉之际确立起来的中国人传统的宗教生活。"术数"包括天文、历谱、五行、蓍龟、杂占、形法，属于古代研究"天道"的学问，"方技"包括医经、经方、房中、神仙，被认为是研究"生命"的学问。② 现在常说的风水、算命，属于术数；养生、治病，属于方技，但其最高境界是修成神仙，"保性命之真"。《汉书·艺文志》以"诞欺怪迂"四字批评神仙之学，谓之"非圣人之教"，但这个挨批的神仙之学是此后道教的发展方向，是古代中国人重要的人生理想之一。

《诗》《书》《礼》《乐》《易》《春秋》所确立的宗教生活，③ 属于中国人的"正统宗教"，也可以说是"古典宗教"，与宗法制紧密结合，并由官方推行。詹鄞鑫认为，正统宗教的产生时代，应定于商周之际，而在汉代则完成了它的定型化过程。他说："在正统

---

① 葛兆光：《中国思想史·导论　思想史的写法》，复旦大学出版社，2001，第102页。
② 参见李零《中国方术考》（修订本）绪论，东方出版社，2001，第19页。
③ 这一表述，并不暗示六艺是古代中国的宗教经典，而只是说明六艺包含涉及宗教生活的思想内容。

宗教定型化的过程中，理论上是以周制为规范，实际上已经过许多人手的改造。战国儒家为第一手，战国阴阳星相道家为第二手，秦汉方士等为第三手，东汉郑玄等为第四手。因此，所谓周制实际上是汉制，此后虽有王肃等与郑玄发生对立而有一些局部调整，但总体上却大体定型了。正统宗教的理论化和定型化，意味着正统宗教在汉代已经完全成熟了。"① 在这样的发展脉络里，"正统宗教"的定型化，还包括汉代儒学的宗教化（中国哲学史教材一般称之为"神学化"），具体表现为两汉之际流行的"谶纬"。谶，验也，以诡秘的图形或文字预言，验之于后，即"谶语""谶书"或"图谶"；纬，围也，配合儒家经书的辅助文献，即"纬书"，主要杂以阴阳五行、灾异感应之说。有关谶纬文献的起源，众说不一，但大多赞同《后汉书·张衡传》里"成于哀平之际"的说法，也就是西汉末年汉哀帝（公元前7—前1）、汉平帝（前1—公元5）时期。而到王莽新政（9—23）、光武中兴（25—57）都很善于利用图谶，儒生当时大多热衷于此。这批谶纬文献，是以经学附庸的方式出现，神化孔子，以阴阳五行掺杂儒学与术数。② 佛教传入中国的时候，正是"谶纬"这种儒学形态大行其道的两汉之际。传说中遣使求法的汉明帝（57—75），亦是一位热衷谶纬的皇帝。

所以，两汉之际的中国人宗教生活，主要包括：礼教（以祠天祭祖为主）、方术（以阴阳五行为理论依据）、谶纬（以符命感应为关键内容）。此时传入的佛教，是在这样的知识背景下被识别出来，并在同样的背景下被理解与吸收。若要追溯这些"中国传统宗教生活"的源头，必须指向"巫"及其各种活动，即"巫术"。李零对此做出了迄今最系统的研究，在他看来，巫术、方术和礼仪合在一起，构成了我们讨论中国早期宗教的三个不同视角。③ 他说："礼

---

① 詹鄞鑫：《神灵与祭祀：中国传统宗教综论》，江苏古籍出版社，1992（2000年第2次印刷），第16页。
② 参见钟肇鹏《谶纬论略》前言，辽宁教育出版社，1991。
③ 参见李零《中国方术续考》，东方出版社，2000，第131页。

仪、方术脱胎于'巫术',但反过来又凌驾于'巫术'之上,限制压迫'巫术'。"① 李泽厚所说的"巫史传统",是指从巫术演化出礼教的理性化过程,而在巫术发展成方术的过程中,阴阳五行的思想得以充分发挥,这是一个规范化的过程,但其思想渗透到汉代经学里,形成谶纬文献,似又表现出神秘化的倾向。巫术最初备受推崇,主要功能是治病、占卜与祭祀,其从业人员的素质也很高,甚至享有君主一样的地位,但到后来,巫术只能在民间流传,巫觋也变得没有地位,受人歧视。

这种传统宗教生活,与国家的政治礼制合为一体,形成"礼教",相当于属于官方的正统宗教,在史书里常以"礼志""郊祀志"等形式出现,② 这是一种特殊形态的政教合一体制。③ 方术、巫术等其他形态的宗教生活,虽然也有可能得到官方的支持,有时依附道教发展,但始终处在民间或方外(出世)的层次上,主要与民间社会生活融为一体。

2. 以佛教为代表的外来宗教

佛教传入中国以后,融入了中国社会,改变了中国人的宗教生活结构。一方面,中国佛教有其本土化的过程,与印度佛教有所不同;另一方面,佛教对中国文化产生了全方面的影响,中国文化在历史上有佛教化的因素。有关彼此的互动影响,研究成果很多,譬如方立天《中国佛教与传统文化》,系统讨论了佛教与中国政治、中国伦理、中国哲学、中国文学、中国艺术、中国民俗等的关系。

两汉之际佛教的传入,仅有历史叙事的象征意义。佛教真正意义上的传入传播,始于佛经的翻译与解释。这必须借用中国传统的概念:佛教史上所谓的"格义"。从东汉晚期到东晋末年,经过250

---

① 李零:《中国方术续考》,第75页。
② 参见詹鄞鑫《神灵与祭祀:中国传统宗教综论》,绪论第4页。
③ 这套合一体制非常特殊:一方面祭祀等宗教活动完全依附国家所规定的祀典或礼制,另一方面没有统一的信仰对象,从天子到地方官员的祭祀对象各不相同。而且,荀子这样的儒生只把这种祭祀看作礼制的组成部分,并没有信仰鬼神的宗教色彩。

年的佛经翻译，逐渐形成了自成一体的汉语佛教经典系统，并有相应的中国注释和讲经体例，乃至出现"汉语大藏经"，在隋唐时期陆续出现了中国佛教宗派。禅宗、天台宗、净土宗、华严宗等宗派，无论在理论框架上，还是在修行方法上，都有鲜明的中国特色。佛教在中国的传播，特别是在民间社会，大多彰显儒家的核心价值。譬如，中国佛教高调宣扬"目连救母"等佛门的孝亲故事，到了宋代甚至还有禅师提出"孝为戒先"这样的口号。

在此先以《隋书·经籍志》为例，略说佛教对中国古代知识体系与精神生活的重要影响。缘于大规模的中外文化交流，中国人在隋唐之际的知识体系已有重大变化，集中表现为从《汉书·艺文志》的"六略"过渡到《隋书·经籍志》的"四部二录"。经史子集的分类法，主要是中国文化内部自身发展的结果，确立儒家经典的核心地位，把子书当作儒经的附庸，并把术数、方技这些实用知识归入子书。① 经历了魏晋南北朝佛教的大规模传播，佛教已嵌入中国人的知识体系中。《隋书·经籍志》，从中国宗教史的角度来看，最重要之处是在"四部"之后附有道、佛两录，构成"四部二录"的知识体系：经部（十类）、史部（十三类）、子部（十四类）、集部（三类），道经（四类）、佛经（十一类）。《汉书·艺文志》术数、方技类的重要性已明显下降，而整合各类方术并将之纳入神灵世界的道经，则在《经籍志》里得以单列在四部之后。"佛经"部分，展现了中国文化对外来宗教的吸纳。更有意思的是，史部、子部还有一些佛教书籍，譬如僧传、僧人文集。也就是说，这些僧人的生平思想得到了中国主流社会的接纳。

若从《经籍志》所记的图书篇幅与传抄数量来看，佛教在当时具有超过儒家经典的广泛影响力。该书记载当时佛经有1950部，6198卷；道经有377部，1216卷；四部经传总共3127部，36708卷。佛教文献体量之大，可见一斑。该志还说，隋代"京师及并

---

① 参见李零《中国方术考》（修订本），第10页。

州、相州、洛州等诸大都邑之处，并官写一切经，置于寺内；而又别写，藏于秘阁。天下之人，从风而靡，竞相景慕，民间佛经，多于六经数十百倍"。① 由此可见，当时佛教的流传，已经改变了中国社会的日常生活与知识结构。作为一种外来宗教，佛教的这种影响力，引发了与儒家伦理主导地位、与道教本土资源的冲突，"排佛"的论调不时出现。

但是，佛教融入中国文化、对中国社会的正面影响，远超当时的各种排佛论。佛教思想与中国本土文化相结合而形成的佛教宗派，对士大夫的精神世界和普通百姓的日常生活产生了深刻的影响。儒、释、道三家在分歧之中相互沟通，到唐代中期，三教合流已成定局，而到明代，这个思想成了中国人的主流意识形态，佛教变成了中国传统文化的主流形态之一。不仅如此，这些佛教宗派还传到朝鲜、日本、越南等地，成为中国历史上文化软实力的重要组成部分，特别是在唐宋时期促成了中国成为东亚地区的思想文化中心。

佛教在更深层次上的影响，还在于促成了新的风俗习惯，开拓了非公非私的民间社会，像浴佛节、腊八节等这些民俗节日都与佛教信仰有关。农历四月初八是纪念佛陀降生的浴佛节，是佛教最重要的"圣诞节"。腊月八日是纪念释迦太子觉悟成佛的节日，在某种意义上是佛教在印度正式创立的纪念日，在中国社会形成了喝腊八粥的习俗，传说佛陀在菩提树下觉悟前接受了牧羊女布施的粥。类似这样与佛教有关的节日和风俗，还有很多。佛教对民间日常生活产生巨大的影响，其重要原因是佛教有寺院。诚如许理和所言，佛教传入中国，不仅意味着某种宗教观念的传播，同时还是一种新的社会组织形式即僧伽（Sangha，或译僧团）的传入。② 僧团是佛

---

① （唐）魏徵、令狐德棻：《隋书》卷三十五《经籍四》，中华书局，1973，第1099页。
② 〔荷兰〕许理和：《佛教征服中国：佛教在中国中古早期的传播与适应》，李四龙、裴勇等译，江苏人民出版社，2017，第2页。

教徒的共同体，包括出家人和在家信徒，但以出家人为主导，这使中国出现了专门供僧人修行的道场，即寺院。寺院的出现，在很大程度上改变了中国社会的传统结构：寺院是有别于宗族的公共空间，但又不在王权的政治秩序里，属于真正意义上的社会力量。"王权—寺院—宗族"的三方博弈，在佛教传入中国的早期，几乎从不间断。北朝的两次法难，北魏太武帝、北周武帝的灭佛，是这种较量的极端表现。伴随寺院在中国社会扎根的过程，道教从南北朝开始大量兴建自己的道观，① 公共的社会空间缘此逐渐放大。从唐朝开始，从中央到地方逐渐建立祭祀孔子的文庙，② 这种文庙系统的下移为儒学的发展创造了有利条件。民间同时出现了祭祀各种行业神、土地神等的场所，地方祠祀逐渐规范化，中国社会的自组织能力有了质的飞跃。在这场意义深远的社会变革中，佛寺发挥了重要的领头羊作用。

除了佛教，中国历史上还有祆教、摩尼教、景教（也里可温教）、伊斯兰教、天主教、印度教、犹太教等外来宗教，它们对中国社会的影响程度不一。陈垣在1917—1923年写就著名的"古教四考"——《元也里可温教考》（1917）、《开封一赐乐业教考》（1919）、《火祆教入中国考》（1922）、《摩尼教入中国考》（1923），为中国历史上非主流的外来宗教研究开拓了全新的学术格局。

祆教和摩尼教来自波斯。祆教、火祆教，俗称"拜火教"，即琐罗亚斯德教（Zoroastrism），亦称"马兹达教"（Mazdaism），约在

---

① 从南朝刘宋开始，道教开始兴建用于道士共同生活、修行的"观"。柏夷（Stephen Bokenkamp）研究了早期灵宝经所体现的"寺观崇拜"，观察到其中从个人冥修精舍到公共祭祀殿堂的转变。他就此提出了一个重要概念 Chinese Monasticism，国内学者译之为"寺院主义""修道主义"或"寺观主义"，其主要内涵是指与佛寺出家制度有关的修行倾向，最终表现为道馆宫观的兴建。参见〔美〕柏夷《早期灵宝经与道教寺院主义的起源》，孙齐译，《道教研究论集》，孙齐、田禾、谢一峰、林欣仪译，中西书局，2015，第40-69页。该文原文：Stephen R. Bokenkamp, "The Early Lingbao Scriptures and Origins of Chinese Monasticism," *Cahiers d'Extrême-Asie* 20（2011）：95-126.

② 参见雷闻《郊庙之外：隋唐国家祭祀与宗教》，三联书店，2009，第61-72页。

公元前 1 千年起源于波斯，是古波斯的主流宗教。该教在阿契美尼德王朝（公元前 539—前 331）被列为国教，到萨珊王朝（224—651）重立琐罗亚斯德教为国教，其影响波及中亚地区。① 现在很多人了解这个宗教，是因为尼采的名著《查拉图斯特拉如是说》或《苏鲁支语录》。该教创始人琐罗亚斯德，又称"查拉图斯特拉"（Zarathustra），古译"苏鲁支"（Zoroaster）。据专家考证，祆教创立后不久就传到了中亚锡尔河、阿姆河一带，在公元前 4 世纪前后传入中国新疆地区。② 至于传入中原的时间，专家的意见并不一致，但倾向于西晋末年，即 3 世纪末 4 世纪初已由粟特商人传入。③ 北魏后期及北齐、北周皆有祀胡天的记载，"胡天"即指祆教的崇拜天神。到唐高祖时，长安已有祆神庙。唐武宗会昌灭佛（845）时，祆教同时被灭。在中国流传的祆教，已非正统的波斯祆教，而是掺杂了许多中亚民俗的祆教，近年在中国陆续出土祆教徒的墓葬。④ 但总体而言，祆教对中国主流社会的影响不大。粟特人在华逐渐汉化，并皈依佛教，他们的祆神信仰在中国也就随之消失。⑤

摩尼教，公元 3 世纪中叶由波斯人摩尼（Mani，216 - 277）创立，混杂了祆教、犹太教、佛教、景教等教义而成。这个宗教因为金庸武侠小说出现"明教"而为当代中国人熟悉。摩尼自命为"光明使者"（frēštagrōšan），在得到波斯王沙普尔一世（Shapur I）的皈依后，四处传教。但在这位国王去世以后，摩尼教立即遭到了迫害，波斯境内全面恢复琐罗亚斯德教。摩尼本人被捕入狱，后被钉死在十字架

---

① 参见龚方震、晏可佳《祆教史》，上海社会科学院出版社，1988。
② 李泰玉主编《新疆宗教》，新疆人民出版社，1989，第 14 页。
③ 参见荣新江《祆教初传中国年代考》，《中古中国与外来文明》，三联书店，2001，第 291 - 293 页。在此之前，陈垣《火祆教入中国考》认为："中国之祀胡天神，自北魏始。"唐长孺《魏晋杂胡考》认为，后赵时期（319 - 351）所奉的"胡天"，即是西域的祆神，祆教入华的时间因此在公元 4 世纪前半叶，始于十六国初期。另见林悟殊《波斯拜火教与古代中国》，新文丰出版公司，1995。
④ 参见沈睿文《中古中国祆教信仰与丧葬》，上海古籍出版社，2019。
⑤ 参见荣新江《粟特祆教美术东传过程中的转化：从粟特到中国》，《中古中国与外来文明》，第 319 页。

上，摩尼教徒只能四处流亡传教，该教缘此在中亚西域广泛流传。

伯希和、沙畹《摩尼教流行中国考》，陈垣《摩尼教入中国考》均据《佛祖统纪》卷三十九记载，武则天延载元年（694）"波斯国人拂多诞持《二宗经》伪教来朝"，认为这是摩尼教入华的最早记录。① 这是摩尼教入华的文献记载，民间传入的时间还应提前。张星烺质疑说："祆教在后魏时已入中国，景教、回教皆以唐太宗时入中国，何摩尼教迟至唐武后时始入中国耶？"②

该教传入中国以后，开元二十年（732）唐玄宗因其"本是邪见，妄称佛教，诳惑黎元"，即加禁断。③ 安史之乱（755—762）以后，唐朝请回纥出兵相助，回纥后把他们的国教摩尼教带入中原，在唐朝广为传播，先后在长安、荆州、洪州、越州、扬州、太原府和河南府等地兴建摩尼寺。唐代宗曾给摩尼寺赐额"大云光明"，允许各州设立"大云光明寺"。唐武宗会昌灭佛，摩尼教同时被灭，从此转入地下，流入民间，渐以"明教"之名流传于世，成为一种民间宗教。如在温州，宋时有信奉明教的传统，而到元代颇为盛行。在元代东南沿海地区（今福建、浙江两省），摩尼教还被称为"苏邻国之教""苏邻法"④。在福建泉州草庵，至今还有"清净光明、大力智慧、无上至真、摩尼光佛"的大字石刻。2008年10月以来，在福建省霞浦县柏洋乡上万村发现大量宋元明清明教文献和文物，且在当地还发现有活态的明教科仪和度牒。但这些保存下来的摩尼教元素，已经高度佛道教化和民间化。⑤

景教（Nestorianism），亦称大秦教，是早期基督教的异端聂斯

---

① 参见林悟殊《摩尼教及其东渐》，中华书局，1987。
② 张星烺编注《中西交通史料汇编》第3册，中华书局，1978，第150页；马小鹤：《摩尼教与古代西域史研究》，中国人民大学出版社，2008。
③ 参见（唐）杜佑《通典》卷四十，（宋）赞宁《大宋僧史略》卷下，（宋）宗鉴《释门正统》卷四，（宋）志磐《佛祖统纪》卷五十四。
④ 林悟殊：《中古三夷教辨证》，中华书局，2005，第150页。
⑤ 参见杨富学、李晓燕、彭晓静《福建摩尼教遗存踏查之主要收获》，《宗教学研究》2017年第4期。

托利派（Nestorian）。景的意思是"大""光明"，取《新约》光照之义。聂斯托利（Nestorius, c.386 – c.451），古叙利亚人，428 年被东罗马帝国皇帝狄奥多西二世（Theodosius Ⅱ, 401 – 450）任命为君士坦丁堡宗主教，但他主张耶稣的神性与人性并未合于一位，玛利亚仅生育耶稣之体，乃纯人之母，不能被尊为"圣母"。431 年以弗所（Ephesus）宗教大会把他的基督论判为异端，东罗马皇帝认可这个结论，435 年聂斯托利被流放到埃及。他的信徒出逃波斯，得到波斯皇帝卑路斯一世（Firus, 435 – 489）的保护。498 年前后，聂斯托利派在波斯成立完全独立的基督教会，并由波斯逐渐向东传教，以至中国。①

该教最初被视为"波斯教"，后来更名"大秦教"。《唐会要》卷四十九"大秦寺"条记载："天宝四载九月，诏曰：波斯经教，出自大秦，传习而来，久行中国。爰初建寺，因以为名。将欲示人，必修其本。其两京波斯寺，宜改为大秦寺；天下诸府郡置者，亦准此。"该教入华的历史研究，得益于约明代天启五年（1625）在西安出土的《大秦景教流行中国碑》。据碑文记载，唐贞观九年（635）阿罗本来到长安，唐太宗命房玄龄接待，并在京师建造大秦寺。传入的通道，主要还是出于商贸目的经由西域的"丝绸之路"。历史上的景教徒擅长经商，这也是他们与明清之际天主教会显著不同的地方。景教徒的传道方法，则类似后来的耶稣会士，他们往往拥有丰富的天文学知识，借助希腊的医学医术，并有实际的治疗效果，同时"广造奇器异巧"，吸引中国人的兴趣。② 唐武宗会昌灭佛时，殃及景教。不过，景教一直在中亚一带流传。随着蒙古族入主中原，并对景教徒采取怀柔政策，景教在元代得以兴盛，但已改称

---

① 参见朱谦之《中国景教》，商务印书馆，2017，第 8 – 13、22 – 24、27 – 28 页。
② 参见朱谦之《中国景教》，第 61 – 62 页。现存景教文献较多，罗马教廷藏有大量景教文献，汉语景教文献主要有《大秦景教流行中国碑》《序听迷诗所经》《一神论》《大秦景教三威蒙度赞》《尊经》《志玄安乐经》《大秦景教宣元至本经》《大圣通真归法赞》等。参见翁绍军校勘并注释《汉语景教文典诠释》，三联书店，1996；徐晓鸿编著《唐代景教文献与碑铭释义》，宗教文化出版社，2020。

"也里可温教"(ärkägün)。① 当时被称为"也里可温"的教徒,有些是来自欧洲的天主教徒。

元代景教极盛之后归于衰亡,直到明末利玛窦等耶稣会士入华,基督教才再次到中国传教。明清之际的传教士,代表罗马天主教。此时的世界已进入西欧主宰的航海时代,东西方文明的相遇,同时也是两种不同宗教观的首次真正碰撞。

伊斯兰教,在中国历史上有不同的称呼,唐宋时称"大食法",元代称"回回教门",明代又称"天方教""回回教",明清之际称"清真教",清代主要称"回教"。② 该教以《古兰经》为根本经典,穆罕默德610年因得到安拉的启示而创立。有关伊斯兰教传入中国内地的时间,有多种说法,现大多采纳唐高宗永徽二年(651)的说法。③ 伊斯兰教传入中国,主要有两条路线:一条由中亚传入天山南路,逐渐传入中国北方,在甘肃、西安一带设立寺宇;另一条由大食从海路传入中国南方,在广州及沿海地区建立寺宇。

在元代已有"回回遍天下"的说法,当时的伊斯兰教制度发生新的变化,由唐宋时期的"番坊制",发展成为较完善的"三掌教制",清真寺设三种不同的职务,教长(协调清真寺所有事务)、赞教(协助教长工作)、宣教(负责召唤穆斯林到清真寺按时礼拜),初步完成了从外来宗教到本土化宗教的转化过程。④ 明代朝廷对伊斯兰教的政策较为包容,明末清初有一批穆斯林学者,积极探索伊斯兰教的中国化,北方兴起经堂教育,南方则以南京、苏州为中心

---

① 参见朱谦之《中国景教》,第 178-179、189 页。
② 1956 年 6 月,国务院颁发《关于"伊斯兰教"名称问题的通知》,由于中国不仅有回族信奉伊斯兰教,还有维吾尔、哈萨克、乌兹别克、塔吉克、塔塔尔、柯尔克孜、东乡、撒拉、保安等九个民族信奉伊斯兰教,因此不再使用"回教"的说法。
③ 杜佑《通典·西戎五·大食》,新旧《唐书·大食传》和《册府元龟》,均谓永徽二年,大食始遣使朝贡。参见陈垣《回回教入中国史略》,《明季滇黔佛教考(外宗教史论著八种)》上册,河北教育出版社,2000,第 215-216 页。
④ 参见秦惠彬《中华文化通志·伊斯兰教志》,上海人民出版社,1998,第 219-221 页。

出现了以王岱舆（约1584—1670）、刘智（约1655—1745）为代表的"以儒诠经"，形成现在所说的"回儒"，主张"二元忠诚"，既忠于真主又忠于君王。这标志着伊斯兰教从制度、教义到教育方式都在进行中国化的调整。

作为基督教和伊斯兰教源头的犹太教，在中国历史上也有传播，但影响很小。陈垣《开封一赐乐业教考》推测，犹太教可能在唐代已经入华。不过，在他看来，开封犹太族非宋以前所至；犹太族之见于汉文记载者，莫先于《元史》；"一赐乐业"之名，起于明中叶。①

作为印度的主流宗教，印度教在中国的影响远不能与佛教相比，但也有不小的影响。印度教在汉地建庙，始见于《唐大和上东征传》。唐天宝九载（750），鉴真（688—763）发现广州"有婆罗门寺三所，并梵僧居住。……江中有婆罗门、波斯、昆仑等舶，不知其数；并载香药、珍宝，积载如山"。② 黄心川《印度教与中国文化》介绍了印度教传入中国的四条路线（丝绸之路、海上丝绸之路、滇缅山路、尼泊尔山路），梳理了中国保存婆罗门教或印度教的史料和文物，认为印度教对道教、瑜伽术对气功都有一定的影响。③

从以上这些外来宗教的经历来看，凡能像佛教那样经历"华化"或"中国化"，就相对容易在中国扎根，否则难以存活，至少很难有影响。伊斯兰教在中国的发展，与其主动进行中国化的努力密不可分。摩尼教虽在历史上遭禁，但在民间还是一种活的宗教形态，主要由于它的高度中国化，与福建、浙江地区的民间佛道教信仰融为一体。中国社会接受外来宗教的前提，是外来宗教能认同中国的本土文化。中国文化讲究"和而不同"，相信"殊途同归"，喜欢不同文化的相互包容，而不喜欢以一种文化替代另一种文化。

---

① 参见陈垣《开封一赐乐业教考》，《明季滇黔佛教考（外宗教史论著八种）》上册，第82-84页。
② 〔日〕真人元开：《唐大和上东征传》，汪向荣校注，中华书局，2000，第73-74页。
③ 黄心川：《印度教与中国文化》，《古代印度哲学与东方文化研究》，中国社会科学出版社，2018，第372-381页。

3. 民间宗教信仰

民间宗教与民间信仰，有其约定俗成的用法，前者更多涉及有组织的宗教活动，后者可能仅仅是有宗教色彩的民俗活动，既没有明确的、统一的教义，更没有成形的组织形态。泛泛而论，上古时期的占卜、祭祀等，以及后来演化出来的神仙、方术思想，亦可称为"民间宗教信仰"。但在本书的讨论中，我们约定"民间宗教信仰"作为相对于"官方宗教"的概念，并以神灵谱系的出现为要素。参照马西沙、韩秉方《中国民间宗教史》（上海人民出版社，1992）等重要研究成果，本书采纳民间宗教四阶段的历史分期。

从东汉末年民间道教的兴起，到南北朝时期大乘教、弥勒教等佛教异端的出现，是中国民间宗教的第一阶段，主要依附道教；从南北朝到北宋时期白莲教的出现，是第二阶段，主要依附佛教、摩尼教；第三阶段是从南宋到明代中期，主要是白莲教的发展与蜕变；第四阶段是从明正德年间开始，罗清（1443—1527）创立罗教，撰写专门演绎教义思想的"五部六册"，从此以后，中国出现了数以百计的宝卷系民间宗教。[①] 白莲教的知名度很高，有文化的中国人几乎全知道，但其名声不好，通常被当作历史上的"邪教"。其实，这个形象是逐步形成的，白莲教有一个形象蜕变的历史过程。茅子元（1069—1166）创立之初，依据天台宗与净土宗思想，主张念佛拜忏，称念阿弥陀佛，往生西方净土，现在看来属于正统的佛教流派，但他只传在家信徒，广建白莲忏堂，自成一体，影响极大。在元末，白莲教的名号被民间盗用，居然变成以弥勒佛下凡为口号，成为反叛元朝的一面旗帜，乃至明清两朝农民造反还以"白莲教"之名。这个蜕变过程很有意思，能反映出民间宗教，特别是后来演变为有一定反政府色彩的民间秘密宗教的由来。真正意义上的民间宗教，应集中到罗教及其以后的发展。

---

① 参见韩秉方《中国的民间宗教》，汤一介主编《中国宗教：过去与现在》，北京大学出版社，1992。

罗教成立于明朝中期，其重要之处，在于有了自己的经典系统，即"五部六册"。中国社会有崇拜经典的传统心理，给自己的思想或信仰编撰经典，这在中国民间有着悠久的历史。罗教赢得了民众的青睐，后来的民间宗教大多仿效罗教编撰宝卷，介绍它们的世界观、伦理观、神灵谱系与宗教理想，形成以"无生老母"为最高神、以"真空家乡"为终极理想的基本教义。这套教义，实质上是以儒释道三教合流为思想基调，以归儒宗孔为正统，与当时民间讹传的"白莲教"划清界限，以禅宗的明心见性或道教的性命双修等为法门，杂糅民间方术或气功，追求自己的理想境界。

相对于有组织的民间宗教，民间信仰的研究困难重重。

首先是数量众多，像关公信仰、妈祖信仰已经是非常突出的重要现象，各地的民间信仰大大小小，实在难以统计。李天纲在《金泽：江南民间祭祀探源》里说，在金泽这个上海郊区的小镇上就供奉70多位"老爷"，比较著名的有：东岳大帝、岳王、杨震、刘猛将、二王（李冰、李二郎父子）、五路神、城隍、关帝等。[①]

其次，民间信仰通常没有经典，甚至连口传资料也很少，这对依赖文献的学术研究来说是一种严重的缺陷。这意味着，民间信仰研究必须借鉴社会科学的方法，田野调查、数据采集、调研访谈等是必不可少的研究环节。面对大量正在消失的民间信仰，如何走出这种文献匮乏的困境已经迫在眉睫。王国维当年提出"二重证据法"，主张传世文献和出土文献相结合。现在史学界还提出多种不同的"三重证据法"，譬如考古学界主张加入"出土文物"，有的学者则把出土文献与文物合为一项，另增一项田野调查，注重民间口传的文化传承。民间信仰的研究也在使用这样的"三重证据法"，田野调查不仅包括民间的口传叙事，还包括社会学意义上的调查统计、人类学意义上的生活方式和社会身份或亲属关系考察，甚至还

---

① 参见李天纲《金泽：江南民间祭祀探源》第二章"众教之渊：金泽镇诸神祠"，第93－161页。

要探究被访谈人的心灵世界。当然，还有一种困难是，民间信仰常被当作"迷信"，有关民间信仰的研究因此也被认为没有多少价值。先且不论民间信仰是否属于迷信，即使真是"迷信"，同样也有学术研究的必要，如容肇祖的《迷信与传说》、许地山的《扶箕迷信的研究》。这就好像我们有必要研究"谣言"的性质和传播规律，因为其中反映了民风民情和社会心理。

研究民间信仰，好比是研究我们的日常生活。学者作为当地的局外人，发现了许多当地人"日用而不知"的事情。这种局外人的身份，首先源自专业的学术训练，学者总是带着一堆不断被打破的理论框架去调研。费孝通写《乡土中国》，他的身份是当地人，但他的头脑里有英国人类学的分析框架。其次是因为学者的外乡人身份，特别是海外汉学家能从中国人意想不到的视角讨论中国人的宗教观，譬如讨论烧纸钱、修仙在中国人宗教生活中的意义。① 装着学术观念的当地人研究民间信仰，或以人类学方式接近甚至融入中国民间社会的日常生活，最终把百姓日用而不知的道理或意义呈现出来，这是我们研究民间信仰最重要的目的。至于这样的民间信仰或民间宗教是否如杨庆堃《中国社会中的宗教》所说的属于"弥漫性宗教"（diffused religion），这是描述层面的议题。更有意思的是，什么精神力量使这么繁复的信仰成功地"弥漫"在民间社会，在社会生活的各个方面几乎无孔不入？"弥漫性"在某种意义上表达了民间信仰的整体性或系统性，既与佛教传入中国以前的传统宗教生活密不可分，也与佛教等外来宗教有着千丝万缕的关系。

民间社会是社会秩序的终端，也是社会教化的神经末梢。虽然从政府社会治理的角度并没有把民间信仰正式纳入"宗教"的范畴，但从广义的宗教定义或从宗教的最终功能上，民间信仰是必须得到重视的研究领域。这些信仰失去了宗教的某些显著特征，却更

---

① 参见〔美〕柏桦《烧钱：中国人生活世界中的物质精神》，袁剑、刘玺鸿译，江苏人民出版社，2019；〔美〕康儒博《修仙：古代中国的修行与社会记忆》，顾漩译，江苏人民出版社，2019。

好地展现了宗教在科学并不昌明的古代社会的人文教育功能。这些信仰依旧在那些并没有跟上现代社会发展步伐的人那里得到热烈的追捧，并被指责为迷信，领头的人还能从中捞取社会名誉、经济利益。宗教的教育功能现在已由世俗的国民教育承担，国家以法律的形式规定所有公民应该接受九年制义务教育，但幸存下来的民间信仰，依旧在引导大多数信众的生活情怀或价值观。这种宗教形态的人文教育，与信徒的知识文化水平并不一定直接相关。

上述三大领域，是笔者对中国宗教史研究范围所做的基本界定。每个领域都值得深耕细作，但本书主要想说明它们彼此之间的转化关系，并尝试解释信徒个体在这些复杂关系里的自我认同。

三 作为关系存在的中国宗教

本土传统的宗教生活、中国化的外来宗教和民间宗教信仰，构成了"中国宗教史"的三大主要研究领域。拥有如此丰富的宗教内容，中国有没有宗教，已经不是重要的问题，关键是如何理解中国宗教的本质和特点、结构与功能。至于能否像梁漱溟主张以道德代宗教等尝试宗教的替代品，或是否需要像康有为、章太炎、唐君毅等为中国创设一个宗教，亦不是重要的问题，先要看有没有这样做的必要。这些问题，绝大部分是在新旧两种知识体系转换过程中的认识问题。今天的我们，除了应对中国文化抱有深厚的情感和期待，还应对"宗教"这个概念做出有中国文化自身特点的解读，以丰富世界人民对"宗教"的理解方式。

宗教在中国社会之所以给人若有若无的感觉，主要原因是中国社会"缺乏一个结构显著的、正式的、组织化的宗教系统结构"，老百姓的宗教仪式也往往是非组织性的。[①] 杨庆堃受帕森斯（Talcott Parsons, 1902-1979）的结构功能主义思想影响，对中国宗教的结

---

① 参见〔美〕杨庆堃《中国社会中的宗教》第一章"导论"，第17页。

构做出了整体的解释,把佛教、道教看作两种制度化宗教,有自己的教义思想和组织体系,而把民间信仰、本土的传统宗教生活诠释为弥漫性宗教,其最显著的特点是它们被整合到世俗社会生活的方方面面。他认为这种弥漫性宗教虽不是独立的宗教,却有其结构性基础,其功能的实现依托帝王体制、亲属关系等世俗社会制度。① 这种解释,给表面上宗教意识淡薄的中国宗教赋予秩序井然的结构。

本书在梳理了中国宗教史的三大领域之后,对中国宗教的整体性可以做出有别于杨庆堃的理解。杨庆堃主要关注宗教在中国社会的功能,从中国社会结构的视野分析中国宗教的内在关系,其理论的终点是社会子系统之间的运作模式。然而,我们与海外学者有不同的存在感,中国宗教对我们而言并不是外在的观察,而是身临其境,协助政府的宗教治理,保障信众的个体信仰,都是宗教学者的责任。所以,本书在三大领域基础上设立两组关系,作为我们研究宗教治理和个体信仰的两条坐标轴,构成最基本的平面坐标系,由此再将其他的关系维度纳入坐标系的第三维,构成宗教问题的三维坐标系。

朝廷与民间百姓对宗教的态度不尽相同,本土宗教与外来宗教对信仰的理解也不相同,治理的规范就是求同存异,在关系的变量里寻找常量。在古代中国,从来就没有独立于朝廷或王权的宗教组织,这就注定了中国的宗教只能是一种关系的存在,在各种相对的关系里确立自己的存在方式。在官方认可的宗教与民间宗教之间,放在历史的长时段里考察,彼此的身份可以转换。在外来宗教与本土宗教之间,虽然在发生学的意义上无法更改某个特定宗教的发源地,但在彼此的互动过程中,外来宗教完全有可能成为新的本土宗教,甚至完全取而代之。而在这种表面的治理过程中,其深层的治

---

① 参见金耀基、范丽珠《研究中国宗教的社会学范式:杨庆堃眼中的中国社会宗教》,杨庆堃《中国社会中的宗教》,"代序"第 V 页。

理逻辑则是自我认同的引导。由两组关系构成的平面坐标系，是我们引导自我认同的基本平台，但现实的复杂性意味着，对自我认同的引导，还有第三维度，从而构成动态的三维坐标系。以此来看，此前曾经流行的某些宗教关系论，比如宗教多元论、生态论、市场论等，之所以有隔靴搔痒之感，并非这些理论本身有致命的缺陷，而是缺乏分析问题的基本平台。这些宗教关系论，基本上是论述作为宗教团体或组织之间的共同体内部的关系结构，并没有考察和其他社会子系统的互动，但它们都把自己的说法当作处理宗教问题的基本维度。而且，我们必须意识到，处理宗教问题的根本，或宗教治理的深层逻辑，是宗教徒的自我认同，这与特定时代特定地域的道德伦理、价值观念等文化系统密不可分。

"吾道不孤"。中国宗教从来就不是一个孤立存在的原子，而是一种复杂的关系存在物，需要多维的观察视角。

1. 官方宗教与民间宗教信仰的关系：政治认同及其社会秩序

在中国社会，从最初的卜筮祭祀，到后来的术数、方技，再到神仙老君、诸佛菩萨，宗教生活从未缺席，借此实现了"化民成俗"的教化功能。这种功能的实现，主要取决于官方宗教与民间宗教信仰之间的关系，即：官方所认可的神灵谱系及其文化内涵，能否得到民间的呼应；民间流传的神灵谱系及其思想观念，能否得到官方的认可。中国人的信仰与其阶层直接相关，君子（士大夫）与百姓的信仰方式并不相同，但彼此也有相互传导的机制。"官方宗教"表示这种宗教已经得到了朝廷或政府的认可，甚至其中的主要宗教人物由朝廷任命。这层意思与"正统宗教"的含义非常接近，但正统宗教有时未必得到朝廷的明确认可，只是朝廷并没有表示反对，处于一种默许的状态，而在民间却有悠久的传承，很多民间崇信的神灵即属此类。

官方宗教不同于"国家宗教"，在中国历史上基本没有以国家意志推行的全民宗教，如果非要列举，汉武帝推行的儒教、后赵石勒石虎推行的佛教，勉强称得上国家宗教。① 官方宗教可以有层级的区分：在封建制中，有天子和诸侯的差别；在郡县制中，有朝廷和地方的差别。但在总体上，官方在古代中国，代表王权，也就是国家的行政体制。官方宗教的层级，只是王权在不同层级的表现形式。

民间社会则是这个体制的运行空间、治理对象，在信息传递不够通畅的古代社会，有相当数量的民众实际上游离于这个行政体制，所谓"天高皇帝远"，他们和王权势力是脱节的，这些民众也就构成了我们平常所说的"草根阶层"。广义的"民间社会"，应该包括作为体制上层的精英群体，因为他们也有平凡的日常生活。但在我们平常的表述中，民间社会主要是指王权体制的治理对象，其

---

① 牟钟鉴、张践《中国宗教通史》采用"国家宗教""国家宗法性宗教""宗法性国家宗教"等说法，认为夏商两代是古代国家宗教的形成时期，西周则是它的成熟时期，其重要标志是宗教组织的完善化。该书依据《周礼·春官·宗伯》，认为西周已有国家宗教复杂的组织机构，"在政教高度合一，古代宗教作为社会惟一意识形态的西周，存在着一个庞大的，由国家直接控制的职业神职系统"（该书第100页）。邹昌林《中国古代国家宗教研究》，同样依据《周礼》说明当时的国家宗教，并将祭祀天神、地示、人鬼的12项吉礼规定为国家宗教的范围（参见该书，学习出版社，2004，第156－166页）。吕大吉、牟钟鉴《概说中国宗教与传统文化》（《中国宗教与中国文化》第一卷）亦有"国家宗教"的说法，认为汉代在重建国家宗教方面做了以下三件大事：保存和补充秦朝已有的宗教祭祀；重建至上神"太一"，使五帝为之辅；探索宗庙典制的完善（参见该书，中国社会科学出版社，2005，第159－160页）。张荣明《中国的国教：从上古到东汉》，尝试给出"国家宗教"的定义，认为国家宗教是"对具有政治属性、为政治秩序服务的宗教的规定和命名"，把国教组织等同于国家的行政组织（参见该书，中国社会科学出版社，2001，第9页）。上述"国家宗教"，更像是指"国家层级的宗教"，或被等同于有教化功能的王权体制，而不是国家推行的全民信仰。用于表达上述信仰的祭祀活动，只能局限在天子、诸侯和士大夫等有限范围内，各有各的祭祀对象，所以，《宗伯》所讲的宗教活动，并不是面向所有的阶层，只有一个特别的作用——佐王事神。天子立宗伯，设置专职官员掌管邦国之礼，他们中间有的是带有宗教色彩的巫师，有的只是熟悉仪礼的行家。这个团队并不属于"神职系统"，而是隶属国家的职官系统。《宗伯》是证明中国古代教权从属于王权的重要历史文献，并不能佐证当时政教高度合一。这条材料反映，相对于地方祀典，当时的国家祀典从属于国家的礼制。国家宗教应指以国家力量推行的、民众皆可供奉的宗教，并对其他宗教有一定的抑制作用；如果对其他宗教采取排斥或镇压的管控措施，国家宗教则成"国教"。因此，本书认为，研究中国宗教史，应慎用"国家宗教"的说法。

中有相当数量的民众属于和王权体制若即若离的百姓。因此，有些民间信仰即使表面上是全国范围内的公共信仰，但在各地也有很多的地方特色，譬如各地供奉的城隍就不一样。官方与民间的精神世界，因此存在一定的差距。有的时候，民间信仰的地方性，还与少数民族的生活方式有关。宗教的"群众性"，在很大程度上是由信徒的阶层、等级和地域决定的。

尤其是在佛教与道教出现以后，中国社会的官方宗教与民间信仰的关系，明显表现为社会的分层与流动。无论是佛教或道教，都有民间层次与官方层次的区别，或者说有民俗层面与学理层面的区别。民俗佛教往往混合儒释道的各种信仰，学理佛教则会强调纯正的佛教义理。① 精英层面的道教更多追求长生不老的神仙境界，而在民间的层次上，主要追求延年益寿等现实利益。在佛教与道教内部，官方与民间这两种形态之间的互动规律，取决于中国社会在不同历史阶段的社会流动状况，且在很大程度上取决于士大夫阶层在中国社会或权力结构里的地位。在门阀士族占主导的东晋社会，士大夫力量强大，当时的佛教或道教都以理论研究为贵，追求玄远虚胜的境界，而在王权一统天下，士大夫几乎没有发言权的时代，官方所喜好的佛教、道教也以消灾祈福为主，学理的研究主要局限在高僧、高道与虔诚的士大夫范围内。

因此，官方宗教与民间宗教信仰的关系，同时也受制于中国社会不同阶层之间的纵向流动。这种流动性，决定了官方宗教与民间宗教信仰的相互影响，彼此互为表里，互为阴阳，而不是对立关系。就像社会等级有可能发生上下流动的情况，官方宗教与民间宗教信仰甚至还有相互转化的可能。譬如，妈祖信仰从民间上升到官方的层面，而摩尼教则从官方宗教下降到民间层次，甚至被官方禁断。在正常的情况下，官方与民间并不构成对立关系，但认识上的

---

① 参见李四龙《民俗佛教的形成与特征》，《北京大学学报（哲学社会科学版）》1996年第4期。

差异普遍存在,这与他们的知识水平、生活境遇直接相关。

祭祀是最受关注的中国传统宗教生活形式,官方常把民间的宗教信仰贬为"淫祀",历代朝廷都有自己的"祀典",并根据民间信仰的变化而有所调整。"凡禘、郊、祖、宗、报,此五者,国之典祀也。"① 从朝廷到地方,历代都有各自的祀典。学者们已有大量的研究讨论从中央到地方的祭祀的互动机制,有时中央把地方信仰视为危险,而从总体上看,中国社会越到后来,中央越能容忍地方信仰,不仅允许地方增修祀典,也对民间不断涌现的"私祀"持默许态度,而不是简单地以"淫祀"之名禁断。② 譬如,《嘉靖吴江县志》说:"余志祀典而事神之礼备矣,复有祠庙则私祀也。祀典稽诸邦礼,私祀达乎人情。恶得而废诸?"③ 王宗昱对此问题有长期的研究,他提到了这种中央与地方二元架构的局限性,认为李天纲讲述的"私祀"现象有助于打破这种二元论,希望能对中国宗教的多元性质有更多的研究。④

中央朝廷、地方政府和民间社会的三重视角,是我们考察官方与民间或国家与社会这组二元关系的升级版。地方政府作为中间层,在代表王权的社会规范和属于地方的信仰形式之间进行沟通与转换,从而维系社会的稳定和信仰的教化功能。"官方—民间"这组关系是我们研究中国宗教史的第一维度,性质上属于政教关系,其关键则是政治认同,即民间社会对王权体制及其政治秩序的认同。现代社会普遍主张政教分离,政府与宗教互不干涉,但在中国传统社会,教权从属于王权,有利于王权的民间宗教信仰逐渐会成为官方宗教,而有悖于王权的民间宗教信仰就有可能被视为"淫

---

① 徐元诰《国语集解·鲁语上》(修订本),中华书局,2002,第161页。
② 参见李天纲《金泽:江南民间祭祀探源》第三章"祀典:民间宗教与儒教",第四章"私祀:民间宗教的秩序化";皮庆生《宋代民众祠神信仰研究》,上海古籍出版社,2008;雷闻:《郊庙之外:隋唐国家祭祀与宗教》,三联书店,2009。
③ (明)曹一麟修,徐师曾等纂《嘉靖吴江县志》,学生书局,1987,第811页。
④ 王宗昱:《中国宗教的二元论或多元论》,汪桂平主编《中国本土宗教研究》第三辑,社会科学文献出版社,2020,第10-19页。

祀"或"邪教"。至于那些没有组织特点的民间信仰，大多会被视为"私祀"而被地方官默许。若从民间的视角来看，那些信徒往往认为自己只是对祭祀对象尽一份心，并不认为自己有什么信仰，他们期待那些神灵的保佑，但这不是他们祭祀的前提条件。就在这样的不经意间，传统的观念、秩序得以维系。

2. 本土宗教与外来宗教的关系：文化认同及其伦理秩序

宗教对社会个体有教化功能，而对社会的不同子系统则有整合功能。这种整合功能，尤其能表现在本土宗教与外来宗教的关系上。确切地说，面对不同于自身传统的外来宗教，本土宗教的信仰传统、教义思想、伦理秩序甚至行为规范往往都会与之发生冲突。这就形成强度不一的社会冲突或矛盾，到底采用同化或排斥的哪一种方式，则是考验社会柔韧性或宽容度的重要维度。

佛教作为一种外来宗教，带来了与中华文明不同的宗教信仰、思想观念与生活方式，还带来了像寺院这样的与宗法制全然不同的社会组织形态。因此，佛教与本土宗教的冲突在所难免。在公元300年前后，西晋惠帝（290—306年在位）时，道士王浮和僧人帛远辩论，屡屡受挫之后，依据"老子化胡"的传言，[①] 杜撰《老子化胡经》，形象地表现了中国人面对外来宗教时的复杂心态，把外来的佛教当作老子从中原带到国外的华夏文明，传入中国的佛教，竟然成了中国古代文化的一种变体。"老子化胡"成为中国人接受外来宗教的通用模式，摩尼教、景教在入华的时候，也以这种模式争取中国人的接受。

佛经的翻译与解释，大量借用中国传统的名词概念，既有来自道家的"无""无为"等术语，也有来自儒家的"定""静虑"等

---

① 公元166年，襄楷奏疏称"或言：老子入夷狄为浮屠"（《后汉书》卷三十下），这是"老子化胡说"最早的版本。日本学者认为，东汉末年的这个说法，老子直接变为释迦，可能最早是由佛教徒提出，以求得到当时中国人的认可。参见〔日〕洼德忠《老子化胡说是谁提出的？——我的推测》，肖坤华译，《宗教学研究》1985年第S1期。

术语。后来的摩尼教、景教，还要大量借用早已融入汉语的佛教概念，譬如《大秦景教流行中国碑》上的景教徒以"僧"自称。佛教在中国的传播，有意彰显儒家的核心价值，挖掘了很多佛门孝亲的故事，以求共存的社会环境。像禅宗、天台宗、净土宗、华严宗这些佛教宗派，无论在理论框架上，还是在修行方法上，都有鲜明的中国特色。外来宗教到了中国，都会像佛教那样经历"华化"或"中国化"的过程。本土宗教与外来宗教的关系，其实质是文化认同，关键是对伦理秩序的选择。中国社会接受外来宗教的前提，是外来宗教能认同中国的本土文化，既包括对本土经典也包括对地域文化的认同。

在佛教、摩尼教、伊斯兰教与天主教等外来宗教中，佛教的本土化程度最高，它对中华民族意义最大的一件事，是促进了中国历史上的民族融合，尤其是在东晋南北朝时期。公元4世纪初到6世纪末，中国北方由外来少数民族执政，民族矛盾十分尖锐，统治者借助佛教的力量，缓解民族矛盾，社会文化趋于统一，儒家的价值观逐渐受到外来统治者的青睐。当然，在此过程中，中国文化难免也有"胡化"的现象。譬如，汉语里有大量源自佛教的外来语，像般若、禅定、忏悔等。其实，所有外来宗教都有一个天然优势，即能促进中外文化交流、商业流通，甚至还有促进民间外交的政治功能。同时，外来宗教的出现，还往往与大规模人口流动或移民等因素有关，这就伴随着民族认同、文化认同的问题。

相对于官方与民间这组关系，本土宗教与外来宗教的关系，属于中国宗教史研究的第二维度。这组关系是处理宗教关系的前沿问题，在现实中相对敏感：外来宗教入华，容易打破既有的宗教关系格局，乃至影响现行的社会秩序与政治权力结构。社会文化体系的开放性，取决于国家体制与民间社会有效的沟通机制。但社会开放性不管有多大，文化之间的差异迫使外来宗教必须有所变化，主动采取"中国化"的策略。从历史的角度来看，外来宗教的入华，意味着中外文明的交流互鉴。有的外来宗教像佛教逐渐变成中国传统文化的主流形态；有的像摩尼教，下潜民间；有的则像景教、耶稣会，在历史上退出中国社会。外来宗教想在中国扎根，必须顾及中国宗教的特点。因此，"本土—外来"这组关系的关键，是信徒的文化认同，尤其是如何化解不同宗教或文化之间的伦理秩序与生活方式差异。除非遭遇罕见的文化危机或社会动荡，外来宗教如果不能认同中华文化，其立足的合法性就难以成立。

在中国社会，文化认同从属于政治认同。初来乍到的外来宗教，通常先表现为新兴的民间宗教信仰。因此，本土与外来这组关系，经常演变为官方与民间的关系。"本土宗教"的内涵，是已在中国境内的官方宗教与民间宗教信仰，并不仅仅是佛教传入以前既有的传统文化。中国社会有其自身的认同机制，譬如宗法关系、地缘关系、师生关系等，都是古代社会各阶层相互连接的精神纽带。本土宗教与这些精神纽带高度契合，但外来宗教与它们未必契合，甚至有一定的破坏性。往往是那些处在地方社会的边缘人群，更容易接受外来宗教。外来宗教一方面给这些边缘人群形成新的社会资源，另一方面，这些新的社会资源容易激化外来宗教与本土宗教的矛盾。化解这些矛盾，教义上的相互理解和尊重是必需的，但接受中国社会的伦理秩序更为必要。

3. 其他宗教关系论：待定的第三维

在当代研究中国宗教史，已经不可能忽略全球化的世界文明格局。除了上面提到的两组关系，若想更好地界定中国宗教三个领域的特点，还需要不确定但可能会随机出现的第三维。这是理解中国宗教史的变量，取决于宗教学界一系列新的思考。在过去的20来年里，宗教多元论、宗教市场论、宗教生态论较受关注，时不时成为分析中国宗教的第三维。

（1）宗教多元论

在中国，布鲁诺（Giordano Bruno，1548 – 1600）被烧死的故事广为流传，成为西方历史上宗教迫害的典型案例。文艺复兴时期，意大利科学家布鲁诺因为坚持哥白尼的太阳中心说，与罗马教廷主张的地心说相左,最后被宗教裁判所判为"异端",并被当众烧死。① 差不多400年后,罗马教皇宣布为布鲁诺平反。虽然这只是一个宗教内部思想冲突的案例,表面是宗教与科学的关系,但也同时揭示了西方宗教界对宗教关系的态度转变:从简单的宗教排他论(exclusivism)逐步转变为宗教兼容论(inclusivism)。在西方宗教学术界,宗教兼容论还进一步升格为宗教多元论(pluralism)。

保罗·尼特(Paul Knitter)是美国著名的天主教神学家、宗教多元论的主要倡导者之一,与中国学术界、宗教界都有较多的交往。他的《宗教对话模式》总结过去一百多年里基督教和其他宗教之间的四种关系模式,即:置换模式、成全模式、互益模式和接受模式。②

置换模式分成两类:全部置换和部分置换。在这种模式里,基督教最终将取代其他所有宗教。成全模式是说,基督教不必直接取代其他宗教,其他宗教已经有了基督教的部分真理,但这些宗教最终需要归在基督的名下。这两种模式在本质上归于一元论,最终是要让基督教取代其他宗教。互益模式是说,各个宗教都有拯救的有效之道,彼此之间不是谁取代谁,而是彼此相互学习,彼此互动,以便更好地和平相处,加深对终极奥秘的认识。接受模式是说,各个宗教都有不同的语言,彼此之间是不可比较的,只需要做好邻居,而不应该彼此干预。接受模式会导致二元论或多元论,各个宗教最终自说自话,做自己的事,很难做到真正的沟通。这四种模式可以被分为两组,前两种模式相信真理是唯一的,后两种模式则能相互承认彼此的真理。从置换模式到成全模式的转换,大致体现了从宗教排他论到宗教兼容论的变化。后两种模式,在世界经济全球化的语境下很受推崇。这不仅表明了欧美宗教学家对东方世界的理解和包容,还表明了非欧美国家宗教界对西方社会的迎合和接受。

---

① 参见〔英〕丹皮尔《科学史及其与哲学和宗教的关系》,李珩译,广西师范大学出版社,2001,第98页。该书初版于1929年。
② 〔美〕保罗·尼特:《宗教对话模式》,王志成译,中国人民大学出版社,2004。

这些模式同时也是宗教对话的模式：置换模式、成全模式预设了"惟一的真宗教"，在东方社会很难进行，互益模式、接受模式或许是相对理性的选择。"各个宗教之间的互动不是为了皈依，不是为了展现哪个宗教更强大，而是为了克服这个世界上不同宗教之间观念上的张力、人类的苦难、生态的灾难而一起行动。这种行动包含理智（哲学）、心灵（神秘）和身体（伦理）三个维度。"① 但这不等于说宗教排他论就此消失了，从现实中的实际情况看，世界各主要宗教之间的冲突还远没有到结束的时候，因为其中牵涉到太多的国际政治、经济利益争执。

从中国宗教史的经验来看，儒释道三教合流，较好地体现了互益模式。纯粹的接受模式，不太适合中国社会。"和而不同"是中国社会的基本价值观之一。

（2）宗教市场论

这原本属于"宗教经济学"的范畴，探讨宗教与经济这个社会子系统的关系，但在具体的讨论中，学者们更多关注不同宗教的社会占比。斯达克（Rodney Stark）、芬克（Roger Finke）的《信仰的法则》②，反对世俗化理论所讲的世俗化程度与宗教神圣性的反比关系，认为宗教需求在任何社会中相对稳定，人们会像处理世俗事务那样理性选择自己的信仰，希望以最小的代价换取最大的回报。在由信徒组成的宗教市场上，如果没有外在的管制，就会形成多元竞争的自由市场，特定宗教的兴衰取决于该宗教组织能否提供符合社会需要的宗教产品。这个市场如果受到严格的国家管制，就会出现无效的宗教产品和懒惰的宗教组织。这套理论带有鲜明的美国社会特点，把理性、经济学当作现代社会的行为准则，以此分析宏观的宗教现象显然有些力不从心。自韦伯以降，宗教经济一直是宗教社

---

① 参见〔美〕保罗·尼特《宗教对话模式》，译者序第Ⅵ页。
② Rodney Stark, Roger Finke, *Acts of Faith: Explaining the Human Side of Religion*. Berkeley: University of California Press, 2000. 中译本题为《信仰的法则：解释宗教之人的方面》，中国人民大学出版社2004年出版。

会学的经典研究领域,斯达克等的宗教市场论,在很大程度上是对韦伯"宗教伦理"的美式经济学解释。这个理论还很重视政府与宗教组织的关系,高度依赖信徒的理性选择。

宗教市场论,在《信仰的法则》中译本出版以后一度很受关注。但在运用这一理论分析当代中国的宗教关系时,有的学者把宗教组织与政府管理推向两极,毫不顾及中国社会进行宗教治理的传统理念。这个理论,因此也很快退出了中国的"学术市场"。不过,这个理论反映了宗教团体自组织能力的重要性,这种能力容易受到外部社会环境的影响。在理解中国宗教的各种关系时,这可能是动感最强的第三个维度。

(3) 宗教生态论

这个理论并没有特别鲜明的观点,但其影响在学术界持续不断,主张中国宗教彼此之间有其自然平衡的生态系统,其学理背景植根于宗教人类学、文化人类学。在中国社会,特别是偏远的乡村社会,有其悠久的历史文化传统,社会文化在历史的风雨中缓缓而变,宗教生活有其丰富而复杂的多样性,共同支撑基本稳定的价值观、社会伦理和行为规范。在这方面比较经典的研究案例是格尔兹(Clifford Geertz)的《爪哇宗教》①,以"深描"的方式考察当地不同阶层的人群对伊斯兰教的不同理解,展示其背后的社会文化背景。国内学者和海外汉学家,已用这样的方法研究中国的乡土社会和地方宗教或民间宗教信仰,描写宗教信仰比较多元的社区生活。②

这个理论之所以受关注,与20世纪80年代以来基督教在中国的快速传播有关。1949年以后,民间宗教信仰一直被当作"封建迷信",在农村地区被大规模铲除,而在改革开放以后,国家落实宗教政策,基督教率先在中国农村进行有组织的传播,并没有遭遇民

---

① Clifford Geertz, *The Religion of Java*. Chicago & London: The University of Chicago Press, 1960.
② 有关"宗教生态"与宗教人类学、文化人类学的关系,参见陈晓毅《中国式宗教生态:青岩宗教多样性个案研究》,社会科学文献出版社,2008,第6-15页。

间宗教信仰等传统势力的有效阻碍,这被认为是中国社会传统宗教生态的失衡。① 但这种解释忽略了中国社会自身在改革开放过程中的转型,以及基督教在这一时期传教的新特点。李向平认为,这表面上是基督教与民间宗教信仰的关系问题,但实质上是如何平衡政教关系、宗教信仰与社会权力的问题。② 鉴于基督教在中国农村的快速传播,就有声音主张扶持传统的本土宗教,所谓"扶本伏洋"等说法,但最终的结果也不理想,甚至在地方政府支持下恢复的传统宗教活动场所,依旧出现为现代社会不容的非法现象。吕大吉、牟钟鉴认为,现在"有必要继承和重构我国各民族的传统宗教文化的优秀部分","发扬中华文化和而不同的传统,积极开展基督教与其他宗教的文明对话"。③

作为宗教人类学的重要研究领域,宗教生态论有其学术价值。但作为研究中国宗教关系的分析框架,我们必须要有历史唯物主义的辩证态度,必须与时俱进地看待中国宗教生态的历史演化。宗教生态论具有明显的静态特点,但我们应当及时关注当前五大宗教关系格局的内部变化。

因此,理解中国宗教,需要涉及各种复杂的关系。中国宗教是一个复杂的关系存在,有其内在多元的丰富性和相对统一的整体性。在"官方—民间"和"本土—外来"的二维坐标系里,宗教多元论、宗教市场论和宗教生态论,可能为我们深入研究中国宗教的三个领域提供新的第三维,构成一个立体的思维空间。在全球化的国际关系中,我们需要兼顾"宗教"在东西方文明中的不同形象和不同地位。我们需要防止以西方宗教观塑造我们的日常生活,但也

---

① 参见唐晓峰《改革开放以来的中国基督教及研究》,宗教文化出版社,2013,第161-170页。
② 李向平:《"宗教生态",还是"权力生态":从当代中国的"宗教生态论"思潮谈起》,《上海大学学报》2011年第1期。
③ 吕大吉:《关于继承和重构传统的民族宗教文化的一些思考》,牟钟鉴:《基督教与中国宗教文化生态问题的思考》,马虎成主编《当代中国民族宗教问题研究》第4集,甘肃民族出版社,2009。

不能以中国宗教观解读欧美国家的宗教生活。

在三维坐标系中,理解中国宗教最根本的因素,是宗教徒个体的自我认同。信徒的自我认同,足以支撑或改变中国的宗教关系格局。他们如何理解自己的信仰与中国文化的关系?如何理解自己的家庭与教团的关系?如何理解自己的教团与国家的关系?这就需要考察作为信仰之哲学基础的深层自我认同。

4. 深层的自我认同:信仰的哲学基础

出于宗教治理和个体信仰的双重视野,前面给中国宗教史研究假设了三维坐标系,其中的第三维并不是固定的,而会动态变化。这里,我们还需考虑这个坐标系的原点。比较恰当的原点应是信徒的自我认同。然而,我们需要避开唯我论或心理主义的自我认同,那就必须顾及社会认同或社会责任的自我认同,这就构成了深层的自我认同。

宗教被理解成一种社会现象,几乎所有的人习惯于从社会或共同体的角度理解宗教生活,但宗教生活最终落实到个体的实践。当我们从各种不同的角度诠释宗教关系时,必须尝试理解宗教徒个体的自我认同,他们和自己所属的宗教团体的意见在很多时候并不完全相同。这种个体和团体之间的差异,既体现了宗教团体或共同体存在的价值(即使想在中国实施诸如道德替代宗教的方案,也要清楚宗教团体的这种功能),也预示着宗教内部的未来变化趋势。从这个意义上说,深层的自我认同是理解各种宗教信仰的基础,是我们研究各种宗教关系的立足点。在我们从社会学角度给出"宗教"定义时,自我认同的问题往往被遮蔽了。但当我们反思宗教的起源或存在合理性时,这个问题就会立刻浮现出来。

19世纪下半叶,在接触印度教、佛教、耆那教、道教、神道教等东方宗教之后,西方学者不再以基督教作为唯一的真理体现者,而是着手比较世界各地的宗教现象,试图给出普遍适用的"宗教"定义。长期以来备受学者青睐的涂尔干的宗教定义,其实是那个时代的产物——在政治上殖民、文化上浪漫的时代,他笔下的"宗教"更像一个特殊的社会组织，信仰和仪式是这个组织的两个基本点。他说："宗教是一种与既与众不同、又不可冒犯的神圣事物有关的信仰与仪轨所组成的统一体系，这些信仰与仪轨将所有信奉它们的人结合在一个被称之为'教会'的道德共同体之内。""宗教现象可以自然而然地分为两个基本范畴：信仰和仪式。信仰是舆论的状态，是由各种表现构成的；仪式则是某些明确的行为方式"；"真正的宗教信仰总是某个特定集体的共同信仰，这个集体不仅宣称效忠于这些信仰，而且还要奉行与这些信仰有关的各种仪式"。[1] 在他看来，巫术也有信仰和仪式，但不属于宗教，因为巫师有自己的弟子，却形成不了组织或共同体，弟子之间甚至互不相识。在这个经典定义的背后，涂尔干把宗教对生活世界的影响做了二元论的区分，即神圣与世俗。他说，宗教现象的真实特征是，"它们经常将已知的和可知的整个宇宙一分为二，分为无所不包、相互排斥的两大类别。神圣事物不仅受到了禁忌的保护，同时也被禁忌隔离开来；凡俗事物则是实施这些禁忌的对象，它们必须对神圣事物敬而远之"。[2] 这在涂尔干看来是判断宗教信仰的首要标准，而且，讨论神圣与世俗的关系，后来也成了西方宗教学的一项学术传统。但在我们的宗教学研究里，有很长时间忽视了涂尔干的圣俗二分。

20 世纪的两次世界大战，给人类带来了巨大的创伤。西方文明也在这样的劫难中反思，全球的殖民体系最终瓦解，亚洲各国迎来了自己的民族解放和独立。东方不再机械地复制西方社会，现代性在全球范畴内虽然仍以西方化为主，但出现了富有东方社会特点的多样性。20 世纪 80—90 年代，国际学术界纷纷讨论"亚洲价值"或"儒家价值"，讨论"亚洲四小龙"的经济成功以及随后出现的中国经济奇迹。这是走出战争创伤、拥抱全球合作的开放时代，西方社会的示范意义迅速弱化，表现在"宗教"定义上，越来越重视

---

[1] 〔法〕涂尔干：《宗教生活的基本形式》，渠东、汲喆译，第 54、42、50 页。
[2] 〔法〕涂尔干：《宗教生活的基本形式》，第 47 页。

个体的宗教体验及其文明背景，重视宗教对社会生活的积极参与，而对宗教的组织特点及其神秘性有所淡化。斯马特（Ninian Smart, 1927-2001）在其《神圣的维度》①中列举宗教研究的七个维度：实践与仪式的维度、体验与情绪的维度、叙事或神话的维度、教义与哲学的维度、伦理与法律的维度、社会与制度的维度、物质的维度。在西方最新的宗教研究论著中，学者对"宗教"的理解更贴近现代社会的观念更新。譬如，麦克米兰跨学科丛书（Macmillan Interdisciplinary Handbooks）出版的"宗教"系列，其中有从"脑科学、认知与文化"的角度研究"心灵宗教"（Mental Religion）的。对宗教组织性的淡化，释放了更多学科对"宗教"的理解维度。这些维度都有可能成为本书前面提到的三维坐标系的第三维：在"官方—民间""本土—外来"两个坐标轴之外的第三维。

从宗教治理的角度来说，宗教问题并不是单纯的学术研究对象，而是我们日常生活和国际政治几乎每天都会遇到的现象。当今世界总体上还处在全球化的语境中，彼此都在谋求相互合作的政治经济格局。但确已出现了明显的"逆全球化"，文明之间的排他性早在亨廷顿的《文明的冲突》中已有所论述。特别是在美国"9·11"事件之后，地区冲突变得越发频繁，国际的宗教对话与交流开始变得谨慎。所有这些变化，迫使我们再次思考宗教的起源及其核心的根本问题。我们比任何时候都需要深入思考宗教研究三维坐标系的原点问题。宗教自身容易把自己的信仰当作这个原点，也就是他们心中唯一的真理。19世纪以来的宗教学否定了这样的做法，我们迎来了一个多元的20世纪宗教世界。现代宗教学所经历的150年历史，可简单分为三个阶段：殖民主义时代的浪漫期，"二战"以后全球化时代的对话期，当前逆全球化阶段的谨慎期。当我们心情开朗的时候，主要是讨论宗教的社会功能，但当社会对宗教的存在

---

① Ninian Smart, *Dimensions of the Sacred: An Anatomy of the World's Beliefs.* Berkeley: University of California Press, 1996.

充满疑虑的时候,我们必须重新回头思考宗教的起源——这实际上是一个深刻的哲学问题,与自我认同密切相关。

缪勒著有《宗教的起源与发展》,讨论神灵观念的起源与演变。他的论述,更像是黑格尔的精神哲学,认为神灵观念经历了三个发展阶段,即从单一神教到多神教,最后变为唯一神教。他引用《吠陀》里的一个诗句:"世界的呼吸、血液和自我在哪里?"诗人在思考自我的同时,首先联想到"世界的呼吸、血液",这就是宗教的起源——意识到某种不可知的外在力量!但这种力量也很可能就在自己的内心深处。缪勒举了一条人类学材料:"巴布亚人蹲坐在他的'卡尔瓦尔'前,把双手扣在前额上,自问他所要做的事是对的还是错的,这就是他的宗教。"[①] 这些土著居民虽然也有自己膜拜的超自然力量,但最根本的是追问自己的内心世界。所以,如何理解宗教?一种是向外寻找超自然力量,这在哲学上是客观唯心主义,另一种是向内寻找精神主体,这是一种主观唯心主义。而与哲学不同的是,向外与向内的根本问题,是在追问自我的存在与意义,亦即生死的转变及其主宰力量。中国宗教的祖先崇拜,同样出现在很多的原始部落中,表现为对亡灵的崇拜,这被认为是人类社会原生的信仰。这是生命的相续或断裂问题,即:生与死。没有人愿意毫无意义地结束自己的生命,但是,如何能让必死的人生之旅在死后相续不断?死后的自我在哪里?这远比解释生命的出现困难得多。外在的神不可思议,但现实的生命可以向神倾诉,在静默的信仰中赋予自我一种神圣的意义,这是一种宗教的自我认同——尽管在唯物主义者看来这只是一种虚幻的自我安慰。但并不是所有的神都是外在的,东方的宗教更愿意把主宰生命的神看作内在于自己的生命,神与生命的脱节只是生命的一种苦难状态或非常态,印度的或中国的宗教中,个体可以通过修行成为自己生命的主宰。所以,宗教是什么?尽管宗教家和宗教学家已经给出了很多定义,但笔者还

---

① 〔英〕缪勒:《宗教的起源与发展》,金泽译,上海人民出版社,1989,第8页。

愿意再给一种说法：宗教什么也不是，只是想尽办法劝导世人相信生命永恒。事实上，既没有办法证明死后还有生命，也没有办法说明死后没有生命。实证主义的推理方式总是有它的局限。活人讨论死亡，永远只是假设。生命的奥妙，即在肉体之中有自我意识，或以当下时髦的说法，身体内有"智能"（intelligence）。但是，自我意识、智能又是什么？它们如何产生、如何消失？现在不仅是哲学家在思考这个问题，研究人工智能的科学家也在思考。所有的信仰都是植根于对自我的认同方式，希望获得永生或不死的承诺，无论这种生命究竟是指实际的肉体生命，还是抽象的思想生命或世俗的财富命运。

在宗教情绪中生发出来的自我意识，有可能形成脱离现实生活的宗教伦理，沉浸在自得其乐的境界里。这种孤立的自我意识很难持久，儒家学说的成功，即把人的自我认同引向社会交往，以礼仪规范塑造个人的自我认同。因此，有意义的自我意识需要回归现实生活，在家庭或宗族、民族或国家等不同层级的共同体或社群里形成源自外部世界的自我认同，受制于各种不同的评价标准，从而形成人格的多重维度。在这些多重维度中，如果自我意识不能进行有机的整合或相互的协调，人格的分裂就在所难免。很少有人或根本没人能成就独立而自在的自我意识，完全独立的自我意识，或许是道家所说的"道"，或许是黑格尔所说的"绝对精神"。

就普通的凡夫俗子而言，我们就是置身于多重维度的自我意识。宗教可以成为自我认同的新维度，促成一种新的自我意识。在这个时候，宗教是否被分为官方或民间、本土或外来，并没有实质的意义。官方与民间的关系，论其实质是与政治认同有关，遵循政治所赋予的社会秩序，集中表现为思想观念上的价值观引导；本土与外来的关系，论其实质是与文化认同有关，遵循文化所赋予的伦理秩序，集中表现为宗教伦理与世俗生活的协调方式。两者最终化约为主流社会的身份认同，如果自我意识融入了特定阶层的评价体系，幸福感油然而生，但如果被排斥在外，挫败感就会扑面而来。

自我认同是支撑上述两组关系的基点。三维坐标系的原点，首先是平衡自我认同与社会认同之间张力的结果，政治认同和文化认同，是不同层面的社会认同。个体信仰及其自我的组织归属，并不一定能得到自己归属的组织的认同，有时候信徒一厢情愿地归属某个宗教组织或团体，但该组织并不认同该成员的信仰或忠诚。在更多的时候，个体信仰乃至所属组织的信仰并不会得到主流社会（尤其是主导性政治势力）的认同。整合不同宗教关系的原点，因此是自我认同与社会认同之间复杂关系的平衡点，源于个体存在与发展所需的社会化或组织化过程。显然，这样的平衡点是动态的，且与信徒自己所选的第三维直接有关，但三维坐标系里的"官方—民间""本土—外来"这两个坐标轴不会改变。

例如，民间的"淫祀"为什么有可能最终被纳入"祀典"？这主要是因为民间的宗教生活渗透到他们的日常生活，促使官方不断规范民间的宗教生活。而且，民间社会的内涵并不必然是指下层社会，更多是指社会成员的日常生活。又如，民俗佛教的研究对象并不限于下层民间社会，它是指已经化民成俗、渗透到社会各阶层（百姓）日常生活里的佛教。但是，同样是在民间活动的类似罗教这样的民间宗教，为什么始终难以得到官方的认可？这些宗教的主流形态也是回到日常生活，也经常说些劝善的警世道理，但它们的教义还有另外一面：强调教主的重要性，大搞教主崇拜。设立最高神，诱导信仰脱离自己的现实生活，转而追求教主设定的神灵世界，这种思想很难被中国主流社会接受。一旦脱离现实生活，宣扬教主崇拜，那就只能在民间秘密流传，变成一种不被官方认可甚至要被镇压的"地下宗教"。所以，凡是皈依这些民间信仰或民间教派的信众，或许自己的身份认同有新颖之处，甚至还受过完备的高等教育，但其整体的信仰格局，已由"官方—民间""本土—外来"这两个坐标轴决定了。对这些民间宗教信仰来说，由于第三维的出现，它们的存在空间、社会形象和运作模式，就有可能发生显著的变异，乃至会有脱胎换骨的机会。

因此，面对解释中国宗教各种复杂关系的理论模式，有必要重新思考宗教的起源，把深层的自我认同作为理解各种不同宗教关系的基盘。这不是在社会学意义上提出微观层面的宗教功能研究，而是从哲学的根本问题上反思宗教的本质。只要人类还没有摆脱死亡的束缚，宗教的情绪就会若即若离地出现。深层的自我认同，或者朝向世俗生活寻求共同体的庇护，或者朝向精神世界把自己融入特定的忘我状态。第三章将会讨论中国宗教的体验方式，在这样的语境里，深层的自我认同处在特定的感应关系中，形成独特的文化认同。这是中国人塑造自我认同的重要渠道，也是中国人日常生活精神动力的来源，即平常所说的"感动"。在世俗生活中，人与人之间彼此产生感情；而在宗教生活中，这份感情就会变成感应，最理想的人神关系是有求必应，但是，对外部神灵的祈求重在提高对自我的道德标准。也就是说，有求必应的背后是信徒自己的修行。这种力量，对于百姓而言往往是日用而不知，溢出了他们的日常生活，但在儒家君子或圣贤那里则是自觉而力行。在有地域性、宗法性的感应体系以及由此形成的精神共同体或信仰共同体中，社会成员完成其自身的"深层自我认同"。

但这种自觉或不自觉的自我认同，常与各自的社会认同产生张力，也不见得每个人都有自觉的修身实践。古代的儒家统治者，因此以"神道设教"的方式予以化解，以温和的无神论引导普通百姓的宗教生活。在信神与不信神之间，构成了中国式宗教生活的主要内容。

四 文神并存的宗教观

前面讨论了研究中国宗教的三维坐标系，这是考察中国宗教内在结构的重要线索。这一节还要进一步考察中国人的宗教观。前面的介绍，说明了中国人的宗教生活，除了那些外来宗教，还包括以儒家为代表的祭祀传统，以及各种各样的民间信仰和民间教派。本书以"人文宗教"概括中国人的宗教生活和信仰传统,但这与韦伯所讲的"文化宗教"究竟有何区别?学者们普遍发现了中国人宗教生活里的人文精神,但与西方所说的"人文主义"究竟有何关联?一方面,本书拟给"人文宗教"更具体的内涵;另一方面,人文宗教在世界文明体系里有其普遍意义,是在类型学上而不是在进化论意义上代表了一种文明模式。

有趣的是,中国的文化传统更多关注宗教治理或社会教化而非宗教本身。在西方宗教学中被视为支撑宗教信仰的人神关系,并不是中国宗教的最关键要素。西方的"宗教"定义,有三个关键要素:对神的崇拜、相关的仪式以及必要的组织形式。有神论是其中最关键的要素,但在中国社会,对"神"的理解与西方并不一致:西方的神是一个造物主,主宰一切;中国没有这样的造物主,一切顺其自然,大自然有一个神妙莫测的天道,即"神道";而佛教更是明确反对造物主的存在,认为一切都是缘起性空。所以,中国传统宗教的主流思想是否定造物主,中国有自己一套不同于西方世界的宗教观,强调人自身的主动性,但又保持对天地君亲师的敬畏,即本书所说的"人文宗教"。当深入考察中国宗教的内在结构时,我们发现中国宗教的人神关系,不仅迥异于西方宗教,而且从属于中国社会的文神关系。

荀子"君子以为文,而百姓以为神"的说法,深入人心。这种文神兼顾的宗教观,来源于儒家的宗教治理经验,体现了中国人在日常生活里"将信将疑、半信半疑"的宗教意识。"文"代表儒家的礼乐制度,儒家隆重举行的各种祭祀活动,只是一种出于感恩报本的礼教,并不代表他们相信所祭之神的真实存在,更不讨论这些神灵有超自然的保佑能力。然而,儒家允许百姓相信神灵的真实性和超自然力,并利用这种信仰推动社会治理。这是人文宗教在中国古代社会的独特之处。

1. 古代中国的"神"

在中国古代典籍里,"神"的用法要比现在复杂,其涵义也有别于西方宗教学所说的"神"。中国人的"人神关系",仿佛是一种特殊的人际关系。缪勒在《宗教学导论》中,附了1880年他与当时在上海、香港的传教士的一通书信,讨论《诗经》《尚书》中出现的"上帝"或"帝"能否被译为God。理雅各的英译本把"帝"译成God of Revelation,缪勒自己也同意这样的译法,但给他写信的东方传教士不同意,他们认为汉语里没有指称God的词,所以造了一个新词Heaven-Lord,这也就是我们现已习惯的"天主"一词。① 也就是说,缪勒和这些传教士,都很清楚"帝"或"天"在古代中国神灵谱系中的最高地位,但对能否对应西方的God存在分歧。相映成趣的是,中国读者现在常把"神"直接等同于God。笔者同意一百多年前的那些东方传教士,中国文化中没有创造万物的至上神。古代中国的"神"至少有两种不同的用法,并有其人文主义内涵。

(1) 气化与"神"的两种用法

"神"有两个最常见的用法,与我们现在把"神"作为崇拜对象的理解有相通之处但又不完全相同:一是作为"玄""妙"同义词的"神",形容一种变化莫测的境界;一是作为人格神的神灵,即"鬼神"之神,与人或民相对。在这两者之间,或许还有一种作为医学观念的"神"。

前者是哲学上的"神",现代中国人一般意识不到古人的这种用法,但在日常语言中还有所保留,譬如"神机妙算"这个成语,神即妙;还有一个成语"出神入化",对"神"的哲学内涵表达得相当精准。后者是宗教学上的"神",在古代中国不同的思想体系或不同阶层的精神世界中,其涵义不尽相同。儒家以气的变化解释鬼神,否定其真实的存在;墨家、道教或民间,则视其为真实的生命状态,对人的现实生活会有重要的影响。

《系辞》说:"一阴一阳之谓道","阴阳不测之谓神"。这是中

---

① 参见〔英〕缪勒《宗教学导论》,陈观胜、李培茱译,第183-194页。

国古代对"神"最精炼的哲学表述,"神"指阴阳变化莫测。这是什么意思?"神也者,变化之极,妙万物而为言,不可以形诘者也。"① 神,是指变化之极。《系辞》记载孔子的话说:"知变化之道者,则知神之所为乎?"又说:"唯神也,故不疾而速,不行而至。"变化之道,不为而自然;化育万物,无形而不测。这与中国古代哲学的"气化"思想有关。

在中国古代的宇宙论里,气是最根本的元素,万物皆气。《庄子·知北游》说"通天下一气耳"②。阴阳代表两种相反相成的力量,是气最基本的运动方式。混沌之气内蕴两股相吸相斥的力量。鬼神,莫不指气的变化状态。《管子·内业》开篇即说:"凡物之精,此则为生。下生五谷,上为列星。流于天地之间,谓之鬼神;藏于胸中,谓之圣人。"又说:"抟气如神,万物备存。能抟乎?能一乎?能无卜筮而知吉凶乎?能止乎?能已乎?能勿求诸人而得之己乎?思之,思之,又重思之。思之而不通,鬼神将通之。非鬼神之力也,精气之极也。"③ 在道家的解释系统里,精气流散于天地之间,万物赖之以生。精气的集聚,就能化育万物。所谓"鬼神",不过是精气集聚变化的极致状态。

宋儒延续了这种气化的思想,亦以"气化"解释鬼神。张载说,"鬼神者,二气之良能也"④,成了这种思想的经典名言。朱熹《中庸章句》接着说:"以二气言,则鬼者阴之灵也,神者阳之灵也。以一气言,则至而伸者为神,反而归者为鬼,其实一物而已。"⑤ 神是气的伸张状态,鬼是气的归返状态。

---

① (晋)韩康伯注,(魏)王弼撰,楼宇烈校释《周易注·系辞》,中华书局,2011,第347页。
② (清)王先谦:《庄子集解》卷六,沈啸寰点校,中华书局,1987,第186页。
③ 陈鼓应:《管子四篇诠释:稷下道家代表作解析》,商务印书馆,2006,第89-90、119-120页。
④ (宋)张载:《正蒙·太和》,《张载集》,章锡琛点校,中华书局,1978,第9页。张载还提出了"神化"的观念,《正蒙·神化》说:"神化者,天之良能,非人能;故大而位天德,然后能穷神知化。"
⑤ (宋)朱熹:《中庸章句》,《四书章句集注》,中华书局,1983,第25页。

第一章　人文宗教

在中国古代医学里，"神"是我们生命的主宰力量，与"形"相对，亦是一种气的特殊状态，即所谓"神气"。所以，《黄帝内经》说，真人"呼吸精气，独立守神"，至人"积精全神，游行天地之间"，圣人"形体不敝，精神不散"。① 身体的主要脏器也有相应的神，中医有"五藏神"的说法。《黄帝内经》说："心藏神，肺藏魄，肝藏魂，脾藏意，肾藏志。是谓五脏所藏。"② 神魄魂意志，分别代表五脏的生命力，都属于体内"神"的范畴。五脏藏精，精化气生神。《老子道德经河上公章句》在解释"谷神不死"时说："谷，养也。人能养神则不死，神谓五藏之神：肝藏魂，肺藏魄，心藏神，肾藏精，脾藏志。五藏尽伤，则五神去矣。"③ 在随后的解释里又对"鬼"作了形象的说明："天食人以五气，从鼻入藏于心。五气清微，为精神聪明，音声五性。其鬼曰魂，魂者雄也，主出入人鼻，与天通。……地食人以五味，从口入藏于胃。五味浊辱，为形骸骨肉，血脉六情。其鬼曰魄，魄者雌也，主出入人口，与地通。"在后来的道教经典里，如《太平经》《黄庭经》《上清大洞真经》，周身内外都有所司之神镇守，形成复杂的身神系统，把原本可以当作医学概念理解的"神"变成了彻头彻尾的宗教名词。

"神"在中国古代的另一种用法，是指宗教学上的人格神，示、鬼、主、灵、魂、魄等是"神"在不同语境的替换说法。其内在的依据依然是气化思想，孔子说："气也者，神之盛也。魄也者，鬼之盛也。合鬼与神，教之至也。"④ "神"作为人格神的用法，往往与"民"相对。《左传·僖公十年》记载："神不歆非类，民不祀非族。"⑤ 又如《国语》记载："民是以能有忠信，神是以能有明德，

---

① 《素问·上古天真论第一》，《黄帝内经》，姚春鹏译注，中华书局，2010，第23－24页。
② 《素问·宣明五气第二十三》，《黄帝内经》，第224页。
③ 《老子道德经河上公章句》"成象第六"，王卡点校，中华书局，1993，第20页。
④ 《礼记正义》卷四十七"祭义"，第1324页。
⑤ （周）左丘明传，（晋）杜预注，（唐）孔颖达疏《春秋左传正义》卷十三，北京大学出版社，1999，第363页。

民神异业,敬而不渎,故神降之嘉生,民以物享"(《楚语下》);"社稷山川之神,皆有功烈于民者也"(《鲁语上》)。① 其中有众多的自然神,如《礼记·祭法》说:"山林、川谷、丘陵能出云,为风雨,见怪物,皆曰神。"②

在中国历史上,人格化的神数目繁多,概括而言,主要分为天神、地祇、人鬼三类,其中有的是远古时代流传下来的自然神,有的则是行业神,而对百姓生活影响最大的则是各自的祖先神。道教、民间宗教,杂糅佛教、摩尼教等外来宗教的元素,还创造了很多新的神灵。这些"神"会受到古代中国人不同程度的崇拜。詹鄞鑫的《神灵与祭祀:中国传统宗教综论》详细列举了中国传统宗教生活里的神。天神包括:日月神、星辰神、五方神、昊天上帝、气象神(风神、雨神、雷电神、云神、虹神)等。地祇包括:土地神、五谷神、山川神、五祀神、火神等。该书区分了"人鬼"和"人神",人鬼包括祖先、功臣圣贤、行业创始人等,人神包括伏羲、女娲、盘古、黄帝、炎帝、太皞、少皞、颛顼等。该书单列了生物神灵,包括动物神灵、植物神灵,以及四灵(龙、凤与朱鸟、白虎与麒麟、龟与玄武)、十二生肖等。该书还对祭祀的种类、场所、祭品、礼器、仪式做了简明扼要的介绍。不过,在这些神灵中间,从来没有一个统一的、创造万物的最高神。明代以来的民间宗教,往往设立最高的无生老母,可能是与弥勒教、摩尼教在民间的广泛流传有关,他们的心目中期待一位救世主。这种救世主的想法,并不是中国传统文化的主流思想。事实上,那些有救世情结的民间宗教,一直处在被朝廷打压的状态。

"神"的上述两种用法并不是没有关联,人格神所具有的超自然力,即是常人难以捉摸的变化莫测之境。道家和儒家视之为日常的气化,而在宗教徒眼里,这是一种外在的境界,往往是某种感应

---

① 徐元诰:《国语集解》(修订本),第514、161页。
② 《礼记正义》卷四十六,第1296页。

的结果。

（2）人文主义的鬼神之德

对"神"做出哲学的解释，将之放在气化宇宙论的框架里解读，既有可能引出中国古代的无神论思想，也有可能成为一种精致的宗教哲学。而对神灵的祭祀，亦可以有迥然不同的态度。

巫师的职能之一是负责祭祀，被认为有通神的能力，或以祭品取悦于神，或以法术克制邪灵。在这种祭祀活动中，人神关系的媒介是对超自然力的膜拜，或者说，是巫师与神灵之间的较量，其目的是双方的利益交换。《国语·鲁语上》的这句话很有代表性："民求不匮于财，而神求优裕于享。"① 这是一种功利主义的实用心态。墨子在人神关系上主张"先鬼神而后人"，对鬼神的力量深信不疑。他说："今若使天下之人偕若信鬼神之能赏贤而罚暴也，则夫天下岂乱哉？"他之所以要辨明天下有鬼神，用意是"兴天下之利，除天下之害"②。在他看来，鬼神具有"赏贤罚暴"的正义力量，可以借来作为"治国家利万民之道"。但是，谁来证明鬼神有这样的力量？

相传殷商治国"先鬼神而后人"，《礼记·表记》说："殷人尊神，率民以事神，先鬼而后礼。"③ 商周之际，周公制礼作乐，对待祭祀的态度开始改变，主张"敬鬼神而远之"，把祭祀纳入礼教的范围。而且，祭礼是最重要的礼。《礼记·祭统》说："凡治人之道，莫急于礼。礼有五经，莫重于祭。"④ 西周以后，很多巫术被保留下来，但逐渐规范为有一定程序的方术。譬如，《礼记·曲礼》说："龟为卜，策为筮。卜筮者，先圣王之所以使民信时日，敬鬼神，畏法令也。所以使民决嫌疑，定犹与也。故曰：疑而筮之，则

---

① 徐元诰：《国语集解》（修订本），第144页。
② 吴毓江：《墨子校注》卷八《明鬼下》，中华书局，1993，第336-337页。偕，亦作"偕"。
③ 《礼记·表记》还记载："夏道尊命，事鬼敬神而远之，近人而忠焉……周人尊礼尚施，事鬼敬神而远之，近人而忠焉。"（《礼记正义》卷五十四，第1484-1486页。）
④ 《礼记正义》卷四十九，第1345页。

弗非也；日而行事，则必践之。"① 古人在很多时候采用卜筮、择日等方式决定犹豫不决的事情，这表明他们相信存在神秘力量。但是，从事这些工作的巫师已经逐渐沦为职官体系里的技术人员，这些巫师只是这些神秘力量的发现者，有能力驾驭，却不是实际的拥有者。相应地，祭祀的理由也在发生变化。祭祀是教民"反古复始，不忘其所由生也。是以致其敬，发其情，竭力从事，以报其亲，不敢弗尽也"②，"万物本乎天，人本乎祖，此所以配上帝也。郊之祭也，大报本反始也"③。报本是报天地造化之功，反始是怀念祖先生育之德，而神灵的超自然力被淡化了。这样的祭祀，彻底改变了功利主义的心态，而是出于伦理主义的感恩纪念。因此，祭祀的范围有明确的规定：第一，不祀非族，不必祭祀别人的祖先；第二，淫祀有禁，恪守祭祀的宗法等级。这些是礼制的重要组成部分，也是国家政治秩序和社会秩序的表现方式。

儒家在祭祀的仪式上发展出很多内容，主要是强化祭礼在协调社会人际关系上的重要作用，强调慎终追远对维持宗法社会的积极意义。这在旁观者看来，儒家并不关心死者在祭祀过程中的状态，"祭神如神在"的说法回避了或模糊了神在不在的难题。然而，就是在这一点上，明确了中国传统宗教，尤其是宗法性宗教的基本特点：鬼神是宇宙之气的变化，其本身并不值得祭祀，这是自然主义的态度；但"鬼神之德"值得敬畏，人神之间的纽带是"德"，祭祀是崇德报功，这是人文主义的态度，信仰的依据不是神的本体而是神的功能。在某种程度上也可以说，商周之际的文明突破，是古代中国人祭祀观念的根本转型，从对超自然力的崇拜转向对德的崇敬，从功利主义转向人文主义，这使中国人的宗教观念是以人为本，而不是以神为本，是以神灵的品德激励自己的行为。《左传·

---

① 《礼记正义》卷三，第 93 – 94 页。
② 《礼记正义》卷四十八《祭义》，第 1329 页。
③ 《礼记正义》卷二十六《郊特牲》，第 801 页。

僖公五年》记载:"鬼神非人实亲,惟德是依。"① 不仅是鬼神有德,祭祀的人也要有德,否则也得不到鬼神的眷顾,"皇天无亲,惟德是辅"。也就是说,在祭祀中受益,最主要的原因是人自己的德行。《礼记·祭统》说:"夫祭者,非物自外至者也,自中出生于心也。心怵而奉之以礼,是故唯贤者能尽祭之义。"② 这种祭祀观,是西周以后政治上的民本思想在宗教生活里的反映。当时,"天视自我民视,天听自我民听"③,"民,神之主也。是以圣王先成民而后致力于神"④ 的思想已经颇为流行。

因此,儒家对鬼神之德大加赞叹。《中庸》记载孔子的话说:"鬼神之为德,其盛矣乎!视之而弗见,听之而弗闻,体物而不可遗。使天下之人齐明盛服,以承祭祀。洋洋乎!如在其上,如在其左右。"(《中庸》第十六章)这是体现儒家鬼神观的重要段落,解释儒家不信鬼神而举行祭祀活动的合理性。因此,祭祀的对象,无论是祖先、圣贤,还是天地、山川,都是有功于民者。鬼神已逝,祖德流芳。山川依旧,滋养一方。鬼神之德,无所不在。后代子孙,感恩戴德。依据这样的祭祀观,我们也就不难理解儒家礼教所讲的"五祀神"和"八腊神"。五祀神在典籍里有不同的说法,大致是指门神、户神、灶神、中霤神、行神,都与日常生活起居关系密切⑤。八腊神,是指先啬、司啬、农、邮表畷、猫虎、坊、水庸和昆虫,见于《礼记·郊特牲》。以今人的眼光来看,有些匪夷所思,但它们都与农业生产有关,这在农耕社会的重要性不言而喻。

缘于对"德"的重视,中国宗教普遍强调"修身"的重要。神灵对古代中国人来说,更像一位师长,在无形之中监督信徒平常的修行,要求在现实人间做好应尽的事务,恪尽职守。这在民间就有

---

① 《春秋左传正义》卷十二,第 344 页。
② 《礼记正义》卷二十五,第 1345 页。
③ (汉)孔安国传,(唐)孔颖达疏《尚书正义》卷十一《泰誓》,北京大学出版社,1999,第 277 页。
④ 《春秋左传正义》卷六"桓公六年",第 175 页。
⑤ 参见詹鄞鑫《神灵与祭祀:中国传统宗教综论》,第 74–77 页。

"头上三尺有神明"的俗谚。人神关系,因此充满了现实的人情味,神灵并没有高高在上,也没有主宰和支配人的愿望。只要肯修行,人人皆可为尧舜,亦可成仙成佛。人有如此之大的自主性,这是中国宗教的重要特色。不过,这样的宗教观,并不是每个信徒都能做到的,功利主义的心态随时都会兴起。

2. 神道设教与文神关系

在复杂的现实社会面前,难以摆脱功利主义思想,也很难抵挡对神秘主义的好奇。在儒家的观念里,对神灵的祭祀,属于礼教,崇德报功,教民不忘本。但在百姓看来,人物神或自然神都有超自然力,可以保佑他们的现实生活,笼罩一切,是他们惹不起或可依赖的"神灵"。对此现象,荀子概括为"君子以为文,而百姓以为神"。这是中国宗教史上的至理名言,揭示了理解中国宗教的新维度:文与神的关系。

荀子《天论》记载了他对雩祭的解释,天旱而求雨,雨并非求得,不求也能下,彻底否定雨神的作用。他说:

> 雩而雨,何也?曰:无何也,犹不雩而雨也。日月食而救之,天旱而雩,卜筮然后决大事,非以为得求也,以文之也。故君子以为文,而百姓以为神。以为文则吉,以为神则凶也。①

这段引文非常著名,是理解儒家作为一种温和无神论思想的经典段落。"无何也"三字干脆利落,为求雨而祭祀,没有任何道理!但他笔锋一转,把这种祭祀称为"文",也就是礼教,要借助祭祀这种仪式教化百姓。因此,祭祀并非没有意义,可以表达"思慕之情",体现自己的"忠信爱敬",是一种"人道",只是百姓经常以为这是鬼神之事。他说:"其在君子,以为人道也;其在百姓,以为鬼事也。"(《礼论》)荀子从哲学上把"神"理解成最高深的阴

---

① 《天论》,楼宇烈主撰《荀子新注》,中华书局,2018,第 336-337 页。

阳变化，所谓"阴阳大化"。他说："列星随旋，日月递照，四时代御，阴阳大化，风雨博施，万物各得其和以生，各得其养以成。不见其事而见其功，夫是之谓神。"但是，百姓将这种阴阳大化之神理解成有人格意志的神，认为通过祭祀，或以法力或以祭品可以求得雨神的施雨，荀子说，像这样对人格神深信不疑，那就凶险了。为什么凶险？并不是人格神能有什么坏作用，而是一旦依赖神的力量，就会导致自己疏于修德，成为一个天天退步的小人。他说：

> 若夫志意修，德行厚，知虑明，生于今而知乎古，则是其在我者也。故君子敬其在己者，而不慕其在天者；小人错其在己者，而慕其在天者。君子敬其在己者，而不慕其在天者，是以日进也；小人错其在己者，而慕其在天者，是以日退也。①

以为通过祭祀可以坐享其成，这是小人的行径，为儒家君子不耻。因此，区分"文"与"神"就很重要：儒家君子不信神，但能对信神者宽容，因势利导，制定劝学修德的礼教。这是荀子的文神关系，总体上侧重于"文"。

同样是解释雩祭，董仲舒的说法与此大不相同。《春秋繁露·精华第五》说：

> 大雩者何？旱祭也。难者曰：大旱雩祭而请雨，大水鸣鼓而攻社，天地之所为，阴阳之所起也，或请焉，或怒焉者何？曰：大旱者，阳灭阴也。阳灭阴者，尊厌卑也，固其义也。虽大甚，拜请之而已，敢有加也。大水者，阴灭阳也。阴灭阳者，卑胜尊也，日食亦然，皆下犯上，以贱伤贵者，逆节也，故鸣鼓而攻之，朱丝而胁之，为其不义也，此亦《春秋》之不

---

① 《天论》，楼宇烈主撰《荀子新注》，第333-334页。错，同"措"，舍弃之意。小人不珍惜自身的作用，却总是贪恋外部天然的现成之物。

畏强御也。故变天地之位,正阴阳之序,直行其道,而不忘其难,义之至也。①

董仲舒在此不厌其烦地讲解"阳尊阴卑"的道理,以此说明大旱的祭祀要拜请而求神,大水或日食的祭祀要击鼓而攻神。天地之位,阴阳之序,是他所说的"正义"。大旱是阳灭阴,符合正义,但过犹不及,所以拜请雨神有所修正。但是,大水、日食都是阴灭阳,以下犯上,社神是阴之本,所以要在土地庙鸣鼓祭祀,并以红绳绕庙一周,助阳抑阴,匡扶正义。已经得了势的儒家,对正义的期待胜过仁政。阴阳变化,变成了阳尊阴卑,而且,人以祭祀的方式可以促成阴阳变化。更重要的是,董仲舒的儒学相信这些神灵的真实性,雨神、社神可以因人的态度而改变自然的运行。方术对超自然力的想象与认同,重新进入儒学思想,但其目的是借此强化儒家所规定的纲常秩序,甚至以天人感应提出"天谴"说,约束帝王的权力。这是董仲舒的文神关系,总体上侧重于"神"。汉代儒学因此也被视为儒学的宗教化。

在通常情况下,人神关系是理解宗教的核心问题。但在儒家社会,人与神并没有鸿沟,人人皆可成神,以隆重的礼节祭祀这些不断生成的神灵。人神关系的重要性让位于文神关系,也就是说,对神的态度或对神的理解方式,是理解中国宗教的关键。荀子和董仲舒的文神关系,在历史上都有重要影响,但有区别:荀子对神的态度偏于无神论,董仲舒对神的态度偏于有神论。孔子对神的态度,则在哲学与宗教之间,若有若无,保持着周人"敬鬼神而远之"的态度。他说"祭神如神在",神是一种"如在",既没有肯定神的存在,也没有否定神的存在,而很重视"鬼神之德",以此作为教化的手段。他说:"合鬼与神,教之至也。"(《礼记·祭义》)但儒家在骨子里不信鬼神,他们和巫师的观念已有区别。在马王堆出土的

---

① (清)苏舆:《春秋繁露义证》,钟哲点校,中华书局,1992,第85-87页。

帛书易传《要》篇里，孔子说："后世之士疑丘者，或以易乎？吾求其德而已，吾与史巫同涂而殊归者也。君子德行焉求福，故祭祀而寡也；仁义焉求吉，故卜筮而希也。祝巫卜筮其后乎？"[1]他所依赖的是自己的德行和仁义，并不信任巫师的方法。尽管以此引文很难说明孔子就是无神论者，但他否定巫师所宣扬的超自然力，这是可以说明的。以此而言，董仲舒的文神关系违背了孔子的原意。荀子的态度符合孔子的思想，但在表述上过于直白，可能有损敬鬼神的教化功能。

因此，古代中国的宗教治理，首先是以礼教协调有神与无神的关系，人神关系则由各个宗教自行决定。长期以来，我们总是关注形神、人神两组关系，却忽视了文神关系。需要说明的是，文神关系并不是宗教学所说的政教关系。简单地说，文神关系是礼教与宗教的关系，不是政治与宗教的关系，也不是行政组织与教会系统的关系。文神关系，要比人神关系更能体现中国宗教观。但文神之间始终存在张力，宋儒对此亦在谨慎表述对神的态度。如程颐在解释《乾卦·文言》时说："天地者，道也。鬼神者，造化之迹也。圣人先于天而天同之，后于天而能顺天者，合于道而已。合于道，则人与鬼神岂能违也？"[2] 鬼神的涵义，是指天地造化，圣人与此不相违背。这在字面上没有直白地否定鬼神。祖先崇拜是中国社会一以贯之的信仰传统，儒家礼教的神圣性得益于这样的传统。越是到民间，这样的信仰越热烈。但是，如何将松散的宗族构成一个有机的整体？或者说，如何防范诸侯、大族僭越礼制？我们经常说家国同构，但把无数的小家整合为一个大家，绝非易事。儒家礼教的等级制，是一种特殊的整合机制，综合了伦理和宗教的因素。

在礼乐制度的顶端，天，成为最高的思想根源。商周之际，古代中国人开始以天替代上帝，区分了天与上帝，并以不同的方式祭

---

[1] 马王堆帛书易传《要》篇。廖名春：《帛书〈要〉释文》，朱伯崑主编《国际易学研究》第一辑，华夏出版社，1995，第28页。
[2] （宋）程颐：《周易程氏传》，王孝鱼点校，中华书局，2011，第12页。

祀。也就是说，周公以抽象的天超越所有的祖先崇拜。① 圣人以"天道"教化百姓，将祭天置于所有祭祀之上，但也不能取代各地的宗族祭祀，因为这些祭祀给古代中国提供相对稳定的基层社会组织。王权的统一与宗族的多元，是文神关系复杂性的社会基础。在宗法社会，王权没有足够的力量统一或取消各地的鬼神信仰，但又有思想上大一统的客观需要。西周社会没有孕育出一神教，而是多神教。这样的天或天道，只能是一半哲学一半宗教，而更倾向于哲学。

即便是倾向于哲学，事实上还有自然主义和人文主义的思想分歧。天道的涵义，更像后来道家感兴趣的那种先天地而生的道，这是自然主义的宇宙论哲学。天道与当时已经出现的天命观念有关，有赏罚的功能。② 陈来在《古代宗教与伦理》中说："西周时代的天命论，总体上说，仍然是一种神意论，而不是后来发展的自然命定论或宇宙命运论，仍然披着皇天上帝的神性外衣，但也不可否认，其中已缓慢地向一种秩序和命运的思想发展。秩序的观念逐步凝结为'天道'的观念，而命运的观念则仍旧依存于'天命'观念之下来发展。"他还接着说："周人的这种'天'的观念，与人文主义思潮在春秋时期的兴起以及此后儒道两家注重自然之天与义理之天的发展之间，存在着某种联系。"③ 天人之间存在一种伦理关系，人的命运被认为与天的意志有关，作为至上神的天，逐渐演化为人文主义的道德之天。

儒家以天道为最高原则教化百姓，即"神道设教"。《周易》观卦象辞说："观天之神道而四时不忒，圣人以神道设教而天下服矣。"此处的"神道"，是指玄妙的天道，不是"神之道"或"鬼

---

① 《史记·封禅书》记载："周公既相成王，郊祀后稷以配天，宗祀文王于明堂以配上帝。自禹兴而修社祀，后稷稼穑，故有稷祠，郊社所从来尚矣。"见（西汉）司马迁《史记》卷二十八，中华书局，2003，第1357页。
② 《国语·周语中》："先王之令有之，曰：天道赏善而罚淫……"［徐元诰《国语集解》（修订本），第68页。］
③ 陈来：《古代宗教与伦理：儒家思想的根源》，三联书店，1996，第194－195页。

神之道"。天地万物的本体是气,气化流行的依据是道。道家认为存在先天地而生的大道,但在儒家,天道先于地道、人道,是一切价值的本源。天道最大的特点是"诚",儒家因此以"诚"教化百姓。惟其如此,天下才能信服。但在后世的传承中,"神道"被理解成鬼神之道,重心在神不在道。这种误读,体现了文神关系的内在张力。

  道家原本不需要人格化的神,但在这种误读的过程中,道家的"神"与民间流传的"法术"慢慢结合起来,各个层级的人格神逐渐被收编,形成数量繁多、功能繁杂的众神殿,形成我们现在所熟知的道教信仰谱系。① 最晚在东汉成书的《太平经》里,"神道"的观念开始与"天道"相区分,指"神人之道",已经偏离《周易》的原意。该经《神人真人圣人贤人自占可行是与非法》里说:"古者神人自占是非,得与不得,其事立可观也。不但暗昧,昭然清白。神道至众,染习身神,正心意,得无藏匿。善者出,恶者伏,即自知吉凶之法,如照镜之式也。"② 该经还提到当时有一类书被称为"神道书":"书有三等:一曰神道书,二曰核事文,三曰浮华记。神道书者,精一不离,实守本根,与阴阳合,与神同门。"③ 该经对"天道"的理解基本符合先秦的观念,如"天道无亲,唯善是兴"④。稍后兴起的五斗米道,则被《三国志》记为"以鬼道教民"⑤,鬼道或即神道。东晋干宝《搜神记》对"神"的理解非常宽泛,记载神仙、人鬼、精怪等的神异之事,他在《搜神记》的序言里说,著述的目的是"发明神道之不诬"⑥。也就是说,对"神

---

① "道教"概念出于《老子想尔注》。卢国龙认为,"道教是儒道合流的产物","道教的宗教形式是斋醮科仪"(《道教哲学》,华夏出版社,2007,第18页)。
② 王明编《太平经合校》,中华书局,1992,第718页。
③ 王明编《太平经合校》,第9页。
④ 王明编《太平经合校》,第4页。
⑤ (晋)陈寿:《三国志》卷八,陈乃乾校点,中华书局,1982,第263页。卢国龙认为:"道与教,分之则为二,合之则为一,道是所以立教的宗旨或理本,教是推衍此理本以化导世俗的应用。"(《道教哲学》,第16页。)
⑥ (晋)干宝:《搜神记》"序",汪绍楹校注,中华书局,1979,总目第2页。

道"的这种误解,始于东汉,最晚到东晋末年已在中国社会流行。这种现象在某种程度上也反映了儒家内部对"神"的两种理解方式:荀子的无神论和董仲舒的有神论。

所以,在讨论中国宗教对"神"的理解有别于西方宗教时,我们必须意识到:"人神关系"在中国宗教中变得不那么突出,但"文神关系"显得特别重要。中国人的宗教生活,洋溢着人文主义和伦理精神。在很多时候,祭祀的依据是以天道为名的无神论,特别是古代中国的儒家士大夫,他们以无神的信仰参加各种形式的祭祀活动。而在民间社会,特别是因为道教的兴起、佛教等外来宗教的传入,鬼神信仰、各种法术广泛流行。这两种形式,都是古代中国的神道设教,始终是礼教与鬼神信仰并存,发挥着"上薄拜神教""下防拜物教"的人文精神。儒家并不同意民间对鬼神的实有论信仰,但也没有完全否定鬼神的存在,更没有放弃鬼神之名,而是盛赞"鬼神之德",这是一种温和的无神论。但在民间,鬼神具有超自然的力量,几乎可以支配他们的日常生活。[①] 不过,儒家对鬼神信仰、法术的容忍有明确的底线,严令禁止利用卜筮、鬼神之事蛊惑人心。《礼记·王制》说:"假于鬼神、时日、卜筮以疑众,杀。"

前面提到的儒家内部对"神"理解上的分歧,以及古代中国人对"神道"的误解,反映了"文"与"神"的张力。西方宗教学的理论预设是宗教在社会上占主流,甚至认为宗教是社会文化的核心,但在中国,这样的理论预设不成立,有神论的宗教信仰在中国社会并不是主流,因此,宗教信仰如何与社会主流意识形态保持恰当的关系,从古至今一直是对社会治理能力的考验。本书提出"人文宗教",则要同时关注宗教学所研究的人神关系和中国社会所面对的文神关系。当我们讨论属于无神论的神道设教时,中国宗教更像一套伦理准则,更多地表现为韦伯所说的文化宗教的社会教化功

---

① 楼宇烈:《论中国传统文化的人文精神》,《温故知新:中国哲学研究论文集》,商务印书馆,2004,第452-489页。

能；但当我们讨论基于鬼神真实性的神道设教时，中国宗教与西方宗教的差异表现得更为明显，即包含了丰富的感应思想，一种神秘主义与人文主义的奇妙混合物，完全不同于外部神灵的个体救赎。

3. 感应作为宗教生活的基本形式

"神"是变化莫测的意思，为什么有这种能力的"神"与凡夫俗子存在密切的关系？或者说，神以什么方式与人沟通？这在中国文化里被称为"感"，通常亦作"感通""感应"，是中国人宗教生活的基本形式。

在中国古代的思想世界里，感即交感，其依据是天地人皆为气。二气感应，实为同类相召。《淮南子·天文训》说："物类相动，本标相应。"① 《泰族训》说："精诚感于内，形气动于天，则景星见，黄龙下，祥凤至，醴泉出，嘉谷生……逆天暴物，则日月薄蚀，五星失行，四时干乖，昼冥宵光，山崩川涸，冬雷夏霜……天之与人有以相通也。"② 天人感应，不仅给汉代的术数、方技提供了理论基础，也给当时取得了独尊地位的儒家思想蒙上了神秘色彩。董仲舒糅合"阴阳五行"思想，以"天副人数"等说法说明"天人感应"，达到"天人之际，合而为一"的境界。③ 他说："天有阴阳，人亦有阴阳。天地之阴气起，而人之阴气应之而起；人之阴气起，而天之阴气亦宜应之而起。其道一也。"④ 《尚书》讲"皇天无亲，惟德是辅。民心无常，惟惠之怀"⑤。天下百姓只会归顺那些关心他们的人，君主只有敬德保民，才能维系自己的天命。董仲舒进一步说，国家失道的时候，上天会出灾异"谴告"君主。天人感应的最终目的，是教化天下。不仅百姓，还要包括天子，都要修

---

① 张双棣：《淮南子校释》，北京大学出版社，1997，第246页。动，应作"感"。
② 张双棣：《淮南子校释》，第2035-2036页。
③ （清）苏舆：《春秋繁露义证·深察名号第三十五》，第288页。董仲舒在此处说："事各顺于名，名各顺于天。天人之际，合而为一。同而通理，动而相益，顺而相受，谓之德道。"
④ （清）苏舆：《春秋繁露义证·同类相动第五十七》，第360页。
⑤ 《尚书正义》卷十七《蔡仲之命第十九》，第453页。

身明德。若能身体力行，则为君子，自然就会区别何为"文"何为"神"，而以"人文"为本。

为什么君子以为"文"，百姓以为"神"？关键还在于对天道的把握方式并不相同。这里隐含了中国传统宗教的本质特征：感应。君子能在天人之间有所感应，道法自然；百姓则对天人感应并不精通，盲从而已。《周易》的咸卦很有意思，是讲娶媳妇的故事，男人娶妻，一定要从脚到头管住女人的身体。① 此卦下艮上兑，因此就被解释"山泽通气"，上下交感。咸卦的象辞说："咸，感也。柔上而刚下，二气感应以相与。……天地感而万物化生，圣人感人心而天下和平。观其所感，而天地万物之情可见矣。"② 这里的"感"是指"交感"（交互的感应），譬如天地、山泽、男女、刚柔的交感。

至于如何"交感"，则显得有些神秘。《系辞》将此概括为《易》的根本特点："易无思也，无为也，寂然不动，感而遂通天下之故。非天下之至神，其孰能与于此？"③ 交感的结果，是能通达天下，这段话称之为最神奇的事情。在《系辞》的解释里，圣人可以通过言辞、通变、制器、卜筮的方式，达到"感而遂通"的境界。"君子"与"百姓"，其实并不是社会地位的差距，而是表现为他们的德行，以及天人感应的能力。

凡夫如何变化气质，达到圣人之境？感应是其内在的转变机制。这个过程神乎其神，但是，"不言而信，存乎德行"④。儒家亦以感应解释人与神、人与人之间的交往，情到深处，感天动地。《孝经》"应感章"说："故虽天子，必有尊也，言有父也；必有先也，言有兄也。宗庙致敬，不忘亲也。修身慎行，恐辱先也。宗庙致敬，鬼神著矣。孝悌之至，通于神明，光于四海，无所不通。"⑤

---

① 参见李零《死生有命 富贵在天：〈周易〉的自然哲学》，三联书店，2013，第185－186页。
② 《周易正义》卷四《咸卦》，第139－140页。
③ 《周易正义》卷七《系辞上》，第284页。
④ 《周易正义》卷七《系辞上》，第293页。
⑤ （唐）李隆基注，（宋）邢昺疏《孝经注疏》，北京大学出版社，1999，第52页。

明代王艮（1483—1541）说："爱人者人恒爱之，信人者人恒信之，此'感应之道'也。"① 佛教传入中国以后，亦以感应作为人与佛菩萨的沟通方式。无论是在天台宗还是在净土宗，都很强调"感应道交"在修行上的奇妙效果，成为中国佛教的显著特点。② 道教经典《太上感应篇》广为流行，强调"祸福无门，惟人自召；善恶之报，如影随形"，几乎到了家喻户晓的地步。

本书以"人文宗教"定义中国传统宗教生活，不仅以"人文"为本，还以"感应"为体，看似神秘，实则很自然。在中国人的心目里，感应，如同人与人之间的"感情"。感情有多自然，感应也有多自然；感情有多具体，感应也有多具体。"感"是中国人持续至今的思维方式和生活方式，中国人动辄就说"晓之以理，动之以情"。这种思维方式，对中国人的日常生活影响全面而深刻。

中国宗教里的神灵，往往各司其职，无法左右一切，归根结底是依靠人自身的主动性。以自己的德行去感动神灵，从根本上说，这个神灵即是深层的自我认同。"感"的过程，即是"应"的过程，在现实中的具体呈现，也就是人文的显现，具体表现为一种道理或一种教化。因此，中国宗教的基本特征是以"感应"为体，以"人文"为本，重视服务现实的人文教育。此两方面，构成了"人文宗教"的基本内涵。

人文立本，是引导宗教徒回归现实，注重道德教化。感应为体，突出了宗教徒的主动性，以自己的德行去实现人与神或人与天的交互感应。过多地讲述人文主义或人文价值，就有可能淡化古代

---

① 参见王艮《勉仁方》，《王心斋全集》，江苏教育出版社，2001，第30页。他还说："若人情有感必应，则恒人皆能处之矣。惟感之而不应，而吾之所以感之者，惟知自尽其分，而不暇于责人望人，而后谓之学无止法。"（《诚意问答》，《王心斋全集》，第201页。）
② 佛教传入以后，深受中国传统既有宗教"感应"思想的影响。天台宗创始人智𫖮，以"感应道交"解释学佛修行的奇妙效果。到了明代，云栖袾宏还以"感应道交"说明念佛往生的必然性。参见李四龙《论仁寿舍利的"感应"现象》，《佛学研究》2008年总第17期。

中国人日常生活里的宗教性或神圣性。从这个意义上说，我们必须关注"感应"这种内在体验，这份情绪可以保留人对异己力量的敬畏。否则，人就有可能"无法无天"。

当然，民间信仰所讲的感应，对人的主动性要求偏低，更多地强调神灵外在的保佑力量。也就是说，民间信仰的"等靠要"思想比较严重，这与精英阶层对感应的理解有较大出入。对感应的不同态度，决定了精英信仰与普通信仰的差异：注重自我的修行或德行，人是感应关系的主动方，神灵只是感应关系的被动方，这是精英信仰；否则，只是祈求神灵保佑，这是普通信仰。信仰能否转化为个人的德行，这是凡圣之间的差异。本书第三章将会对此有专门的解释。

4. 人文主义是基本的宗教伦理

在中国的语境中讨论"人文"，比较容易沟通，其最狭义的理解是指儒家的礼乐制度或礼教。而将这个概念引申到广义的"人文"，即人之为人的因素，这就不仅是儒家意义上所说的礼教，还包括道家所讲的自然，佛家所讲的生死。儒家重视人的社会属性，道家则关注人的自然属性，佛家关心人的生命特征。这种引申有些新意，大家一般也能接受。然而，一旦说起作为现代汉语的"人文主义"，若想真正了解其内在的涵义，其实并不容易。

"人文主义"一词是英文 humanism 的汉译，学者们认为这个英文词源自德语 humanismus，是一位德国教育家 1808 年在讨论古希腊古罗马经典时根据拉丁语 humanus 杜撰的。而在 15 世纪的意大利，类似的想法已经有所表现。当时学生们把教古典语言和文学的老师称为 umanista，把教法律的老师称为 legista，这些老师所教的课程，涉及语法、修辞、历史、文学、道德哲学等，被统称为 studia humanitatis，英语译为 the humanities。[①] 英文词 humanities 现在常被译为"人文学科"，而其意大利语原文则有"人性修养"的意思，类

---

① 参见〔英〕布洛克《西方人文主义传统》，董乐山译，三联书店，1997，译序第 3 页。

似于儒家所讲的"六艺",即养成君子的基本科目。在中国的古代传统里,礼、乐、射、御、书、数,是人文教育的六科,即"六艺"。在西方的传统里,语法、修辞、逻辑、算术、几何、天文、音乐,是其人文教育的七科,也是西方大学教育最初的学科体系。西塞罗在接受古希腊人的思想遗产时,在拉丁语里找到一个词 humanitas,表示对人的全面教育,即"发扬那些纯粹属于人和人性的品质的途径"①。

在现代西方大学里,humanities 和 arts(并不完全是指艺术,在很大程度上泛指人类的各种技艺)是本科教育的基本课程,完全独立于这些大学的神学教育(divinity school)。人文主义,因此是西方现代大学教育的根基,进而成为西方社会公民教育的基石。这种现象,既可以说是西方社会在现代化过程中的世俗化表现,也可以说是基督教内部的人文主义传统的外化。在基督教的思想中,人文主义与神的救赎并不必然是冲突的。譬如,托马斯·阿奎那(St. Thomas Aquinas,1225 - 1274)曾经想把基督教教义和亚里士多德思想糅为一体。在基督教现当代教义思想中,与人文主义的协调是其重要内容。

在全球化的现代社会,人文教育是高等教育的基础内容,宗教努力想要成为当代人文教育的组成部分。这种努力的结果是,人文主义成为当代宗教思想与现实社会的连接纽带,成为当代宗教在现实社会首先面对的主流思想。在宗教界所要面对的各种伦理关系中,人文主义是最基本的宗教伦理,涉及宗教界在当代社会的生存基础。相对于传统的教义,现代宗教徒越来越趋向于以人自身的视角或经验去处理人与自己、社会、自然,乃至人与神的关系。这种思想与以神为中心的教义有比较大的距离,但不可否认的现象是:基于高等教育的现代社会,早已把人文主义作为最基本的信念;以人的尺度衡量社会的进步,这种观念也已根深蒂固,比如大家普遍

---

① 参见〔英〕布洛克《西方人文主义传统》,董乐山译,第5页。

相信，法律面前人人平等。在这样的语境里，人的美德及其对社会的贡献，成为宗教信仰的基础和前提。

在西方社会的宗教改革运动中，特别是在持反宗教立场的领域中，人文主义的内涵得到持续的扩充。自然科学的进步，数学、物理学、化学、医学、生物学、气象学、地理学、天文学等学科的长足发展，以及缘此而有的技术发明、交通便利，使以实证为基础的理性主义受到了前所未有的推崇，人对自身命运的把握也有了前所未有的自信。理性，因此成了人文主义的重要内涵，有时甚至是首要的内涵。这种印象，与我们在日常生活的体验，特别是源自艺术的感受非常不同。情感的脆弱，欲望的迷幻，本能的自私，所有这些似乎更像人性的内层要素。弗洛伊德（Freud，1856－1939），这位对宗教近乎仇视的心理医生，总是不厌其烦地讨论与性有关的本能冲动及其被压抑状态。感性或情绪、非理性，因此更像人文主义的核心内涵。自由主义、心理主义、个性化的生活方式等，也被赋予人文主义的色彩。理智与情感的冲突，并不仅仅出现在西方过去二百多年的哲学思潮中，而是植根于人性自身内在的矛盾中。远在古老的波斯宗教中，世界的主宰被同时赋予光明和黑暗两股相反的力量。在基督教的发展史上，理性与信仰的张力，一直是困扰着神学家的理论难题。作为现代宗教学之父的缪勒，索性就把"信仰"当作人性的组成部分，认为信仰与感性、理性并列，是人类领悟无限的主观才能。①

西方语境的人文主义虽然多少有一些18－19世纪反基督教的情绪，但对宗教持开放的态度，并没有表现出理性主义或自然科学对神秘主义的那种敌意②。人文主义对宗教的开放性，就是基于人性的复杂性。它与以神为中心的宗教信仰确实有一种根本的差异，即在于从人的经验出发理解人、社会和自然的关系，并对人的理性、

---

① 〔英〕缪勒：《宗教的起源与发展》，金泽译，1989，第15－17页。
② 参见〔英〕布洛克《西方人文主义传统》，董东山译，第241页。

自由意志和创新能力持乐观的态度。基督教的原罪思想强调人在宇宙历史中的堕落，这与人文主义的精神气质存在显著的差异。但是，神的救赎旨在改变人类的宿命，这种基督教信仰又与人文主义强调人的尊严、人的权利有了内在的沟通。20世纪著名的新教神学家卡尔·巴特（Karl Barth，1886－1968），承认上帝有人性的成分，却又坚定地反对自由派新教，认为他们"真正的信仰对象，不是上帝的启示中的上帝，而是信仰神的人"，他之所以反对的理由，则在于担心自由派新教的观点只会造成"对人类的权利和尊严作根本性的让步"。① 在犹太哲学家马丁·布伯（Martin Buber，1878－1965）的名著《我和你》中，人有两个主要的关系：我—它，我—你。前者只是一种主体对客体的经验关系，往往是科学主义的认知关系，后者则是一种主体对主体的关系，是真正的相遇。他用"我—你"描述人和上帝的关系，强调人在上帝面前的尊严和自由。②

比西方人文主义强调人的尊严更重要的是，世界上并不是所有的宗教都是以神为中心，人与神的伦理关系可以是平等的。这就是主要以中国宗教为典范的人文宗教，作为其最重要思想背景的中国人文主义，也表现出与西方人文主义并不相同的特点。在很多时候，中国学术界更爱用"人文精神"来指本土的人文主义。杜维明先生最近还创立了一个新词"精神人文主义"（spiritual humanism），试图建构能够贯通东西方的人文主义，考察自我的内在联系，强调人的主体性，讨论身、心、灵、神的统一问题。③ 儒家的人文主义发挥了"安身立命"的作用，如张载所说"为天地立心，为生民立命"。安身立命，这是所有宗教应当发挥的基本作用。所不同的是，中国宗教的安身立命侧重于人文主义。

---

① 参见〔英〕布洛克《西方人文主义传统》，董乐山译，第242页。卡尔·巴特的两句原文，源自该书的引文。
② 〔德〕马丁·布伯：《我和你》，杨俊杰译，浙江人民出版社，2017，第3页。
③ 参见〔美〕杜维明《"第二届精神人文主义研讨会"主旨发言》，载陈来主编《精神人文主义论文集》第一辑，人民出版社，2020，代序。

在中国古代典籍中，"人文"一词始见于《周易》贲卦象辞："刚柔交错，天文也；文明以止，人文也。观乎天文，以察时变；观乎人文，以化成天下。"① 贲的意思，就是文饰，有文理有文采。此卦讲新郎穿着打扮，迎亲娶妻②，下离上艮，阳爻阴爻交错出现，"刚柔交错"，而变化的结果是艮，亦即"止"，所谓"文明以止"。这段象辞借题发挥，区分"天文"与"人文"，用于治国理政。本章前面引到了观卦的象辞："观天之神道而四时不忒，圣人以神道设教而天下服矣。"观卦原本是讲俯察万民、王观天下、王观风化，象辞的解释是要仰观天象，了解时节的变化。这两段引文，可以互参。天文是变化无常的，天道则是恒常不变的，这种变与不变的统一，神奇美妙。所以，天道亦即神道。圣人用天道教化百姓，天下人就容易归顺。

什么是人文？在儒家社会，"人文"就是礼乐制度，而在现代社会，也可以解读为社会发展规律。礼乐的最高境界是什么？止于至善，这是教化的最终目的。《大学》第三章说："为人君止于仁，为人臣止于敬，为人子止于孝，为人父止于慈，与国人交止于信。"人文的特点是"止"，有所节制。所有的人际关系都有特定的行为规范，形成和谐的社会秩序。因此，"文化"在中国传统社会中的意思，是指"教化"或"文教"，即以"人文"教化天下。《周易》原本用于占卜，而在后世，还被用来演绎人文教化。我们把礼教、方术、巫术作为中国传统宗教的主要内容，现在依据《周易》的经传，就不难理解中国传统宗教的根本是"人文"教化。这也就是荀子所讲的"君子以为文"，并不是卜筮之后才能决定大事，而是借以说明人文道理。

依据上述的"人文"涵义，我们很难对译西方语境中的"人文主义"。或许这只是一个翻译的问题，humanism还可以译为"人文

---

① 《周易正义》卷三《贲》，第105页。
② 参见李零《死生有命 富贵在天：〈周易〉的自然哲学》，第148－149页。

教""唯人论"。"唯人论"的译法,接近于"人本主义";"人文教"的译法,则有些接近中国传统的理解方式。"文"是气的变化表现出来的外在迹象,其在人间表现为"人文",各种祭祀代表某种文饰,以仪式形象地表现某种道理,教化百姓有所敬畏,但百姓认为其中真有所谓神灵。因此,"文"所代表的是一种教化,是"道"的具体表现,"神"则是一种莫测高深的外在力量。"神道"的说法,若被理解成"莫测高深的天道",则是儒家君子的理解;但要是理解成"神灵的道或说教",那是百姓的理解。"文"是具体的,"神"是神秘的。信不信神并不重要,重要的是能否把握其中深层的道理,能否以主动的、积极的方式去把握天地万物的"交感"。

人与鬼神的同质性,是由中国人自然主义的气化宇宙论决定的。文与神之间的张力,则是儒家在其理性化过程中人为制造的,也在儒家祭礼向民间泛化的过程中逐渐消解。文,原本有天文与人文的对立,但在儒家的礼乐制度中,文也被称作"斯文",主要发挥"人文化成"的教化功能。在儒家成为主流意识形态之后的中华文化中,"人文"乃成其特质,[①] 规范了中国人的思维方式与价值观念。

在西方的救赎宗教中,人与神的关系有感应基础,但被强化了神对人的救赎,尘世的生活变得不很重要,文与神的张力并不突出,个体的道德实践完全从属于神对人的救赎。也就是说,道德与信仰,在西方的救赎宗教中并没有得到统一。我们以往一直强调,一神教的排他性源自唯一的至上神。现在看来,这样的理解并不准确,因为一神教内部的排他性丝毫不亚于他们对异教徒的排斥。为什么是这样?源自信仰的道德实践缺乏统一性。

而在中国传统的宗教生活中,信仰与道德实践需要高度统一。也是在这个意义上,中国的人文主义与宗教信仰没有对立的关系。

[①] 参见楼宇烈《中华文化的人文特质》,收入《人文宗教研究》总第十辑。

这种人文主义并非强调人在神面前的自由意志，并非强调个人主义的人性论，而是注重个人在现实面前的主动性和能动性，强调人际交往的集体主义原则，具有很强的伦理色彩。儒家把自我界定为一种关系的存在，"成己，仁也；成物，知也"（《中庸》第二十五章），提出了最基本的"五伦"，君臣、父子、夫妇、兄弟、朋友，强调父子有亲、长幼有序、夫妇有别、君臣有义、朋友有信。① 在修身的过程中，主要依靠自身的力量，所谓"君子慎独"，并以"致中和"为其最高境界，"中也者，天下之大本也；和也者，天下之达道也。致中和，天地位焉，万物育焉"（《中庸》第一章）。

儒家制礼作乐的依据或原则，是体天道、顺人情。天道代表一种理性的规律，借以说明礼教的合理性与权威性；人情，则是反映人丰富的情感世界。天道与人情的结合，与西方对人文主义的理解有异曲同工之妙。但与西方最大的差异在于，中国人文主义强调人的主动性。儒家主张把"礼"这种外在的形式规范与其内在的德性要求"仁"结合起来，主张知行合一，既有主动性又有实践性。

楼宇烈先生说，儒家把鬼神之事放在人事之后，严禁利用卜筮、鬼神之事蛊惑人心，这反映了"上薄拜神教"的人文精神；儒家又以天理人欲之分，重在强调个人的心性修养，从而养就"以理制欲""重义轻利""不为物役"的人格品位，这反映了"下防拜物教"的人文精神。② 这种形态的儒学，是基于无神论的神道设教，是古代中国以儒家士大夫为代表的社会精英的人文宗教。本书所说的人文宗教，还同时包括基于鬼神真实性的神道设教。

---

① 儒家还有"七教"的说法。《礼记·王制》："司徒修六礼以节民性，明七教以兴民德。"孔颖达疏："七教，即父子一、兄弟二、夫妇三、君臣四、长幼五、朋友六、宾客七也。"这里增加了"宾客""长幼"两组关系。通常把兄弟与长幼等同，实则不然，泛泛的长幼可以是没有血缘关系的排行。

② 楼宇烈：《论中国传统文化的人文精神》，《温故知新：中国哲学研究论文集》，第477页。

小结　中国宗教的人文结构

本章主张"在中国发现宗教",梳理"宗教"作为一个外来语被近现代中国人接受的过程,讨论如何与中国传统的知识体系衔接。站在今天的角度来看,中国宗教包括三大领域:中国传统宗教(以礼教和方术为主)、以佛教为代表的外来宗教、民间宗教信仰。考察中国宗教,须从两组关系入手:官方宗教与民间宗教信仰的关系,重在政治认同及其社会秩序;本土宗教与外来宗教的关系,重在文化认同及其伦理秩序。此外还有待定的第三维,通常取决于研究者自身的立场。在这个宗教研究的三维动态坐标系中,把握宗教徒个体的自我认同,是理解中国宗教最根本的因素。

本书以"人文宗教引论"为题,包含了两个学术目标。

1. 以"人文宗教"概括中国宗教。

强调修身立德、追求自我超越、重视伦理秩序,是中国宗教的特点。中国传统宗教有其独特的宇宙论基础,不仅有传统宗法性宗教,也有多样化的方术系统,与儒家祭礼一样弥漫于民间社会,并被整合到复杂的道教信仰里。"人文宗教"揭示了中国宗教的人文结构,"文神"关系优先于"人神"关系,具体表现为以下三点。

(1) 礼教高于宗教,社会秩序高于宗教伦理。荀子所说的"君子以为文,而百姓以为神",显现了儒家社会在宗教治理上的复杂性:人神关系是分析中国宗教的内部要素,而中国宗教的存在前提则是文神关系。以儒家礼教为主导的文化系统(文)与各种形式的宗教信仰(神)之间的平衡,是综合理解中国宗教观的社会背景。这也意味着,中国文化的人文特质决定了中国宗教的人文精神。

相对于宗教在西方社会占主流地位,古代中国的主流意识形态属于温和的无神论,朝廷对宗教治理的兴趣远高于对宗教本身的认识。统治者对神灵的真实性通常不置可否,并对允许百姓供奉的神灵划定范围。祀典的范围,体现了不同时期文神关系的特点。

（2）中国传统宗教生活，内容上稳定而连续，重视崇德报功；组织上松散而有序，重视人伦日用。以祭天祠祖为核心形成本土的信仰体系，并与术数、方技相结合，形成了一个集宇宙论、技术、教育和道德实践于一体的系统的中国宗教。西周初年周公的制礼作乐，实现了祭祀从巫术向礼教的转变，成为上至天子下至百姓的信仰体系和教育方法。宗法性的祭祀，横贯官方宗教与民间宗教信仰，其报本返始的人文精神，有别于以神为本的宗教生活，成为中国宗教的基本底色。

在作为礼教的祭祀里，天神、地示、人鬼全都有功于民，既没有绝对的至上神，也没有人与神之间的绝对鸿沟。这套信仰体系弥散于中国人的日常生活，松散而有序，重视人伦日用。中国社会存在多元宗教，并没有占支配地位的国家宗教。大多数人混合多种民间信仰，有多元的教义思想和神灵谱系，普遍相信人神之间的感应，追求以人为本的灵验实用。

（3）文化影响宗教，中国文化重视人文教育，中国宗教强调修身立德。强调人的自觉性、主动性，注重现实生活，这是人文主义的基本表现。中国的宗教徒普遍认为，个人修行比他们宣称的信仰更重要。外来宗教的中国化，也以吸收中国文化的人文精神为标志。以儒家的伦理思想调整外来宗教的宗教伦理，并以中国传统的感应方式构建外来宗教的修行体验。人文精神成为融化本土宗教与外来宗教隔阂的思想资源，而外来宗教的神秘性甚至成了促进个人修行的新元素，使传统的人文精神呈现出多元的特点。

面对文化背景和信众群体的变化，外来宗教主动认同中国本土的文化传统，并在组织制度、教义思想等方面有所转化，形成有中国特色的新宗派。譬如，佛教从印度到中国的转变，促进了佛教的传播与发展，也推动了世界文明的交流互鉴。中国宗教的内涵，也在吸收外来宗教的过程中不断丰富和改变。

2. "人文宗教"作为一种世界宗教的基本类型。

中国宗教有两个显著的基本特征：人文立本，感应为体。一方面,人文主义是基本的宗教伦理;另一方面,作为中国人宗教生活基本形式的感应,属于神秘而自然的直观体验。

宗教在人间,未来的宗教对伦理道德的推崇,应远胜于膜拜宗教的神秘力量。虔诚的宗教家经常抱怨普通的信徒没有触及真正的宗教体验。譬如,中国的士大夫把"佞佛以祈福"当作愚夫愚妇的事,自己则标榜学佛是为"了脱生死"。其实,士大夫的说法脱离了宗教的救世情怀。在19世纪浪漫主义的维多利亚时代,在狄更斯(Charles Dickens,1812 – 1870)笔下的英国社会,无论是《雾都孤儿》还是《荒凉山庄》,对小说的主人公来说,"慈爱比信仰重要"[①]。宗教徒应有超越俗世的精神价值,但我们不能借此否定普通信众的生活诉求。外在的天道与内在的德性,是所有世俗人文教育的依据。宗教有"安身立命"的功能,应立足于个人的生命意义以及个人与社会之间的调适。安身立命,也是一种个体的救赎,表现为个体在俗世的自我完善过程。

人文宗教,可以避免一神教的排他性,在功能上实现多元宗教的共生并存,具有鲜明的教化功能,道德实践被认为是宗教立足于社会的首要条件。由中国宗教史走向世界宗教史,作为一种世界宗教的基本类型,"人文宗教"具有下列三个层次的内涵:

(1)服务现实人生。这是东西方宗教共有的教化功能,宗教对信徒有社会教育的作用。这也是当初日本学者以"宗教"翻译religion的重要原因。人文宗教富有人文精神,重视在人间实现自己的理想境界,如《坛经》所说,"佛法在世间,不离世间觉"。这与西方宗教刻意区分神圣与世俗有所不同。

(2)强调修身实践。个人主动的修行远比信仰重要,追求灵验,主张人性与神性的平等。这与西方宗教中人神关系不可逾越很不相同。譬如,基督教强调上帝对世人的救赎,而在道教中,俗人通过修行,达到逍遥的境界而成为真人,人与仙并没有必然的界

---

① 纳海:《狄更斯小说中的宗教表述》,《人文宗教研究》总第十辑,第99页。

限；所有学佛的众生亦有可能最终达到佛的境界。

（3）尊重神秘体验。西方的宗教强调神创造万物，造物主是唯一的、至上的，强调以神为信仰对象，现实生活受到这种神灵的主宰与支配。但在中国，并不相信有这样的神灵，重要的不是对神灵的信仰，而是与神灵的交流，凭借自己的虔诚与修行，获得神灵的保佑。这种以"感应"为独特体验的人文宗教，与韦伯所说的"文化宗教"、唐君毅所说的"人文宗教"有所区别。

在未来社会，世俗化的趋势已不可逆转，但是，生命和宇宙的神秘现象仍将存在，并有可能以宗教的方式影响人类。人文宗教鼓励不同宗教在根本思想上彼此会通，而在现实功能上相互合作。

第二章

天道人情

——中国宗教的思想基础

儒家：礼义，达天道、顺人情之大窦。
道家：失道而后德，失德而后仁，失仁而后义，失义而后礼。

多元的中国宗教有其内在的统一性，这是由中国文化自身所提供的。在佛教传入中国中原地区以前，中国宗教的思想基础和实践体系已经基本形成。巫术、方术和礼仪，作为中国古代社会早期最主要的宗教生活形式，为以后的中国宗教奠定了核心思想观念。

其中，阴阳五行、礼乐文明，是支撑中国传统文化的两个基础观念，分别表达了中国人自然主义的宇宙观与人文主义的人生观。"阴阳五行"作为古代中国人宇宙论和世界观的基石，塑造了中国人以"诚"为本、以"和"为美的生命意识，既孕育了"道法自然"的道家本体论，也发展出"敬德保民"的儒家天命观，以及"天人感应"的神秘主义认识论。"礼乐文明"是以"礼乐"制度表现人文精神，其主旨是达天道，顺人情，致中和。这种人生观培育了中国宗教重理性、重伦理的人文精神，在现实的日常生活中发挥着上薄"拜神教"、下防"拜物教"的作用。① 中国文化以"和"为美的特点，使中国人的日常生活较少表现出西方宗教那种紧张的"人神"关系，并对"神"有自己的独特理解。在儒家的经典中，人和神并没有必然的界限，有功于民者皆有可能死后成神。因此，成圣贤、成神仙，在古代中国是人生最高境界，在凡俗与神圣之间并无紧张的对立关系。古代中国人相信，俗人与神秘力量之间有着一种相互体贴的交感关系，其神秘的直观体验，被要求落实到个人在现实社会的道德实践中。

---

① 楼宇烈：《论中国传统文化的人文精神》，《温故知新：中国哲学研究论文集》，第477页。

一 巫与上古日常生活

夏商周三代，通常是我们追溯上古史的开端。从三代到两汉的宗教史研究，必须同时依据传世文献与出土文物。学者们一方面采用西方的学术概念，比如神话、巫术、宗教，根据幸存下来的甲骨片、青铜器、简帛等文物探讨当时有可能体现宗教观念的生活世界，另一方面，尽可能追溯传统文化的习惯用语，比如巫、方术、礼乐，尝试从巫师的早期实践中还原中国文化的发展脉络。

中国历史上的"巫"或"巫师"，现在常被解释成"巫婆神汉"或"萨满"（Shaman）。"萨满"来自通古斯语，指狂躁不安的人，常以跳舞的方式通神，即我们常说的"跳大神"。西方宗教学家吸收了这个词语，新造英文词 shamanism（萨满教），泛指有别于宗教的、世界各地的巫术。① 张光直援引著名汉学家魏理（Arthur Waley, 1888 – 1966）的译法，认为把"巫"译为"萨满"比较合适。魏理在翻译《楚辞·九歌》时说："在古代中国，鬼神祭祀时充当中介的人称为巫。据古文献的描述，他们专门驱邪，预言，卜卦，造雨，占梦。有的巫师能歌善舞。有时，巫就被释为以舞降神之人。他们也以巫术行医，在作法之后，他们会像西伯利亚的萨满那样，把一种医术遣到阴间，以寻求慰解死神的办法。可见，中国的巫与西伯利亚和通古斯地区的萨满有着极为相近的功能，因此，把'巫'译为萨满是……合适的。"② 但是，"巫"在中国上古史有

---

① 李零说，萨满大多选自身体残疾、精神错乱和大病不死的人，尤以女性居多。他认为，中国古代的"巫"与"胡巫"（北方草原上的巫）有关，而萨满只是"胡巫"之一种。参见李零《中国方术续考》，第42页。

② Arthur Waley, *The Nine Songs: A Study of Shamanism in Ancient China*. London: Allen & Unwin, 1955, p. 9. 转引自张光直《美术·神话与祭祀》，郭净、陈星译，辽宁教育出版社，1988，第35页。李泽厚沿用这一译法，并把他提出的重要概念"巫史传统"译为 shamanism。参见李泽厚《说巫史传统》，《由巫到礼 释礼归仁》，第6页。陈来引用了张光直的观点，但提出了异议，认为"作为萨满主要特征的迷狂技术和迷狂状态，不见于三代文献对古巫的记载"。参见陈来《古代宗教与伦理：儒家思想的根源》，第43 – 46页。

明显的身份转变过程，与中华文明的起源与演化密切相关。儒家、道家的思想，以及中国人的宗教观念，都与此字有关。上古时期的巫，既有可能类似萨满是身体有残疾的女性，也有可能是有超常能力的精英人物。特别是张光直接受陈梦家的观点，认为上古时期有"巫君合一"的现象，① 这就意味着对"巫"的界定不能局限在原生态的巫或被社会贬低之后的巫，而应关注其身份的演变。上古中国的"巫"，其历史功能及其演变，远比宗教学所说的"萨满"复杂。我们不仅能从中发现中国早期宗教生活的多样性，还能感受到上古时期"政主教从"关系模式的形成过程。

1. 巫的职能分化

巫的活动，既涉及部族首领、君王的政治权力运作，也几乎囊括上古社会日常生活的重要领域。把巫的活动统称为"巫术"，并不是最恰当的做法，但在现当代学术界，这是一种流行的说法。

王治心《中国宗教思想史大纲》主要依据《汉书·艺文志》列举巫术的范围："大概史籍中所列关于祭祀的明堂、合宫、封禅、祠祀，及兵家的权谋、形势、阴阳、技巧，术数的天文、历谱、蓍龟、五行、杂占、形法，方技的医经、医方、房中、神仙，等等，都可以包括在内。"② 这个说法，其实经过了汉代人对当时流行知识体系的精心整理。李零依据传世文献和现代的古文字学、考古学研究成果，梳理了商代、两周、秦汉时期"巫"的资料，把上古时期"巫"的活动概括为十六种：（1）方向之祭，即与方向有关的祭祀，亦称"望祀"，中国古代的封禅、郊祀都与方向有关，古代日书也有针对方向的禁忌；（2）乞雨止雨，请雨常用"舞雩""五龙术"，止雨或用绝水、盖井等方法；（3）请风止风，请风的方术后来常用"风角"，止风的仪式常在城门外磔杀动物（主要是狗）；（4）见神视鬼，即平常所说的鬼神附体，或与史书提到的"鬼神方"相似；

---

① 参见陈梦家《商代的神话与巫术》，《燕京学报》第二十期（1936年）；张光直《商代的巫与巫术》，《中国青铜时代》，三联书店，2013。
② 王治心：《中国宗教思想史大纲》，第21－22页。

(5)祈禳厌劾，包括祷祠神祖、祈福禳灾，解除盟诅、鬼怪、妖祥，即我们现在常说的消灾祈福，譬如给病人祷告延寿，是宗教活动最常见的现实动机；(6)转移灾祸，既可能像商汤在桑林祷告求雨，请求上苍移祸于己，也可能秘密地移祸他人；(7)毒蛊，畜养毒虫害人，这是世所不容的旁门左道；(8)巫蛊，这是历史上常见的伤害术，或以祝诅害人，或以偶像害人，譬如埋偶人于道路或宫室；(9)媚道，男女取悦于人的方法，或与医书提到的"相爱方"相似；(10)星算；(11)卜筮；(12)占梦；(13)相术；(14)医术；(15)祝由，即以祷告鬼神的方法治病，或即后世所谓的"祝禁"；(16)房中。①

《说文解字》"巫部"认为："古者巫咸初作巫。"巫咸被视为史上最早的巫，有的史料将之等同于殷商太戊时的名臣巫咸。《尚书·君奭》记载："在太戊，时则有若伊陟、臣扈，格于上帝，巫咸乂王家。"②更多的史料将之等同于史书所记载的巫先，笼统地称之为最早的巫。《史记·封禅书》记载，汉高祖立荆巫祠，所祠诸神有"巫先"。《汉书·郊祀志》持同样的说法："荆巫祠堂下、巫先、司命、施糜之属。""巫先"，颜师古注曰："巫之最先者也。"《太平御览》甚至说黄帝在与炎帝战于涿鹿前，曾向巫咸卜筮。③这似乎把最早的巫推到了黄帝时代，未必可靠。但这反映了巫的重要职能是占卜。《周礼·春官》记有"九筮之名"，巫更、巫咸、巫式、巫目、巫易、巫比、巫祠、巫参、巫环，④这些名称与卜筮有关。除此之外，巫的主要职能还有治病与祭祀。治病或许是巫日常

---

① 参见李零《先秦两汉文字史料中的"巫"(下)》，《中国方术续考》，第69-75页。
② 《尚书正义》，第441页。参见刘宝才《巫咸事迹小考》，《西北大学学报》1982年第4期。
③ (宋)李昉等《太平御览》卷七十九："昔黄神与炎神争斗涿鹿之野，将战，筮于巫咸。"该书卷七百二十一又云："巫咸，尧臣也，以鸿术为帝尧医。"(中华书局，2000，第367、3194页)此两处"巫咸"所据文献不同，不应是同一人。
④ (汉)郑玄注，(唐)贾公彦疏《周礼注疏》卷二十四，北京大学出版社，1999，第650页。此处的"九筮"，应指"筮人"这个部门的九种职位，而非九巫之名。

活动中的首要目的，祭祀则是实现包括治病在内的各项目的的基本途径，并被赋予广义的消灾祈福的功能。

先秦两汉典籍记载了很多巫师的名字。《山海经·大荒西经》有十巫的说法："大荒之中……有灵山，巫咸、巫即、巫盼、巫彭、巫姑、巫真、巫礼、巫抵、巫谢、巫罗十巫，从此升降，百药爰在。"《山海经·海内西经》还有"六巫"的说法：巫彭、巫抵、巫阳、巫履、巫凡、巫相。① 这些巫都是神医，善采百药，反映了治病是巫师的重要职能。特别是其中的巫彭，常被称为"老彭""彭祖"，善于养生，常见于古代典籍。《说文解字》"酉部"认为："古者巫彭初作医。"古代"医"字有两种写法——毉、醫，后者常见，与治病用酒有关，但前者可能更古老，② "毉"字从"巫"，巫医相通。"巫医"的说法最初并没有贬义，巫师治病可能是常事，在中国历史上有可能是巫最早使用药物，并把医术传授给君王或其他社会精英。③ 在世界范围内，借医传道是各宗教传播的普遍现象，因为治病是社会上最急需的职业。何休（129-182）注释《公羊传·隐公四年》"于钟巫之祭"时说："巫者，事鬼神祷解以治病请福者也。"④

依据《周礼》之《春官》《天官》，《礼记》之《郊特牲》《祭法》等文献，祭祀是巫的首要活动。这些文献尽管到汉代才最后成形，并不能直接反映巫最早的职能，但能说明在"巫"的身份演变过程中，祭祀所占的比重越来越大。巫在祭祀时，以吟唱、舞蹈、

---

① （晋）郭璞传，（清）郝懿行笺疏《山海经笺疏》（《郝懿行集》第六册），张鼎山、牟通点校，齐鲁书社，2010，《山海经·大荒西经》，第4994页；《山海经·海内西经》，第4940页。
② 周策纵对此有词源上的分析。参见周策纵《古巫医与"六诗"考：中国浪漫文学探源》第四章"巫医与针灸、医酒及其他治疗术"，上海古籍出版社，2009，第63-64页。
③ 参见张光直《美术·神话与祭祀》，第36页。该书引用了周策纵《中国古代的巫医与祭祀、历史、乐舞及诗的关系》（《清华学报》新12卷，1979年12月）的观点。
④ （汉）公羊寿传，（汉）何休解诂，（唐）徐彦疏《春秋公羊传注疏》卷二，北京大学出版社，1999，第43页。

献祭等方式降神通灵。依据现存的甲骨文、金文等资料，从"巫"的字形而言，象人两袖舞形，双手各执一物，①或许一手持玉，一手持树枝。比如，"颛顼"在中国宗教史上是有重要象征意义的上古人物，周策纵认为，其名字取义于"人持树枝和持玉而舞"，"颛"指持树枝而舞，"顼"指持玉而舞。②巫具有通神的能力，其通神的手段或工具包括树、鸟、牛羊猪狗等牲物、血、酒、药、登山、占卜、歌舞等，玉制法器在仪式中具有重要地位，譬如良渚文化使用的玉琮，器形内圆外方，表面饰有动物纹鸟纹，玉琮中间贯通，似乎有贯通天地之意。考古学家还发现了以玉器环身、以火烧玉的墓葬遗迹，这很可能是为了达到通天或通神的效果。③《说文解字》"玉部"解释"灵"字时说："靈，巫。以玉事神。从玉，霝声。靈，或从巫。""灵"对应两个古汉字，或从玉，或从巫。以玉事神为巫，可以通灵。所通之神为"灵"，能通之巫亦被称为"灵"。特别是面对死去的亡魂，玉器或被认为很有效。④对"玉"的重视，是中华文明的重要特色。苏秉琦说："在五千年前的红山文化、大汶口文化、良渚文化那个阶段上，玉器成了最初的王权象征物……神权由王权垄断，一些玉器又成为通天的神器。"⑤上古时期玉器之精美，令今人叹为观止。"玉"是当时高贵的社会身份象征，以玉通神的巫亦应有很高的社会地位。

持物起舞，能歌善舞，这是巫的重要特点。先秦两汉典籍把"恒舞于宫"称为"巫风"，《尚书·伊训》说："歌有恒舞于宫，酣歌于

---

① 参见李零《先秦两汉文字史料中的"巫"（上）》，《中国方术续考》，第 42 - 48 页。
② 周策纵：《古巫医与"六诗"考》第五章"商汤、帝喾、颛顼与巫医传统"，第 78 - 79 页。此处所说的树枝，可能是指桃枝。中国农村迄今还有婴儿夜行插桃枝的习俗。怀抱婴儿出门走夜路，在婴儿襁褓里插一桃枝辟邪，这很可能源自古老的巫俗。
③ 参见张光直《商代的巫与巫术》，《中国青铜时代》，第 275 - 289 页。特别是第 286 页，提到了殷人以玉器环身赴火的仪式。
④ 参见周策纵《古巫医与"六诗"考》第一章"巫医舞玉与工祝神权"，第 48 页。
⑤ 苏秉琦：《华人·龙的传人·中国人》，辽宁大学出版社，1994，第 249 页。

室，时谓巫风。"《墨子·明鬼》说："先王之书，汤之官刑有之曰：其恒舞于宫，是谓巫风。"因此，《说文解字》"巫部"说："巫，祝也。女能事无形，以舞降神者也，象人两褎舞形。"巫俗以楚地为盛，《汉书·地理志下》说当地"信巫鬼，重淫祀"。《楚辞》与《诗经》不同，后者经过了儒家的系统改编，《楚辞》则保留了楚地巫风。《九歌》反映当时以歌舞祭祀鬼神的场景，其中《招魂》的"魂兮归来"一语，已是中国人思亲悼亡的千古绝唱。

舞蹈，在巫师的通神过程中发挥重要作用。"阳狂为巫"，或许是指巫的舞姿。这种舞姿，还被称为"禹步"，或许是与治水能手大禹有关。《法言·重黎》有"巫步多禹"的说法，① 巫师在这样的舞姿中，或许沉浸在人神不分的统一世界里。② 在上古社会的发展过程中，通神成为一项专门的职业，并不是人人都被允许有通神的资格。普通人与巫师的职业分工，是中国人宗教生活的真正开始。后被认为擅长礼仪的"儒"，最初可能是指具有专门技术能求雨的巫舞者。章太炎认为，儒出于"需"，"需者，云上于天，而儒亦知天文、识旱潦"③。阎步克据此推论，儒与祈雨行为有关，与雩祭有关，其身份是乐师一职的传承。④ 在农耕社会，领衔祈雨是一件极重要的事情。《周礼·春官》说："司巫掌群巫之政令。若国大旱，则帅巫而舞雩。"⑤

---

① 相传大禹治水，涉山川，导致病足行跛。巫步，亦即禹步，意指巫师效仿禹行走的状态。参见陈梦家《商代的神话与巫术》，《燕京学报》第二十期（1936年），第535-536页。道教对此有不同的理解，把"禹步"释为"步罡踏斗"，是一种能召役神灵的法术。《洞神八帝元变经·禹步致灵》说："禹步者，盖是夏禹所为术，召役神灵之行步，此为万术之根源，玄机之要旨。昔大禹治水……届南海之滨，见鸟禁咒，能令大石翻动。此鸟禁时，常作是步。禹遂模写其行，令之入术。自兹以还，术无不验。因禹制作，故曰禹步。"（《道藏》第28册，文物出版社、上海书店、天津古籍出版社，1988，第398页上。）
② 李泽厚认为："巫的特征是动态、激情、人本和人神不分的'一个世界'。"《由巫到礼 释礼归仁》，第13页。
③ 章太炎：《原儒》，《国故论衡》，商务印书馆，2010，第149页。
④ 阎步克：《乐师与"儒"之文化起源》，《北京大学学报（哲学社会科学版）》1995年第5期。
⑤ 《周礼·春官·司巫》，《周礼注疏》卷二十六，第687页。

歌舞是巫的外在表现，通神是巫的职业与功能。张光直利用《楚辞》的资料分析了巫通神的两种方式：降、陟。巫在祭祀时充当人神的中介。"降"即降神，巫师举行仪式请神自上界下降，把降下来的信息、指示交给下界，以此人神沟通。"陟"即陟神，巫师举行仪式，自己到上界与神祖相会。① 巫师通神，被认为能发挥积极的作用，即事神致福。

对统治者来说，占卜预知吉凶，可能更为重要。《礼记·曲礼》说："卜筮者，先圣王所以使民信时，敬鬼神，畏法令也。所以使民决嫌疑，定犹与也。"如《系辞上》所说，掌握变易之理，"以通天下之志，以定天下之业，以断天下之疑"②。大巫所占之事，经常是军国大事。甲骨上的卜辞，因此往往也能印证上古史的故事。而在日常生活中，除了疾病、军国大事，还有很多复杂的现象难以化解，往往由巫师出场破解。譬如求雨、宁风，这对最在乎风调雨顺的农耕社会很重要，但也没有多少办法，只能寄希望于巫师。其他还有风水、看相、占梦、驱邪、祝由等，亦由巫师承担。所有这些，都可以被称为"巫术"。《周礼·春官·司巫》反映了巫师在地位下降之后所负责的众多职能：

> 司巫掌群巫之政令。若国大旱，则帅巫而舞雩。国有大灾，则帅巫而造巫恒。祭祀，则共匰主及道布及蒩馆。凡祭事，守瘗。凡丧事，掌巫降之礼。男巫掌望祀望衍授号，旁招以茅。冬堂赠，无方无筭。春招弭，以除疾病。王吊，则与祝前。女巫掌岁时祓除、衅浴。旱暵，则舞雩。若王后吊，则与祝前。凡邦之大灾，歌哭而请。③

---

① 张光直：《商代的巫与巫术》，《中国青铜时代》，第 271–273 页。
② 《周易正义》，第 286 页。
③ 《周礼·春官·司巫》，《周礼注疏》卷二十六，第 687–691 页。望祀：遥祭四方。望衍：招延四方名山大川之神；行礼时，按神名呼之，用白茅招之。冬天行"堂赠"，驱除恶梦不祥，投之四方，没有固定的方位与距离。春天行"招弭"，招福止祸，消灾除病。参见李零《中国方术续考》，第 57 页。

狭义地说，这段引文把巫分成三类：（1）司巫，总领群巫的官员；（2）男巫，主要掌望祀、望衍、堂赠、招弭等祭祀；（3）女巫，主要掌沐浴除灾、乞雨歌哭。①但如果按照早期的巫师职能，《周礼·春官·宗伯》所列的职官，还有相当一批亦是巫师，而不限于"司巫"这个部门。在"春官"系列中，巫师的职能被分化了，涉及大小各种事务，其身份在此细化的社会分工中呈现分层，有的身份有宗教色彩，有的则是具体事务的管理人员。那些与政府职能、社会秩序相关的巫师进入官僚体制，出现"职官化"的现象，主要负责与祭祀、礼仪有关的工作，并不参加实际的行政管理。那些主要与日常生活有关的巫师，逐渐成为古代中国社会各行各业的技术人才，形成包括天文历算、看相算命、行医治病等复杂的方术体系。剩下那些既没有职官化也没有技术化的巫师，继续游走民间，成为最没有社会地位的巫婆神汉。李零说："'礼仪'和'方术'脱胎于'巫术'，但反过来又凌驾于'巫术'之上，限制压迫'巫术'，这是'巫术'的最后结局。"②

巫的职能分化，在《国语·楚语》里有比较清晰的记载。楚昭王（公元前515—前489年在位）与其大臣观射父讨论"绝地天通"，涉及祝宗、巫史的分工。但这个分化的时间，不应该在观射父所讲的颛顼时代。李零说："从殷墟卜辞和西周铜器看，当时的官制系统已很复杂，不但'天'、'地'二官各有分工，而且'祝宗卜史'也十分发达，'巫'与'祝宗卜史'的关系，以及它们各自的职能，应当比较类似于东周和秦汉，这是没有问题的。"③商周时期是巫的势力最兴盛的时代。其中有一点明显的变化：巫师在商朝的政治地位要高于周朝，祭祀在西周已被纳入礼制，即重要的巫师也就是朝廷的职官。但学术界对商朝有没有"巫君合一"的阶段，争议颇多。

---

① 李零：《先秦两汉文字史料中的"巫"（上）》，《中国方术续考》，第57页。
② 李零：《先秦两汉文字史料中的"巫"（下）》，《中国方术续考》，第75页。
③ 李零：《先秦两汉文字史料中的"巫"（下）》，《中国方术续考》，第78页。

1936年陈梦家发表他的名篇《商代的神话与巫术》,提出"商王为群巫之长","由巫而史而为王者的行政官吏;王者自己虽为政治领袖,同时仍为群巫之长"。① 到了80年代,张光直继承陈梦家的观点,提出"巫君合一"的说法,认为商王是巫的首领。② 他说:"商汤能祭天求雨③,后稷竟能奇异地使自己的庄稼比别人的长得好而又成熟快。这样传统的信仰已为商代甲骨文所证实","甲骨文中,常有商王卜问风雨、祭祀、征伐或田狩的记载。……唯一握有预言权的便是商王"。④ 而在李零看来,要判断"巫"在中国早期历史上的地位,考察"祝宗卜史"的出现时间很关键。祝管祭祀,宗管世系,卜管占卜,史管记事,分工细而领域宽,都是王官,大多从事事务性工作,宗教色彩和政治地位已大为降低。他说:"'祝宗卜史'一旦出现,'巫'的作用就完全不同,地位必然下降。……'巫'的职能主要是望祀、乞雨、宁风这类事,他们的地位应在'祝宗卜史'之下,'祝宗卜史'的地位应在'王'之下,这是商代以来就已确立的格局。"⑤ 他还因此批评张光直受了西方汉学家的影响,总认为任何文化都不能缺少宗教统治,要么"王"之上有祭司、僧侣,要么"王"本身就是祭司、僧侣,多少有些按照美国人

---

① 陈梦家:《商代的神话与巫术》,《燕京学报》第二十期(1936年),第535页。
② 参见张光直《美术·神话与祭祀》,第33页。
③ 《吕氏春秋·顺民》记载:"昔者汤克夏而正天下,天下大旱,五年不收,汤乃以身祷于桑林,曰:'余一人有罪,无及万夫;万夫有罪,在余一人。无以一人之不敏,使上帝鬼神伤民之命。'于是剪其发,酈其手,以身为牺牲,用祈福于上帝,民乃甚说,雨乃大至。"参见许维遹《吕氏春秋集释》卷九,中华书局,2009,第200-201页。另外,《尚书大传》记载:"汤伐桀之后,大旱七年。史卜曰:'当以人为祷。'汤乃剪发断爪,自以为牲,而祷于桑林之社,而雨大至,方数千里。"参见皮锡瑞《尚书大传疏证》卷三,中华书局,2015,第130页。
④ 张光直:《美术·神话与祭祀》,第33页。他还引用其他学者的类似观点:李宗侗认为,上古时代"君及官吏皆出于巫"(《中国古代社会史》,华冈出版有限公司,1954,第118页);杨向奎认为,重、黎神话的特征,是"国王们断绝了天人的交通,垄断了交通上帝的'大权'"(《中国古代社会与古代思想研究》,上海人民出版社,1962,第164页)。
⑤ 参见李零《先秦两汉文字史料中的"巫"(下)》,《中国方术续考》,第77-78页。

类学解释印第安人巫术的方式讲解中国早期宗教。①

李零的批评是有意义的,中国社会并没有把宗教放在文化的核心,神权低于王权。但是,古代中国的君主并没有忽视构建王权秩序的合法性和神圣性,譬如,"受命于天"的思想,就要强化皇帝或天子与最高神"天"之间的垄断地位。就此而言,李泽厚以哲学家的思辨肯定"巫君合一",亦有其合理性。他说:"自原始时代的'家为巫史'转到'绝地天通'之后,'巫'成了'君'(政治首领)的特权职能。在卜辞中,可以见到'巫'与'帝'常相关联,如'帝于巫'、'帝东巫'、'帝北巫'等等。在体制上有所谓'寝庙相连',即处理人间事务与侍奉鬼神的事务是在同一而相连结的处所进行。即使其后分化出一整套巫、祝、卜、史的专业职官,但最大的'巫'仍然是'王'、'君'、'天子'。"② 职能分化之后的巫,只能是在其职位所赋予的抽象意义上继续与君王享有同等地位。

李泽厚认为,通神或祭祀的礼仪在西周初期彻底分化,"一方面,发展为巫、祝、卜、史的专业职官,其后逐渐流入民间,形成小传统。后世则与道教合流,成为各种民间大小宗教和迷信。另一方面,应该说是主要方面,则是经由周公'制礼作乐'即理性化的体制建树,将天人合一、政教合一的'巫'的根本特质,制度化地保存延续下来,成为中国文化大传统的核心"。③ 尽管在"巫君合一"问题上,李零和李泽厚两人意见相左,但在中国文化演化模式

---

① 参见李零《先秦两汉文字史料中的"巫"(下)》,《中国方术续考》,第76页。李零在另一篇论文中批评张光直的研究是按美国人类学的解释方式展开,看重的是"巫"。参见李零《绝地天通:研究中国早期宗教的三个视角》,乐黛云、〔法〕李比雄主编《跨文化对话5》,上海文化出版社,2001,第101页。
② 李泽厚:《说巫史传统》,《由巫到礼 释礼归仁》,第6页。
③ 李泽厚:《说巫史传统》,《由巫到礼 释礼归仁》,第28页。在抽象意义上,最大的巫与现实的王合体,周王朝有政教合一的体制。但在现实中,当时并没有从中央到地方垂直推行的国家宗教,因此也不会有行政组织与宗教组织合而为一的垂直体制。儒家礼教的宗法性和等级制,决定了中国人的祭礼只有信仰上的"家族相似",却不是一个统一的信仰。不过,先秦典籍常用"政教"一词,如《荀子·王制》说"本政教,正法则",这对我们理解宗教学上的政教关系会有一定的误导。

上彼此并没有太大的分歧，差异是在李泽厚更重视儒家文化，视之为"大传统"，李零则重点关注方术系统。

李零认为，中国文化还有一条发展主线，即从"巫"具体的实践活动演化而成术数、方技，思考宇宙、生命的结构、功能和变化。他说，这条主线"上承原始思维，下启阴阳家和道家，以及道教文化"①。剥离了儒道两条主线以后，"巫"成为民间最流俗的东西，这些当初熟悉典章制度、能歌善舞的人，其地位从社会的顶端急剧降到社会的边缘，②但在最底层民众中间还有一定的影响力，多少有些民间娱乐色彩。③因此，中国上古时期的宗教生活，从巫的实践（常被简化为"巫术"）开始，逐渐有礼仪、方术和巫术的分化。这也构成了李零所说的、讨论中国早期宗教的三个不同视角：巫术、方术和礼仪。④本书接受他的这一重要观点。

2. 礼教与方术的分野

对宗教学意义上的巫术（magic），现代读者并不陌生。涂尔干在他的名著《宗教生活的基本形式》中对巫术和宗教的差异做出了

---

① 李零：《绝地天通：研究中国早期宗教的三个视角》，乐黛云、〔法〕李比雄主编《跨文化对话 5》；李零：《中国方术考》（修订本）绪论，第 15 页。
② 汉代的巫，地位已经很低。《史记·封禅书》说汉高祖在长安"置祠祝官、女巫"。祝是一种职官，女巫则是一种辅助人员，是祝的属官。到汉武帝的时候，巫有官巫、民巫之分。参见李零《中国方术续考》，第 66-67 页。
③ 中国文化或中国宗教有两种不同的演化模式，这在学者中间几乎是一种共识，只是各有不同的概括。最简单的说法，其实是"儒道互补"，中国本土文化的主流分为儒家和道家，但对此常有不同立场的表述方式。譬如，王治心 1931 年提出中国宗教思想的两条路，"一条是怀疑的路向，一条是迷信的路向"。走怀疑之路的人，大概是智识阶级，极端不信的像老子，比较中庸的像孔子。走迷信之路的人，有的比较精致，也受上层的重视，如汉代的谶纬，道教的符箓丹鼎，有的像墨子说天说鬼，迎合普通人的心理，还有许多迷信在民间流传，难以破除（《中国宗教思想史大纲》，第 30 页）。又如著名红学家周汝昌说："中华文化有两条大主脉：一是仁义道德，一是才情灵智。两者会合，乃生英才、雄略、哲士、伟人……中华的文化，从字义来看，应该主要是指'人文教化'。此教化是陶冶，是积渐，是潜默——这是一种'感染'的方式和力量……'化'的对象是性情，可以因情以明道达理，却不是先'闻道'而后生情，是知'情'方是一切'心理'活动的根源。"（周汝昌：《神州自有连城璧》，山东画报出版社，2005，第 242 页。）
④ 参见李零《中国方术续考》，第 131 页。

清晰的界定。巫术和宗教一样,都有自己的信仰和仪式,甚至还有自己的神话和教义,并有祭祀、祷告、吟唱、舞蹈等活动,但彼此不一样的是,宗教信仰通常是某个特定集体的共同信仰,有其组织性,但巫术不会有这样的信仰共同体,即使信仰的人数并不少,但他们之间几乎不会存在某个公共的组织,巫师与信徒之间也没有持久的联系。① 本书之所以不主张把上古社会没有职能分工的巫师活动简称为"巫术",即在于这种上古中国的实践活动,正在酝酿出此后支撑中华文明主体部分的礼教和方术,与分化之后的巫术截然不同。

上古社会的巫师,其身份和地位与后来所说的巫婆神汉截然不同。从巫师的活动中分离出礼仪,进而演变为儒家的礼教,这是巫的身份职官化的表现。在这个转变过程中,信仰的色彩淡化了,共同体的意识增强,这些礼仪成为支撑中国宗法关系的精神纽带。而从巫师活动里分离出来的方术,进一步分化为各种几乎没有信仰色彩的技术,最典型的是中医药。同时,还演化出高度程式化的仪式,这些仪式伴随着各种神话、教义和神秘体验,最后被整合到道教或民间信仰里,成为地方性信仰活动的重要组成部分。

这种分化,可能与巫师活动的职能分工以及随之而来的身份地位下降有关。尧舜禹汤、文武周公、伊尹、巫咸、伯益等,这些历史人物,往往是集政治权力与宗教权力于一身。陈梦家、张光直认为,商王是群巫之长,中国历史上有一个"巫君合一"的时期。李泽厚亦持此说,但李零批评此说。"巫君合一"说是研究上古社会史或宗教史的著名公案,围绕这一公案,在学术上促进了我们对商周变革②、绝地天通的重新认识。上一小节已对巫师职能分工的时间略做讨论,这里拟对这种职能分工所导致的礼仪与方术之分做进

---

① 〔法〕涂尔干:《宗教生活的基本形式》,渠东、汲喆译,第 49 - 51 页。
② 商周之际作为中国文化或宗教的重要分水岭,已经得到学界的共识。但商、周两朝的宗教特色,学者们有不同的概括。有的把商代宗教称为"巫术宗教""自然宗教",有的把周代宗教称为"宗法宗教""伦理宗教"。参见陈来《古代宗教与伦理:儒家思想的根源》,第 168 页。

一步的研究。脱胎于巫师活动的礼仪和方术，并不可能完全摆脱巫术的色彩，但已开启各自独立的发展道路。李泽厚将其一生多个理论创见凝练为"巫史传统"这一学说，解释早期中国文化"由巫到礼，释礼归仁"的理性化过程。事实上，源自韦伯的理性化解释框架，不仅可以说明儒家的思想起源，也可以解释战国时期其他"子学"的兴起，特别是道家、墨家、阴阳五行家等的出现，为方术的发展及其朝向科学与宗教的进一步分化铺平了道路。

如果继续沿用"理性化"的解释框架，礼仪与方术的分化道路，彼此有不少共性，都有经典化、规范化、组织化的过程。但是，彼此的过程有明显的差异。礼仪的规范化，直接借助于国家的行政体制。周公的制礼作乐，与西周"封土地建诸侯"的政治制度相辅相成，意味着这套礼仪逐渐成为礼制，是代表国家意识形态的礼教。这方面的专家被纳入国家体制，成为"王官"，他们所构成的组织是世俗国家的职能部门，并不属于神职系统。孔子所面对的"礼崩乐坏"，实质上是周朝国家意识形态所遭受的挑战。这既有社会结构变化所引发的利益冲突，也有夷夏关系所引发的观念冲突，孔子是在新的社会背景、物质条件和文化环境中，重新整理周朝的礼乐制度，形成了《诗》《书》《礼》《乐》《易》《春秋》的经典体系。而在典章制度经典化或文本化的过程中，孔子还以"仁"释礼，给形式化的礼仪制度重新赋予一种精神力量，从哲学上解释周王朝特别推崇的"德"，最终完成儒家的人文主义思想体系。在孔子时代，诸侯所代表的地方势力不断强大，导致周朝王权衰落。这种"周文疲弊"的状态，促使孔子不得不依靠民间的社会力量推行自己的学说。他也因此成了中国历史上最伟大的教育家、精神独立的知识分子，寄希望于统一中国的出现而在现实中艰难前行。

其他的子学是否出于"王官"，在近现代学术史上热议不断。纵使老子果真曾任"周守藏室之史"，道家思想在经典化过程中也没有得到国家体制的推行。墨家、名家、阴阳家等，大多也就作为一种学说在社会上流行。唯独法家有些特别，借助秦国的力量绚烂一时。但是，法家人物的悲剧下场，使得这一学说落下了"刻薄寡恩"的名声，也没有形成法家的经典体系，客观上也使古代中国缺少法律、政治、经济等领域的经典著作。"诸子"被拿出来单独讨论，早在战国时期已有先例，如《荀子·非十二子》《庄子·天下》。汉初的《论六家要旨》《淮南子·要略》更是讨论子学的经典名篇，但真正使"子学"得到充分的关注，应始于刘向、刘歆的《七略》。就本书的研究领域而言，《七略》还系统保存了"术数""方技"两大领域的著作目录。《汉书·艺文志》保存了《七略》的结构，把那些与人体生命有关的内容单列，称之为"方技"，指有经方可依的技术；把与自然环境有关的、常要依靠卜算的巫术，称为"术数"。在此要特别说明的是，被《七略》区分在不同门类的著作及其作者，在春秋战国、秦汉时期或许并没有严格的界限，他们很可能共享了同一个头衔：术士。

《说文解字》"人部"认为："儒，柔也。术士之称。"《汉书·艺文志》对儒家有一个最基本的定义："儒家者流，盖出于司徒之官，助人君顺阴阳明教化者也。"现在对儒家的理解重在"明教化"，"有六艺以教民"，却忽视了"顺阴阳"这一特点。从孔子，到荀子再到董仲舒，都很重视雩祭。这里不妨给儒家"顺阴阳"下一注脚。在东汉以后的文献中，"术士"的用例非常多见，基本等同于"方士"。但在两汉文献中，"术士"的用例并不多见。《史记·儒林传》记载"焚书坑儒"说："及至秦之季世，焚《诗》《书》，坑术士，六艺从此缺焉。"此处的"术士"，显然是指儒生。东汉许慎（约58—约147，或约30—约121）写《说文解字》，以"术士"释"儒"，显然是当时流行的看法。依据现存的秦汉文献，"方士"的用例则很常见，即指"方术士"，《史记·秦始皇本纪》有"文学方术士"的说法。[①]《庄子·天下》有"方术"和"道术"的区分，

[①] 秦始皇"悉召文学方术士甚众，欲以兴太平，方士欲练以求奇药"（《史记·秦始皇本纪》，第31页）。

"道术"是指宏观的理论,"方术"只是一隅之术,比较专门具体。因此,用来称呼儒家的"术士",应有别于"方术士"。《汉书·五行志》记载光禄大夫夏侯胜给两位将军霍光、张安世上《洪范五行传》,以当时"久阴不雨"的现象说明可能会有犯上作乱,"光、安世读之,大惊,以此益重经术士"。后世文献还有"儒术士"的用例。也就是说,"术士"是一个通称。事实上,后世文献还有"道术士"的用例,多指修道教者。

李零说,"方士"有两种人:一种是"候星气"者,擅长"术数";一种是入海求仙,寻献奇药者,擅长"方技"。① 同为术士,儒家善于整理文献,方士亦擅此道。《汉书·艺文志》"术数略"收录著作190家2528卷,主要研究天道,"方技略"收录著作36家868卷,主要研究人体生命,两者总数超过"六艺略"所收的103种3123卷,更是远超"诸子略"中的儒家部分53家836卷。这些书籍的内容非常丰富,按《艺文志》自己的分类,"术数略"包括六类:(1)天文,包括观察星象、星气之占等;(2)历谱,包括制定历谱、测时等;(3)五行,包括择日、堪舆、灾异、钟律、遁甲、六壬等;(4)蓍龟,包括龟卜和筮占;(5)杂占,包括星气之占、式占等;(6)形法,主要包括相术,如相面、相宅、相六畜等。"方技略"包括四类:(1)医经,讲解中医理论,包括病理学、诊断法、治疗法等;(2)经方,讲解中医的药学,汇总医方;(3)房中,主要与房事有关,包括优生、禁忌等;(4)神仙,包括服食、导引等养生方法,表达了古代中国人修身养生的目标。这些书籍很多已经失传,但上述内容在后来的中国社会依旧广为流行。其中,术数的内容,有些发展出天文学、地理学、化学等自然科学,有些则成为民间信仰或法术的组成部分,方技的内容则是中国古代医学。

《汉书·艺文志》的序言表明当时有专职的官员收集汇总上述

---

① 李零:《中国方术续考》,第3-4页。他有一个猜测性观点,认为"巫"的古字很可能是"方"字。如果能做这样的识读,"方术"即是"巫术"。参见《中国方术续考》第70页。当然,这样讲的"巫术",与现代汉语的"巫术"又有不同。

文献。就其成书的过程而言，李零认为，"诸子出于王官"的说法基本准确。术数、方技之学也有专职的官员掌守，这些书籍的出现是官学下替的结果。① 这些实用性的知识或技术，代表古代中国的技术文明，但没有成为国家意识形态的机会，反而会因社会的进步而不断更新。这也是《汉书·艺文志》记载的方术书籍多数失传的重要原因。其中有些内容，譬如天文、历算、中医，在反复的实践中屡有成效，逐渐以规范化、程序化的方式"脱魅"。这是一种技术主义或自然主义的理性化过程。不过，缘于对宇宙和生命奥秘的好奇，有些方术虽没有经历"脱魅"，却被民间信仰或道教吸收了，这些内容往往与个人秘而不宣的宗教经验有关。

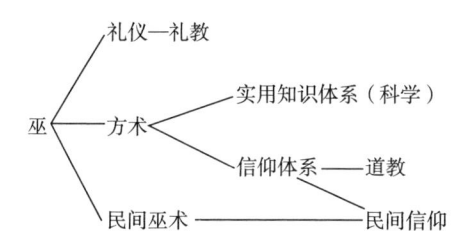

```
         ┌─ 礼仪—礼教
         │        ┌─ 实用知识体系（科学）
  巫 ─┤─ 方术 ─┤
         │        └─ 信仰体系 ── 道教
         └─ 民间巫术 ─────── 民间信仰
```

上表是我们对中国传统宗教早期形态的基本认识。巫的地位下降之后，礼仪和方术逐渐取得相对独立的地位，得到了系统的分类整理。《汉书·艺文志》是这个知识体系的成熟形态，包括六艺、诸子、诗赋、兵书、术数和方技六部分。方术作为私学被纳入国家认可的知识体系内，但被置于六艺、诸子之后。把礼仪升格为礼教的儒家，将自己的经典《诗》《书》《礼》《易》《春秋》置于这个知识体系的顶端，代表国家意识形态，造就了中国思想史上的"经学"时代。即使在后来的《隋书·经籍志》里，中国人的知识结构从"六略"变为"四部"，儒家经典仍然占据最重要的位置。

巫的特质以理性化、人文化的方式保存在中国文化传统中，主要以"感应"的直观思维影响古代中国人的宗教生活。下一章将会专门讨论这个概念。现在则要论述方术、礼仪背后的解释系统，借

---

① 参见李零《中国方术考》（修订本），第 6–10 页。

以说明中国宗教的两个思想基础：阴阳五行、礼乐文明。

二　阴阳五行与自然主义宇宙论

在中国人的日常生活里，最离不开的概念可能是"阴阳五行"。中国人用它来"解释宇宙、范围历史、整理常识、笼罩人生"[①]，"阴阳五行"是中国思想文化的基石，由此形成一个庞大的知识与信仰体系。时至今日，这套思想观念，仍在影响我们的日常生活。在阴阳五行基础上发展起来的"中医""风水""气功""算命"等，现在民间还很流行。中国古代的术数、方技，往往与"阴阳五行"的观念糅为一体。近年新出土的简帛文献，在知识界已成显学，其中相当大的部分涉及术数、方技，成为重新评价中国古代思想史的重要依据。[②] 中国哲学、中国文化，甚至可以被称为"阴阳哲学""阴阳文化"。

阴阳、五行，是一组中国思想史上逐渐成形的重要范畴，而其思想背景首先是以"气"为中心的统一而普遍联系的宇宙论，天、地、人缘此成为有机的整体。在这种自然主义的宇宙论中，古代中国人致力于追求天道的和谐，并在这样的过程中实现自我的超越，同死生之域，飘然成仙。

1. 气化的宇宙论

在中国古代的宇宙论中，宇宙原初是混沌之气，即阴阳未分之气，是为"太和"，"保合太和"（《周易》乾卦彖辞）则是最高的理想境界，阴阳处于最佳的和谐状态。这种状态，也称"太极"。缘此而有"分阴分阳"的天道变化，所谓"易有太极，是生两仪"

[①] 楼宇烈：《胡适的中古思想史研究述评》，《温故知新：中国哲学研究论文集》，第251-252页。

[②] 李学勤、葛兆光等认为，20世纪的考古发现，最直接的影响当属古书的再发现与走出疑古思潮的笼罩。而出土文献的相当大的部分，是"兵书"、"术数"和"方技"，这将会改变我们对思想史的关注焦点。参见葛兆光《中国思想史》，第99-103页。

(《周易·系辞上》),两仪是一阴一阳,道是一阴一阳交错互动的过程。缘此而有天、地、人三者,衍生万事万物。元气生成论是古代中国人从战国到汉代逐渐普遍接受的宇宙论。这在庄子的笔下被凝练为一句"通天下一气",他说:

> 人之生,气之聚也;聚则为生,散则为死。若死生为徒,吾又何患!故万物一也,是其所美者为神奇,其所恶者为臭腐;臭腐复化为神奇,神奇复化为臭腐。故曰:"通天下一气耳。"圣人故贵一。①

而对老子来说,宇宙万物皆是气化而成。《道德经》第四十二章说:

> 道生一,一生二,二生三,三生万物。万物负阴而抱阳,冲气以为和。

此处的"一"与"二",历代注家解释有分歧,但万物的形成皆由气化,"三"指阴气、阳气交通和合的状态。《吕氏春秋·大乐》解释说:"太一出两仪,两仪出阴阳,阴阳变化,一上一下,合而成章。"高诱注"两仪"为"天地",阴阳出于天地。② 汉代以后常以"元气"解释此处的"一",《淮南子·天文训》说:"道曰规,始于一,一而不生,故分而为阴阳,阴阳合和而万物生,故曰'一生二,二生三,三生万物'。"③《说文解字》以"涌摇"训"冲",陈鼓应以"激荡"解释"冲",可见和合并不是一种静止的状态,而是互相交冲而均调和谐。④ 在老子的笔下,显然他更爱讨论"道"的

---

① (清)王先谦:《庄子集解》卷六《知北游》,第 186 页。
② (战国)吕不韦撰,(东汉)高诱注,俞林波校订《元刊吕氏春秋校订》卷五,凤凰出版社,2016,第 64 页。
③ 张双棣:《淮南子校释》,第 341 页。
④ 参见陈鼓应《老子注译及评介》,中华书局,2009,第 225-229 页。

问题。《道德经》第二十五章说:"有物混成,先天地生。寂兮寥兮,独立而不改,周行而不殆,可以为天下母。吾不知其名,强字之曰'道'。"到了庄子的时代,阴阳之气的变化似乎已经成了新的常识。

气是连接生命与自然最直接的意象,中国古代早期文献既以气解释生死、疾病等生命现象,也以气说明宇宙天地万物的变化演生。《左传》记载,昭公元年(公元前541年),当时的秦国名医医和给晋侯诊病,解释纵欲而得不治之症的原因:"天有六气,降生五味,发为五色,征为五声,淫生六疾。六气曰阴阳风雨晦明也,分为四时,序为五节。过则为灾:阴淫寒疾,阳淫热疾,风淫末疾,雨淫腹疾,晦淫惑疾,明淫心疾。女,阳物而晦时,淫则生内热惑蛊之疾。"① 天气有六种状态,其对身体的影响各有侧重。值得注意的是,阴阳在这里并没有成为两种根本的力量,只是六气中的两种。《黄帝内经》则以阴阳为主,以其变化之气盈于天地,遍于人身。《生气通天论》说:"夫自古通天者,生之本,本于阴阳。天地之间,六合之内,其气九州、九窍、五脏、十二节,皆通乎天气。……苍天之气,清净则志意治,顺之则阳气固。虽有贼邪,弗能害也,此因时之序。故圣人抟精神,服天气而通神明。"② 在我们的身体里,五脏六腑、四肢关节等,莫不是气。病因的说明、治病的方法,全都围绕气的正邪、闭塞等状态展开。

宇宙天地同样是气的演化。《淮南子》对气化宇宙论做出了详细的说明,《天文训》开篇就说:

> 天坠未形,冯冯翼翼,洞洞灟灟,故曰太昭。道始于虚廓,虚廓生宇宙,宇宙生气。气有涯垠,清阳者薄靡而为天,重浊者凝滞而为地。清妙之合专易,重浊之凝竭难,故天先成而地后定。天地之袭精为阴阳,阴阳之专精为四时,四时之散

---

① 《春秋左传正义》,第1165–1167页。
② 《黄帝内经》,姚春鹏译注,第33–34页。

精为万物。积阳之热气生火，火气之精者为日；积阴之寒气为水，水气之精者为月。日月之淫为精者为星辰。天受日月星辰，地受水潦尘埃。昔者共工与颛顼争为帝，怒而触不周之山，天柱折，地维绝。天倾西北，故日月星辰移焉；地不满东南，故水潦尘埃归焉。

天道曰圆，地道曰方。方者主幽，圆者主明。明者吐气者也，是故火曰外景；幽者含气者也，是故水曰内景。吐气者施，含气者化，是故阳施阴化。天之偏气，怒者为风；地之含气，和者为雨。阴阳相薄，感而为雷，激而为霆，乱而为雾。阳气胜则散而为雨露，阴气胜则凝而为霜雪。

毛羽者，飞行之类也，故属于阳。介鳞者，蛰伏之类也，故属于阴。日者阳之主也，是故春夏则群兽除，日至而麋鹿解。月者阴之宗也，是以月虚而鱼脑减，月死而蠃蛖膲。火上荨，水下流，故鸟飞而高，鱼动而下。物类相动，本标相应。故阳燧见日，则燃而为火；方诸见月，则津而为水。虎啸而谷风至，龙举而景云属，麒麟斗而日月食，鲸鱼死而彗星出，蚕珥丝而商弦绝，贲星坠而勃海决。

人主之情，上通于天，故诛暴则多飘风，枉法令则多虫螟，杀不辜则国赤地，令不收则多淫雨。

四时者，天之吏也；日月者，天之使也；星辰者，天之期也；虹蜺彗星者，天之忌也。①

这段引文几乎就是中国版的"创世纪"，从宇宙的原初状态，引生日月星辰、风雨雷霆、飞禽走兽、人事治乱、春夏秋冬等天地万象。原初的无形无象，被称为"太昭"，虚廓之中已然有"道"，清阳浊阴而为天地，气化而有人物万象。在汉代后来出现的文献里，这个宇宙论模型被简化了，但气化的特点更为明显。《易纬·乾凿

---

① 张双棣：《淮南子校释》，第 245–246 页。

度》的解释在中国思想史上非常著名:"夫有形者生于无形,则乾坤安从生?故曰:有太易,有太初,有太始,有太素。太易者,未见气。太初者,气之始。太始者,形之始。太素者,质之始。"① 这里出现的词语高度相似,但很显然,"太易"是指最初的混沌状态,类似《淮南子·天文训》开篇所说的"太昭","太素"则是万物生成的真正开端。

有了以上的解释,《黄帝内经》对宇宙形成的描述变得不难理解。《素问·天元纪大论》说:"太虚寥廓,肇基化元,万物资始,五运终天。布气真灵,总统坤元。九星悬朗,七曜周旋,曰阴曰阳,曰柔曰刚。幽显既位,寒暑弛张。生生化化,品物咸章。"②《黄帝内经》的《素问》,亦作《太素》,讨论有形有质的身体的变化机理。身体是天地万物的有机组成部分,《素问·宝命全形论》说:"天覆地载,万物悉备,莫贵于人。人以天地之气生,四时之法成。君王众庶,尽欲全形。"③ 此处出现的"太虚",应指"太初"。初唐孟安排《道教义枢》卷七《混元义》引《洞神经》说:"大道妙有,能有能无。道体本玄,号曰太易。元气始萌,号曰太初,一曰太虚,其精青,其形未有。炁形之端,号曰太始,一曰太无,其炁黄,其形未有。形变有质,号曰太素,一曰太空,其炁白,其形亦未有。形质已具,号曰太极,一曰太有,一曰太神,一曰太炁,又曰太玄,又曰太上,又曰太一,其形赤黄,质定白素,白黄未离,名之为混也。杂糅未分为沌,万法初首为元。故两半、三才、五常、万物等法体未别,是曰混元。"这段引文,对"太易—太初—太始—太素—太极"做了清晰的解释。④《淮南子》《素问》《易纬》都是汉代作品,在宇宙论的表述上有繁简之分,但有统一

---

① 《易纬·乾凿度》卷下,(清)赵在翰辑《七纬(附论语谶)》,钟肇鹏、萧文郁点校,中华书局,2012,第43-44页。
② 《黄帝内经》,姚春鹏译注,第527页。
③ 《黄帝内经》,姚春鹏译注,第230页。
④ (唐)孟安排:《道教义枢》卷七,《道藏》第24册,第828页下。

的基本思路，后世的道教经典也在此基础上演绎。

有趣的是，《淮南子》对生命的灵性亦以气化的方式说明。该书《精神训》说："古未有天地之时，惟像无形，窈窈冥冥，芒芠漠闵，澒濛鸿洞，莫知其门。有二神混生，经天营地，孔乎莫知其所终极，滔乎莫知其所止息。于是乃别为阴阳，离为八极，刚柔相成，万物乃形，烦气为虫，精气为人。是故精神，天之有也；而骨骸者，地之有也。精神入其门，而骨骸反其根，我尚何存？是故圣人法天顺情，不拘于俗，不诱于人，以天为父，以地为母，阴阳为纲，四时为纪。天静以清，地定以宁，万物失之者死，法之者生。夫静漠者，神明之宅也；虚无者，道之所居也。"① 此处出现的"精神"与"性情"相通，但又不尽然。精神是生命灵性的基础，情则是日常生活表现出来的情绪或心理现象。在这段引文里，我们不仅能看到作为生命本质的"精神"之起源，亦即"精气""神气"，而且还能了解古代中国人所讲的"法天顺情"，取法天地，以阴阳为纲，以四时为纪。这种道法自然的过程，即是在宁静之中体验"神明"，一种与人格神毫无关系的哲学境界，亦即把握宇宙大道的精神状态。"神明"成了我们的精神能企及的最高境界，"道"则是宇宙真理，是我们的认识对象。

阴阳的变化推移，普遍适用于天、地、人的三才至极之道，整个宇宙因此成为普遍联系的整体。《周易·系辞上》说："六爻之动，三极之道也。"《周易·说卦传》解释说："立天之道曰阴与阳，立地之道曰柔与刚，立人之极仁与义。兼三才而两用之……分阴分阳，迭用柔刚。"儒家的理论基石因此亦在阴阳，以"太和"为最高目标，追求天与人、自然与社会的整体和谐。②

而在道家、道教的宇宙论里，万物的化生离不开阴阳。早期道教经典《太平经》说："元气有三名，太阳、太阴、中和；形体有

---

① 张双棣：《淮南子校释》，第719页。
② 余敦康：《易学今昔》，广西师范大学出版社，2005，第11页。

三名，天、地、人；天有三名，日、月、星……此三者……合成一家，立致太平。"道教徒后来画出了俗称"阴阳鱼"的"太极图"，形象地反映出既是混沌未分又有阴阳变化的和谐状态，表达了"循环往复""物极必反""相反相成"等和谐的观念。

在道家、道教的系统里有所谓的"太极先天图"，它从阴阳二气出发，辅以金木水火土五行，解释万物的化生。该图经北宋理学家周敦颐（1017—1073）《太极图说》的宣传，成为中国人长期以来坚信不疑的宇宙论模式。其实，这种想法早已出现在《管子·四时》篇，阴阳二气，配以五方、四时产生五行，而五行被古人视为宇宙世界的基本元素，五行的相生相克可以产生万事万物。

2. 知识与信仰体系的基础

气是宇宙万物生成的依据，因此形成自然主义的宇宙论，并没有像亚伯拉罕系宗教那样有一个创造万物的最高神。但这套宇宙论并不是完全没有理论张力，《道德经》把"道"视为先天地生的根本，因此在中国思想史上，"气"与"道"孰为根本，渐成难题。阴阳、五行，这组概念的出现，既是对气化过程的描述，也是对万物变化规律的总结与提炼，从而成为中国古代知识与信仰体系的基础。

阴阳、五行是西周初期出现的两个重要范畴，最初用来说明天道的运行。《周易》的卦辞、爻辞并没有出现"阴、阳"两字，但《周易》以阴爻与阳爻为基础，演变而成八卦、六十四卦，以定吉凶祸福，阴、阳的观念也就包含其中。到西周末年或春秋初期，阴、阳指自然界两种"有名而无形"的基本物质，即阴气、阳气，被用来解释宇宙世界的变化运动。周幽王二年（公元前780年），伯阳父以"阳伏而不能出，阴迫而不能烝"解释地震。[①] 此后人们常以阴阳的消长胜负来说明、预测自然界的变化，如气候、地震、星象等，同时也用来说明个人与社会的变故，比如个人的疾病、国

[①] 徐元诰：《国语集解·周语上》（修订本），第26页。

家的政治等。① 在中国古人的世界观中，自然界与社会并不需要明确的区分，它们都是人之外的环境，天、地、人浑然一体，阴阳因此是一对普适的概念。伯阳父在以阴阳二气解释了地震发生的原因以后，还借此预测"周将亡矣"。以阴阳解释自然、人事的情况，在《管子》等春秋战国典籍里相当多见。《管子》说："春者，阳气始上，故万物生；夏者，阳气毕上，故万物长；秋者，阳气始下，故万物收；冬者，阳气毕下，故万物藏。故春夏生长，秋冬收藏，四时之节也。"（《形势解》）"春秋冬夏，阴阳之推移也；时之短长，阴阳之利用也；日夜之易，阴阳之化也。"（《乘马》）也就是说，管子以阴阳解释春夏秋冬的更迭、昼夜的变化。在《四时》篇中，他把阴阳视为宇宙天地间最为根本的自然规律，认为人间的祸福导源于阴阳的和谐与否。他说："阴阳者，天地之大理也；四时者，阴阳之大经也。刑德者，四时之合也；刑德合于时则生福，诡则生祸。"② 阴阳被称为"天地之大理"，对后世的中国文化影响深远。《系辞上》说"一阴一阳之谓道""阴阳不测之谓神"，是对上述思想的哲学总结，阴阳是天道得以成立的基础，万事万物是阴阳的对立统一体。

　　五行的思想肇始于西周初期，《尚书·甘誓》已出现"五行"两字，该篇记载了可能公元前2196年的故事，但没有说明"五行"的具体所指。《国语·郑语》记载了史伯对郑桓公讲述"和实生物，同则不继"的道理，他说"先王以土与金木水火杂，以成百物"。这里虽然没有出现"五行"两字，但已明确把"金木水火土"作为万物的基本元素。到战国时期，社会上已出现一批"五行家"，以"五行"谈论宇宙人生。现在通行的《尚书·洪范》篇，可能是经

---

① 陈来：《古代思想文化的世界：春秋时代的宗教、伦理与社会思想》，三联书店，2002，第70-74页。
② 以上《管子》引文，参见姜涛《管子新注》，齐鲁书社，2009，第425页（《形势解》）、第33页（《乘马》）、第317页（《四时》）。

过战国时期"五行家"润笔修改过的作品,① 里面说明了金木水火土的特性,"水曰润下,火曰炎上,木曰曲直,金曰从革,土爱稼穑",把"五行"置于洪范九畴之首,视之为"天地之大法"。《尚书大传》"武王伐纣"段,还说明了五行的功能:"水火者,百姓之所饮食也;金木者,百姓之所兴作也;土者,万物之所资生;是为人用。"② 早期的五行观念相当朴素,以"五行"解释与日常生活密切相关的五方(东、西、南、北、中)、五色(白、青、黑、红、黄)、五音(宫、商、角、徵、羽)、五味(咸、苦、酸、辛、甘)、五脏(心、肺、肾、肝、脾)、五星等,说明"和实生物"的道理。"五行"同时还被用来解释政治等人事问题或社会现象。就在上面所引的《国语·郑语》同一段文字里,史伯以五行的"和而不同"为例,最终是要表达政治上的和平欢乐,"王者居九畡之田,收经入以食兆民,周训而能用之,和乐如一"。③ 战国末期邹衍(约公元前324—约前250),还依据五行思想提出了一套政治学说——五德终始说。相传,《七略》记载:"邹子有终始五德,从所不胜,木德继之,金德次之,火德次之,水德次之。"④ 他以"五行—五德"的相胜关系说明夏商周三代的历史演进与政统更迭,"五德从所不胜,

---

① 《洪范》篇记载了周武王十三年(公元前1122年)箕子与武王的对话,反映了上古的史实,但据考证这篇应是战国时期五行家的作品。参见冯友兰《中国哲学史新编》(修订版)第一册,人民出版社,1980,第71页。不过,还有学者认为,《洪范》确是周初作品,或如《书序》所言是武王时所作。参见李学勤《李学勤集》,黑龙江教育出版社,1988,第370页。
② 参见皮锡瑞《尚书大传疏证》卷四《洪范》,中华书局,2015,第165页。
③ 徐元诰:《国语集解》(修订本),第470-472页。
④ 《文选·魏都赋》李善注引《七略》。此处引文据《文选李善注》卷六(中华书局,1936),似有脱字。高步瀛《文选李注义疏》在"从所不胜"前有"言土德"三字,文义稍顺(曹道衡、沈玉成点校,中华书局,1985,第1412页)。当代学者著作常在"木德继之"前添三字"土德后",文义似顺,但所依版本不详。此外,"五德终始"有两种算法,一是邹衍的"相胜",一是刘向的"相生",邹衍说占上风。《宋书·律历》说:"五德更王,唯有二家之说,邹衍以相胜立体,刘向以相生为义。"[(南朝梁)沈约《宋书》卷十二,中华书局,2003,第259页。]

虞土、夏木、殷金、周火"。① 秦始皇自以为"得水德","以水德王",他的根据是邹衍的这套以"五行相胜"为基础的政治理论。

从战国开始,阴阳与五行已密不可分,"五行家"同时也是"阴阳家"。他们以阴阳五行解释天气、星象等自然现象,给那些自然现象赋予政治、社会、道德等许多人间的意义。司马谈《论六家要旨》评论他们"观阴阳之术,大祥而众忌讳,使人拘而多所畏;然其序四时之大顺,不可失也"。②这些阴阳家甚至还以谈论鬼神为能事。《汉书·艺文志》说:"阴阳家者流……牵于禁忌,泥于小数,舍人事而任鬼神。"在汉代社会,方技术数大为流行,阴阳五行是其中最重要的组成部分。刘向、刘歆《七略》的《术数略》分术数为六种,五行是其一;《汉书·艺文志》约有1/4到1/3的书目与阴阳五行有关。董仲舒的新儒学,其实综合了这方面的思想成果,从而推动了儒学的宗教化。在他所著的《春秋繁露》现存82篇里,至少有23篇涉及"阴阳五行"。

阴阳五行的观念,在中国人的知识体系中,并不仅仅是对周围的世界给予一种理论的说明,更重要的是,它对中国人的精神生活提供了一种具有很强说服力的价值观。如上所述,阴阳五行,首先是在解释天道的运行,表达了一种以"太和"为最高境界的理想,所以,这套学说实际上确立了"天"在中国人精神生活中的地位与价值,反映的是"天道和谐"的思想:天是至高无上的,却又与人交感合一,以"太和"为最高理想。

据考,夏代已有"帝"或"上帝"的观念,到了商周之际,这个观念改为"天"或"皇天"。③ 天,在中国的思想传统中首先是

---

① 《文选·齐故安陆昭王碑文》李善注引,此处引文前有"邹子曰"三字。对照高诱注《淮南子·齐俗训》,"五德"高诱注作"五德之次"(参见何宁《淮南子集释》卷十一,中华书局,1998,第789-790页)。
② 《太史公自序》,(西汉)司马迁:《史记》卷一百三十,第3289页。
③ 陈梦家说:"西周时代开始有了'天'的观念,代替了殷人的上帝,但上帝与帝在西周金文和周书、周诗中仍然出现。"但是,即使在甲骨卜辞里没有发现"天"字或以"天"为上帝的用法,也不能证明商人没有天的观念或以天为至上神的观念。参见陈来《古代宗教与伦理:儒家思想的根源》,第162页。

指一种自然力量,这是自然主义的天。孔子说:"天何言哉,四时行焉,百物生焉。"(《论语·阳货》)宇宙万物处在和谐的自然关系之中,被认为存在一种"道",即"天道",这也是道家思想的基础。道家主张顺应这个"道",因循"自然",所谓"道法自然",如此就可以做到"无为而无不为"。个人在这个自然主义的"天"面前,其实是无能为力的。但是儒家还有另外一套想法,希望保持个人对"天"的敬畏之心,把天不假人为而有的自然力量看作"命",孔子说:"君子有三畏:畏天命,畏大人,畏圣人之言。"(《论语·季氏》)百姓若有如此的敬畏之心,那就可以以此"天道"教化民众,所谓"神道设教"(《周易》观卦象辞)。对此,荀子《天论》讲得更为直白,有些看上去像是宗教性的活动,譬如为了求雨而搞的雩祭,实际上只是一种人为的装饰(文),天道之事并非求得,但庶民百姓却以为祭祀卜筮具有神奇的作用。他说:"雩而雨,何也?曰:无何也,犹不雩而雨也。日月食而救之,天旱而雩,卜筮然后决大事,非以为求得也,以文之也。故君子以为文,而百姓以为神。"① 显然,在儒家的政治哲学里,天不仅是自然之天,同时也是天命之天,具有超自然的宗教意义。

天命是西周初期出现的观念。"天"主宰着人世的一切,无论是自然现象还是社会问题,"天"都能发出他的号令,所谓"天命"。这位主宰人类命运的预定者,本身没有任何的形象,也很难确指是哪一位神灵,所以,古往今来,皇帝用来祭天的地方——天坛、圜丘,根本没有任何拟人化的神像。但是,无形无相的天所发出的"天命"却是不可违抗的,统治者要想持守他们的天命,那就要竭力取悦于"天"。"天命靡常"(《诗经·大雅·文王》)是西周时期典型的思想观念,"皇天无亲,惟德是辅"(《尚书·周书·蔡仲之命》)。周人为此提出"敬德保命"的思想,而"德"的内容是"敬天保民""敬慎克勤""知稼穑之难""知小民之依""以小

---

① 《天论》,楼宇烈主撰《荀子新注》,第 336–337 页。

民受天永命";否则就要受到"天罚",就会天降丧乱。陈来把周人的这种观念称为"天民合一的天命观"①,天被赋予了道德的含义,人在天面前有了"尽人事"的必要,并非完全无能为力。这实际上是一种天人感应的思想萌芽,到了汉代,董仲舒在推动儒学的政治化、宗教化过程中,援引"阴阳五行"观念,提出"天人感应"的理论。

天人感应的原则是"类固相召,气同则合,声比则应"(《吕氏春秋·应同》),这种思想得到了董仲舒的系统发挥。他认为,既然"同类相动",天人同类,那么,天和人可以互相感应,"以类合之,天人一也"(《春秋繁露·阴阳义》),"天人之际,合而为一"(《春秋繁露·深察名号》),又说:"天有阴阳,人亦有阴阳。天地之阴气起,而人之阴气应之而起;人之阴气起,而天之阴气亦宜应之而起。其道一也。"(《春秋繁露·同类相动》)他提出"天副人数"的说法,形象到了近乎机械的地步。在他看来,人是宇宙的缩影,是一个小宇宙,"天地之符,阴阳之副,常设于身,身犹天也。……天以终岁之数成人之身,故小节三百六十六,副日数也。大节十二分,副月数也。内有五藏,副五行数也。外有四肢,副四时数也"(《春秋繁露·人副天数》)。董仲舒的说明,未免有些神秘主义的意味,但他试图解释天与人之所以能够交感的原因,说明人在宇宙中的地位。人在"天"面前,天命不可违,同时又要尽人事,这是儒家给人设定的命运。

中国人通常相信"死生有命,富贵在天",但能否落实个人的天命,其实还是需要个人的努力,特别是道德上的修身实践。因为天与人能够相通交感,人间的善恶因此会有偿还的时候,这是中国人普遍相信的"报应"思想。《尚书·汤诰》说"天道福善祸淫",《周易·文言》说"积善之家必有余庆,积不善之家必有余殃",《晏

---

① 陈来:《古代宗教与伦理:儒家思想的根源》,第161-220页。

子春秋》说"人行善者天赏之,行不善者天殃之"①。佛教传入之后,原先的善恶报应观念又嫁接了印度文化所讲的六道轮回,既有人生旦夕祸福、子孙后代余荫的报应,又有自己六道轮回的报应,"报应"的观念变得根深蒂固。在此,天,既是自然的也是超自然的,它能掌管人间的善恶。

在中国人的心目中,天既是宇宙自然,也是一切价值的源头,程朱理学后来就以一个"理"字解释"天"。② 但是,天道的运行依赖于阴阳五行。若是离开了阴阳五行,天是抽象而不可理解的怪物,它与人的内在关联也被切断。因此,借助于道家的"道法自然"、儒家的"敬德保命",以及颇具神秘主义色彩的"天人感应"与"善恶报应"等思想,阴阳五行及其所表现的"天道和谐",渗透到了中国人日常的宗教生活中,是潜藏于中国人宗教意识里的自然主义基石。

三 礼乐文明与人文主义人生观

儒家对于鬼神之事存而不论,孔子说:"未能事人,焉能事鬼?""未知生,焉知死?"(《论语·先进》)而对人间的伦理纲常尤为关心,把人伦关系分成五类,"君臣也,父子也,夫妇也,昆弟也,朋友之交也"(《中庸》第二十章),制礼作乐,奠定了中国人的人文主义人生观。儒家把"天道"的和谐思想融入礼乐文明,推行于人类社会,使之成为一种"内和而外顺"的"礼乐之道"(《礼记·乐记》)。致中和,是这种人文主义人生观的最高理想。

梁漱溟在《中国文化要义》中说:"在中国代替宗教者,实是周孔之'礼'。"儒家的礼乐文明,承担了宗教的两个社会功能,一是"安排伦理名分以组织社会",也就是整合社会的功能;二是

---

① 参见张纯一校注《晏子春秋校注》卷一《内篇谏上》,中华书局,2014,第54页。
② 除了自然之天、天命之天,程朱理学还提出"天理"之天。如《朱子语类》卷一说:"要人自看得分晓。也有说苍苍者,也有说主宰者,也有单训理时。"〔(宋)黎靖德撰《朱子语类》,王星贤点校,中华书局,1986,第5页。〕

"设为礼乐揖让以涵养理性",也就是提升人格、磨砺心性的功能。①孝悌的提倡,礼乐的实施,两者合起来,就是孔子的宗教。所以,梁漱溟认为,礼乐有宗教之用,而无宗教之弊,主张"以道德代宗教",晚年他在《人心与人生》中还提倡"以美育代宗教"。这显然低估了世界各宗教的复杂性,忽略了不同宗教在社会伦理上的差异。但他的论述是站在儒家的立场上说明"中国宗教"的人文主义根基,点出了礼乐文明对中国人宗教意识的影响力。中国人的宗教意识,缘此多了一层重视人文的儒家色彩,在具体的宗教生活中,往往是以现实的人生问题作为祈求目标。"人文"是与"天文"相对,所谓"观乎天文,以察时变;观乎人文,以化成天下"(《周易》贲卦象辞)。"天文"是指自然界的运行法则,"人文"是指人类社会的运行法则,主要的涵义是"以礼乐为教化天下之本,以及由此建立起来的一个人伦有序的理想文明社会"②。

1. "人文"观念的形成

虽然考察中国的"人文"观念必引《周易》的上述文句,但人文精神在中国的出现由来已久。这与上古史"绝地天通"的传说有关,其中涉及巫觋地位的下降,以及祝、宗、史等宗教事务专门职位的出现。

"绝地天通"的说法,始见于《尚书·吕刑》:"上帝监民,罔有馨香,德刑发闻惟腥。皇帝哀矜庶戮之不辜,报虐以威,遏绝苗民,无世在下。乃命重黎'绝地天通,罔有降格'。"③ 唐代孔颖达对此解释说:"三苗乱德,民神杂扰。帝尧既诛苗民,乃命重黎二氏,使绝天地相通,令民神不杂,于是天神无有下至地,地民无有上至天,言天神地民不相杂也。"④ 他的这个解释并不准确,多半是

---

① 梁漱溟:《梁漱溟全集》第3卷,山东人民出版社,1990,第110页。
② 楼宇烈:《论中国传统文化的人文精神》,《温故知新:中国哲学研究论文集》,第455页。
③ 《尚书正义》卷十九《吕刑》,第536-539页。
④ 《尚书正义》卷十九《吕刑》,第539页。

依据《国语·楚语》所讲的重、黎后人的炫耀之词。《楚语》记录了楚昭王和观射父的对话，是解读"绝地天通"最重要的史料。楚昭王请教自己的大臣观射父，《尚书》所讲的重、黎使天地不通是什么意思？难道此前"民将能登天乎"？观射父讲述了颛顼"绝地天通"的故事，认为此举在于明确天官（负责宗教事务）和地官（负责人间事务）[①]的职守，旨在杜绝百姓自行祭祀降神，避免"家为巫史""民神杂糅"的乱象。

观射父说，最初的时候"民神不杂"，只有聪慧过人、品行高尚的百姓才有资格通天降神，在男曰觋，在女曰巫，并有祝、宗两种职官辅佐。"祝"负责排列神位的主次、安排祭礼等事务，"宗"负责管理宗族谱系、准备祭祀用品等事务。当时社会上有"五官"（司徒、司马、司空、司土、司寇）的设置，各司其职。属地的五官和属天的祝宗，分工明确，专人负责神灵祭祀，不与人间事务相混。"民神异业"的治理格局，使民有忠信，神有明德，百姓安居乐业。依据《楚语》的说法，到了少皞时代，九黎乱德。九黎不遵守既有的秩序，打破原来的分工，导致"民神杂糅"，家为巫史。人人都想通天降神的结果就是，祭品匮乏，百姓亵渎神灵，社会灾祸频仍。颛顼继任以后，"乃命南正重司天以属神，命火正黎司地以属民，使复旧常，无相侵渎，是谓绝地天通"[②]，也就是请南正重、火正黎恢复上述分工，民神异业。后来到尧的时代，三苗像当年的九黎，再现"家为巫史"的乱象，尧请出重、黎的后人，再度明确天官和地官的职守。这种状态经历夏、商二代，直到周宣王时，他们的后人，程伯休父失去官守，改氏为司马。观射父讲述了司马家族的来历，而这个家族为了夸大自己祖先的荣耀，说"重实上天，黎实下地"。也就是说，重、黎后人为了炫耀，把原来只是祭神和俗务的分工，说成了他们的祖先一个能上天、一个能下地，

[①] 此处天官、地官的用法，取意于《楚语》这段中的"天地神民类物之官"。参见李零《中国方术考》（修订本），第13页。
[②] 徐元诰：《国语集解·楚语下》（修订本），第515页。

使天地不通。

以今天的视角看,这个著名的故事表现了社会结构的变化导致宗教伦理的失范(anomie)。九黎、三苗这些外部势力(通常被表现为蛮族形象)改变了中原社会秩序,原有的社会分工失去约束力,每个社会成员都想把自己理想的伦理秩序神圣化。颛顼、尧在社会变革时期,以重新明确社会分工的方式,重建中原社会理想的宗教伦理和社会秩序。这两位圣人所用的方法,被概括为"民神异业",这听上去接近于早期基督教所讲的"恺撒的归恺撒,上帝的归上帝"。民神异业,在形式上很像政教分离,但在中国历史上,天官、地官都是国家官僚体制中的王官。在这样的国家治理中,以天地不通为象征,表现出人神的分离、天人的分裂。确切地说,中国社会在颛顼的治理下,形成了重视人文而贬抑天神的伦理秩序。这里所讲的人神分离,是就百姓的日常生活而言。他们首先需要照料现实生活,而不是祭祀神灵。颛顼、尧为此采取的手段是通神权力的专职化。这与后来朝廷对佛道教建立寺观赐额、控制出家及授箓名额的措施非常类似。这样的人神分离,并不影响有功之人死后成神。就此而言,颛顼被誉为中国的"人文始祖",并不为过。尽管从古文字学的角度看,"颛顼"这个名字表明他是一位双手持物而舞的巫。

不过,《楚语》这段史料的真实性高度可疑,主要是本书前面已经提到的祝宗与巫分化的时间。按照宗教的发展规律,"民神杂糅"往往是最初的信仰状态,也就是社会上最初并没有统一的信仰。《楚语》所讲的颛顼之前"祝宗巫史"的结构,只是表明了叙事者观射父所想象的理想状态,以便与其讲述的社会失范形成强烈的反差。这个理想状态,反映的是商周时期的信仰状态,特别是西周社会宗庙昭穆、礼节威仪秩序井然的现象。[①] 李零认为:"祝、宗掌祭祀神祖,有相应的仪文祀典。而卜掌占卜,史掌天文历法、记

---

① 参见陈来《古代宗教与伦理:儒家思想的根源》,第 26 – 27 页。

录史事和官爵册命，也有相应的占卜记录和史册谱牒。当时的学术主要是集中于这一系统（中国史书中的礼乐、律历、天文、郊祀各志与此直接有关），特别是史官（亦称'记府'）手中。这一系统的官员有个重要特点，就是他们并不参加行政管理，是独立于行政系统之外。例如史官就是只管'天'，不管'民'，带有'旁观'的性质。"① 巫是以舞降神，祝是向神祷告，祝宗都以"祈"为主要职能，祝、宗、史皆主祭事，而史通巫医。② 而在《周礼·春官》，"巫"被放在"五祝""七史"之间。五祝包括：大祝、小祝、丧祝、甸祝、诅祝。七史包括：大史、小史、冯相氏、保章氏、内史、外史、御史。处在祝、史之间的巫，其地位还不算太低，但已经发生了明显的分化。

《楚语》的记载透露了祝、宗、卜、史这类职官的起源，特别是史官的起源，但其主要的意义，是表达了重、黎分司天地的思想史意义。颛顼，号高阳氏，相传是黄帝儿子昌意的后代。在他主政时期，九黎乱德，杂拜鬼神。为此他仿效尧的做法，委派重、黎二氏的后人绝地天通，形成"神民异业"的格局。其中，"命南正重司天以属神，命火正黎司地以属民"一句耐人寻味。首先是重、黎两人的身份。《尧典》说："乃命羲和，钦若昊天。"即所谓育重、黎之后，使典之也。孔颖达认为，重即羲，黎即和。羲是重的子孙，和是黎的子孙，不忘祖之旧业，"掌天地四时之官"。其次是两人的职务。按理，南正应与北正相对，但在文中"南正"与"火正"相对。南正是主管端正南方方位的职官，专门负责测时，制定历法。与之相对的火正，据考证，是观天象授农时的天文职守，是"属民"的职官。火，此处指大火星，即心宿二。③ 孔颖达在解释

---

① 李零：《中国方术考》（修订本），第7页。值得注意的是，《楚语》把祝排在最前，先祝后宗。《周礼·春官》则把"宗"列于"祝"之上。东汉《说文解字》则说，祝是祭祀时主赞词的人。
② 陈来：《古代宗教与伦理：儒家思想的根源》，第35、53页。
③ 参见郑文光《中国天文学源流》"重黎"一节，科学出版社，1979，第26－29页。

《吕刑》时说:"天神无有下至地,地民无有上至天。"这并不符合"司天以属神""司地以属民"的意思。《楚语》的说法是区分"属神"与"属民",亦即区分"神事"与"民事"。祭神之事是很严肃的,必须"各以其职当祭之神",不能僭越,不能出现"家为巫史"的乱象。所以,"绝天地通"并不是说,天与地之间隔绝不通,而是天官和地官的划分:天官,即祝、宗、卜、史一类职官,他们是管通天降神;地官,即司徒、司马一类职官,他们是管土地民人。因此,李零认为,"绝地天通"只能是"天人分裂",而绝不是"天人合一"。①

巫在古代社会逐渐职业化,地位下降,有祝、宗、卜、史等不同的职务分工。祝、宗、卜、史这些属神的职务即天官,并没有成为独立的阶层,继续掌握通神的话语权,而是被纳入国家行政体制,并与属人的职务即地官做了严格的区分。天人之分,促成古代中国社会朝向人文的方向发展,限制了祭司神职人员的权利。

在西方社会,神圣与世俗是分开的,人敬畏神,神是完全异己的力量。但在古代中国,"绝地天通"以后,人对神保留一份敬意之后,一般只需关注人世间的事务,有关神的事务已有专人负责。因此,"敬鬼神而远之"成了普通中国人最常见的鬼神观。这使一大批中国人从宗教事务中解放了出来,中国文化的主流洋溢着人文主义的精神传统,卜筮、祭祀服务于君王的政治活动,以及士大夫、百姓的日常生活。徐复观说:"周初所强调的敬的观念,与宗教的虔敬,近似而实不同。宗教的虔敬,是人把自己的主体性消解掉,将自己投掷于神的面前而彻底皈依于神的心理状态。周初所强调的敬,是人的精神,由散漫而集中,并消解自己的官能欲望于自己所负的责任之前,凸显出自己主体的积极性与理性作用。"② 也就是说,绝地天通之后的天人二分,促成个人的主动性,构成了走向

---

① 李零:《绝地天通:研究中国早期宗教的三个视角》,乐黛云、〔法〕李比雄主编《跨文化对话 5》,第 101 页。
② 徐复观:《中国人性论史·先秦篇》,九州出版社,2001,第 22 页。

天人合一的修身传统。天文与人文，构成了相反相成的两极。

2. 巫史传统与理性化

20世纪80-90年代，从《孔子再评价》开始，李泽厚的中国思想史研究影响了一代学人。他提出了"实用理性""乐感文化""情感本体""儒道互补""儒法互用"等概念，而在1999年，他提出"巫史传统"的说法，拟对自己提出的这些概念予以统摄。他认为，在儒家出现以前，中国文化已经有了一个独特的宗教传统，即"巫史传统"。他说："中国文明有两大征候特别重要：一是以血缘宗法家族为纽带的氏族体制（Tribe System），一是理性化了的巫史传统（Shamanism rationalized）。两者紧密相连，结成一体；并长久以各种形态延续至今。"①

"巫史传统"，这个概念重点说明由巫而史的理性化过程，认为"史"是"巫"的理性化新阶段，特别是对卜筮——"数"的掌握。李零关注"史"的记事职能，李泽厚则在强调史即巫的前提下，说明史是促成易占发生质变的关键因素，巫的世界从此成为符号的世界、数字的世界，他们尤其是对天文历象有着丰富的知识。②在西周初期，原本以巫为核心的团队，分化出祝、宗、卜、史等一系列专业职官。有些职能逐渐成为中国文化的"大传统"，其他的功能如治病，经由民间私学的规范化过程，形成各种方术，逐渐成为中国文化的"小传统"。③

1980年李泽厚在《孔子再评价》中提出"巫术礼仪"，说明"歌舞—仪式—祭祀"的历史演进过程。他说，"礼"的基本特征是"原始巫术礼仪基础之上的晚期氏族统治体系的规范化和系统化"④。他把礼看作理性化过程的主要成果，周公旦的"制礼作乐"，形成一系列典章制度，成为中国文化的发展主流。孔子进一步以仁释

---

① 李泽厚：《说巫史传统》，《由巫到礼 释礼归仁》，第4页。
② 李泽厚：《说巫史传统》，《由巫到礼 释礼归仁》，第17-19页。
③ 李泽厚：《说巫史传统》，《由巫到礼 释礼归仁》，第28页。
④ 李泽厚：《孔子再评价》，《中国古代思想史论》，人民出版社，1985，第8页。

礼，把外在的社会规范内化为个体的内在自觉，情理交融。他说："孔子始终未以知性认识方式来定义'仁'，'仁'总是作为情理交融并兼信仰的行为要求而出现。'以仁释礼'其实也就是以这种已经理性化了的神圣情感来解释和履行'礼'。"① 他由此对比了中国文化与西方的差异："西方由'巫'脱魅而走向科学（认知，由巫术中的技艺发展而来）与宗教（情感，由巫术中的情感转化而来）的分途。中国则由'巫'而'史'，而直接过渡到'礼'（人文）'仁'（人性）的理性化塑建。"② 这也从根本上确立了中国文化、中国宗教具有鲜明的人文精神。

由巫而礼的关键环节是"祭"。儒家以祭礼为中心，形成"经礼三百，曲礼三千"的礼制体系，既有规范个人生活的"八礼"（冠、婚、丧、祭、乡、射、朝、聘），也有针对国家政治或社会秩序的"五礼"（吉、凶、军、宾、嘉）。在他看来，儒家的内圣外王，是古代"巫君合一"的延续，其中经历了"德、礼"的转化。德的内在要求是"敬"，外在表现则演化为"礼"。到了孔子的年代，"仁、诚"又被提了出来。

这意味着儒家的礼教兼具宗教性和伦理性的特点。

3. 礼教的两重性：宗教性与伦理性

礼乐是儒家文化的核心，在中国人的日常生活与政治生活中，具有天经地义的规范作用。《左传·昭公二十五年》记载子产的话："夫礼，天之经也，地之义也，民之行也。天地之经，而民实则之。"孔子把礼乐的养成看作成人的标志，他说："兴于诗，立于礼，成于乐。"（《论语·泰伯》）不仅如此，礼乐也是从政的基础。孔子说："礼乐不兴，则刑罚不中；刑罚不中，则民无所措手足。"（《论语·子路》）"致礼乐之道，举而错之天下，无难矣！"（《礼记·乐记》）

---

① 李泽厚：《"说巫史传统"补》，《由巫到礼 释礼归仁》，第59页。
② 李泽厚：《说巫史传统》，《由巫到礼 释礼归仁》，第13页。

如此重要的"礼乐",起源于古代的巫觋文化。《说文》"示部"说:"禮,履也,所以事神致福也,从示从豐。"豐是"行礼之器",王国维《释礼》一文说是"盛玉以奉神人之器"①。在殷商时期,祭祀活动从属于巫觋的占卜活动,在殷人的祭祀对象中,既有天神也有人鬼,而主要是祖先神灵。《礼记·表记》说:"殷人尊神,率民以事神,先鬼而后礼。"到了西周时期,由巫觋发展出祭祀阶层,从而分化出祝、宗、卜、史,并在此基础上孕育出以祭祀为中心的礼乐文化,在儒家的礼仪中也保留了不少的巫术内涵。《礼记·曲礼》说:"龟为卜,策为筮。卜筮者,先圣王之所以使民信时日,敬鬼神,畏法令也。所以使民决嫌疑,定犹与也。故曰:疑而筮之,则弗非也;日而行事,则必践之。"②在祭祀祖宗亡亲时,孝子需要洁斋三日,才能"见其所为斋者",在恍惚之间"与神明交"(《礼记·祭义》)。这样的仪式,实与巫师的降神通灵极为相似。

祭礼在儒家的礼仪中占据最为重要的地位。《礼记·昏义》说:"夫礼,始于冠,本于昏,重于丧祭,尊于朝聘,和于乡射。"《礼记·礼运》亦说:"夫礼,必本于天,殽于地,列于鬼神,达于丧祭、射御、冠昏、朝聘。"五礼之中,祭礼最为重要,所谓"国之大事,在祀与戎"(《左传·成公十三年》),"凡治人之道,莫急于礼;礼有五经,莫重于祭"(《礼记·祭统》)。诸礼之中,惟祭尤重。祭祀的主要内容,是祀天祭祖。《礼记》《国语》的许多篇幅是在讨论祭祀的世俗功能,如发扬孝道、报本思源。祭礼是"教民反古复始,不忘其所由生也"(《礼记·祭义》),"万物本乎天,人本乎祖,此所以配上帝也。郊之祭也,大报本反始也"(《礼记·郊特牲》)。报本是报天地造化之功,反始是怀念祖先生育之德,以及推行教化的君师,这构成"礼之三本"。这也就是,上事天,下事地,

---

① 王国维:《释礼》,《观堂集林》,河北教育出版社,2001,第144页。
② 〔韩〕郑爱兰:《商周巫术与宗教政治之心态》,韩国中国学会编《国际中国学研究》第3辑,2000,第309-310页。

尊先祖而隆君师。在祭祀的过程中，儒家要人保持对天、地、人的信仰与崇拜，从而形成天神、地祇、人鬼的三元神谱结构。

在各种巫术活动里，巫以歌舞通神，仅是一种个人行为，缺乏足够的感召力。通神的过程，若由巫率领一个团队共同完成，其感召力就会大大增强。通神从个人行为演变为团体合作，逐渐形成祭祀的仪式，人神关系也从通神改为献祭。祭祀，因此既是巫的一项重要职能，也是巫改变社会身份的重要环节，通神的色彩越来越淡，仪式感则越来越强。在这种仪式感中，原本在巫术中最看重的效验变得不是最重要的，对祭祀参加人员的感染力变得更重要。巫本人的地位也在下降，商代的祈雨祭，有时以巫为牺牲，焚巫求雨。儒家后来推行祭礼，并不讨论死者的状态，但对参加祭礼的行为规范给予无比详细的规定。

在巫的祭祀活动中，对祖先神的祭祀占据重要位置。从远古到殷周，祖先崇拜与上帝崇拜合为一体。特别是在殷商时期，殷人的宗教性主要表现为祭祀祖先，上帝是他们最高的祖先。张光直甚至认为，"商"字源于祭祖，有祖先崇拜的意思。① 宗庙或祖庙是祭祀祖先的场所，宗是管理宗族、谱系的职官。② 祭祀的原则，则是"文王之祭也，事死者如事生"（《礼记·祭义》）。后人以各种"明器"祭奠亡亲。因此，礼乐具有宗教性的起源与功能。

然而，在具有宗教性的同时，儒家的"礼乐"更多的是在表达自然与人情的内涵，它是推行社会教化的根本，具有明显的人文特点。韦伯在提到儒家祭祀时甚至说，中国人的祭礼并不关心死者在"彼世的"命运。③ 这是西周以降礼乐文明有异于殷商宗教文化的地方，儒家把从属于巫术宗教的"礼"改造为属于天道人情的"礼"。

---

① 张光直：《商名试释》，《中国青铜时代》，第295页。
② 祖庙，不仅充作祭祀的活动场所，而且本身就成为一个象征，既为仪式的中心，也是国家事务的中心。祖庙分为若干等级，大概与宗族的分层相契合。参见张光直《美术·神话与祭祀》，第25页。
③ 〔德〕韦伯：《中国的宗教》，康乐、简惠美译，广西师范大学出版社，2004，第210–211页。

韦伯把"祭祀"所举行的仪式解释为"巫术性仪式",指出这些仪式往往伴随着舞蹈和音乐,并与农耕社会的"月令"息息相关,主持这些仪式的巫,在这些仪式中"制服鬼神"。① 但在这些仪式转化为儒家的礼教过程中,巫对鬼神的制服,从凭借巫术的法力或祭品的作用,转而假借天道秩序的力量。能否成功借力,关键是举办祭祀的主人的德行,而不是主持仪式的巫的法力。

礼的根本,是要效法天道法则,顺乎人情自然,不能与之相违。《礼记》的《丧服四制》篇说"凡礼之大体,体天地、法四时、则阴阳、顺人情,故谓之礼。訾之者,是不知礼之所由生也";《礼运》篇说"夫礼之初,始诸饮食",礼是"达天道、顺人情之大窦";《问丧》篇说"人情之实也,礼义之经也,非从天降也,非从地出也,人情而已矣"。礼,无非天道人情的事宜。"夫礼,先王以承天之道,以治人之情,故失之者死,得之者生。"(《礼运》)因此,在日常生活里,礼的作用是节制欲望,使人举止得体。荀子说:"礼起于何也?曰:人生而有欲,欲而不得,则不能无求,求而无度量分界,则不能不争,争则乱,乱则穷。先王恶其乱也,故制礼义以分之,以养人之欲,给人之求。使欲必不穷于物,物必不屈于欲,两者相持而长,是礼之所起也。"(《礼论》)而在祭祀方面,原来最有宗教性的礼仪,在儒家的眼中也是充满了人文精神。儒家把祭祀看作一种仪式,是教化民众的手段;只是普通百姓认为,祭祀确实是在供奉祖先的神灵。所以,孔子说:"祭如在,祭神如神在。"(《伦语·八佾》)"夫祭者,非物自外至者也,自中出,生于心也,心怵而奉之以礼,是故唯贤者能尽祭之义。"(《礼记·祭统》)荀子说:"其在君子,以为人道也;其在百姓,以为鬼事也。"(《礼论》)"祭神如神在",儒家并未明说祭祀对象究竟存在不存在,"如在"只是一种含混不清的表达。在墨子看来,儒家的这种做法,完全是"无鬼而学祭礼"(《非儒》),根本不是真正

---

① 〔德〕韦伯:《中国的宗教》,第62–64页。

的祭祀。恰好是这样的批评，反衬出儒家宗教意识中的人文主义色彩，以儒家为代表的中国人的宗教观洋溢着一种人文精神。

礼、乐、射、御、书、数，古人称之为六艺，儒是通习六艺的术士。而从起源来说，儒最初的身份可能是"乐师"[1]，甚至可能是配合巫师起舞降神或祭祀的乐师。孔子说："礼云礼云，玉帛云乎哉！乐云乐云，钟鼓云乎哉！"（《论语·阳货》）钟鼓是孔子所说的乐器，恰好也是古代巫师所用的最重要的道具。[2] 所以，身为乐官的儒家，在改造原本属于"巫"的礼时，使乐成为礼的内在精神，礼乐同时成为儒家教育最重要的两个环节，不可偏废。"乐者敦和，率神而从天；礼者辨宜，居鬼而从地。故圣人作乐以应天，作礼以配地。"（《史记·乐书》）礼乐的配合实践，才是儒家完整的礼教，可以达到神奇的效果。荀子说："礼乐之统，管乎人心矣。"（《乐论》）这样，"礼乐顺天地之诚，达神明之德，隆兴上下之神"，进而"乐行而伦清，耳目聪明，血气和平，移风易俗，天下皆宁"（《礼记·乐记》）。

礼乐各有分工。"乐也者，动于内者也。礼也者，动于外者也"，礼乐并重，则可达到"乐极和、礼极顺，内和而外顺"的境界（《礼记·乐记》）。礼的要求是顺乎人情，合乎时宜，辨别不同场合使用不同的礼仪。行礼要合乎人情，要因地制宜，要合乎时宜。所以，"贫者不以货财为礼，老者不以筋力为礼"（《礼记·曲礼》）；"礼之大伦，以地广狭；礼之薄厚，与年之上下"（《礼记·礼器》）；"先王制礼，过时弗举，礼也……故君子过时不祭，礼也"（《礼记·曾子问》）。荀子因此说"礼别异"，《礼记》说"礼从宜"，"夫礼者，所以定亲疏、决嫌疑、别同异、明是非也"（《曲礼》）。相对于礼，乐的要求是"和同""治心"。荀子说："乐也者，和之不可变者也；礼也者，理之不可易者也。乐合同，礼别异。"（《乐论》）

---

[1] 阎步克：《乐师与"儒"之文化起源》，《北京大学学报（哲学社会科学版）》1995年第5期。
[2] 高天麟：《黄河流域新石器时代的陶鼓辨析》，《考古学报》1991年第2期。

《礼记》说:"君子反情以和其志,广乐以成其教。……致乐以治心。"(《乐记》)

"内和外顺""敦和辨宜"的礼乐文明,与阴阳五行所反映的"天道和谐"不同,它所表现的是儒家崇尚中庸的人文精神,是一种"人情和谐"。在孔子看来,什么是礼?"夫礼,所以制中也。"(《礼记·仲尼燕居》)在具体的行为规范中,礼要求人们具备中庸、节制的德行。这也就是《中庸》所讲的"致中和":"喜怒哀乐之未发,谓之中;发而皆中节,谓之和。中也者,天下之大本也;和也者,天下之达道也。致中和,天地位焉,万物育焉。"中国文化中的宇宙观及其最基本的运作法则,是对和谐与均衡的追求。为了达到这个最高的境界,就要在天、人、社会三个层面上获得各自的均衡与和谐,即使是单一层面的和谐,其状况也是不稳定的,只有三层面的整体和谐,才是最理想的境界,即儒家所讲的"致中和"。天(自然系统)的和谐,包括时间的和谐与空间的和谐;人(个体系统)的和谐,包括内在的均衡与外在的均衡;社会(人际关系)的和谐,包括人间的和谐与超自然界的和谐。①

这个理想的人生境界,是礼乐文明的实践目标,也是美好的人伦社会的价值标准。因此,儒家十分重视教育,以设立学校的方式,推行这套伦理价值观。《白虎通义》说,立庠序以导之,行礼乐宣德化,明三纲正六纪,让百姓做到"诸舅有义,族人有序,昆弟有亲,师长有尊,朋友有旧"②。事实上,儒家除了礼教,还有诗教、书教、乐教、易教、春秋教,共同构成儒家的教学内容。孔子说:"其为人也温柔敦厚,《诗》教也。疏通知远,《书》教也。广博易良,《乐》教也。洁静精微,《易》教也。恭俭庄敬,《礼》教也。属辞比事,《春秋》教也。"③

礼乐文明,就此渗透到中国人的宗教意识里。它所表现的"致

---

① 参见李亦园《宗教与神话》,广西师范大学出版社,2004,第138-139页。
② 参见(清)陈立《白虎通疏证》,吴则虞点校,中华书局,1994,第262、374页。
③ 《礼记正义》卷五十《经解》,第1368页。

中和""人情和谐",成了中国人宗教意识里的人文主义基石。

小结　封神与成仙

本章讲述了把"阴阳五行"和"礼乐文明"作为中国宗教两个思想基础的理由。中国传统文化的特点常被概括为"天人合一"①，表达了天人和谐、以人为本的观念。以"天道和谐"为诉求的自然主义宇宙观，以"人情和谐"为诉求的人文主义人生观，是从"天"与"人"两个不同的层面展现了"天人合一"。这种和谐思想，反映了中国人"和而不同"的思维模式，表现在宗教领域，有助于我们对外来宗教的吸收、容纳与融合。

天道和谐、人情和谐，这两个观念同时体现了中国文化的两条发展脉络。一条是沿着"巫史传统"的理性化方向，西周初年周公"制礼作乐"，后经孔子系统整理，发展出儒家礼教；汉武帝独尊儒术，儒家的传统混合阴阳五行家、法家、墨家等的思想，到两汉之际而有谶纬的流行；谶纬随后又被儒家剔除，在社会变革、佛教思想等外部刺激下，儒家演化出支撑中国后期封建社会意识形态的宋明理学。另一条是直承上古时期的巫术，经过一系列的规范化和体制化，演化为各种各样的方术，形成自然主义的道家思想，有些逐渐发展成中国古代的医药学、化学、天文学、地理学等自然科学体系，有些则与民间信仰、道教思想结合，形成复杂的道教文化系统。儒道互补，互为阴阳，构成中国传统文化的两大思想主流。在中国本土的传统宗教生活中，封神和成仙，是象征中国传统文化两大发展主线的符号。

1. **封神阐教**

祭祀的对象，是中国人崇拜的神灵。这些神灵的来历各不相

---

① 天人合一的观念，起于西周时期。但"天人合一"四字连用，始于北宋张载。他说："儒者则因明致诚，因诚致明，故天人合一，致学而可以成圣，得天而未始遗人。"(《正蒙·乾称》)参见张岱年《中国哲学中"天人合一"思想的剖析》,《北京大学学报（哲学社会科学版）》1985年第1期。

同，有的是古代流传下来的自然崇拜，有的是宗法制度里的祖先，有的是现实中、传说中脱颖而出的圣贤英雄。对这些神灵的祭祀，之所以能成为儒家礼教最重要的组成部分，关键在于它们都是有功于民。这在有着深厚"民本"思想传统的古代中国，具有重要的政治意义。因此，《礼记·祭法》说：

> 夫圣王之制祭祀也，法施于民则祀之，以死勤事则祀之，以劳定国则祀之，能御大菑则祀之，能捍大患则祀之。是故厉山氏之有天下也，其子曰农，能殖百谷。夏之衰也，周弃继之，故祀以为稷。共工氏之霸九州也，其子曰后土，能平九州，故祀以为社。帝喾能序星辰以著众，尧能赏均刑法以义终，舜勤众事而野死，鲧鄣鸿水而殛死，禹能修鲧之功，黄帝正名百物以明民共财，颛顼能修之，契为司徒而民成，冥勤其官而水死，汤以宽治民而除其虐，文王以文治，武王以武功去民之菑，此皆有功烈于民者也。及夫日、月、星辰，民所瞻仰也，山林、川谷、丘陵，民所取财用也。非此族也，不在祀典。①

也就是说，农、弃能殖百谷，祀以为稷；后土能平九州，祀以为社；帝喾、尧、舜、鲧、禹、黄帝、颛顼、契、冥、汤、文王、武王，这些英雄圣贤全都有功于民，受到后人的祭祀。甚至有些自然物，譬如，日月星辰、山林川谷丘陵，供应百姓财物，亦在祭祀之列。相同的说法，亦见于《国语·鲁语》。鲁国大夫展禽在批评一项"淫祀"（祭祀一只突然到来的海鸟）时，详细解释了上述"祀典"的范围，还把"前哲令德之人""地之五行"纳入祀典。②

---

① 《礼记正义》卷四十六《祭法》，第1307页。
② 《国语·鲁语上》记载："社稷山川之神，皆有功烈于民者也。及前哲令德之人，所以为明质也。及天之三辰，民所以瞻仰也。及地之五行，所以生殖也。及九州名山川泽，所以出财用也。非是，不在祀典。"[徐元诰《国语集解》（修订本），第161页。]

儒家把它们列入"祀典",予以祭祀。这位鲁国大夫把祭祀的重要性说得特别清楚:"夫祀,国之大节也。而节,政之所成也,故慎制祀以为国典。"①

依据《鲁语》《祭法》的上述说法,成神的客观条件是有功于民,从英雄圣贤到山林川谷,皆可为神。在展禽的说法里,"前哲令德之人"亦可在列。祭祀的范围,因此不仅是有功之人,也包括有德之人。从宗教的角度说,只要在人间积极为民立功,主动修身立德,就有可能死后成神。而从政治的角度说,制定祀典应慎之又慎,需要节制。这就意味着,"神"在中国社会,实际上包括两个环节:自我养成与国家册封。②

"封神"之事,因《封神演义》而在中国几乎家喻户晓。鲁迅《中国小说史略》在评价《封神演义》时说:"封国以报功臣,封神以妥功鬼。"③ 这部小说虽然看似"侈谈神怪",最后以姜子牙归国封神、周武王分封列国结束,反映了中国人"崇德报功"的社会心理,那些受封的神灵都是有功于"阐教"(阐扬教化)。"封神"一词在明代社会已流行,然而,究竟谁来封神?《封神演义》有明显的道教色彩,姜子牙在封神台发布封神榜,是由天上的元始天尊册封。而在现实中,像妈祖这些神灵则由皇帝敕封。有些民间自封的神灵,一时进不了祀典,最终能否进入,是地方社会与国家制度不断互动的结果。在儒家社会,"神圣"的话语权隶属国家,这是中国社会王权笼罩神权的特点。

2. 修炼成仙

儒家的礼教,兼顾体天道与顺人情。惟其如此,才称得上有功

---

① 徐元诰:《国语集解·鲁语上》(修订本),第154页。
② 〔美〕普鸣《成神:早期中国的宇宙论、祭祀与自我神化》(张常煊、李健芸译,三联书店,2020)聚焦先秦两汉典籍,研究了上古时期中国人"自我神化"(Self – Divinization)的理论。该书英文版:Michael Puett, *To Become a God: Cosmology, Sacrifice, and Self – Divinization in Early China*, Boston: Harvard University Press, 2002。
③ 鲁迅:《中国小说史略》,中国和平出版社,2014,第138页。

德于民，才有可能成神。道教也承认儒家系统所说的神，但其重心并不在成神，而是修炼成仙，这与其自然主义宇宙论有关。包括鬼神在内的所有生命状态，都是气的变化。神是气之变化的极致状态，能引出万物，① 常人难以企及。而且，这些神灵一旦被纳入天庭的官僚系统，常人更是望尘莫及。平常所说的"神仙"，多指凡人历经修炼之后而成的仙。

《说文解字》"人部"收录了"仙"的两种写法：一是写作"僊"，长生迁去，该字右偏旁有"升高"之义；一是写作"仚"，人在山上。这两种写法都有入山修道的意思。凡人成仙，所谓"羽化登仙"，是其修行的最高境界。《汉书·艺文志》"方技"部分列举了四种方技，医经（七家）、经方（十一家）、房中（八家）、神仙（十家），"神仙"被列为养生的最高层次。班固随后解释了他对"神仙"的理解："神仙者，所以保性命之真，而游求于其外者也。聊以荡意平心，同死生之域，而无怵惕于胸中。然而或者专以为务，则诞欺怪迂之文弥以益多，非圣王之所以教也。孔子曰：'索隐行怪，后世有述焉，吾不为之矣。'"② 他在这里做出了心理主义的解释，神仙是"荡意平心，同死生之域"的生命状态，并以儒家的立场将那些专门修仙的行为斥为"诞欺怪迂"。不过，班固在这里说出了"仙"的一个重要特点，即游求于外。《楚辞》已有许多"游仙"的形象，如《涉江》里说："登昆仑兮食玉英，吾与天地兮比寿，与日月兮齐光。"

在道教的修行系统里，成仙的方式很多，炼丹、导引、服食等都有可能实现成仙的目的。葛洪（284—364）《抱朴子·黄白》说："朱砂为金，服之升仙者，上士也；茹芝导引，咽气长生者，中士也；餐食草木，千岁以还者，下士也。"③ 所以，仙人也被分成了不同等级，或与服食之物有关。葛洪《神仙传》记载，"灵寿光者，

---

① 《说文解字》："天神，引出万物者也。"
② （汉）班固：《汉书》卷三十《艺文志》，中华书局，1962，第1780页。
③ （晋）葛洪撰，王明校释《抱朴子内篇校释》卷十六，中华书局，2002，第287页。

扶风人也。年七十时，得朱英丸方，合服之，转更少壮如年二十时"，结果活过了220岁，死后入葬，居然还能"尸解"成仙。① 刘义庆《幽明录》有一条"仙馆夫"，记载"嵩高山下有大穴"，有误入其中者，喝了穴中的玉浆，气力十倍，后经指点，又赴蛟龙出没的地方，吃了"龙穴石髓"。② 还有一种特殊的服食，即辟谷，不食五谷，吸食天地之精气。神、仙、人都是气之变化所致，可以相通。这种变化的根本原理，源于"道"所引发的形之聚散。相传是张道陵所撰的《老子想尔注》说："一者，道也。……一在天地外，入在天地间，但往来人身中耳，都皮里悉是，非独一处。一散形为气，聚形为太上老君，常治昆仑，或言虚无，或言自然，或言无名，皆同一耳。今布道诫教人，守诫不违，即为守一矣；不行其诫，即为失一也。"③ 也就是说，"守一"是修行之要。所以，《庄子》描写的广成子说："我守其一，以处其和，故我修身千二百岁矣，吾形未尝衰。"但其辅助的方法，是服食天地之精。庄子笔下的黄帝说："吾欲取天地之精，以佐五谷，以养民人。"庄子自己的理想，是"独与天地精神往来"，突破名教对于自然的束缚。④ 这是成仙理论的哲学基础，既有自然的形而上依据，也有自在的社会条件。当然，何者为"天地之精"？欲辩已忘言。

因此，在道教实际的描述中，修炼成仙，对凡人而言是一项隐秘而难以掌握的方术。在现实中，许多帝王将相、文人墨客吟咏"游仙诗"，表达他们对仙境的仰慕之情。相传秦始皇请人写《仙真人诗》，鲁迅认为"其诗盖后世游仙诗之祖"⑤。六朝时期，游仙诗创作兴盛，慕仙之情溢于言表，梁萧统编的《文选》把"游仙"单

---

① （晋）葛洪撰，胡守为校释《神仙传校释》卷七，中华书局，2010，第244页。
② （南朝宋）刘义庆撰，郑晚晴辑注《幽明录》，文化艺术出版社，1988，第24-25页。
③ 参见饶宗颐《老子想尔注校证》，上海古籍出版社，1991，第12页。
④ 参见（清）王先谦《庄子集解》卷三《在宥》，第93-94页；卷八《天下》，第295页。
⑤ 鲁迅：《汉文学史纲要》，北京联合出版公司，2014，第25页。

列为一种文学体裁。初唐诗人卢照邻的《怀仙引》，典型地反映了古代中国人的游仙梦："若有人兮山之曲，驾青虬兮乘白鹿，往从之游愿心足。"① 不过，古人对此也有现实主义的批判。白居易《梦仙》说："神仙信有之，俗力非可营。苟无金骨相，不列丹台名。徒传辟谷法，虚受烧丹经。只自取勤苦，百年终不成。悲哉梦仙人，一梦误一生。"② "行复行兮天路长"，漫长的修仙之路可以逍遥一世，亦可误了一生。

尽管平常未见有人成仙，但在民间历代有很多生动的神仙形象和成仙故事。最著名的仙人或许是"八仙"，张果老、铁拐李、汉钟离、韩湘子、吕洞宾、何仙姑、蓝采和与曹国舅。"八仙过海"也是最流行的民间故事之一。早在战国时期，就有海上仙山的传说，徐福拿了秦始皇的大量财宝逍遥海外。后来，中国社会有了"洞天福地"的说法，逐渐发展出遍布各地的十大洞天、三十六小洞天、七十二福地等神圣空间，增加了许多与神仙交往的机会。今天，互联网成为社会交往最重要手段之一，网络修仙文无休无止，或许还是缘于这个民族千百年来热衷于游仙的文化心理。

综上所述，儒家意义上的成神，需要社会的评价；道家或道教意义上的成仙，可以独善其身，道法自然。中国文化以儒道互补为基本结构，即是基于社会、自然之于人性的实际影响。如果追根溯源，阴阳五行、礼乐文明，是"中国宗教"的两个思想基础，分别代表中国人的自然主义宇宙观和人文主义人生观。治中国宗教史，于此不可不察，宜做深究。

---

① （唐）卢照邻著，李云逸校注《卢照邻集校注》卷二，中华书局，1998，第86页。
② （唐）白居易著，谢思炜校注《白居易诗集校注》卷一，中华书局，2006，第18-19页。

第三章

感应道交

——中国宗教的神秘体验

感情,是我们最原初的宗教生活。

在祭祀鬼神、卜筮吉凶、降神通灵等中国人传统的宗教生活里，"感"是其中关键的因素。感应或感通，是中国人宗教生活的基本形式，也是中国人持续至今的思维方式，代表了一种直观的认知方式。中国人动辄"晓之以理，动之以情"，为什么能以情动人？中国文化有两个常用词，感情、感动。人与人之间是这样的，人与神之间亦以"感"的方式交流，无论这些神是死去的祖先、英雄，还是天、神仙、佛菩萨。成功的人神交流，即被称为"感应"或"感通"。

最早讨论"感"的经典《周易》，认为这是圣人把握"天下之故"的方式，并不是发生在人神之间。西方宗教强调人对神的膜拜，而在中国宗教中，人以自己的主观努力，能与神交感互应，既神秘又自然。

一 神秘主义的直观思维

《周易》咸卦的象辞说："咸，感也。柔上而刚下，二气感应以相与。……天地感而万物化生，圣人感人心而天下和平。观其所感，而天地万物之情可见矣。"[①] 这里既提到天地交感，也提到圣人与天下人心交感。"感"的方式是阴气和阳气交感互动，所谓"相与"，刚柔交错，万物化生。观察各种形式的交感，可以把握"天地万物之情"。现代汉语的"感情"一词，其用例可谓由来已久，含义深刻。唐代孔颖达解释说："感物而动，谓之情也。天地万物

---

① 《周易正义》，第139－140页。

皆以气类共相感应。"① 情，既是感应的过程，也是感应的结果。有了彼此的感情，才会有"万物化生""天下和平"。

交感的结果是什么？《系辞上》说："易无思也，无为也，寂然不动，感而遂通天下之故。"② 感的结果是通，通达天下之故。以无思无为、任运自然的状态，直观宇宙变动不居的规律，"感"是其中最直接的认知和把握方式。这并不是宗教学所说的交感巫术，③而是一种直观的思维方式。《系辞上》接着说："非天下之至神，其孰能与于此？夫易，圣人之所以极深而研几也。唯深也，故能通天下之志；唯几也，故能成天下之务；唯神也，故不疾而速，不行而至。"④ 感通，因此也是天下最神的状态。此处的"神"，是哲学上对"变化之极"的写意描写，玄妙精微的变化臻于极致。易是变易与不易的对立统一，天地万物永远处在变动之中，唯变所适，生生不息，圣人则在此种变动之中把握不变。圣人以感通的方式把握变与不变的具体内容与初始征兆，亦即圣人的易简工夫。天下皆理，莫不由于易简；而此易简，起于感通这种直观或直觉的认知方式，终于通天下之志、成天下之务。韩康伯以"寂然而无不应"解释"至神"⑤，即把圣人对万物变化的单向把握，同时展现为天下万物与圣人之道的双向回应。开物成务，是圣人与万物的双向交流，故能成其"不疾而速，不行而至"。缘此感通的直观方式，《系辞上》

---

① 《周易正义》，第140页。
② 《周易正义》，第284页。
③ 弗雷泽（James G. Frazer）的名著《金枝》汉译本将 sympathetic magic 译为"交感巫术"，因此易与"感应"概念相混。弗雷泽把巫术的发生机制概括为以下两种情况：一是"相似律"，相信同类相生或果必有因；二是"接触律"，认为一经接触，即使脱离实际接触，还能远距离发挥作用。基于相似律的巫术被称为"顺势巫术"或"模拟巫术"，基于接触律的巫术被称为接触巫术。他认为，这两种巫术，都是对"联想"的错误应用：模拟巫术是根据对"相似"的错误联想，接触巫术是根据对"接触"的错误联想。参见〔英〕弗雷泽《金枝：巫术与宗教之研究》上册，汪培基、徐育新、张泽石译，商务印书馆，2017，第26－27页。
④ 《周易正义》，第284－285页。
⑤ 《周易注·系辞》，第355页。

提出有四种圣人之道："以言者尚其辞，以动者尚其变，以制器者尚其象，以卜筮者尚其占"，即言辞、通变、制器、卜筮。韩康伯对此注曰："此四者，存乎器象，可得而用也。"① 这个解释紧扣《周易》本文，突出了制造器物、观察卦象的关键作用。"正义"随后的解释，做出了充满儒家色彩的发挥：

"以言者尚其辞"者，谓圣人发言而施政教者，贵尚其爻卦之辞，发其言辞，出言而施政教也。"以动者尚其变"者，谓圣人有所兴动营为，故法其阴阳变化。变有吉凶，圣人之动，取吉不取凶也。"以制器者尚其象"者，谓造制刑器，法其爻卦之象。若造弧矢，法睽之象，若造杵臼，法小过之象也。"以卜筮者尚其占"者，策是筮之所用，并言卜者，卜虽龟之见兆，亦有阴阳五行变动之状。故卜之与筮，尚其爻卦变动之占也。②

注家把爻卦之辞解释为施政之教，阴阳变化、爻卦变动、吉凶占卜亦为施政服务。在笔者看来，四种圣人之道即是感通之后的四种表现方式，言说施教、把握变与不变、制造器物、占卜预测。

所以，"感"是中国宗教直觉主义的神秘体验，带有强烈的个人直观色彩，与西方的理性主义相对立，并没有固定的程式和结论。这是人文宗教神秘感和敬畏感的来源，体现了古代中国人气化宇宙论普遍联系和自然主义的特点。交感的过程，是阴阳二气同时互动，所感之物是一种共生的结果。在庄子那里，"感应"变成"顺应"，他所描绘的圣人"感而后应"，因循天理。天理并不是感应的结果，而是顺应的对象。他在《刻意》中说："圣人之生也天行，其死也物化；静而与阴同德，动而与阳同波；不为福先，不为

---

① 《周易注·系辞》，第 354 页。
② 《周易正义》，第 283 页。

祸始；感而后应，迫而后动，不得已而后起。去知与故，循天之理，故天无灾，无物累，无人非，无鬼责。"① 这种循天之理的主观境界，"至虚而善应"②，即是道家所讲的德性。

在先秦典籍中，存在两种形式的感应：一是儒家的感通天下，包括圣人与人心的双向交感；二是道家的循天之理，圣人是单向度顺应天理。"感应"这种认知模式，在儒道两家全都基于自然主义的二气交感过程，但是两家的自然主义又有明显的差异。道家以"道法自然"为根本，圣人"辅万物之自然而不敢为"（《道德经》第六十四章），反对儒家的仁义礼智，甚至否认"知"的必要性，在哲学上有客观唯心主义的倾向，强调"道"的独立自主，先天地生。万物的化生，人力不可为，是"道生之，德畜之，物形之，势成之"（《道德经》第五十一章）。儒家在这种自然主义的基础上，强调修身、个人主观努力的重要性。"仁远乎哉？我欲仁，斯仁至矣！"（《论语·述而》）万物的化生，并非与个人的主观意志无关，在哲学上有主观唯心主义的特点，强调"人"与天地可以相参。《中庸》说："唯天下至诚，为能尽其性；能尽其性，则能尽人之性；能尽人之性，则能尽物之性；能尽物之性，则可以赞天地之化育；可以赞天地之化育，则可以与天地参矣。"③ 诚是天道的特点，人以天道为榜样，尽人之性尽物之性，天地的化育与人的尽性息息相关。这是一种相参的自然主义，天地人相参而成三，与老子所言"人法地，地法天，天法道，道法自然"（《道德经》第二十五章）的自然主义，结构类似，导向不同。天地人相参的自然主义，是儒家人文主义的哲学前提。有了这样的前提，儒家的礼教才有可能称得上"天经地义"。荀子说："性之和所生，精合感应，不事而自然，谓之性。"（《正名》）"凡性者，天之就也，不可学，不可事"，"不可学，不可事，而在人者，谓之性。"（《性恶》）感应被理解成"外物感

---

① （清）王先谦：《庄子集解》卷四《刻意》，第133页。
② 《周易注·系辞》，第348页。
③ （宋）朱熹：《中庸章句》《四书章句集注》，第32页。

心而来应"的认知过程，相对于"礼义"可学可事，这是一个"不事而自然"的过程。荀子把这种天然的感应能力称为天就的"性"。

《吕氏春秋·顺民》记载了商汤祈雨的故事，前一章已经提到，陈梦家、张光直等依据这条材料说明商王是当时最大的巫。这个故事本身的内核，并不是巫君关系，而是商汤与上帝的关系，汤以保民的诚心感动了上帝，也就是死去的祖先。这种敬德保民的思想，后来成为儒家政治哲学的重要依据。商汤与上帝的交感，看似神秘，实则洋溢着人文主义的情绪。读者可能关注祈雨是否成功，但这已经无法验证。这则故事最终指向的是敬德保民的治国理念，汤与上帝的感应，使这种理念有了一种必须遵守的神圣性。董仲舒在构建他的天人感应说时，煞有介事地提出了"天谴"说，以天的名义警示、规劝帝王的不当行为，其背后的理念还是古老的敬德保民思想。

1. 天人感应与董仲舒

西汉早期，董仲舒把阴阳家的阴阳五行说糅入春秋公羊学，① 提出"天人感应"②，在儒学史乃至中国思想史上具有深远的历史影响。冯友兰在《中国哲学史》中说："董仲舒之主张行，而子学时代终；董仲舒之学说立，而经学时代始。阴阳五行家言之与儒家合，至董仲舒而得一有系统之表现。自此以后，孔子变而为神，儒家变而为儒教。"③ 在汉武帝时期，儒家被定于一尊，从子学变为经学，这是史实。此时的儒家是否已经成为一种宗教，学者们并没有统一的认识，但天人感应说以及后来的谶纬，确实是儒学宗教化的重要表现，也是宋明儒家竭力排除的内容。

---

① 《汉书·五行志》说："景、武之世，董仲舒治公羊春秋，始推阴阳，为儒者宗。"
② "天人感应"的思想，在先秦时期已有萌芽，并在战国时期的考古发现中有所体现。1942年长沙子弹库发现的战国楚帛书，四周绘有四时十二神像，还有两段关于日月星辰运转与人事灾祸吉凶关系的文字。参见詹鄞鑫《神灵与祭祀》，前言第2页。史书里的"五行志""符瑞志"，亦有这方面的记录。
③ 冯友兰：《中国哲学史》上册第一篇第二章，商务印书馆，2011，第32页。冯先生在这段话后接着说："至所谓古文学出，孔子始渐回复为人，儒教始渐回复为儒家。"

董仲舒生卒年并不确定,《汉书》并未言及,通常认为他卒于汉武帝元封五年至太初元年间（前 106—前 104）。① 语焉不详的生卒年,反映了董仲舒及其学说在生前并没有得到特别的重视。中国古代学者和现代的海内外学者质疑《春秋繁露》是否为董仲舒所撰,甚至认为"三纲五常"这样的观念在董仲舒时期已经成立的假设难以成立,② 但该书在思想史上的地位无可置疑,董仲舒与春秋学的关系亦有足够的史料依据。而且,大多数学者认为现存的《春秋繁露》体现了董仲舒思想。

《春秋繁露》竭力提升孔子作《春秋》的历史意义,认为"《春秋》修本末之义,达变故之应,通生死之志,遂人道之极者也"③。并称孔子所作的《春秋》是为汉王朝制订礼义法度,所谓"孔子立新王之道"④。他的这个说法,后来发展成为孔子是"素王",有天子之德而无天子之位。⑤《公羊传》在解释哀公十四年西狩获麟时说："拨乱世,反诸正,莫近诸《春秋》。"⑥ 公羊派把邹衍的"大九州"和《春秋》尊天子重名分的思想相结合,提出"大

---

① （清）苏舆撰《春秋繁露义证》,内有《董子年表》。他认为,董仲舒生卒年不可考。不过,苏舆编的年表,起自文帝元年（公元前 179 年）,终于太初元年（公元前 104 年）。参见该书,第 475 - 493 页。学者对董仲舒的生卒年争议很多,最大的异议是董仲舒可能生于公元前 198 年。参见〔英〕鲁惟一（Michael Loewe）:《董仲舒"儒家"遗产与〈春秋繁露〉》,戚轩铭、王珏、陈颢哲译,香港中华书局,2017,第 45 - 46 页。
② 现存《春秋繁露》82 篇,《汉书·董仲舒传》记载他的著作"皆明经术之意,及上疏条教,凡百二十三篇",《汉书·艺文志》亦记"董仲舒百二十三篇","公羊董仲舒治狱十六篇"。古今学者对《春秋繁露》的成书与篇目,历来分歧较多。参见（清）苏舆《〈春秋繁露〉考证》,《春秋繁露义证》,第 494 - 524 页;〔英〕鲁惟一《董仲舒"儒家"遗产与〈春秋繁露〉》"外文著作对董仲舒的评价",第 6 - 21 页。
③ （清）苏舆:《春秋繁露义证·玉杯第二》,第 39 页。
④ （清）苏舆:《春秋繁露义证·玉杯第二》,第 28 页。
⑤ 该词或出自庄子的"玄圣素王"。语出《庄子·天道》："夫虚静恬淡,寂寞无为者,万物之本也。明此以南乡,尧之为君也;明此以北面,舜之为臣也。以此处上,帝王天子之德也;以此处下,玄圣素王之道也。"后人常把"有其道而无其爵者"称为"素王"。参见（清）王先谦《庄子集解》,第 114 页。
⑥ 《春秋公羊传注疏》卷二十八,第 627 页。

"一统"的理论。这有可能是为当时兴起的汉帝国提供一种有意义的政治解释。因此，董仲舒援引阴阳五行家的说法，以"天人感应"给汉代统治的神圣性做出进一步的论证。他的说法，在两汉之际流行的谶纬里有更充分的说明。孔子的形象，在这些谶纬里被描写成长相有异表、著述为汉制法、有预言能力的先知。东汉章帝召集儒生召开"白虎观"会议，汇成《白虎通义》，把被汉儒改造了的儒家思想定格为国家的意识形态，以其被神圣化了的礼乐制度规范各种人伦秩序。

董仲舒说："《春秋》之法，以人随君，以君随天。"① 他所说的"天"，并不是自然之天，而是人格化的天，所谓"天者，百神之大君也"（《春秋繁露·郊祭》）。这个神格化的天，成了百神之君。"感应"必须是同类相感。天和人同类相通，相互感应，天能干预人事，人亦能感应上天。王者则是"承天意以从事"，天子受命于天，董仲舒因此提出"天谴"说：若是人间的天子违背天意，不仁不义，天就会出现灾异予以谴责；若是政通人和，天就会降下各种祥瑞。事实上，董仲舒有"屈民而伸君，屈君而伸天"的说法，视之为"《春秋》之大义"②，前半句讲述"以人随君"的思想，认为人民应该随从君主，后半句讲述"以君随天"的思想，以宗教的方式限制王权，借助"天"的意志曲折地反映了中国文化的"民本"思想，当然，这样的说法很难受到皇帝的重视。他的思想还有法家的痕迹，以阴阳类比刑德，儒法并用。据《汉书·董仲舒传》，他说："天道之大者在阴阳。阳为德，阴为刑，刑主杀而德主生。是故阳常居大夏，而以生育养长为事；阴常居大冬，而积于空虚不用之处。以此见天之任德不任刑也。"但有阴有阳，方成一岁，所以他又说："天之志，常置阴空处，稍取之以为助。故刑者德之辅，阴者阳之助也，阳者岁之主也。"③

---

① （清）苏舆：《春秋繁露义证·玉杯第二》，第31页。
② （清）苏舆：《春秋繁露义证·玉杯第二》，第32页。
③ （清）苏舆：《春秋繁露义证·天辨在人第四十六》，第336页。

作为"天人感应"的现实效验，董仲舒提出"人副天数"予以佐证。他说："天地之精所以生物者，莫贵于人。人受命乎天也，故超然有以倚。……唯人独能偶天地。人有三百六十节，偶天之数也；形体骨肉，偶地之厚也；上有耳目聪明，日月之象也；体有空窍理脉，川谷之象也；心有哀乐喜怒，神气之类也。"又说："天以终岁之数，成人之身，故小节三百六十六，副日数也；大节十二分，副月数也；内有五藏，副五行数也；外有四肢，副四时数也。"①"人副天数"或"天人相副"的说法，意在说明天人之际彼此相应。这种"天人相应"的观念，在《黄帝内经》等医书里更为常见。这首先表现为天人相似，如《灵枢·经水》认为，人之为人，乃在于"参天地而应阴阳"，阴阳之气在外形成十二经水，在内形成十二经脉，"经脉十二者，外合于十二经水，而内属于五脏六腑"。② 其次，天人之间有气之流通，阴阳平衡，如《素问·诊要经终论》说："正月二月，天气始方，地气始发，人气在肝。三月四月，天气正方，地气定发，人气在脾。五月六月，天气盛，地气高，人气在头。七月八月，阴气始杀，人气在肺。九月十月，阴气始冰，地气始闭，人气在心。十一月十二月，冰复，地气合，人气在肾。"③ 但是，医书并不突出"感应"的特点，只是强调天人相应，彼此是大小宇宙的关系，体现了"同类相召""比类取象"的思维方式。从天人相应到天人感应，在思维方式上有相通之处，但天人感应具有明显的神秘主义色彩，发展到后来两汉之际的谶纬和南北朝时期的佛教疑伪经，这种牵强附会的天人感应说，达到了登峰造极的地步。从董仲舒到谶纬再到疑伪经，其天人比附的思路一脉相承，而在侧重点上有所不同。董仲舒重灾异，谶纬重预言，疑伪经则以比附中国流行的儒、道两家和各种方术的观念为佛教思想论证。

胡适认为，"天人感应"是汉代儒教的根本教义，是受墨子

---

① （清）苏舆：《春秋繁露义证·人副天数第五十六》，第354－357页。
② 《黄帝内经》，姚春鹏译注，第994、996页。
③ 《黄帝内经》，姚春鹏译注，第137页。

"天志"说影响的结果，并由此建立"阴阳五行灾异学"。① 他在《中国中古思想小史》第五讲"儒教"中说，董仲舒的"灾异学"由讲灾异的《尚书》学和《春秋》学相辅而成，"组成一个绝大规模的阴阳五行的儒教系统，笼罩了二千年的儒教思想"。胡适还分析西汉末年儒教的变化，与王莽篡权要做皇帝有关。他说，奉承王莽的人不谈灾异了，大家抢着制造祥瑞符命。于是灾异的儒教变成了符谶的儒教。符谶把王莽捧上帝位，也把刘秀（光武帝）从民间送上帝座。"这时代的迷信黑暗也不下于汉武帝时代。"② 在西汉末年、东汉初期广为流行的谶纬中，宣扬天人感应的主要作用，是要宣扬天子"受命"的思想。这是别有用心的在野政客特别喜欢谶纬的原因，也是后世帝王竭力禁绝的原因。不过，董仲舒对天人感应之间的那股神秘力量似乎深信不疑，与荀子所说的不信神的"君子"迥然相异。

譬如，求雨作为重要的祭祀活动，荀子做出了"无何也"的著名回答，董仲舒则以阴阳学说给予细致的说明。他说："大雩者何？旱祭也。难者曰：大旱雩祭而请雨，大水鸣鼓而攻社……或请焉，或怒焉者何？曰：大旱者，阳灭阴也。阳灭阴者，尊厌卑也，固其义也。虽大甚，拜请之而已③，敢有加也。大水者，阴灭阳也。阴灭阳者，卑胜尊也，日食亦然，皆下犯上，以贱伤贵者，逆节也，

---

① 参见中国社会科学院近代史研究所中华民国史研究室编《胡适的日记》上册，1922年3月30日，中华书局，1985，第299页。当天，胡适在读康有为《春秋董氏学》，他认为董仲舒受墨家影响，有两个证据：一是天志论，即天人感应；二是兼爱兼利说。有关胡适对中古思想史、宗教史的研究，参见楼宇烈《胡适的中古思想史研究述评》，《温故知新：中国哲学研究论文集》，商务印书馆，2004。
② 参见胡适《中国中古思想史长编》附"中国中古思想小史"，第229-232页。
③ 《春秋汉含孳》雩祭祷辞："万国今大旱，野无生稼。寡人当死，百姓何谤？不敢烦民请命，愿抚百姓，以身塞无状。"此据（清）苏舆《春秋繁露义证·精华第五》注引，第86页。但在（清）赵在翰辑《七纬》中，《春秋汉含孳》并没有这段祷辞，而有这样的说法："请雨祝曰：昊天生五谷以养人，今五谷病旱，恐不成，敬进清酒膊脯，再拜请雨，雨幸大澍。"参见（清）赵在翰辑《七纬（附论语谶）》，第593-594页。前段引文暗示主祭人是君王，似在模仿商汤祈雨，用词悲壮；后段引文则是常规的请雨仪式，用词谦卑。

故鸣鼓而攻之，朱丝而胁之，为其不义也。"① 同样的活动，荀子从儒家的立场给出礼教的意义，表达了礼仪在"化性起伪"过程中的教育作用。董仲舒的解释，则把求雨祭祀当作一种有效的方术，还以阳尊阴卑的说法解释"大旱""大水"，进而解释"大旱雩祭而请雨，大水鸣鼓而攻社"的合理性。这种耐心的解释，似乎表现了董仲舒对求雨过程中的神秘力量深信不疑。胡适认为："儒教的大师董仲舒便是富于宗教心的方士"，"他自己是个自信能求雨止雨的方士，著有求雨止雨的书"。② 从商汤开始，史书中不断记载帝王祈雨的经历。譬如乾隆二十四年，这位大清皇帝还在代民祈雨，举行隆重的大雩之礼。③ 雩祭，是宗教还是礼教？这并不是那么容易回答的问题。在很多中国人看来，礼教即是中国人自己的宗教。

2. 儒教与谶纬

对于汉代儒学的评价，常以"经学"概括，其实并不准确，因为还有谶纬之学，里面不仅包括董仲舒提倡的天人感应，还有许多的符命预言。"罢黜百家，表章六经"（《汉书·武帝纪》）是一回事，推行感应谶纬，又是一回事。这两件事常被合为一体，或者重经学轻谶纬，或者视汉代儒学为宗教。

现代新儒家经常忽略汉代儒学，认为汉代儒学是儒家之堕落与歧出。牟宗三的观点最有代表性，他说："两汉经学之中较少哲学问题，因此我们略过不提。"④ 他在1948年撰写《江西铅山鹅湖书院缘起暨章则》，提出儒学开展的三期说，认为先秦两汉儒学是第一期，宋明儒学是第二期，民国以后的儒学进入第三期。杜维明继

---

① （清）苏舆：《春秋繁露义证·精华第五》，第85-87页。
② 参见胡适《中国中古思想史长编》附"中国中古思想小史"，第228页，胡适自注。参见《春秋繁露》之《求雨第七十四》《止雨第七十五》。
③ 乾隆二十四年，举行大雩之礼。御制祝文："上天仁爱，生物为心，下民有罪，定宥林林。百辟卿士，供职惟钦。此罪不在官，不在民，实臣罪日深。然上天岂以臣一身之故，而令万民受灾害之侵？呜呼！其惠雨乎！谨以臣身代民请命，昭昭在上，言敢虚佞。"此据（清）苏舆《春秋繁露义证·精华第五》注引《皇朝通典》，第86页。
④ 牟宗三：《中国哲学十九讲》，上海古籍出版社，1997，第213页。

承了牟宗三的说法，经常讨论"儒学第三期"的发展。① 在现代新儒家看来，儒家主脉是心性论，是为"道统"。这里争议最大的是，如何看待两汉儒学？1978 年，任继愈在南京召开的中国无神论学会成立大会上，首次提出"儒教是教"的说法，后在 1980 年发表《论儒教的形成》。他说：

> 从汉武帝独尊儒术起，儒家已具有宗教雏形。但是，宗教的某些特征，尚有待于完善。经历了隋唐佛教和道教的不断交融、互相影响，又加上封建帝王的有意识地推动，三教合一的条件已经成熟，以儒家封建伦理为中心，吸取了佛教、道教一些宗教修行方法，宋明理学的建立，标志着中国儒教的完成。它信奉的是"天地君亲师"，把封建宗法制度与神秘的宗教世界观有机地结合起来。其中君亲是中国封建宗法制的核心。天是君权神授的神学依据，地是作为天的陪衬，师是代天地君亲立言的神职人员，拥有最高的解释权，正如佛教奉佛、法、僧为三宝，离开了僧，佛与法就无从传播。……中国中世纪独霸的支配力量是不具宗教之名而有宗教之实的儒教。②

在他看来，董仲舒对孔子的改造，已使孔子的形象不同于春秋时期的孔丘。他说："如果说汉代第一次对孔子的改造，其积极作用大于消极作用，那么宋代第二次对孔子的改造，其消极作用则是主要的。"③ 这一观点，与现代新儒家的说法很不一致。本书认为，这种

---

① 参见彭国翔《宗教对话：儒学第三期开展的核心课题》，《孔子研究》2006 年第 3 期。
② 参见任继愈《论儒教的形成》，任继愈主编《儒教问题争论集》，第 9－10 页。该文原载于《中国社会科学》1980 年第 1 期。若从儒学在民间社会的推广而言，儒学的宗教化直到明末清初还在深化之中。参见王汎森《明末清初儒学的宗教化：以许三礼的告天之学为例》，《晚明清初思想十论》，复旦大学出版社，2004，第 51－88 页；陈来《明代的民间儒学与民间宗教：颜山农思想的特色》，《中国近世思想史研究》，商务印书馆，2003，第 456－480 页。
③ 参见任继愈《论儒教的形成》，任继愈主编《儒教问题争论集》，第 15 页。

差异的关键并不在于对宋明理学的评价,而在对董仲舒和两汉儒学的理解。

楼宇烈先生在 1994 年提出了"儒学四阶段"说,把两汉儒学作为一个独立的发展阶段:第一阶段,以孔子、孟子、荀子等为代表的先秦原始儒学;第二阶段,以董仲舒、《白虎通义》为代表的两汉政治制度化和宗教化的儒学;第三阶段,以程朱、陆王等为代表的宋明清时期的性理之学的儒学;第四阶段,从康有为开始的,与西方近代民主、科学思想交流融通的近现代新儒学。① 他充分吸收胡适对董仲舒和汉代儒教的研究成果,说明了汉代儒学的宗教化色彩及其社会政治层面的功能。他说:"从魏晋南北朝至隋唐五代末的约七百年间,儒学只有那些体现为政治制度化方面的东西,在统治阶层的维护下继续起着作用。"也就是说,两汉儒学性格的重大变化,为儒学在中国社会的延续奠定了基础。② 李泽厚直接针对新儒家的"三期说",发表《说儒学四期》:孔、孟、荀为第一期,以"礼乐论"为主题;汉儒为第二期,以"天人论"为主题;宋明理学为第三期,以"心性论"为主题;现在或未来应为虽继承前三期却又颇有不同特色的第四期,其主题可能是"人类学历史本体论","个人将第一次成为多元发展、充分实现自己的自由人"③。

对董仲舒的推崇,在近代思想家中莫过于康有为。而对两汉儒学和中古思想史的重视,在近现代应首推胡适。这位五四新文化运动的健将,重视科学,对汉代儒学的宗教化持激烈的批判态度。"儒教"作为汉代统一帝国的宗教,进入他的学术研究领域,对两汉儒学的研究超越了"经学"的研究传统。他认为,"传统的儒教在汉代发生了本质的变化",天人感应的理论"把儒家变成一个新

---

① 参见楼宇烈《中国儒学的历史演变与未来展望》,《温故知新:中国哲学研究论文集》,第 356-381 页。该文原载于郑家栋、叶海烟主编《新儒家评论》第一辑,中国广播电视出版社,1994。
② 楼宇烈:《中国儒学的历史演变与未来展望》,《温故知新:中国哲学研究论文集》,第 366 页。
③ 李泽厚:《说儒学四期》,《己卯五说》,中国电影出版社,1999,第 13、30 页。

宗教"①。这一时期的儒学，是儒生与方士合作的结果。宗教学、神话学、考古学、古文字学等新视角，陆续进入这个长期被片面化了的学术领域。从中国宗教史的角度说，谶纬及其与董仲舒的关系备受关注。

谶纬大量袭用董仲舒"天人感应"思想，其起源与先秦时代的"河图""洛书"有关，但作为一批文献的总称，出于西汉末年哀帝、平帝时期，大兴于东汉初年。据《后汉书·张衡传》，张衡在上疏中说："刘向父子，领校秘书，阅定九流，亦无谶录。成哀之后，乃始闻之。"他的结论，是"图谶成于哀平之际"。谶纬的起源，钟肇鹏在他的《谶纬论略》里列举了 12 种不同的说法，并主张谶纬"出于西汉之末"②。《后汉书·张衡传》还说："初，光武善谶，及显宗、肃宗，因祖述焉。自中兴之后，儒者争学图纬，兼复附以妖言。"也就是说，东汉初期，谶纬流行，儒者争相学习。

对董仲舒而言，宣扬天人感应的最终目的，是要教化天下，修身立德。他说："凡灾异之本，尽生于国家之失。国家之失乃始萌芽，而天出灾异以谴告之。谴告之而不知变，乃见怪异以惊骇之。惊骇之尚不知畏恐，其殃咎乃至。以此见天意之仁，而不欲陷人也。"③ 天出灾异，是督促君王能主动悔过修德。然而，这个看似神秘的感应，又是同类相动的自然过程。他说："气同则会，声比则应，其验皎然也。……非有神，其数然也。美事召美类，恶事召恶类，类之相应而起也。……物固以类相召也。"④ 何以达到圣人之境，自然的感应是其内在的转变机制。他所援引的阴阳五行及相关方术，在今天虽被视为"宗教化"或"宗教迷信"，但在当时却是先进的宇宙论哲学或科学技术理论。董仲舒是用这些方术去论证孔子、儒学和礼教的神圣性，天人感应是其中最炫目的说法，与《黄

---

① 胡适口述，〔美〕唐德刚译注《胡适口述自传》，华东师范大学出版社，1983，第 262 页。
② 钟肇鹏：《谶纬论略》，第 11 - 26 页。
③ （清）苏舆：《春秋繁露义证·必仁且智第三十》，第 259 页。陷，凌曙本作"害"（《春秋繁露》，凌曙注，中华书局，1975，第 319 页）。
④ （清）苏舆：《春秋繁露义证·同类相动第五十七》，第 358 - 359 页。

帝内经》所反映的汉代医学观念具有高度的相似性。感应说所蕴含的科学因素或宇宙论色彩，或许也是高度理性化的宋儒后来同样爱谈"感应"的原因。① 哲学思想需要科学理论或宇宙论体系的支撑，而基于阴阳五行的气化宇宙论，直至宋代亦未改变。

现在我们常说的"儒学的宗教化"，如果放回到汉代，改说为"儒家的方士化"，或许更准确。② 胡适说，秦汉的新儒教"是儒、墨、方士的糁合物。《郊祀志》可代表他的背景，《五行志》可代表他的神学，董仲舒可代表他的哲学"。③ 钟肇鹏认为："秦汉以来出现了一批方士化的儒生，他们把阴阳数术带进了儒学里面。汉代儒学大师董仲舒的思想就是以儒学为中心，杂糅道、法、阴阳家的思想。董仲舒的天人感应的神学目的论，就是后来谶纬神学的主导思想。为了使经学与汉代的政治和现实密切结合，方士化的儒生于是神化孔子和经学。把孔子说成是一位能知过去、未来的'神圣'，把六经变成神学经典，于是就产生了'孔子为汉制法'的神学预言。神化孔子及经学，在儒学宗教化的气氛下，方士化的儒生大量地炮制谶纬，于是就产生了谶纬神学。"④

从董仲舒到谶纬，胡适认为，今文家的新儒教（董仲舒）与古

---

① 譬如，二程在解释咸卦时，以"相感之道"说明君臣、父子、夫妇等伦常关系的合理性："咸，感也。不曰感者，咸有皆义。男女交相感也，物之相感莫如男女，而少复甚焉。凡君臣上下以至万物，皆有相感之道。物之相感，则有亨通之理。君臣能相感，则君臣之道通。上下能相感，则上下之志通。以至父子夫妇亲戚朋友，皆情意相感，则和顺而亨通。事物皆然。故咸有亨之理。利贞，相感之道，利在于正也。不以正，则入于恶矣，如夫妇之以淫姣，君臣之以媚说，上下之以邪僻，皆相感之不以正也。"[（宋）程颢、（宋）程颐《二程集》，中华书局，1981，第854-855页。]
② 儒是从巫师团队演化而来，儒家礼仪是巫术理性化的结果。理性化后的巫，在很大程度上可以说已经不是巫，或许是史书上所说的"方士"，儒家、道家、阴阳家等共享了这个头衔。胡适《中古思想小史》、顾颉刚《汉代学术史略》（后改名《秦汉的方士与儒生》）、陈槃《战国秦汉间方士考论》（收入《古谶纬研讨及其书录解题》）、李零《战国秦汉方士流派考》（收入《中国方术续考》）等，都为我们描述了汉代儒学的宗教文化背景。
③ 《胡适的日记》1922年3月29日，第298页。
④ 钟肇鹏：《谶纬论略》前言，第4-5页。

文家的新儒教（刘歆、王莽）有区别，前者重在灾异，后者重在符谶。① 在谶纬中，"天"有谴告或授命的无上权威。《白虎通义·灾变》说："天所以有灾变何？所以谴告人君，觉悟其行，欲令悔过修德，深思虑也。《援神契》曰：'行有点缺，气逆于天，情感变出，以戒人也。'……《乐稽耀嘉》曰：'禹将受位，天意大变，迅风靡木，雷雨昼冥。'"② 不仅如此，有预言能力的先知、夸大其词的神话想象，在谶纬中比比皆是。这些内容，同样是在谶纬流行不久的东汉，随即遭到激烈的批评。

与当时的儒者争学谶纬不同，桓谭主动批驳谶纬。他可能卒于公元36年，③ 曾经上疏东汉光武帝，极言谶之非经，险遭杀身之祸。他对刘歆以土龙、音律和各种方术求雨的做法很不以为然，并以假磁石为例，说既然假的磁石连一根细针都吸不起来，以土龙模拟真龙怎么能感应降雨？④ 不过，桓谭并没有否定"天人相应"的思路，他说："王者造明堂、辟雍，所以承天行化也。天称明，故命曰明堂，为四面堂，各从其色，以仿四方。上圆法天，下方法地，八窗仿八风，四达法四时，九室法九州，十二坐法十二月，三十六户法三十六雨，七十二牖法七十二风。王者作圆池，如璧形，实水其中，以环壅之，名曰辟雍。言其上承天地，以班教令，流转王道，周而复始。"⑤ 真正对天人感应做出系统批判的是王充，他认为商汤祈雨纯属巧合，"汤之祷祈，不能得雨。或时旱久，时当自雨；汤以旱久，亦适自责。世人见雨之下，随汤自责而至，则谓汤以祷祈得雨矣"。⑥

---

① 《胡适的日记》1922年4月22日，第328页。
② （清）陈立：《白虎通疏证》，第267-269页。
③ 参见许抗生、聂保平、聂清《中国儒学史》（两汉卷），北京大学出版社，2011，第393页。
④ 参见（汉）桓谭《新辑本桓谭新论》卷十三《辨惑篇》，朱谦之校辑，中华书局，2009，第57页。
⑤ （汉）桓谭：《新辑本桓谭新论》卷十一《离事篇》，第46-47页。朱谦之认为，"离事"应作"杂事"。
⑥ 黄晖：《论衡校释》第五卷《感虚第十九》，中华书局，1990，第249页。标点略有改动。

他还明确反对当时流行的灾异谴告说和天报善恶论，认为这些说法在现实中并没有实际的效验，① 善恶行为与祸福之间没有必然的联系。显然，王充的观点违背了圣人神道设教的理念，并不为后人重视，但后人在批判"怪力乱神"时，往往又会沿用王充的说法。

谶纬的出现和流行，有其历史合理性。这些文献不仅为汉王朝论证其统治的神圣性，也为当时东汉的兴起提供合法性，其短期的政治功能超过董仲舒学说。谶纬扩大了"天人感应"思想的影响面，与董仲舒以"天谴"说制约帝王的理路不同，谶纬从正面论证帝王统治的神圣性。其中，宣扬圣人帝王"感生"的说法，具有特别重要的宗教和政治功能。

3. 感天而生

汉代谶纬，不仅表现出儒学宗教化的特点，同时也是汉代知识体系重新建构的过程。在这些文献中，"九流百家之说，交互错出，靡不综揽"②，既有汉代经学的内容，也对战国秦汉各家思想进行了综合，包括宇宙论、古史、天文、历法、气象、地理、音律和各种方术等。③ 这套在今人看来充满了迷信的知识体系，在东汉时期却被尊为"秘经""内学"④，一度成为国家意识形态的正统。汉光武帝刘秀在中元元年（56）"宣布图谶于天下"（《后汉书·光武帝纪下》），章帝召集白虎观会议，儒生引谶纬以释经，班固奉旨编成《白虎通义》四卷。

这批文献现在以"谶纬"统称，在历史上则有不同的说法。陈槃认为："'谶'、'纬'篇目，不一而足，统而言之则曰'谶纬'。'谶'出在先，'纬'实后起，其内容一也。盖自隋唐以来，治此学

---

① 参见郑易林《王充与天人感应论——以"疾虚妄"为中心》，《人文宗教研究》第十二辑，宗教文化出版社，2020。她认为，王充把"天人感应"分作三类：天报善恶论（上承世俗报应说）、灾异谴告说、符瑞观。另见陈静《试论王充对"天人感应论"的批判》，《哲学研究》1993 年第 11 期。
② 陈槃：《论早期谶纬及其与邹衍书说之关系》，《古谶纬研讨及其书录解题》，上海古籍出版社，2010，第 97 页。
③ 参见徐兴无《谶纬文献与汉代文化构建》，中华书局，2003，第 1 页。
④ 钟肇鹏：《谶纬论略》，第 29 页。

者始此甲彼乙，纷拏其辞，古无是也。《隋志》以三十六篇附'经'为'纬'，曰：又有《七经纬》三十六篇，并云孔子所作。……所谓《七经纬》之目，《隋志》阙。李贤于《后汉书·樊英传》注中始详之。"①徐兴无将谶纬文献分为三类："其一为《河图》《洛书》。其二为'七经纬'，包括《易纬》《尚书纬》（及《尚书中候》）、《诗纬》《礼纬》《乐纬》《春秋纬》《孝经纬》。其三为'谶'，包括《论语谶》和其他杂谶。"②这是比较清晰的文献分类，以此观点就能较好理解《隋志》所说的"汉末，郎中郗萌集图纬谶杂占为五十篇"，其中"图纬谶杂占"被归为同一类文献。

《后汉书·张衡传》记载，"河洛六艺，篇录已定"，李贤注说"河洛五九，六艺四九，谓八十一篇也"。"河洛五九"，即《隋志》所说的《河图》九篇、《洛书》六篇，以及从伏羲到孔子"九圣之所增演"的三十篇；"六艺四九"，即指"七经纬"三十六篇。③原

---

① 陈槃：《谶纬命名及其相关之诸问题》，《古谶纬研讨及其书录解题》，第141页。他认为，谶、纬之分，始于《隋书·经籍志》；还提出了"谶、符、录、图、候、纬一元论"的说法。参见氏著《谶纬释名》，《历史语言研究所集刊》第十一本。
② 徐兴无：《谶纬文献与汉代文化构建》，第19页。
③ 参见钟肇鹏《谶纬论略》第二章"谶纬篇目及纬书解题"，第34-35页。《后汉书·方术·樊英传》提到"河洛七纬"，李贤注列举了"七经纬"的篇目：（1）《易纬》：《稽览图》《乾凿度》《坤灵图》《通卦验》《是类谋》《辨终备》；（2）《书纬》：《璇玑钤》《考灵曜》《刑德放》《帝命验》《运期授》；（3）《诗纬》：《推度灾》《汜历枢》《含神雾》；（4）《礼纬》：《含文嘉》《稽命征》《斗威仪》；（5）《乐纬》：《动声仪》《稽耀嘉》《叶图征》；（6）《孝经纬》：《援神契》《钩命决》；（7）《春秋纬》：《演孔图》《元命包》《文耀钩》《运斗枢》《感精符》《合诚图》《考异邮》《保乾图》《汉含孳》《佐助期》《握诚图》《潜潭巴》《说题辞》。以上总共35种，比《隋志》所说少了1种。究竟缺了哪一种？清人有不同的说法，或指《春秋命历序》，或指《孝经左右契》。河图纬的篇目，钟肇鹏列举了《河图括地象》等40种，洛书纬列举了《洛书灵准听》等13种。参见《谶纬论略》第71-73页。安居香山、中村璋八编的《重修纬书集成》（六卷八册，日本明德出版社，1971-1991。该书最初以《纬书集成》为题，1959年在日本油印出版），是目前内容最完备、使用最方便的工具书。该书是明清以来谶纬辑佚书的总结，以《纬捃》为底本，参校《说郛》《古微书》、杨乔岳《纬书》、林春溥《古书拾遗》、刘学宠《诸经纬遗》、殷元正《集纬》、赵在翰《七纬》、《玉函山房辑佚书》与《汉学堂丛书》等9种谶纬的辑佚书，补充了中国、日本资料中为上列诸书所漏辑的谶纬佚文。河北人民出版社1994年据此出版安居香山、中村璋八辑《纬书集成》。中华书局2012年出版了清人赵在翰辑的《七纬（附论语谶）》，钟肇鹏、萧文郁点校。

则上，谶纬篇目有限，并不能随意新制。凡再新造谶纬，均属"大逆不道"。譬如，汉明帝时楚王刘英（？—71），因造作图谶，被告发后自杀身亡，牵连者达一千多人。① 后世对图谶的禁绝越来越严，譬如，隋文帝"雅好符瑞"，下敕"私家不得隐藏纬候图谶"（《隋书·高祖纪》）。但对纬书相对宽松，《隋志》已把"七经纬"和《论语谶》置于河洛及杂谶杂占之上，《唐律·职制律》不禁纬（七经纬）、候（《尚书中候》）及《论语谶》。②

谶纬把"阴阳五行"思想广泛应用于自然、社会、历史、人事各方面，既为汉代典章制度做出神圣性论证，重新解释古代历史，也对当时涉及自然界的知识体系进行综合的理论说明，与当时代表技术知识的方术有内在相似性。譬如，《白虎通义》以阴阳五行论证人伦秩序。在解释"人事取法五行"时说："父为子隐何法？木之藏火也。子为父隐何法？法水逃金也。君有众民何法？法天有众星也。……长幼何法？法四时有孟、仲、季也。朋友何法？法水合流相承也。父母生子养长子何法？法水生木长大也。子养父母何法？法夏养长木，此火养母也。"③ 还说三纲（君为臣纲，夫为妻纲，父为子纲）法天地人，六纪（诸父、兄弟、族人、诸舅、师长、朋友）法六合，④ 这就是要把儒家所宣扬的伦理关系解释成客观而永恒的自然关系。后来宋儒解释礼教是天经地义，亦借用气化宇宙论给予说明。

从先秦儒学到谶纬，最突出的变化是对孔子的神化，使孔子能预言后来发生的几乎所有重要事情，大肆宣扬符瑞、受命思想。《孝经右契》说："孔子作《春秋》，制《孝经》。既成，使七十二弟子向北辰星罄折而立，使曾子抱《河》《洛》事北向。孔子斋戒，向北辰而拜，告备于天。曰：'《孝经》四卷，《春秋》《河》《洛》凡八十一卷，谨已备。'"这部纬书说孔子以"八十一卷"代表谶纬

---

① 参见（南朝宋）范晔《后汉书》卷四十二《光武十王列传》，第1430页。
② 参见徐兴无《谶纬文献与汉代文化构建》，第20页。
③ （清）陈立：《白虎通疏证》，第196–197页。
④ （清）陈立：《白虎通疏证》，第375页。

文献的总数，表示已由自己完成以后，有赤虹由天而降，化为黄玉，长三尺，上有刻字："宝文出，刘季握，卯金刀，在轸北，字禾子，天下服。"① 这是假托孔子预言刘季得天下，暗示孔子为汉制法。类似这样的符命预言，在谶纬中随处可见。谶纬竭尽其能地神化孔子，称其为"素王"，把孔子描绘成长相奇特之人。《春秋演孔图》说："孔子长十尺，大九围，坐如蹲龙，立如牵牛，就之如昂，望之如斗。"② 更奇特的是，这位身材魁伟的圣人头顶"反宇"，他的头部四方高，中间凹下，像一个反倒的天穹。不仅如此，其他的圣人也有异表，谶纬中说大禹的耳朵有三个孔，商汤有四个臂肘，周文王则有四个乳头。如此奇异的描述，在当时并没有引起太多的质疑，反而在《白虎通义·圣人》中被概括为"圣人皆有异表"。

这些圣人被说成有异表有异禀，更有特殊的出生方式，即"感天而生"。"感生"的说法由来已久，譬如《诗经》记载商人的始祖契是其母简狄因吞鸟蛋怀孕而生，《商颂·玄鸟》说："天命玄鸟，降而生商。"③ 不过，这个故事到了谶纬中变得更加神秘。《河图》说："汤母扶都见白气贯月，意感而生汤。"④ "圣人感生"的古老说法，在此有了新的解释方式，汉代流行"圣人皆无父，感天而生"的说法。⑤ 确切地说，感生被解释成感应了五行之精气而降生。刘邦的母亲吞赤珠而生刘邦，《春秋握诚图》说："刘媪梦赤鸟如龙，戏己，生执嘉"，"执嘉妻含始游雒池，赤珠上刻曰：'玉英'，吞此为王客，以其年生刘季，为汉皇"。⑥ 孔子母亲则因感黑龙之精

---

① 参见钟肇鹏《谶纬论略》，第 111 - 113 页。此处引文据（南朝梁）沈约《宋书》卷二十七《符瑞上》，第 766 页。
② （宋）李昉等：《太平御览》卷三百七十七《长中国人》，第 1740 页。
③ （汉）毛亨传，（汉）郑玄笺，（唐）孔颖达疏《毛诗正义》，北京大学出版社，1999，第 1444 页。
④ 《宋本艺文类聚》卷十《符命》，上海古籍出版社，2013，第 299 页。
⑤ "《异义》、《诗》齐鲁韩、《春秋公羊》说圣人皆无父，感天而生。"（《毛诗正义》，第 1063 页。）
⑥ （清）赵在翰辑《七纬（附论语谶）》，第 603 页。这些佚文辑自《史记·高祖本纪》正义、索隐，《太平御览·皇亲部》，《路史·陶唐纪》注引。刘媪，刘邦祖母；执嘉，刘邦父；含始，刘邦母。

而生孔子,《春秋演孔图》说:"孔子母徵在游大冢之陂,睡。梦黑帝使请,与己交,语曰:女乳必于空桑之中。觉则若感,生丘于空桑之中。"① 空桑即今曲阜南山。孔子的祖先是宋国人,宋为殷之后。《春秋元命苞》说:"夏,白帝之子;殷,黑帝之子;周,苍帝之子。"② 孔子既然是殷之后,所以他的出世,是他母亲感黑帝而生。

这种圣人感天而生的信仰,被经学家吸收到对"始祖"的解释中,进而提升郊祭、庙祭的神圣性。郑玄在解释《仪礼·丧服传》"诸侯及其大祖,天子及其始祖之所自出"时说:"大祖,始封之君。始祖者,感神灵而生,若稷、契也。自,由也,及始祖之所由出,谓祭天也。"③ 这里有"始祖"与"大祖"的区分,并立相对于始祖的感生帝。感生帝是先祖所由生的五帝、五方帝或五天帝,在纬书里称灵威仰、赤熛怒、含枢纽、白招拒(或白招矩)、汁光纪(或叶光纪),又称青赤黄白黑五帝。在郊祀祭天,以太祖或始祖配,因有感生帝之说,祭天即是祭祖。感生帝的信仰,建构了帝王的神圣起源,以此强化世俗政治的神圣性。唐代《开元礼》取消了对感生帝的祭祀,并斥感生帝信仰"妖妄之甚",但在当时全面推广的老子庙,以"大圣祖"名号确认老子作为唐朝皇帝始祖的地位,延续了儒家的始祖理论和感生帝信仰。④

后来,宋明理学从心性论的角度吸收佛教、道教的宗教思想和修养方法,既反对天人感应的神秘主义因素,又对鬼神之德、感应等做出了自然主义的解释,推行礼教,弘扬儒家的人文精神。在某种意义上,宋儒所构建的儒教接近于"人文宗教"的理想。

---

① 《宋本艺文类聚》卷八十八《桑》,第2259页。
② (清)赵在翰辑《七纬(附论语谶)》,第425页。这条佚文辑自《礼记正义》卷三十四《大传》。
③ (汉)郑玄注,(唐)贾公彦疏《仪礼注疏》,北京大学出版社,1999,第578页。
④ 参见吴丽娱《从郊天祭祖之变论儒道并行之源》,《人文宗教研究》总第十一辑,宗教文化出版社,2019,第11-36页。

二 佛教因果论与感应论的互补

汉地大乘佛教以"缘起性空"为根本,在信仰层面以"因果"为核心宣扬业报轮回及其解脱,原本没有"感应"的观念。但在后来的传播过程中,无论是佛经翻译、讲经说法与佛教论著,还是佛教徒日常的信仰实践,"感"或"感应"的用例随处可见。特别是在天台宗创始人智𫖮(538—598)提出"感应道交"以后,"感应"不仅是普通中国人宗教意识的表现形式,同时也是中国佛教徒宗教生活的基本形式。

这里先举一个有趣的例子,说明中国佛教徒接受"感应"这个概念的过程。佛教传入中国内地的说法,最常见的是东汉明帝"感梦求法"。然而,在这个故事的早期版本中,只说"昔孝明皇帝梦见神人"(《牟子理惑论》)、"昔汉孝明皇帝夜梦见神人"(《四十二章经序》),并没有"感梦"之说。但到南朝,僧祐(445—518)《弘明集》、慧皎(497—554)《高僧传》出现"明帝感梦"或"汉明感梦"的表述,① 后来渐成佛教徒叙述佛教初传入华的标准说法。事实上,《牟子理惑论》也有"感"字的用例。该论开篇即问佛的来历,牟子回答说:"盖闻佛化之为状也,积累道德数千亿载,不可纪记。然临得佛时,生于天竺,假形于白净王夫人,昼寝梦乘白象,身有六牙,欣然悦之,遂感而孕。"② 此处的"感",是指汉代谶纬常说的"感生"。佛教所说的转世投胎,转换成汉代语境中的感生,既表现了佛陀出世的神圣性,宛如谶纬中说颜徵在感黑龙之精而生孔子,又化解了"投胎"这种新鲜说法可能给中国人带来的困惑。

---

① (南朝梁)僧祐《弘明集》卷十四"后序"说,"明帝感梦而傅毅称佛"(《大正藏》第52册,第95页下)。(南朝梁)慧皎《高僧传》卷九"佛图澄传"记载,中书著作郎王度给石虎的奏疏提及"汉明感梦初传其道"(《大正藏》第50册,第385页下)。

② (东汉)牟融:《牟子理惑论》,载王宗昱、李四龙、杨立华、周学农编著《中国宗教名著导读(佛道教卷)》,北京大学出版社,2004,第3页。

佛教初传中原的时间，普遍认为是在两汉之际。这正是谶纬最流行的时间。西汉哀帝的在位时间是公元前7年到前1年，谶纬就在他执政期间逐渐为人所知。在这位皇帝执政的元寿元年（公元前2年），有比较确凿的史料表明中国人开始知道佛教的存在，所谓"伊存授经"。感梦求法的东汉明帝，在位时间是公元58年到75年。彼时的中国，随着"光武中兴"，谶纬的流行臻于鼎盛。此时传入的佛教，注定了会有谶纬的思维方式。《牟子理惑论》的"感"字即为一例。

"感应"一词，最晚已在三国汉译佛经中出现。三国支谦（主要活动时间公元222—253年）译《弊魔试目连经》说到"目连大感应"，大意是指目连的神通力，并没有中国哲学所讲的"交感"。南北朝初期，"感应"一词渐成佛教界的常用术语，其用法也与佛经略有差异，注重"人"（众生）在感应过程中的主体地位。南北朝时期，以"感应"为题材的著作开始出现，各种灵异故事和志怪小说，如《搜神记》《幽明录》《冥祥记》《感应传》等，在社会上广为流传，这与佛教在中国的传播有关。感应与佛教的因果报应思想相结合，增强了佛教修行的神秘感。新来的佛教业报因果论，借助中国本土的感应思想，在南北朝迅速得到了中国人的认同，大批应验故事的出现，为佛教在中国的广泛传播营造了有利的社会心理。《搜神记》原书有"感应篇"，"记神灵感应之事。诸凡符瑞、神灵、孝感、梦征、报应等事皆系此篇"。[1] 这些感应之事，与古代中国人爱说的祥瑞、神异，与佛教徒爱讲的报应故事并没有特别清晰的界线，常混在一起。

隋唐以后，"感应"一词几乎成了佛教的专用词，[2] 表示佛弟子与佛菩萨之间的感应道交。这种人神之间的双向交流，同时也成了道教、民间宗教信仰表述人神关系的基本叙事方式。

---

[1] （晋）干宝撰，李剑国辑校《新辑搜神记》卷四，中华书局，2007，第75页。
[2] 参见郑易林《王充与天人感应论：以"疾虚妄"为中心》，《人文宗教研究》总第十二辑，第89页。

1. 业感缘起与新宇宙论

佛教思想的起点是缘起论，最初用于解释生命现象，讲解佛教的基本理论"十二因缘"。《杂阿含经》说：

> 如来离于二边，说于中道，所谓此有故彼有，此生故彼生，谓缘无明有行，乃至生、老、病、死、忧、悲、恼、苦集；所谓此无故彼无，此灭故彼灭，谓无明灭则行灭，乃至生、老、病、死、忧、悲、恼、苦灭。①

"此有故彼有，此生故彼生""此无故彼无，此灭故彼灭"，这是对"缘起"最简洁的定义，前者解释十二因缘的流转，后者解释十二因缘的还灭。无明、行、识、名色、六入、触、受、爱、取、有、生、老死，如此十二个生命状态处在彼此的因果关系中，既是原因又是结果，环环相扣。"缘起"还被用来解释万事万物的生起，《中论》"三是偈"说："众因缘生法，我说即是无，亦为是假名，亦是中道义。"② 中国本土的宇宙论模式，强调气化，实质上是一种块然自生的自然主义。这种宇宙论，在理论上主张道在气中，但对"道"的内涵并不深究。早期佛教的"缘起"思想，特别是说一切有部，热衷于探讨事物之间的相互关系，详细分析事物变化的各种原因条件，提出"六因四缘"等复杂的学说。佛教的这种宇宙论，既不是西方宗教所讲的上帝创造论，也不是中国哲学所讲的自然气化论。对古代中国人来说，这是一种全新的思想。

在南北朝中后期，有关生命现象的缘起，汉译佛典开始使用"业感"一词。较早的用例有梁朝法云（467—529）《法华义记》的"成就业感一期，名有所得；不成就者感于寄受，名无所得

---

① 《杂阿含经》卷十，（南朝宋）求那跋陀罗译，《大正藏》第 2 册，第 66 页下。
② 〔古印度〕龙树：《中论》卷四，（姚秦）鸠摩罗什译，《大正藏》第 30 册，第 33 页中。

也"。① 稍后的陈朝真谛（约499—569），译经时已多用"业感"，如《佛说立世阿毗昙论》"地狱品"有"增上业感彼中生"② 之句；北齐那连提耶舍译《阿毗昙心论》"业品"，有一句"若业感不爱果，当知是恶行"。③ 玄奘（600—664）翻译佛经，如在译《顺正理论》《显宗论》《俱舍论》《瑜伽师地论》时，常用"业感"。玄奘译《俱舍论》"分别世品"说："如上所论十六地狱，一切有情增上业感。"④ 在此之后，佛教宇宙论常被表述为"业感缘起"，"业感"成了佛门常用词。

"业感"的涵义是指，诸法的缘起是由业力所感。善业恶业感得不同果报，因此亦有"感受"一说。玄奘译《俱舍论》"分别业品"说："颇有业感心，受异熟非身耶？"⑤ 佛教的这种用法，是以"缘起"释"感"，不同于中国本土哲学所讲的"交感"。若从结果上理解，业感，亦称"业报"。中国本土的感应论与佛教的因果论，在佛经的翻译与传播中相互解释，水乳交融。"感应"在中国文化中，旧瓶装新酒，成了一个有新内涵的新名词。

佛教持有个体的生命观，认为生死轮回是自己的业力所感，个人的苦难源于自身，同样，解脱的过程也要依靠自己的力量，苦难的解脱亦靠自身的努力。这是一种典型的自力信仰，而不是依靠外在的救赎，充满了人文精神。个人的所作所为，佛教统称为"业"，包括身、口、意三方面。人与佛菩萨的关系定位，论其根本，亦是取决于自己的业力，如《坛经》所言："自性若悟，众生是佛；自性若迷，佛是众生。"⑥ 这与佛教宇宙论的逻辑是一致的，人与自己

---

① （南朝梁）法云：《法华义记》卷六，《大正藏》第33册，第643页上。
② 《佛说立世阿毗昙论》卷八，（南朝陈）真谛译，《大正藏》第32册，第208页中。
③ 〔古印度〕法胜造，优波扇多释《阿毗昙心论》卷二，（北齐）那连提耶舍译，《大正藏》第28册，第842页上。
④ 〔古印度〕世亲：《俱舍论》卷十一，（唐）玄奘译，《大正藏》第29册，第59页上。
⑤ 〔古印度〕世亲：《俱舍论》卷十五，（唐）玄奘译，《大正藏》第29册，第81页中。
⑥ （元）宗宝编《六祖大师法宝坛经》，《大正藏》第48册，第361页下。

的宇宙世界的关系是业感缘起。大乘佛教更强调心识的作用，把业感缘起的解释框架调整为阿赖耶识缘起、如来藏（自性清净心）缘起。与佛教宇宙论稍有不同的是，人与佛菩萨的关系，除了众生自己的业力，还有佛菩萨的慈悲愿力。禅宗视这种愿力为自我修行的外力，并不特别重视，但在净土宗，佛菩萨的愿力和加持力备受重视。中国佛教在宋代以后有"禅净双修"的特点，在修行上兼顾自他二力，这给人文精神比较明显的禅宗重新赋予一种信仰的力量。

2. 圆机妙应与佛教解脱论

汉译佛典所讲的"感应"，往往与平常所说的"神通"相关。譬如，《般泥洹经》可能译于东晋时期，里面所讲的"感应"颇能代表印度佛经的用法。当阿难问佛"地动"（地震）的原因时，佛说有三种原因："一为地倚水上，水倚于风，风倚于空。大风起则水扰，水扰则地动。二为得道沙门及神妙天，欲现感应故，所以地动。三为佛力，自我作佛前后已动，三千日月万二千天地无不感发。"①

该经对"地动"给出的第一种原因，是纯粹的自然现象，以地、水、风、空来解释；第二、三种则是人与自然的"感应"现象，沙门的"得道"、释迦的"作佛"，是发生感应的原因。这个例子，是把佛教所说的得道解脱与显著的感应现象联系了起来。这种说法有些类似儒家所说的"天人感应"，天或自然因为人的行为而有相应的表现。董仲舒的天人感应，侧重灾异，认为君王的失德导致灾异；谶纬的天人感应，侧重符命，认为自然界的祥瑞可以昭示君王、圣人的德行。但是，细究起来，这部佛经所说的"感应"与天人感应还是有所不同。儒家"天人感应"所说的"天"是有意志的人格神，因此，无论是《周易》咸卦彖辞所说的"圣人感人心"，还是天人感应，儒家所说的"感应"是双向度交流。然而，这部佛经所说的"地动"现象，则是一种单向度的感应：佛力感地动，但反之不然。

---

① 《般泥洹经》卷上，《大正藏》第 1 册，第 181 页下。

就其单向度而言,"地动"这种感应更像《庄子》所说的"感而后应,迫而后动","循天之理"。庄子强调人单向度顺应天理,佛陀强调天地自然顺应佛力的感召。佛道两家的感应,全都属于单向度交流,庄子尊道,因循天理;佛陀重业,佛力感天动地。当然,佛道两家的立场判然有别:道家主张人类顺应自然,佛教则强调人力改变自然。因此,《般泥洹经》所讲的"地动",是圣人对自然的单向度影响:从感应双方的关系看,像是儒家的天人感应;若从感应的发生机制看,像是道家的单向度感应。

但是,南朝初期、晋宋之际的佛教界,对"感应"的解释,开始转变为儒家式的双向度交流。中国文化调整了中国佛教徒对印度佛经"感应"现象的理解。这里的转折点是竺道生(355—434)。他把"感应"定格为众生与佛的关系,感的主体是众生,应的主体是圣(佛)。他说:"物机感圣,圣能垂应"①,"唯感是应"②。确切地说,感的主体是众生的根机,这种根机并非固定不变,而是一时一地的特定状态。若是注重众生根机的特定状态,竺道生提出:"感应有缘,或因生苦处,共于悲愍;或因爱欲,共于结缚;或因善法,还于开道,故有心而应也。"③ 也就是说,佛能依众生不同的机缘而有不同的回应。这是此后中国佛教所讲的"感应",众生的机缘与佛陀的回应两股力量交汇互动。到南北朝晚期,智𫖮提出了"感应道交",对竺道生以来的这种理解给予精辟的理论概括。

在这些高僧大德的解释中,人和自然物的感应不受关注,佛弟子与佛菩萨之间的感应成为解脱开悟的重要法门。个人在修行中的主动性、能动性,得以进一步提升,众生与佛菩萨平等。这

---

① (南朝宋)竺道生:《法华经疏》卷上,《续藏经》第27册,第2页上。
② (姚秦)鸠摩罗什等:《注维摩诘经》卷二,《大正藏》第38册,第343页上。
③ 陈隋之际惠达《肇论疏》引用竺道生语,《续藏经》第54册,第50页下。有关竺道生对"感应"的讨论,参见〔日〕菅野博史《中国法华思想的研究》第二章第三节"道生的'机'与感应观",张文良、张宇红译,国际文化出版公司,2017;〔韩〕河由真《竺道生佛学思想研究:简论竺道生的般若、涅槃、法华思想》,北京大学哲学系2008年博士学位论文。

与中国本土所说的"交感"接近，而人的主体性比儒家、道家更明显。在《系辞》里，圣人"极深而研幾"，感而遂通天下之故。庄子讲感而后应，"循天之理"。主体与对象的"交感"，主客双方的地位在儒道两家的理论中并不平等，天理是主动的一方，人是因应、被动的一方。但是，在佛教传入以后，这层关系被颠倒过来，强调个人的主动修行，佛菩萨的回应是对个人修行的回应。个人只有通过主动的积极修行，才会有佛菩萨的回应，所谓"圆机妙应"。这种说法，把被遮蔽的人文传统充分地彰显出来。儒家历史上一直强调"天命靡常，惟德是辅"，主张天命只关照有德行的人，强调个人主动性的重要性。但在现实中，个人不能抗拒天命的思想非常普遍。佛教的传入，在某种程度上激活了人在自然或天命、天理面前的主体地位，这与西方救赎宗教主张神灵对人的救赎不同。所以，建立在感应基础上的救赎，是一种自我救赎。借用佛教的语言，这是一种自我主动的解脱，具有鲜明的人文主义立场。

因此，"感应"在印度佛经中原本只是一种单向度的神通，但经过这些中国高僧的解释，"感应"转变为佛弟子与佛菩萨的双向度的交流。而在这种感应关系的转换之中，"机"是一个关键概念。这个概念，既指众生的根机，也指众生所处的时机。结合"业感缘起"的宇宙论，人与佛菩萨的感应，其关键是众生对机缘的把握。从佛教解脱论的角度说，这是以"机缘"解释"感应"。

在南北朝末、隋、初唐，佛教界普遍重视"感应"在修行中的重要地位。吉藏（549—623）在《大乘玄论》中，把"感应"放在"佛典"（释教、经教）和"净土"之间，共同作为"教迹"的三个方面。佛典是闻思的依据，净土是所感之果，感应则是从佛典到净土的修行，吉藏称之为"佛法之大宗，众经之纲要"。他说：

> 感应者乃是佛法之大宗，众经之纲要。言感者牵召义，应

者赴接义。众生有善,致彼佛前;垂形赴接,理无乖越。谓之感应。凡夫感而不应,诸佛应而不感。菩萨亦应亦感。感者不同,略有四种:一者感形不感声,但见佛不闻法;二者感声不感形,直闻教不见佛;三者形声俱感,见佛闻法;四者不见佛不闻法,直感神力密益。①

吉藏对"感应"给予高度评价,并列举了众生感佛的四种结果,实际上是以四句讲述众生"见佛"与"闻法"关系的四种可能性,与净土信仰有关,但还没有上升到解脱开悟的层次。在他之前,智𫖮讲经有大量内容涉及"感应",认为有些佛经是以"感应"为宗旨,而在法华圆教中,可以达到不可思议的"感应道交"。智𫖮在《观音玄义》中,认为《观音经》(《法华经·普门品》)是"以感应为宗"。他说:"十界之机扣寂照之知,致有前后感应之益。益文虽广,直将感应往收,如牵纲目动,所以用感应为宗。余经或用因果为宗。"② 他认为,整部《法华经》是以佛自行因果为宗。③ 也就是说,久远之修、久远之证皆为佛之因果,并不像声闻、缘觉那样只是为了解脱个人的生死轮回。作为《法华经》一部分的《普门品》,直接是以"感应"为宗。为什么?"十界之机扣寂照之知。" 十界即十法界,也就是"六凡"(天、人、阿修罗、畜生、饿鬼、地狱)"四圣"(声闻、缘觉、菩萨、佛)的众生,"寂照"是指佛果地的智慧状态。《法华玄义》卷六上说:"果智寂照,有感必彰。"④ 观音菩萨有佛地的智慧,故能圆应十法界一切众生的祈愿。类似观音菩萨的有求必应,智𫖮在《法华玄义》里称之为"感应妙"。然而,构成这种玄妙的感应的关键,是十界之机。他在《法华玄义》卷六上说得非常清楚:"经中机语缘语,并是感之异目。"

---

① (隋)吉藏:《大乘玄论》卷五,《大正藏》第45册,第66页上。
② (隋)智𫖮:《观音玄义》卷下,《大正藏》第34册,第890页下。
③ 参见(隋)智𫖮《法华玄义》卷一上,《大正藏》第33册,第683页上。
④ (隋)智𫖮:《法华玄义》卷六上,第746页下。

智𫖮明确以"机缘"解释中国传统的"感应"概念。他在解释《普门品》时说:"机家虽有因果,但以感为名;圣虽无因果,但以应为名。"① 众生被称为"机家",他们的解脱本该全靠自己的修行,但是因为有佛菩萨的慈悲心,"感"亦是众生成就自己的方法。显然,智𫖮的这种解读,容易让佛弟子产生信仰。这样的感应,需要众生的机缘成熟。他说:"因缘亦名感应。众生无机,虽近不见。慈善根力,远而自通,感应道交故。"② 真正的感应,是凡圣因缘的交互作用,即"感应道交"。他说:"因缘者,或因于圣缘于凡,或因于凡缘于圣,则感应道交。"③ 事实上,智𫖮不仅认为最后的解脱可以通过感应道交,即使是发菩提心,亦可通过"感应道交"。

智𫖮是隋文帝的同时代人,他在中国佛教史上最早提出"感应道交"的说法,与竺道生的感应思想相呼应。④ 众生之所感与诸佛之能应相交,佛陀与众生的关系如同母子之情。彼此之所以能有感应,既不是众生的自力,也不是佛陀的教化,而是众生机缘的成熟导致众生与佛菩萨的交互作用。他在《法华玄义》卷二上、卷七上提出"十妙"⑤ 的说法,其中第五种是"感应妙",即众生与诸佛之间玄妙的感应,所谓"圆机妙应"。智𫖮根据众生不同的机缘,提出了四种感应的方式。(1) 冥机冥应。众生于过去世善修三业,虽然现在世未运身口业,但因有往昔的善根,是为"冥机";"虽不现见灵应而密为法身所益,不见不闻而觉知",是为"冥应"。(2) 冥机显应。众生于过去世植善,冥机已成,"得值佛闻法,现前获利"。(3) 显机显应。众生于现在世身口意精勤不懈,亦能感得利

---

① (隋)智𫖮:《观音玄义》卷下,第890页下。
② (隋)智𫖮:《法华文句》卷一上,《大正藏》第34册,第2页上。
③ (隋)智𫖮:《摩诃止观》卷一上,《大正藏》第46册,第5页上。
④ 竺道生解释"一时"说:"时者,物机感圣,圣能垂应。凡圣道交,不失良机,谓之一时。"(《法华经疏》卷上,第2页上)此处已有"感应道交"之意,但没有展开。智𫖮对此概念则有理论自觉,给予了充分说明。
⑤ 十妙:境妙、智妙、行妙、位妙、三法妙、感应妙、神通妙、说法妙、眷属妙、利益妙。

益。(4) 显机冥应。众生于一世勤苦,"现善浓积而不显感",然有冥利。①

这些不同形式的感应,就不再有任何"天人感应"的色彩,而是包含了浓郁的生命情感:在众生是一种虔诚的信仰与祈求,在诸佛菩萨则是一种慈悲。隋代仁寿舍利面向众生的感应,亦须建立在"圆机妙应"的基础上。在迎送、埋瘗舍利的时候,都要举行隆重的仪式,宣读忏悔文与发愿文,要让天下众生都能至诚"忏悔"。若从宗教的角度来看,只有经过这样的忏悔,在场的人才有可能觉得疾病痊愈,烦恼顿消。智𫖮并没有经历仁寿舍利的分送,但他提出的"感应道交",亦能解释仁寿舍利的众生感应,这是一种真正属于个体的内在体验,尽管普通的信众未必能有这样的理论自觉。

"感应道交"的说法,后被用来说明念佛往生,成为中国佛教徒学佛的主要方式。明代的云栖袾宏(1532—1612)主张禅净双修,提倡"参究念佛"。他说:"念佛数声,回光自看,'这念佛的是谁?'如此用心,勿忘勿助,久之当自有省。如或不能,直念亦可,使其念不离佛,佛不离念,念极心空,感应道交,现前见佛,理必然矣!"② 参究"念佛是谁",只是禅师的方便,若能"念不离佛,佛不离念",在他看来,"感应道交",理在必然。所以,袾宏要人"只管念佛",理由亦在于"感应"两字。

3. 应验记

南北朝时期,各类宣扬感应或因果报应不爽的图书很多,其编纂者以士大夫居多,鲜有佛门僧人参与。汤用彤在讲述南北朝佛教撰述时,专门在史地类编著中列出一个小类"感应传"。他说:"六朝人多记鬼神之作,亦系受佛教之影响。但此类著作既多,不能详列。"罗列了14种与佛教有关的著作:干宝《搜神记》20卷(原

---

① 参见智𫖮《法华玄义》卷六上,第748页。
② (明)袾宏:《云栖净土汇语·与南城吴念慈居士广翊》,《续藏经》第62册,第8页上。

本 30 卷)、陶潜《搜神后记》(或《搜神录》)、刘义庆《宣验记》30 卷、刘义庆《幽明录》30 卷 (或 20 卷)、王琰《冥祥记》10 卷、朱君台《征应传》(可能 2 卷)、王延秀《感应传》8 卷、荀氏《灵鬼志》3 卷、陆杲《系观世音应验记》(可能 1 卷,或名《观音应验记》《观音感应传》)、亡名《验善知识》(卷数不详)、王曼颖《续冥祥记》11 卷、昙永《搜神论》(卷数不详)、颜之推《冤魂志》3 卷、刘永《因果记》10 卷。① 中古时期,还有不少其他同类的著作,如颜之推《集灵记》、侯白《旌异记》等,特别是宣扬观音信仰的应验记,如:谢敷《光世音应验记》[约成书于晋安帝隆安三年 (399) 前]、傅亮《光世音应验记》、张演《续光世音应验记》、萧子良《冥验记》等。②

其实,这些编著收集的故事,多半与"感"没有多少关系,主要内容是民间流传的各种各样灵异、应验故事,有些内容有重叠。许多故事摘自《史记》《汉书》《后汉书》等史书或《淮南子》《神仙传》等杂家道教文献,反映了流传在民间的巫风淫祀。譬如晋人干宝的《搜神记》,约有 200 则摘自前代典籍史志,他自己采访的"近世之事"约有 260 则。刘义庆《幽明录》,据现存辑佚的故事来看,与佛教的关系并不多,主要记载"鬼神之情状",讲述幽明之际的奇谈异闻,譬如人神之间的情爱婚姻、人妖之间的鬼魅传说,乃至服食修仙、奉佛得福之类的故事。其中有一则故事"法祖与王浮",涉及帛远 (字法祖) 与当年编撰《老子化胡经》的王浮。王浮在辩论输后,愤而编《老子化胡经》。而在刘义庆收录的这则故

---

① 参见汤用彤《汉魏两晋南北朝佛教史》第十五章"南北朝释教撰述",第 415 - 416 页。
② (南朝宋)傅亮《光世音应验记》、(南朝宋)张演《续光世音应验记》、(南朝齐)陆杲《系观世音应验记》,原被认为早已佚失,但在 1943 年被发现于日本京都东山区粟田口青莲院。1970 年,牧田谛亮出版《六朝古逸观世音应验记研究》,校勘、注解和解说三部应验记。1994 年中华书局出版孙昌武的点校本《观世音应验记三种》,2002 年江苏古籍出版社出版董志翘的《〈观世音应验记三种〉译注》。另见楼宇烈《东晋南北朝"志怪小说"中的观世音灵验故事杂谈》,《中国佛教与人文精神》,宗教文化出版社,2003,第 63 - 86 页。

事里，有位叫李通的蒲城（今陕西省白水县）人，在阴间看到法祖给阎罗王讲《首楞严经》，王浮则身被锁械，向法祖忏悔。王琰《冥祥记》与佛教关系密切，甚至有崇佛教抑道教的色彩，其素材主要来自三个方面：此前各种佛教灵异记、东晋以后的各种僧传（尤其是《高僧传》）、自己的见闻。该书有些内容可以补僧传的不足，较之其他志怪小说相对可信。这说明这些应验记的编者有很好的文化素养，这些灵异故事在当时有较深的信仰基础，得到了有文化阶层的认可。其中记载的故事，很可能先在家族内部流传，后来汇辑成书，因此出现"补续"的灵验故事集。譬如，编《系观世音应验记》的南齐吴郡陆杲，是编《续光世音应验记》的刘宋吴郡张演的外孙。①

有些故事体现了民间对善恶报应思想的理解，或来自佛教因果报应思想，或来自道教承负思想，或兼而有之，编撰者主要出于劝信、劝善的目的。从佛教史的角度说，这些故事说明了佛教信仰（尤其是观音信仰）在南北朝民间社会的流行，以及中国民间接受佛教的独特方式。从中国宗教史的角度说，这是信徒以实用的心态去检验"神道"的真实性或信仰的有效性，并把收集这些故事作为自己积德求福的手段。如果深入比对这些故事的结构，我们甚至还能发现佛教在传入中国社会过程中降伏民间信仰、佛道斗法的方式。《说文解字》"言部"以"验"解释"谶"："有征验之书，河洛所出书曰谶。"这些应验记所收录的灵异故事，其深层的写作心态与谶纬的内在理路一致，主要宣扬报应不爽。

佛教的感应故事，基本是围绕佛法僧三宝及其圣物展开，主要包括：佛塔舍利、佛像佛经，以及菩萨神僧。② 历代编撰的应验录、

---

① 参见董志翘《〈观世音应验记三种〉校点志疑（上）》，《文教资料》1996年第5期，第90页。
② 辽代僧人非浊（？-1063）编集的《三宝感应要略录》说："灵像感应以为佛宝，尊经感应以为法宝，菩萨感应以为僧宝。"（《大正藏》第51册，第826页上。）另见李剑国《唐前志怪小说史》，人民文学出版社，2019；刘亚丁《佛教灵验记研究：以晋唐为中心》，巴蜀书社，2006。

感通录名目繁多，若以今天的眼光来看，这些故事大多荒诞不经，但若以宗教经验的视角分析，有其重要的研究价值，能反映当时民众的实际心理和认识水平。道宣在他的《集神州三宝感通录》中说，这些感应故事，能让众生"开信于一时"，"生信于迷悟"①。隋文帝分送舍利，降伏人心，应当有其政治目的；他的大臣在天人感应的思想框架中收集灵异故事，刻意迎合，粉饰太平。但在佛教徒看来，编集这些感应故事，就是为了发起信心。鲁迅将这种与佛教有关的志怪小说称为"释氏辅教之书"，他说："释氏辅教之书，《隋志》著录九家，在子部及史部，今惟颜之推《冤魂志》存，引经史以证报应，已开混合儒释之端矣，而余则俱佚。遗文之可考见者，有宋刘义庆《宣验记》，齐王琰《冥祥记》，隋颜之推《集灵记》，侯白《旌异记》四种，大抵记经像之显效，明应验之实有，以震耸世俗，使生敬信之心。"②

中国佛教历来重视"信心"问题，把"信"视为"道源功德之聚"③。从古至今，这个编集感应或灵验故事的传统绵延不绝。除了讲述法华信仰或观音信仰，还有许多灵验故事宣扬《般若经》《金刚经》《华严经》《首楞严经》等经典信仰，以及文殊、地藏、普贤、弥勒等菩萨信仰。这方面的集大成者，可以参见道世编撰的《法苑珠林》。民间流传的"感应"故事，较少宗教上的修行目标，主要着眼于应验的真实性。这与前面提到的智𫖮、吉藏等高僧的理论诠释不太相同。不过，智𫖮在给信众讲解《观世音普门品》时，屡屡引用这些应验记（事见《观音义疏》），具有明显的社会教育特点。

---

① （唐）道宣《集神州三宝感通录》卷首说："自汉洎唐年余六百，灵相胦向，群录可寻。而神化无方，待机而扣。光瑞出没，开信于一时。景像垂容，陈迹于万代。或见于既往，或显于将来，昭彰于道俗，生信于迷悟。"（《大正藏》第52册，第404页上。）
② 鲁迅：《中国小说史略》，第39页。
③ （辽）非浊：《三宝感应要略录·序》，《大正藏》第51册，第826页上。

三 "显灵"的公共效验

隋文帝的仁寿舍利,把中国历史上的佛舍利信仰推向了顶峰。《法苑珠林》"感应缘",虽然记述了隋代以前的舍利感应故事,但其规模与种类,远远不及仁寿舍利。这里重点围绕仁寿年间(601—604)的舍利信仰,依据前人留下的"史料"去考察当时所发生的种种"灵瑞",进而理解"感应"如何成为古代中国人宗教生活的基本形式。

隋文帝(581—604)在仁寿年间三次分送舍利,在中国佛教史上影响深远,后世的舍利信仰大体没有越出当时出现的"感应"方式。这些随缘示现的"感应",融合了中国文化传统的思维模式,催生了当时在场观众对于佛教的"信心"。

宗教的信心、信仰,须有个人的宗教经验,方能得以坚固。如何能让个人产生这种宗教经验?这在各个宗教,其实都是最神秘莫测的议题,借用佛教的话语,是"不可思议""不可言说"。仁寿舍利的感应方式,可让我们蠡测到这种个体宗教经验的生成机制,贴近中国老百姓最真实的宗教生活,即对灵验的诉求。

"供养佛舍利,乃至如芥子许,其福报无边"[①],《大智度论》中的这句佛门警句常被引用,表明了供养舍利功德无量。既然如此,佛教徒自然会竭力供养。印度阿育王(约公元前3世纪)到处分赠舍利建塔的故事,在佛教史上广为流传。而在中国,分赠舍利最为广泛的,当数隋文帝。仁寿元年(601),文帝诏敕奉送三十枚舍利到三十州,选择高爽清净处起舍利塔;仁寿二年,敕送舍利到五十一州建立灵塔;仁寿四年分送舍利,应有三十余州,但最后这次分送的记载语焉不详。隋文帝在其临终前的四年内,三次分送舍

---

① 《大智度论》卷五十九,(姚秦)鸠摩罗什译,《大正藏》第25册,第480页上。

利，在 111 处立塔供奉。① 当然，这个数字未必准确，实际情况可能略有变化。

据王邵《舍利感应记》（又名《仁寿舍利现瑞记》），隋文帝的舍利来自一位婆罗门沙门。当时隋文帝想与昙迁（542—607）数数这些舍利，却又无法数清。后来他把这些舍利安置在京师法界尼寺的塔基里，开皇十五年（595）秋夜，塔基发出"神光"，并在十天内出现了四次发光。到仁寿元年六月十三日，隋文帝自己 60 岁的生日，颁诏迎请沙门 30 人，分道恭送舍利到三十州②起塔供养；十月十五日正午，同时把这些舍利装在铜函或石函入塔。在迎送与入塔的前后，各地出现了许多不同的"祥瑞"，以蒲州（今山西永济市）栖岩寺的感应最多，相传该寺是由隋太祖杨忠（507—568）所建。《法苑珠林》卷四十记录了当时二十八州建塔的情况，其中十七州是在寺内起塔，另外十一州是在清净处起塔，另有两处不见立塔的记录。③ 这是仁寿舍利的首次分送。

第二次分送舍利，是在仁寿二年正月二十三日，在五十一州④

---

① 起塔之数，佛教史书上通常说是 111 处。（唐）道宣《续高僧传·童真传》说："仁寿元年，下敕率土之内，普建灵塔，前后诸州，一百一十一所，皆送舍利。"（《大正藏》第 50 册，第 517 页下）（宋）志磐《佛祖统纪》卷三十九沿袭旧说："仁寿元年，诏天下名藩建灵塔。遣沙门净业、真玉等分送舍利，奉藏诸郡百十一塔。"（《大正藏》第 49 册，第 361 页上。）
② 向达最早据《八琼室金石补正》卷二十六所录的仁寿元年京兆龙池寺舍利塔铭文，怀疑当时可能向三十一州分送舍利。参见向达《摄山佛教石刻补记》，《东方杂志》第 26 卷第 6 期（1929 年 3 月）；亦见孙宗文《仁寿舍利塔》，《现代佛学》1958 年第 1 期。（唐）法琳《辩正论》卷三，把仁寿元年造塔之州说成"四十州"，当属刻印之误。参见《大正藏》第 52 册，第 509 页中。
③ （唐）道世：《法苑珠林》卷四十，《大正藏》第 53 册，第 601 下－602 页上。
④ （隋）杨雄等撰的《庆舍利感应表》在前言中说是"分布五十一州建立灵塔"。但在后面的感应故事中，却收有明州、廉州、雍州的瑞应，这些州名不在表中所列的五十一州里。有的文献则记载，仁寿二年分送舍利，是五十三州。道宣《集神州三宝感通录》卷上记载这次分送舍利的时间与地点分别是：仁寿三年，五十三州（《大正藏》第 52 册，第 412 页下）。"三年"应是"二年"的误刻。（唐）道世《法苑珠林》卷四十亦称"分布五十三州建立灵塔"（《大正藏》第 53 册，第 604 页上）。也就是说，在这两部唐代的文献中均作"五十三州"。这里姑且按照杨雄等撰《庆舍利感应表》的说法，但学者们认为"五十三州"的说法更可靠。

建立灵塔，并在四月八日午时，全国各地同时放下舍利封入石函。当时各地所感的瑞应，安德王杨雄等百官专门予以收集，汇编以后写成《庆舍利感应表》，上奏给隋文帝。这次分送，在陕州城的感应极多，有些还被画成图，呈奏文帝。王邵《舍利感应记》、杨雄等《庆舍利感应表》记录了前两次分送舍利的瑞应，是我们现在研究舍利感应最直接的资料。这两篇资料，后来被道宣（596—667）编入《广弘明集》卷十七，道世（？—683）编入《法苑珠林》卷四十。而据道世的题录，王邵《舍利感应记》似乎原有20卷，但流传下来的仅有很少的内容。

第三次分送舍利，是在仁寿四年。这一次的情况相对含糊，缺乏直接的史料。《续高僧传·洪遵传》附记了隋文帝这次分送舍利的诏书："朕祗受肇命，抚育生民，遵奉圣教，重兴象法。而如来大慈，覆护群品，感见舍利，开导含生。朕已分布远近，皆起灵塔。其间诸州，犹有未遍。今更请大德奉送舍利，各往诸州依前造塔。"① 这篇僧传还有"下敕三十余州一时同送"的记载。所以，当时分送的地方应有三十余州，但现在可考的仅有二十七州。②

有关这三次舍利分送的地点、护送舍利的高僧，以及现存的仁寿舍利塔或碑铭，今人已有较充分的研究。仁寿塔之营建，在当时是一件重要的国家大事，送迎舍利的仪式也很隆重。仁寿元年第一次分送舍利，隋文帝"亲以七宝箱，奉三十舍利。自内而出，置于御座之案，与诸沙门烧香礼拜。愿弟子常以正法护持三宝，救度一切众生。乃取金瓶、琉璃各三十，以琉璃盛金瓶，置舍利于其内。熏陆香为泥，涂其盖而印之"③。在起塔之日，隋文帝"烧香礼拜，降御东廊。亲率文武百僚，素食斋戒。是时内宫东宫，逮于京邑，

---

① （唐）道宣：《续高僧传·洪遵传》，第611页下。
② 参见游自勇《隋文帝仁寿颁天下舍利考》，《世界宗教研究》2003年第1期。
③ （隋）王邵：《舍利感应记》，载（唐）道宣《广弘明集》卷十七，《大正藏》第52册，第213页下。

茫茫万寓，舟车所通，一切眷属人民，莫不奉行圣法"①。而在舍利到达地方、奉安入塔时，隋文帝要求各级地方官员，总管刺史以下县尉以上，暂停七天的日常公务。

高僧大德奉舍利到达目的地之前，要事先洒净结界，当地百姓倾城相迎。还有沙门代皇帝宣读忏悔文，要为天下一切众生"发露忏悔"，当时在场的人都会下跪礼拜，悉受三皈。主持仪式的高僧，随后代表隋文帝说出他分送舍利的愿望：

> 菩萨戒佛弟子皇帝某，普为一切众生发露无始已来所作十种恶业，自作教他，见作随喜，是罪因缘堕于地狱畜生饿鬼，若生人间短寿多病，卑贱贫穷邪见谄曲，烦恼妄想未能自寤。今蒙如来慈光照及，于彼众罪，方始觉知。深心惭愧，怖畏无已，于三宝前，发露忏悔，承佛慧日，愿悉消除。自从今身，乃至成佛，愿不更作此等诸罪。②

所以，当时迎送舍利的仪式，其宗教的意义，主要是为了帮助大家"发露忏悔"，达到灭苦消业、身心清净的目的。这与南北朝时期逐步兴起的"忏法"有着异曲同工之妙。但是，这种高远的佛学目的，不能完全代表所有信众的实际目的。三次分送舍利的种种神异，反映了当时信众能普遍接受或期待的宗教经验。这些神异均以公共经验的形式出现，其中绝大部分是自然界的特殊现象，但也有些完全属于个人的私密经验，表达了信众的特定愿望。显然，这里出现了不同的感应方式或种类。

1. 仁寿舍利的感应形式

仁寿元年首次分送舍利，出发之际，隋文帝有言："今佛法重兴，必有感应。"供养迎请佛舍利之际，发生的种种不可思议之事，

---

① （隋）王邵：《舍利感应记》，第214页中。
② （隋）王邵：《舍利感应记》，第214页上。

缘此得以汇总，是为王邵的《舍利感应记》，以及杨雄等百官的《庆舍利感应表》。这两份原始"史料"，不仅被后代的佛教典籍广泛引用，而且这些感应故事的汇编，激发与推动了佛教界的舍利信仰。① 道宣编集的《广弘明集》卷十五、十七，《集神州三宝感通录》卷上，道世编集的《法苑珠林》卷三十八、四十，收录了汉魏两晋南北朝有关舍利及舍利塔的神异事迹。特别是在《法苑珠林》卷四十，内有《舍利篇》，专门说明佛舍利的来历与价值，而在该篇的"感应缘"部分，略述隋代以前16则感应故事。不过，仁寿舍利的感应故事，仍离不了王、杨等的感应记录。

这些神异的故事，林林总总，内容不一。道宣在《续高僧传·感通篇》中对此有一概括的说明：

> 隋高建塔之岁，踊瑞纷纶：神光嘱于群物，至泽通于疾疠，天花与甘露同降，灵芝共瑞鹿俱程，空游仙圣结雾来仪，水族龟鱼行鳞出听。②

这里所说的"瑞应"，多数是自然界的怪异现象，或在今天看来，

---

① 中国佛教界从公元4世纪上半叶起，即已在境内四处寻找阿育王分送的佛舍利，也有记载说陆续发现阿育王塔、佛舍利与佛像（参见〔荷〕许理和《佛教征服中国》，李四龙、裴勇等译，第395－399页）。在道宣《广弘明集》卷十五，有一份资料列举了16处阿育王寺，而道世《法苑珠林》卷三十八则列举了19处。在这些资料中，我们不难发现，梁武帝发挥了重要作用。大同四年（538）七、八月，接连发现佛牙、发爪舍利，梁武帝也是连下两诏，大赦天下。不仅如此，梁武帝在即位初期，还令虞阐等人编撰《佛记》三十篇，讲述信佛的感应，《广弘明集》卷十五收录了沈约（441－513）奉梁武帝敕命而撰的序文。《佛记》的内容不详，但从道宣的编排体例来看，或可了解其大概。《广弘明集》卷十五有一份资料，是署名"唐终南山释氏"的《佛像瑞集》，正好夹在沈约的序文与梁武帝的诏书之间（参见《大正藏》第52册，第200页下－204页上）。这份资料很有可能是当时终南山的僧人据《佛记》摘编而成，主要记录阿育王寺塔舍利的发现以及各种佛像的"瑞迹"。如果这种猜测属实，那就说明：梁武帝早在公元6世纪初就在有意识地搜集佛舍利的感应故事。时隔百年，隋文帝大量分送舍利，瑞应纷纶，把南北朝以来的舍利信仰推向了高潮。

② （唐）道宣：《续高僧传》卷二十六，第677页中。

不过是一种巧合。但迄今为止，中国的佛教徒对此虔信不疑。道宣的说明实际上包括六个方面：神光、治病、天花甘露、灵芝瑞鹿、仙圣来仪、动物听法。

（1）神光。这是舍利信仰里最常出现的普遍现象，通常都说是"众人同见"。"光"在佛教中象征着一种智慧，舍利既代表佛身，自然会有神光；这种现象还常见于佛陀出生的记载，譬如《太子瑞应本起经》说，四月八日夜，太子生时，"天地大动……光明彻照"①。

（2）治病。诸州舍利入塔前后，多则记载讲到这方面的故事，这是最能引起普通信徒兴趣的感应。首次分送舍利到蒲州栖岩寺，居然"有妇人抱新死小儿来乞救护，至夜便苏"②。也就是说，舍利的感应已能达到起死回生的功效。

（3）天花甘露。佛教讲究香花供养，甘露水表示慈悲。天花甘露同降，一是表示对佛的敬重，二是显示佛的慈悲。

（4）灵芝瑞鹿。这些东西的出现更多反映的是中国佛教徒的传统心态，因为这些都是中国文化中传统的祥瑞。

（5）仙圣来仪。道教的目标是成仙，儒家的愿望是学为圣贤。这里虽然没有确指儒道，但这些人物的出现，足以表示佛德的广大。

（6）动物听法。这些生灵的出现，表示一切众生普遍受用。仙圣属天道，而水族龟鱼、家畜禽兽属畜生道，这是说，恶道众生亦可受益于舍利的供养。

在道宣所列的六种以外，还有两点需要说明。

（1）变化不定。舍利本身往往会有变化，许多故事说到舍利数目或光泽的变化，甚至无中生有。隋文帝与昙迁想数舍利的粒数，竟然变化不定，无法数清。首次分送舍利以后，隋文帝还有五十枚舍利。当时高丽、百济、新罗三国使者来请舍利，隋文帝一口应允。先在京师大兴善寺起塔，把舍利放在尚书都堂，十二月二日启

---

① 《太子瑞应本起经》，（东吴）支谦译，《大正藏》第 3 册，第 473 页下。
② （隋）王邵：《舍利感应记》，第 215 页上。

程。当天气和风静，寺内设无遮大会，众人礼忏。按理来说，到他仁寿二年分送舍利时，手里已经不够五十枚舍利，如何能够分送到五十一州？更何况还有仁寿四年的第三次分送舍利？这些舍利的来源，当然是感应所得，是其本身变化不定的特性所致。

舍利粒数的变幻不定，事实上成了舍利的基本特性。《振旦神州佛舍利感通序》记载的一个故事，很能反映千百年来大家对舍利的看法："宋元嘉十九年，高平徐椿读经，及食得二舍利，盛银瓶中，后看渐增，乃至二十。后寄广陵，今馥私开之，空罂；椿在，都忽自得之；后退转皆失。舍利应现，值者甚多，皆敬而得之，慢而失也。"① 在这个故事里，虔诚的徐椿吃饭时感得舍利，而且数量增长到20粒。舍利寄给别人以后，竟然在瓶中隐而不现，但当徐椿出现时，它们又都"忽自得之"。清代的《百丈清规证义记》说："舍利色相随人随时，变化不测，历历见闻，不能尽述。"② 这可说是很准确的概括。今天的佛教徒仍还普遍相信舍利的数目、光泽可以变化。而在佛经中，舍利的出现，是因修行而起。《金光明经》说："舍利者，是戒、定、慧之所熏修，甚难可得，最上福田"，"舍利者，乃无量六波罗蜜功德所熏"③。同样的舍利，因此有可能会在观众面前变幻不定。舍利有了这样的特性，它的来源，其实已无追究的必要。

（2）印证义学。义学僧到舍利塔前烧香发愿，亦有感应。据《续高僧传》，昙延写成《涅槃疏》，担心理解不合佛理，故到陈州仁寿塔前求证。结果"涅槃卷轴并放光明，通夜呈祥，道俗称庆。塔中舍利又放神光，三日三夜辉耀不绝。上属天汉下照山河，合境望光皆来谒拜"④。不过，这种情况极为罕见。

以上说到的八点，其实可以分为三种感应形式：一种是舍利自

---

① （唐）道宣：《集神州三宝感通录》卷上，第410页中。
② （清）仪润：《百丈清规证义记》卷三，《续藏经》第63册，第396页上。
③ 《金光明经》卷四，（北凉）昙无谶译，《大正藏》第16册，第663页上。
④ （唐）道宣：《续高僧传·昙延传》，第467页下。

身的变化；一种是自然界的变化，神光、天花甘露、灵芝等，不妨称之为"自然感应"；一种是众生的变化，治病、灵鹿献瑞、仙圣来仪、动物听法、印证义学等，亦不妨称之为"众生感应"。第一种感应，实际上属于舍利自身的特性，所以，真正需要讨论的感应形式，是第二、三种，即"自然感应"与"众生感应"。第三种里的灵鹿献瑞、动物听法，若照现代人的理解，亦属于自然界的怪异现象。直接与人有关的感应，实际上只有三种情况：治病疗伤、仙圣来仪、印证义学。治病是普通信徒的实际需求，"借医传道"是所有宗教赖以传播的最重要手段之一，其他的感应现象，则可强化普通信徒对"治病"功能的信心。仙圣来仪的故事，则可劝诱那些不信佛教的观众或读者，特别是那些道教徒。既然各类神仙、精灵都来朝拜佛舍利，普通的道教徒为何不来礼敬？至于"印证义学"的故事，只对高僧大德有效，因此这方面的记载极少。

做出这样的分类，并不是要证明这些现象的真或伪，而是要考虑：如何看待这些神异故事？这些故事的流传有何重要意义？

所有这些感应，在仁寿三年写成的《庆舍利感应表》中，被那些善于辞令的文武百官说成"太平之世""昌年"的征兆。隋文帝作为一位帝王，他之所以要大规模分送舍利，起塔供养，有其政治目的，那是理所当然的。经历了数百年的乱世之后，隋文帝首次实现了政治上南北方的大一统，他以分送舍利的方式，去巩固与加强地方与中央的关系。① 有些地方的感应，明显带有政治色彩。譬如，在杨坚的发迹之地隋州，十月六日在建塔挖地基时发现一只神龟，头上竟有一行文字"上大王八十七千万年"，也就是预言隋朝江山

---

① 仁寿年间，全国三百多州中有三分之一的州建有舍利塔；若以当时的"郡"为单位统计，那么，当时全国一百九十郡中竟有八十二郡建有舍利塔，将近一半：原南陈境内十六郡，原北齐境内四十三郡，原北周境内二十三郡。北周灭佛，北方佛教破坏严重；南方战乱，佛教亦受重创；隋朝定都长安，关中佛教因此迅速复兴，但其他地方尚待中央的推动，尤其是关东地区。隋文帝以此方式分送舍利，即能起到平衡各地佛教的作用，这在政治上有利于全国的统一。参见游自勇《隋文帝仁寿颁天下舍利考》，《世界宗教研究》2003年第1期。

可以千秋万代。据称，不仅是《舍利感应记》的编者王邵目睹了这行文字，隋文帝本人还曾"亲抚视之"①。这种类似于汉代图谶的感应，虽说荒唐，但其政治寓意一目了然。各级官员纷纷上奏各地的感应，竭力歌颂隋文帝的德行与功绩。杨雄等《庆舍利感应表》把这些感应称为"神功妙相"，认为它们是隋文帝"至德精诚，道合灵圣"的自然结果②。到了仁寿四年，一位地方大臣的奏章把这些感应称为"美庆""灵异"，认为隋文帝的功绩要比黄帝、汉武帝更胜一筹③。

不过，舍利是佛的遗骨，舍利入塔，其实是一种葬礼，所以，当时记载了有些地方僧俗悲恸的场景。仁寿二年分送舍利，送到安州景藏寺，法师手捧舍利，"人人悲感不能自胜"；送到陕州大兴国寺，四月初八准备下葬时，"道俗悲号"；送到洛州汉王寺，到下葬时，寺内"树叶皆萎，乌鸟悲嗷"。这次分送舍利，当时的感应里，大多出现"白花白树白塔白云"，通常认为这是"吉缘"，但灵裕（518—608）认为这是"凶兆"。灵裕是当时的一位高僧，通达《华严》《涅槃》等经，他说，当时的舍利感应，"此相祸福兼表矣"。后来，独孤皇后、文帝在仁寿二年、四年相继去世，一国素衣。周围的人这才引以为鉴。④ 也就是说，这些神异的感应，即使在事发的当时，并不完全被认为是"瑞应"。

仁寿四年，隋文帝第三次分送舍利以后病逝，这也许就是史书没有详细记载这次分送的根本原因。社会上对分送舍利这样的事情，难免会有流言蜚语。隋炀帝后来四处分送佛像，原先是为国祚长远，不意天下大乱，改朝换代。道宣在《续高僧传·感通》篇中，因此大发感慨："文炀大宝，往福终于此世。崇建塔像，今业

---

① 参见（隋）王邵《舍利感应记》，第215页下。
② （隋）杨雄等：《庆舍利感应表》，第217页上。
③ （唐）道宣《续高僧传·法彦传》说："虽轩皇景瑞空传旧章，汉帝庆征徒书简册，自非德隆三宝，道冠百王，岂能感斯美庆，致招灵异？"（第505页下。）
④ 参见（唐）道宣《续高僧传·灵裕传》，第495页中。

起于将来。"也就是说，分送舍利、建塔造像，仍然是值得称赞的事情，能为两位皇帝的来世积累殊胜的善缘。

然而，对所有在场的普通个体而言，这些感应能有什么意义？

2. 个人体验的社会转化

舍利感应的材料，其实都是个人体验。但是，这些个人体验在故事的辗转流传过程中不断被放大，其真实性或被模糊，而其细节则被聚焦，越说越细致。

王邵、杨雄等当时编集的"史料"，都把这些灵异故事称为"感应"。这些感应被描绘成公共的、群体的经验，当时在场的人都能亲身经历。尤其是舍利"发光"，是所有舍利信仰必定会提到的，也是众人都能见证的奇迹。在上述分类中，像神光、天花甘露等，属于自然界变化的感应，是公共的宗教经验；而像治病等，属于众生变化的感应，其实是相当私密、个体的宗教经验，但在这些感应故事里，也被说成众人皆可耳闻目睹的事实。譬如，仁寿二年分送舍利，德州有位妇人多年瘫痪，到舍利塔边发愿能拄杖走路，结果"依言立愈，疾走而归"。[①]

宗教经验常被认为是个体内心深处的神秘体验，很少会有能被众人同时分享的宗教经验。然而，仁寿舍利的感应故事，却被王邵、杨雄等人渲染成一种大家都信以为真的公共的宗教经验。发生感应的过程，也就是把一种公共经验传递给每位在场的个体。舍利信仰，如同一种反复出现的历史经验，完全公开，直接呈现在公众面前。不过，在我们现实的宗教生活中，这种舍利信仰，仍然还是一种纯粹的个人信仰。不信者视之为子虚乌有，信仰者则常呼"感应强烈"。我们的思考源自这种反差，当某位佛教徒跟我们讲到他对舍利的感应时，我们并不容易直接信以为真。为什么历史上的舍利信仰，如仁寿舍利，是公共的经验，但在现实中间，舍利信仰又成了个体的经验？

---

① （唐）道宣：《续高僧传·道贵传》，第 670 页中。

或许问题的答案并不复杂，公共经验必须归附于个体的直接经验。但现在需要解决两个衍生的问题：历史上的仁寿舍利感应，如何成为公共事件？舍利感应，这种公共经验如何转化成个体经验？

舍利感应，这种公开的宗教经验，在传递的过程中要以个人的感受为基准。在这些神异故事里，总有一些中心人物，如：整个事件的策划人隋文帝，以及护送舍利的各位高僧。这些人的心态与感受，在整个故事中具有决定性的影响。今天读到的这些故事，都已形成文字。虽然我们今天不能轻易否定这些文字的真实性，但在字里行间，我们还是可以发现，舍利感应，这种宗教经验，之所以能被渲染成为公共的、普遍的真实经验，重要的原因是它们通常是模糊的公共经验，里面还有含糊不清的环节。

（1）中心人物的模糊化

在仁寿舍利的感应故事中，参与的人物主要有三类：策划分送舍利的隋文帝与昙迁、负责到各地分送舍利的高僧、当地的僧人与信众。昙迁在事件的策划中起了关键的作用，而最核心的人物隋文帝起初对这些灵异颇为质疑。《续高僧传·昙迁传》记载，仁寿元年，当隋文帝数不清手里的舍利时，昙迁说："如来法身过于数量。今此舍利即法身遗质。"此话促使隋文帝第一次分送舍利。而当隋文帝听说大兴善寺佛像放光，问及为何宫内的佛像没有发光时，昙迁的回答极尽委婉，说："世有三尊各有光明"，"佛为世尊，道为天尊，帝为至尊。尊有恒政，不可并治。所以佛道弘教，开示来业，故放神光除其罪障。陛下光明充于四海，律令法式禁止罪源，即大光也"。① 这样的辩解令隋文帝龙颜大悦。

事实上，隋文帝本人对舍利的态度一直相当暧昧。在首次分送舍利期间，皇室亦有诸多感应。隋文帝与皇后竟然能在吃饭时"齿下得舍利"，在出示百官时，原先的一颗舍利又变成两颗，"右旋相著"。在不到二十天时间里，皇宫里接连出现了19颗舍利，"多放

---

① （唐）道宣：《续高僧传·昙迁传》，第574页上。

光明"。经和尚检查,其中有 13 颗是"玉粟"。隋文帝听说此事,就说:"何必皆是真?"①

在这些感应故事中,有名有姓的讲述者主要是奉送舍利的高僧。但很有趣的现象是,这些高僧的结局大多不甚清晰,其中有不少是回到京城以后不久离世。譬如,仁寿二年分送舍利到洪州的宝宪,还京以后不久去世;仁寿元年分送舍利到青州胜福寺的智能,崇尚定业,"林泉栖托,不预僧伦,逃名永逝,莫测其终"②。这些僧人有的本身即很神秘,譬如,仁寿元年分送到隋文帝诞生地大兴国寺的道密,精通佛理与"西梵文言",同时还"习方艺","异术胜能闻诸齐世";而分送舍利到亳州的昙良,平时"专诚忏礼"。③

至于当地的僧人与信众,绝大部分无名无姓。就是这些无名氏,一起见证了神异的舍利感应,但他们并不需要担保这些事件的真实性。中心人物既然如此含糊,那么故事的书写过程又能怎样呢?

(2)书写过程的模糊化

需要担保事件真实性的人,是记录这些感应故事的作者。然而,他们并不是事件的见证者,而是文字的编撰者。不仅如此,他们都是应隋文帝的需求而特意编撰的。用于编写的原始资料,则是各地汇总上来的公文,据称是直接采自当时亲历感应的百姓、僧人与官员。这样的书写过程,最终也就消解了编写者的重要性,他们不过是转述者:既不是见证者,更不是担保者。

(3)辗转传抄的放大效应

尽管原始的编写者并不能担保故事的真实性,但是各种各样的僧传、灵验录等佛门资料的传抄,把那些感应故事不断放大。久而久之,信徒在阅读这些故事时,也就很难会去思考这些故事的真实性。种种感应都被说成是"瑞应"。像灵裕那样不合时宜的评论,也只能在他的传记里出现,通常并不为人所知。

---

① (隋)王邵:《舍利感应记》,第 216 页中。
② (唐)道宣:《续高僧传·智能传》,第 676 页上。
③ (唐)道宣:《续高僧传·道密传》,第 667 页中。

因此，若从上述三点来看，"感应"这种宗教经验的传递过程，其实很难有最终的真实性。这样的解读，当然是站在现代学术的"科学"立场上。但是，这种"科学"的解读，丝毫不能消解舍利感应在佛教史上的影响力。舍利感应，这种经验的传递能把最神秘的宗教内容以最显露的方式表达出来，自始至终伴随着佛教在中国的传播。

这种近乎"科学"的解读，正好说明了舍利感应实际上是一种模糊的公共经验。这是很难模拟重复的经验，很难找到能为整个事件负责的主体。这或许就是舍利感应能成为公共事件的原因。所以，看似公共的宗教经验，其实是相当的含糊不清。现在的问题是：舍利感应，这种模糊的公共经验如何转化成确定的个体经验，在场的个体会有什么体验？这是需要讨论的最核心的问题，涉及所有在场个人的心理需求，从中也能折射出中国人宗教生活的特点。

在上面提到的感应形式中，自然界的灵异变化，是舍利的出现所感召的；舍利或众生的变化，其实是因在场的个体感召。舍利的数量、光泽，通常是因供养人的心态而变；众生的疾病能否痊愈、能否消灾祈福，是因众生的忏悔或发愿。所有前往供养、礼敬舍利的人，都希望能借舍利的神力，对自己的处境产生积极的影响。也就是说，大家内心期盼的是属于众生变化的"感应"，但文献记载的绝大多数是属于自然界变化的"感应"。这种差异，恰好是公共经验转换为个体经验的过程。

在这些感应故事中，舍利感应兼具公共经验与个体经验两种模式。发生在自然界的灵异现象，能催化产生私密的个体经验。舍利感应的故事，越是被描述成公共的群体事件，那就越能引发共鸣，越能激发大家的宗教情绪。一旦获得了某种特别的个体经验，譬如治病，就会被说成"灵验"，即：舍利显灵。这种形态的个体经验，最能代表普通信徒实用的灵验观，他们出于实际的功利目的，去虔诚地祈求，得到佛舍利的感应，即所谓的"灵验"。但对高僧大德来说，舍利感应的个体经验还有另外的表现方式。

天和人同类相通，相互感应，天能干预人事，人亦能感动上天。天，虽然表现为"四时不忒"的自然之天，但它同时也是能干预人事的至上神。所以，依据中国传统的天人感应思想，若是人间的天子违背天意，不仁不义，天会降下灾异予以谴责；若是政通人和，天会出现各种祥瑞。在这样的文化逻辑中，隋文帝分送舍利的心理动机就很清楚：借用佛舍利的瑞应，宣扬隋朝的政通人和。至少他的臣民照着这个思路，收集汇总各地的感应事迹。

但是，属于自然界变化的舍利感应，只是表面上与天人感应相似。天人感应的结果可以有好有坏，而供养舍利的感应只能是好的结果。所以，在收集与评价仁寿舍利的时候，"情"的因素重新出现在"感应"故事里。首先，所有的感应都被说成"瑞应"——吉祥的感应；其次，像地震这样的感应，没有出现在道宣所说的六种"瑞应"里。道宣这么做的原因，恐怕一是因为地震较为少见，二是因为地震有危害。把"情"的因素放在佛教的感应中，或是儒家思想影响的结果。

3. 显灵与宗教研究的史料问题

重视"感应"，这是中国佛教的显著特点。舍利信仰，可能是其中影响力最大的一种。印度的部派佛教，对于供养舍利能否获得利益，存在很大的分歧。据《异部宗轮论》，大众部系统的制多山部、西山住部、北山住部认为，"于窣堵波兴供养业，不得大果"。上座部系统的化地部也认为："于窣堵波兴供养业，所获果少。"但法藏部认为："于窣堵波兴供养业，获广大果。"[1] 窣堵波，是指供奉佛舍利的塔。供奉佛塔有无利益，这种争议本身已能说明印度佛教的舍利信仰并没有中国佛教那么强烈。然而，中国的舍利信仰无比兴盛，甚至影响到整个东亚社会。直至今天，华人世界对佛舍利的供养依旧十分热烈。

与这种虔诚信仰相呼应的是，现代版的舍利"显灵"故事还在

---

[1] 《异部宗轮论》，《大正藏》第49册，第16、17页。

流行。可以说，一部佛教史即是一部舍利显灵的历史。"舍利显灵"是佛弟子与佛菩萨交流的具象化表现，也是舍利感应的通俗表达。感应是富有中国文化特色的说法，感应的对象、表现方式及其功能，并不确定。然而，一旦聚焦到"舍利显灵"这么具体的现象，"感应"也便成了世界各宗教普遍存在的宗教生活基本元素。伊利亚德的《神圣与世俗》，提出了一个重要的概念"显圣物"（hierophany）："神圣的东西向我们呈现它自己。"他说：

> 不论是最原始的宗教，还是最发达宗教，它们的历史都是由许许多多的显圣物所构成的，都是通过神圣实在的自我表证构成的。从最初级的显圣物——一些最平凡不过的物体，例如一块石头或一棵树的对神圣的表证——到一些高级的显圣物（对一个基督徒来说，这种最高的显圣物即是以耶稣基督体现的道成肉身），没有任何例外。①

舍利是佛教最常见的显圣物，其在佛教徒的心目中并不是普通的化石或其他坚硬的物品，而是它所体现的"法"或"法力"。见舍利如见佛，对舍利的供养，即以舍利为中心形成一个神圣空间，佛教称之为"结界"。在这个神圣的界域内，一切众生皆有佛缘有佛性，并以生命的常住不灭为理想。但在现实中，所有参与供养舍利的众生，各自的机缘千差万别，他们对"法"的领悟和感受也不相同，因此，舍利显灵的方式各不相同。佛教给自己的信众宣扬净土思想，有的远离这个喧嚣的尘世，但有的就在当下的一念之间。这实际上是对不同根器的众生提供不同的净土世界，也就是现在所说的神圣空间。以绝对的方式区隔神圣与世俗，这既给俗世的凡夫提供转换观念、悔过重生的机会，也给未来不可知的生活提供遥远的人生希望。净土宗让信徒相信有一个阿弥陀佛的西方极乐世界，

---

① 〔罗马尼亚〕伊利亚德：《神圣与世俗》，王建光译，序言第 2-3 页。

并称虔诚的念佛者在其生命的最后时刻会得到阿弥陀佛的接引,往生西方净土。佛舍利,则把如此遥远的净土拉回到当下的现实生活,重构佛立现前的神圣场景,打破凡圣二元的空间区隔,实现即凡而圣的不二境界。放光,是舍利显灵的常见元素,是佛光普照的象征,其对众生的寓意,是佛法智慧的开显。但对普通信众来说,祥瑞和治病,也就是平常所说的消灾祈福,更受关注。很少有人亲身经历显灵的现场,但有很多人在转述自己最亲的人或最敬重的人的亲身经历。

显圣或显灵的故事,一旦流传,会被记录成文字,既提供历史的例证,也提供宗教上的寓意。从一个特定的历史时间,转化为读者可以不断进入的神圣时空。中国有悠久的史学传统,这些故事会被汇编成册,成为前面提到的应验录、感通录等。这些故事,在并不信佛的士大夫看来则是志怪小说。相对中性的表述,称之为"笔记"。所以,这里涉及一个对学者而言较为麻烦的问题:如何面对宗教研究的史料?

中国佛教史料中保存了大量的舍利信仰资料。内心的信仰,原本是一种隐秘不显的个人体验,但是,舍利信仰竟以最直露的方式呈现给公众,所有在场的人理论上都能耳闻目睹,亲身经历。经过史料编纂者的书写,这成了一种历史的公共经验,给人一种史有明文的历史感:各种感应故事,被说成证据确凿的历史事实。放在今天的社会里,大多数人只把它们当作故事或小说看待。但对宗教学者来说,直接肯定或简单否定,都不是可取的学术态度。

现代学术常以"科学"自居,故而总想分清"真伪"。但是,要想从"真伪"的角度来直接讨论舍利信仰,其实注定了是说不清楚的。世俗的历史与宗教的历史,存在很大的差异。世俗的历史,有时虽也很难考证,但是大家对"史实"是否清楚多少能有自己的判断力。然而,宗教的历史在很多时候就不会有那么清楚的"史实"或"史料"。这需要我们善于甄别关键的宗教现象,在史实的考证与思想的会通之间有一个恰当的平衡。这让笔者想起汤用彤先生在 1938 年《汉魏两晋南北朝佛教史》中的跋语：

> 佛法亦宗教亦哲学。宗教情绪，深存人心，往往以莫须有之史实为象征，发挥神妙之作用。故如仅凭陈迹之搜讨，而无同情之默应，必不能得其真；哲学精微，悟入实相。古哲慧发天真，慎思明辨，往往言约旨远，取譬虽近而见道深弘。故如徒于文字考证上寻求，而乏心性之体会，则所获者其糟粕而已。

小结　"感应"的两种基本形式

《系辞》所讲的"感"，是一种直观的认识方式，并不采用抽象的理论概念进行推理，却可以通达天下的事理。这种听上去很神秘的认识方式，竟还有意想不到的政治功能，圣人借以感动人心，达到天下和平。其内在的依据是气之流通，万物皆气，同类相感。自然主义的宇宙论孕育了古代中国人的直观思维。

感应，神秘而自然，是古代中国人宗教生活的基本形式。我们已经区分了两种不同形式的"感应"：（1）自然感应，即人与自然物的感应；（2）众生感应或生命感应，即人与神灵的感应。自然感应，往往表现为祥瑞或灾异，与人的交流并不直接，通常需要中介（巫师、法师、道士或被认为能通灵的人）给出解释。众生感应、生命感应，则是人与神灵的直接交流，在局外人是神秘的体验，而在当事人的经验中，这种交流直接而自然。这是典型的神秘主义宗教经验。

德国基督新教神学家奥托（Rudolf Otto，1869 – 1937）的《论"神圣"》，是研究"宗教经验"的经典之作。他不同意施莱尔马赫（Friedrich Schleiermacher，1768 – 1834）把宗教感界定为"绝对依赖感"，而是主张还有比"依赖感"更原始的"造物感"和"神秘感"。在分析像佛教、道教这样的东方宗教时，"绝对依赖感"确实不是宗教信仰的主要来源。中国的宗教徒，他们的神圣性往往来自个人的修行，特别是苦行。奥托努力以比较宗教学的视野讨论何为"神圣"（the holy），他说，"神圣"是一个既包含"神秘"（numinous）因素又包含"道德"因素的复杂范畴；或者说，"神圣"是一块以非理性的神秘感做纬线，以理性和伦理做经线而织就的东西。① 因此，在奥托的笔下，神秘感是剔除了"神圣"观念里的道德因素和理性内容之后的剩余物，被视为宗教生活的基础。他说："任何一种宗教的真正核心处都活跃着这种东西。没有这种东西，宗教就不再成其为宗教。"② 他认为，一切类型的神秘主义有一个共同特征，自我与超验的实在在不同程度上的认同作用，而且"必须是与在力量和实在性上都绝对至高无上且完全非理性的某种东西的认同"③。在这里，我们看到了奥托讨论神秘感背后的西方一神教因素，中国人所说的"感应"并不必然把与人相对的东西视为"完全相异者"或"绝对至高无上"，因为感应的形式很多，交感之物的灵性悬殊。但是，奥托的研究，让我们看到"感应"这个地道的中国概念，却代表了一种具有普遍意义的宗教经验。神秘主义只是这个概念的外在形象，对于有感应经验的人来说，这个概念直接而自然。这种经验是非理性的，即不依靠逻辑思维，但不是没有理性，④每一种感应在古代中国都能给出哲学的或伦理的解释。奥托把"神秘"的体验方式界定为"直感"（Ahndung），是直觉和感受的混合体验，具有类比和联想的特点。

本章以佛教的舍利感应为研究个案，在两种感应形式中，中国佛教更重视舍利的众生感应。每位参与舍利供养的人，都有可能借

---

① 〔德〕奥托：《论"神圣"：对神圣观念中的非理性因素及其与理性之关系的研究》，成穷、周邦宪译，四川人民出版社，1995，英译者序第8页。
② 〔德〕奥托：《论"神圣"》，第7页。
③ 〔德〕奥托：《论"神圣"》，第26页。
④ 冯友兰说："神秘主义不是和明晰思考对立的，也不是低于明晰思考，毋宁说，它是超越于明晰思考的。它不是反理性，而是超理性的。"（《中国哲学简史》，赵复三译，三联书店，2013，第454页。）

用公共性的经验,来期待个体的灵验。很多中国人都相信"有求必应"的灵验故事。自然界的怪异现象,通常能诱导产生舍利"显灵"的真实体验。苟能如此,信心的发起也就水到渠成,所谓"机缘成熟"。这在民间,已被浓缩为一句俗语,"信则灵,灵则信"。这种信教方式,代表了我们中国人最质朴的宗教经验,即对灵验的诉求。

但在高僧大德看来,舍利的感应,则是一种感应道交的内在体验。在以"禅净双修"为主要法门的明清时代,"感应道交"成为一种修行法门,得到了佛门的高度赞扬,成为"自力"修持与"他力"救助相结合的典范。在此,我们以仁寿舍利的感应故事为例,发现了两种不同的信教方式:普通信众对灵验的期待、高僧大德对感应的体验。普通信众的信仰,往往出于具体的现实目的,而高僧大德则有更明确的修行目标。这种差异,既是社会阶层的区别,也是宗教生活进行跨阶层社会整合的功能表现。普通信众对现实利益的诉求,既有利于不同宗教在中国社会的多元共存,也有利于同一个宗教在不同阶层之间的互助共济。感应,作为普通信众和高僧大德共通的宗教心理,对于形成和敬的僧团及毗邻的社区生活提供了重要的社会心理基础。这种心理分析,多少有些神秘的色彩,与宗教社会学家韦伯的观察角度不同。

在韦伯的研究中,现代社会是理性化和"脱魅"的时代。他的研究,主要讨论宗教的经济伦理对人的行动的作用,特别是宗教伦理与近代资本主义的关系。他的《宗教社会学论文集》,主要包括两部分:一是著名的《新教伦理与资本主义精神》,二是"世界诸宗教之经济伦理",包括"儒教与道教""印度教与佛教""古犹太教"等。在他的笔下,中国传统社会具有几乎不可动摇的稳定性,包括传统的社会结构、经济制度、政治秩序、伦理观念和天地人一体的世界观图景。孝道、祖先崇拜是家庭经济或小农经济的思想基础,宗法制度则把孝道和儒家伦理内化为中国人普适的价值观。这些内容在中国传统社会具有惊人的连续性,我们在今天还可以发现家族企业在中国经济中的重要位置。在宗族逐渐消失的情况下，儒家能有今天的强势复兴，与中国社会从古至今一脉相承的经济组织模式不无关系。因此，韦伯所说的宗教伦理，具有清晰的解释框架，也有很强的说服力。但是，这种理性化的解释，并不能改变宗教信仰的非理性行为或神秘主义因素。我们在韦伯那里看到了宗教的社会功能，但他没有对宗教本身做出清晰的说明。宗教心理的研究，有助于我们认清宗教的本质。

奥托反复强调神秘感是去伦理道德之后的东西，但本章所说的"感应"，特别是儒家所说的"天人感应"，突出了这种神秘主义的伦理意义：所有的感应，或被称为"灾异"，或被称为"祥瑞"。这是中国宗教的显著特点，以人文教化为其根本。在没有特定信仰对象的日常生活中，感应是古代中国人宗教生活的基本形式，保留了对异己力量的敬畏。这是人文宗教有别于人文主义的重要方面。人文立本、感应为体，这是"人文宗教"作为一种宗教类型的两个基本点。

因此，在宗教研究方法上，我们应当兼顾宗教伦理与宗教心理的研究。两者的结合，会使宗教学有一种"文质彬彬"的品位。

第四章

会通共生

——中国宗教的关系格局

养德养身,只是一事。——王阳明
以佛修心,以老治身,以儒治世。——南宋孝宗

中国文化从一开始就是一个多元的开放体系，处在不断的生成和发展之中。以佛教为代表的外来宗教，是促成中国文化在中古时期实现自我更新的重要因素。在这个动态过程中，佛教从外来宗教转而成为中国文化主流，这与佛教的教义思想、组织制度有关，也与中国社会注重和谐包容的东方智慧有关。儒释道三家最后形成"体上会通、用上合流"的共生关系格局，是世界文明史上交流互鉴的典范，对当前我国宗教坚持中国化方向具有重要的现实借鉴意义。

儒释道三家，现在被看作中国文化最主要的组成部分，形塑了中国宗教文化的基本品格。两汉之际汉民族的文化心理与宗教生活基本定型，此时传入的佛教，在其随后的中国化过程中，与儒家、道教等本土的宗教文化传统交涉互动，改变了中国宗教的生态分布，自此而有儒释道三家的相互影响、交流交融，但始终又以儒家为其主导。儒释道三家你中有我，我中有你，这种"互动式影响关系"使三教彼此融为一体，渐成"三足鼎立"的文化格局。

在中国历史上，儒家、佛教和道教，合称"三教"，最早的事例应是梁武帝（464—549）撰《会三教诗》。当时还有开善寺智藏（458—522）、梁武帝第三子萧纲（503—551，后为梁简文帝）的和诗，时间在天监十七年至普通元年（518—520）。[1] 幸存在《艺文类

---

[1] 参见刘林魁《梁武帝〈会三教诗〉及其三教会通思想考论》，《古籍整理研究学刊》2012年第5期。梁武帝此诗，在唐代文献中多数题为《会三教诗》，如欧阳询《艺文类聚》卷七十六、彦琮《唐护法沙门法琳别传》卷下，仅道宣《广弘明集》卷三十题为《述三教诗》。该诗讲述梁武帝的学习经历："少时学周孔，弱冠穷六经……中复观道书，有名与无名……晚年开释卷，犹日映（转下页注）

聚》卷七十八的陶弘景（456—536）《茅山长沙馆碑》，内有一句提及"三教"两字。① 这位梁武帝的密友、茅山道士，追求"三教之境"，并不令人意外，佐证了三教会通是梁武帝倡导的主张。北朝最早使用"三教"一词的事例，出现在北周武帝灭佛前的三教讲论期间。北周天和五年（570），道安奉命撰写评论佛道关系的文章，题为《二教论》。这篇著名的论文同时提及"儒教"、"道教"和"佛教"的说法，并借虚构的"东都逸俊童子"之口，表示"三教虽殊，劝善义一，涂迹诚异，理会则同"，但道安以"西京通方先生"自居，表示只有儒佛二教，并不承认道教。《二教论》被收在道宣编的《广弘明集》卷八，当时主张灭佛的卫元嵩撰有《齐三教论》七卷，《新唐书》卷五十九《艺文三》有存目。两派的意见针锋相对，道安的姿态比较激烈，认为道教充其量只能被称为"道流"，这反衬出当时把儒释道合称"三教"的做法已有相当大的社会影响。

"三教"这个观念，流行于南京、长安，经历了整整半个世纪。而从"东都""西京"这样的隐喻中，我们似乎能感受到洛阳或邺城的风气更能接受三教会通的思想。事实上，后来推行灭佛的北周武帝创办"通道观"，其思维方式接近于"会通"的观念。重新统一了中国的隋文帝（581—604年在位），大兴佛法，开皇十二年（592）下诏："佛法深妙，道教虚融，咸降大慈，济度群品"（《隋书·文帝纪》），允许三教同时存在。唐高祖武德七年（624），三教名德聚集国子学，举行公开的三教讲论，渐成唐代的制度；② 武周

（接上页注①）众星。"其中"晚年开释卷"，应指他"舍道事佛"。据《广弘明集》卷四《舍事李老道法诏》，通常把梁武帝舍道事佛的时间定在天监三年（504），但最近的研究认为天监十八年（519）更准确，当时梁武帝五十五岁。参见钱汝平《萧衍研究》，四川大学2007年博士学位论文，第113-118页。

① 这句碑文是"夫万象森罗，不离两仪所育。百法纷凑，无越三教之境"。参见〔日〕小林正美《六朝佛教思想研究》，王皓月译，齐鲁书社，2013，第308页。碑文内容，参见《宋本艺文类聚》卷七十八"仙道"，第2013-2014页。

② 参见罗香林《唐代三教讲论考》，香港《东方文化》1954年第1期。

时期还在明堂举行"三教讲论","三教"的说法通用于朝野。儒释道三足鼎立的文化格局自此形成,"会通"成为当时帝王处理宗教关系的基本策略。

在三教之间,儒家起着政治主导作用,而在民间,佛教的势力最大,道教的影响最深,形成了"一主两从"的宗教关系格局。进入明清社会,三教一致成为包括民间宗教信仰在内的不同宗教共同的思想主张。三教关系,诚如任继愈先生所言,是中国思想史、中国宗教史上的"头等大事";① 三教合流,是历史上中外宗教文化交流的最后归宿。这个融合过程,在南北朝渐露端倪,从中唐到北宋大致成型,到了明清时期,蔚然已成社会主流思想。

一 儒家主导的三教互动

在儒释道三教关系里,儒家的思想观念起着主导的作用。杨庆堃曾以"一主两从"的主从关系来说明儒家与佛道两教的关系。他说:

> 虽然理性主义的儒家思想在中国社会与政治秩序的组织占着支配地位,宗教的影响却深入中国人社会生活的每一方面。这两种情况能并存而不起冲突,是由于许多其他的因素,其中之一是中国宗教在组织上不能强固。因此,在中国历史大多数时期中,儒家与宗教是形成一种主从关系。②

儒家以礼教的形式对佛道两教加以抑制或整合,儒家思想支配着中国人的伦理价值,而佛道等宗教则对儒家的道德给予超自然的支持。

---

① 参见任继愈《唐宋以后的三教合一思潮》,《世界宗教研究》1984 年第 1 期,第 4 页。
② 〔美〕杨庆堃:《儒家思想与中国宗教之间的功能关系》,史华兹等《中国思想与制度论集》,段昌国等译,联经出版公司,1979,第 336 页。

这种宗教关系的形成，首先有赖于儒学自身的政治化与宗教化：儒学成为中国社会最重要的教化内容，不仅包括人生各个阶段的礼仪规范，还把这套礼仪外化为一种政治秩序。经历了西汉的"罢黜百家，独尊儒术"，到魏晋之际，"儒教"的称谓已很流行。①

在古汉语中，"三教"之"教"，是指上施下效的"教化"。譬如，天台宗创始人智𫖮说，"教是上圣被下之言"（《摩诃止观》卷一上）。本书第一章在讨论 religion 的译名时，说到了日本学者当初译为"宗教"，实际上已经考虑到了儒家重视教化的因素。"佛教"一词要到东晋中期才被广泛使用，此前主要采用"佛道"或"神道"；现在所指的"道教"，要到东晋末期、南北朝初才算正式出现。学术界经常认为相对于佛教而言的"道教"，寇谦之（363—448）最早使用。但小林正美认为，最早的用例出现在刘宋顾欢（420—483）的《夷夏论》："佛教文而博，道教质而精。"② 当然，这只是小林正美的观点。若从两个修行团体实际的相处来看，最晚在帛远和王浮辩论时（本章第三节将会讨论），即在公元4世纪初，佛教和道教的自我认同已经形成。

1. 政主教从

汉武帝所提倡的儒学，是一种宗教性的儒教，是儒、墨、方士的掺合物，以董仲舒为其哲学上的代表。后来，东汉章帝召集大儒召开"白虎观"会议，汇成现在的《白虎通义》，把被汉儒改造了的儒家思想定格为国家的意识形态。宗教化了的儒家，从此在中国社会发挥宗教的功能，以其特有的"礼乐"制度规范各种人伦秩

---

① 当时还有名教、礼教、世教、道教、德教、仁教、圣教、周孔之教，以及儒学、儒术、经学、经术等不同的称呼。参见〔日〕小林正美《三教交流中"教"的观念》，《六朝道教史研究》，李庆译，四川人民出版社，2001，第494页。
② 参见〔日〕小林正美《中国的道教》，王皓月译，齐鲁书社，2010，第2-3页。他还引寇谦之《老君音诵诫经》："妄传〔张〕陵身所授黄赤房中之术，授人夫妻。淫风大行，损辱道教。"但在此处，"道教"是否专指相对于佛教或儒家的道教，意义并不明晰。

序。特别是以"祭天祀祖"为主要内容的儒家祭礼,一经政府的强力推行,使儒家具有鲜明的宗教色彩。

但是,汉代儒学的宗教化并未就此完成。宋明理学以"三纲""五常"为中心,吸收佛教、道教的宗教思想和修养方法,提倡"存天理,去人欲",在社会实践层面上进一步推动儒学的宗教化,把四书五经奉为儒教的根本经典,祭天、祭孔、祭祖成为规定的宗教仪式,从中央到地方建立孔庙祭孔,甚至在道教宫观里有时也会供奉孔子、朱熹的牌位。

明末清初,"儒学宗教化"还在民间继续深化。王汎森研究许三礼的告天之学,介绍这位顺治十八年(1661)登进士第的许三礼践行一种告天、谢天的宗教仪式,认为借此可以与天地万物成为一个相互感应的整体。① 陈来利用新发现的《颜山农先生遗集》,以其为代表介绍泰州学派化俗乡里的民间儒学。② 类似这些研究,表现了儒学在不同社会阶层的宗教性道德实践。降至近代晚清民初,康有为主张建立"孔教会",企图以"宗教"的名义,重整儒学的思想资源。直到现在,也还有人主张成立"孔教"。学术界虽然没有完全附和"孔教"的呼声,并不完全以"宗教"看待儒家,但对儒家的宗教性几乎没有什么质疑。

作为国家意识形态的儒学与佛道两教的关系,在某种意义上是中国传统的政教关系。西方的政教关系,从传统的"政教合一"转变为现代的"政教分离"。然而,中国传统的政教关系,历来就是"若即若离",儒家在中国社会,兼具行政管理与道德教化的双重功能。

政治与宗教,在中国社会实际上处于不对称的两极,宗教力量从来就是依附于合法的政治力量,如中国佛教界经常引用的名言,

---

① 参见王汎森《明末清初儒学的宗教化:以许三礼的告天之学为例》,收入《晚明清初思想十论》。
② 参见陈来《明代的民间儒学与民间宗教:颜山农思想的特色》,收入《中国近世思想史研究》。

"不依国主则法事难立"①。佛、道两教因它们的出世性质削减了三教之间的政治性紧张，儒家在政治生活中占据主导地位，但它并没有因此取消以佛道为代表的宗教信仰对中国人日常生活的影响。佛道两教存在的政治合法性，是它们有助于儒家的政治统治。由于儒家在国家政治生活中所处的中心地位，虽然儒释道三教并存，但中国古代的宗教体制属于"政教一体"。这与西方传统的"政教合一"不同，"合一"须以政治与宗教两种制度的分化为前提，而"一体"却不需要这种制度的分化，佛道两教在中国文化母体里依附于政治儒学而存在。

不过，所谓的"政教一体"并非缘于宗教与政治制度的合体，而是中国自古以来有其独特的政教体制。"政"与"教"看似不同，实为同体，"政教"两字因此经常并用，如荀子说"本政教，正法则"（《荀子·王制》）。"教"指教化或教育，行政的目的是教育百姓，教育的目的则是同心同德，为政贵在教民，使人成为君子。诗书礼乐，皆可成教。就实际的效果而言，礼教最有效。因此，荀子说："礼义者，治之始也；君子者，礼义之始也。"（《荀子·王制》）古代中国的政治理念与其礼乐制度密不可分，其中有宗教因素，但不宜混为一谈。与其把古人的"政教"之"教"理解为"宗教"，还不如将之解释为现在常说的"德育"。

行政和德育合为一体，这是中国的政治传统。礼教作为古代中国最重要的德育内容，祭祀作为礼教之首发挥了重要的教化功能。祭礼具有鲜明的宗法性，而宗法制是古代中国最基本的社会组织形式，繁文缛节意味着其内部结构等级森严。这里既有皇帝的祭天，也有百姓的祭祖，形成"奉天法祖"或"祀天祭祖"的传统。牟钟鉴把这种形式的中国宗教称为"宗法性传统宗教"。他认为，这种宗教"以天神崇拜和祖先崇拜为核心，以社稷、日月、山川等自然

---

① 东晋高僧道安语，（南朝梁）慧皎：《高僧传》卷五《道安传》，《大正藏》第50册，第352页上。

崇拜为翼羽,以其他多种鬼神崇拜为补充,形成相对稳固的郊社制度、宗庙制度和其他祭祀制度,成为中国宗法等级社会礼俗的重要组成部分"。① 宗法制意味着等级制,但维持这种等级制的动力并不来自宗教信仰,而是社会结构和政治秩序的现实需要。"天子祭天地,诸侯祭社稷,大夫祭五祀。天子祭天下名山大川,五岳视三公,四渎视诸侯,诸侯祭名山大川之在其地者。"(《礼记·王制》)这是一段很有说服力的文字,我们在政治生活里发现了中国宗教的表现形式,但其中既没有从上而下或从下而上的宗教组织,也没有统一的崇拜对象。祭祀之所以成为一种礼教,是在感恩天地山川、祖先圣贤等神灵有功于民的同时,所有参与祭祀的成员借此确立了自己的身份认同。这是古代中国形成"政主教从"关系的社会基础,宗教信仰只是王权实现社会教化或推行德育的重要手段之一。

杨庆堃曾经专门研究民间的祖先崇拜缘何能够长期存在,并且成为儒家政治的重要组成部分。中国老百姓的祭祖活动,能以一种宗教形式的力量"联结并加强一个世俗的亲属团体",有些名门望族的祭祖联谊,甚至具有全国性的影响力,这对国家的统治秩序会有潜在的威胁。但是,祭祖活动仍然受到历代王朝的大力推崇。其重要原因是:这种以祖先崇拜为纽带所形成的以亲属为中心的宗教团体,譬如,宗族或同乡会,"在本质上是地方性的组织,它不可能发展出一个大规模的有效中央系统,给儒家控制下的社会与政治秩序造成任何威胁"②。因此,中国传统的祖先崇拜,虽会推动家族势力的发展,但它所形成的地方性社会组织,非但不会对政府造成威胁,反而能成为儒家社会一项有效的治理工具,降低政府管治社会的成本。

2. 宗教生活的差序格局

佛道两教虽都辅助儒家的政治统治与伦理秩序,但这两个同样游离于政治的宗教,对于中国人日常生活的实际影响,并不完全一

---

① 牟钟鉴:《中国宗法性传统宗教试探》,《世界宗教研究》1990 年第 1 期。
② 〔美〕杨庆堃:《儒家思想与中国宗教之间的功能关系》,载史华兹等《中国思想与制度论集》,第 339 页。

致。从信众的数量、典籍的流通来看，佛教的势力最大；若论思想的根基，道教在中国人的日常生活中影响最深。

佛教认为，抄写、读诵佛经具有无量功德，既能消除业障，也能禳灾祈福。譬如，在中国流通极广的《金刚经》里有这样的段落："若有善男子善女人，初日分以恒河沙等身布施，中日分复以恒河沙等身布施，后日分亦以恒河沙等身布施，如是无量百千万亿劫以身布施。若复有人闻此经典，信心不逆，其福胜彼。何况书写、受持、读诵、为人解说？"① 不惜自身的性命去救助他人，佛教称之为"身命布施"，这当然具有无量的功德，但抄写《金刚经》所获的功德还远在其上。这种观念对佛教的传播起了极大的推动作用，民间的写经、刻经因此蔚然成风。《隋书·经籍志》记载，隋代开皇年间（581—600），天下之人竞相抄经，导致"民间佛经多于六经数十百倍"②。

隋唐时期，作为外来宗教的佛教吸纳了一大批中国的知识精英，他们或习梵语翻译佛典，或精研佛理创宗立说，像天台宗创始人智顗、唯识宗创始人玄奘、禅宗六祖惠能（638—713）等，都是代表时代精神高峰的思想巨子。到了宋代，张方平（1007—1091）无奈慨叹，对王安石（1021—1086）说："儒门淡薄，收拾不住，皆归释氏。"③ 这种慨叹，是唐代、北宋初年儒家士大夫一种相当普遍的心态。韩愈不惜身家性命，敢于犯颜直谏，希望皇帝不要佞佛，内心的悲凉，恐怕亦是由于"儒门淡薄"。

佛教对于占据政治主流的儒学，尚有如此的影响力，何况对于同为出世宗教却在组织方面更为薄弱的道教？只要稍加考察比较当前中国各地的佛庙与道观的数量与规模，就很容易看出佛教势力远远超过道教的现象。不过，这种数量的多寡，并不意味着佛教对于

---

① 《金刚般若波罗蜜经》，（姚秦）鸠摩罗什译，《大正藏》第 8 册，第 750 页下。
② （唐）魏征等：《隋书》卷三十五，第 1099 页。
③ 参见（宋）陈善《扪虱新话》卷十《儒释迭为盛衰》，上海书店出版社，1990，影印涵芬楼本。

中国人思想的影响就一定会比道教更强大或深入。

中国人的许多观念或理想,譬如长生不老、消灾祈福等,都与道家道教紧密相关。鲁迅有句广为引用的名言,"中国根柢全在道教"①,虽然这未必就是肯定道教在中国社会的积极作用,却揭示了道教之于国民性的深刻关系。佛庙数量的庞大,说明了佛教的组织制度相对比较完善。但道观数量虽然偏低,背后却有一批类似"民兵"的活跃于民间社会的道士,他们平时从事正常的生产与劳动,在需要的时候却能披上道袍扮演道士的角色,完成当地居民托付的各种法事活动。佛教要求僧人必须披上特定的服装——袈裟,到寺院里过集体的修行生活。但是,道教只有部分宗派,需要道士到道观集体修行,其他的道士平时可以在家里像普通人一样生活。因此,道教与民间社会的亲和力更强,特别是在佛教僧人没有到达的偏远或闭塞地区,这批并不需要道观的道士在民间社会发挥着宗教慰藉的作用。

缘于佛道两教对中国人实际生活的巨大影响,以及明清以来"三教合流"的主流思潮,我们认为,"一主两从"的理论概括,重点考察了儒家教化的主导作用。但是,千百年来,儒释道三家的互动与影响,你中有我,我中有你。彼此的互动关系,以及中国人缘此而有的宗教生活,借用费孝通的说法,存在一种"差序格局"。

费孝通《乡土中国》一书以"差序格局"这个概念,解释中国传统社会中社会关系的特点。他说:"我们的格局不是一捆一捆扎清楚的柴,而是好像把一块石头丢在水面上所发生的一圈圈推出去的波纹。每个人都是他社会影响所推出的圈子的中心。被圈子的波纹所推及的就发生联系。每个人在某一时间某一地点所动用的圈子是不一定相同的。"② 在他看来,西方的社会组织就像一捆一捆的柴,是界限分明的"团体",所谓"团体格局"。但中国的传统社

---

① 鲁迅:《1918 年 8 月 20 日致许寿裳》,《鲁迅全集》第 11 卷,人民文学出版社,1981,第 353 页。
② 费孝通:《乡土中国 生育制度》,北京大学出版社,1998,第 26 页。

会，就像一圈圈外推的波纹，每个成员都能厕身于多个波纹圈，不同的波纹圈还能相互叠加。费孝通把这种结构称为"差序格局"，能产生波纹、被扔到水里的"石头"，主要是血缘关系与地缘关系。这种传统的社会关系，具有鲜明的以"自我"为中心的立场，善于吸纳不同波纹圈的影响，也就是善于协调不同的人际关系，而不是单纯采用普遍的法律条文或共同规约。

中国人处理自己的宗教信仰也有类似的特点，中国人的宗教生活同时接受儒家、佛教与道教，乃至各种民间宗教的影响。儒释道三教各有擅长的领域，普通的中国人各取所需，大多会以自己的方式去选取所需的内容，进行自由组合。在儒家统治者眼里，三教的和谐共存，是以功能的社会分工为基本形式。南宋孝宗皇帝说，"以佛修心，以老治身，以儒治世"，这一论断成为后世讨论三教何以共存的基本方案，也是很多中国人协调三教关系的首选方案。

儒家的主要功能是"治世"，它是一种治理国家的意识形态，确立了中国传统社会的礼仪规范与典章制度。道教的功能主要是"治身"，长生不老的神仙生活，中国人一直心向往之。如果宗教信仰不能满足大家延年益寿的希望与要求，这种宗教就很难取信于中国民众。在民间现已形成道教"祭生"与佛教"度死"的习俗，[①]中国人往往会把身体健康的希望寄托于道教的神仙。先秦儒家就已受到"明乎礼义而陋于知人心"（《庄子·田子方》）的讥评，而佛教的功能主要是"治心"，修禅念佛，了脱生死。其在心性修养方面的丰厚思想资源，特别是禅宗的"明心见性"、华严宗的"理事无碍"、天台宗的"止观双修"等，成了宋明儒学发展的重要思想源头。

这种"治世治身治心"的社会分工，是以儒家政治为轴心的宗教关系格局。儒释道三教的精英阶层，以及民间社会的普通信众，其实还有不同的三教分工模式，佛道两教的功能亦不仅仅局限于

---

① 谭伟伦：《建立民间佛教研究领域刍议》，《民间佛教研究》，中华书局，2007，第10页。

"治心"与"治身",三教之间尚有绵延不绝的对话实践。明清以后,佛教徒大多主张三教"同归",劝人为善;道教徒则说三教"同源",道一教三。中国人日常的宗教生活,经常处在儒释道三教的"差序格局"里。

当然,形成这种宗教生活的差序格局,是以佛教的中国化与佛道两教的相互调适为前提,并始终受益于中国文化注重"和而不同"的主流价值观。

二 征服与屈服的佛教史

荷兰汉学家许理和的名著《佛教征服中国》,考察了佛教自两汉之际传入中国到东晋末年庐山慧远(334—417)大约400年的传播与发展。在这400年里,佛教渗透到了中国社会的各个阶层,在中国社会取得了普遍的认同与接受,它的信徒从王公贵族,一直到社会上没有文化的庶民百姓。所以,许理和说,"一个伟大的宗教征服了一个伟大的文化"。①"征服"两字,并不意味着中国文化对印度佛教的全盘接受,更不意味着印度佛教对中国文化的改造。该书的副标题是"佛教在中国中古早期的传播与适应",这个表述比较符合全书的内容,"征服"同时意味着"屈服",即对中国文化和中国社会的适应。中国的佛教,既继承了印度佛教的精神,又随顺了中国文化的思潮。佛教的输入,表征了中国文化接受印度文明的开始,这同时也是佛教在中国的本土化进程。

1. 佛教传播及其与中国社会的冲突整合

在现代中国人的眼里,佛教俨然已是中国传统文化的组成部分。但这个中国化历程并非一帆风顺,佛教在风俗伦理、组织制度等方面与中国儒家的宗法社会不同,大规模的传播则又激化了僧团与朝廷在税收、徭役、贵金属等方面的经济矛盾,甚至在极端的情

---

① 〔荷兰〕许理和:《佛教征服中国:佛教在中国中古早期的传播与适应》,李四龙、裴勇等译,第328页。

况下酿成历史上著名的"三武一宗法难"。东晋南北朝是佛教入华传播的关键时期，佛教在南北朝有爆发式增长，形成了一系列比较明显的冲突：信仰差异所引发的佛道教冲突、僧团力量膨胀所导致的政治经济冲突、生活方式差异所引发的伦理秩序冲突。①

佛教与道教在中古社会的冲突，是外来宗教融入中国社会时与本土宗教之间的矛盾。双方有不同的信仰对象、修行方式，彼此在信众规模、社会地位、经济基础等方面有利益之争，在论争的过程中主要表现为教义思想和文化理念上的差异，特别是在夷夏问题上，道教徒编造《老子化胡经》，借以指责佛教为"夷狄之术"。下一节将会重点讨论历史上佛教与道教之间的论争与融合。统治者总想让僧团遵守世俗礼法，北朝的中央集权体制比较严密，民众的自由空间较小，僧人因此多把帝王当作"当今如来"，敬王形同礼佛；而在南朝，尽管偏安的皇帝们并没有实现大一统的政治格局，但他们对这种理想的嗜好，绝不亚于北朝以及想象中的历代先王，与支持佛教的士大夫群体多次发生关于"道人敬事"的争论。特别是沙门该不该向君王行跪拜礼，从东晋到刘宋时期，帝王和权臣至少有过三次较大规模的争论。② 从东晋到南北朝，至少有五次帝王直接针对僧团的小规模精简计划：第一次是后赵石虎时期（335—349），在著作郎王度上奏后不久诏令沙汰僧众，时间可能在建武元年（晋咸康元年，335）；第二次是前秦苻坚时期（357—384），《高僧传·竺僧朗传》记载，苻坚在沙汰僧团时特别下诏称赞这位法师"戒德冰霜"，对他的僧团免于检查；第三次是东晋末年桓玄专权时期，他劝

---

① 参见李四龙《天台智者研究》，北京大学出版社，2003，第 20–27 页。
② 第一次是在咸康六年（340），东晋庾冰与何充的争论，并没有僧人的参与；第二次是在元兴元年（402），独揽大权的桓玄和自己的部下争论，双方相持不下，最终交由慧远裁定，这位僧团领袖撰写了名篇《沙门不敬王者论》，以世间法与出世间法各有礼俗，劝喻桓玄不要干涉僧团自由；第三次是在大明六年（462），刘宋孝武帝强制推行沙门致敬王者，甚至不惜动用酷刑，直到永光元年（465）前废帝下令废除，这是南朝佛教最艰难的三年，僧人被剥夺了抗辩的权力。参见汤用彤《汉魏两晋南北朝佛教史》，第 322 页；〔荷兰〕许理和《佛教征服中国》，李四龙、裴勇等译，第 149–153、319–328 页。

说高僧还俗，对沙门进行登记造册，要求僧人致敬君王等，时间在元兴元年前不久；第四次是宋文帝时期（424—453），为防止铸铜佛像等奢侈之事，元嘉十二年（435）沙汰沙门罢道者数百人；第五次是刘宋孝武帝时期（454—464），大明二年（458）因有沙门存在参与谋反的嫌疑，下诏沙汰。① 史书上将这样的行动或建议称为"沙汰"，是对僧团的清理整顿，未必全是不利于佛教。上述这些统治集团内部的争执和相关的"沙汰"，使我们看到佛教史上四次"法难"背后常态化的佛教处境。在三教合流这种共生格局形成之前，佛教作为一种外来宗教的中国化历程，并没有我们今天想象的那样顺利。

与南方政权对待佛教的政策有所不同，北方政权的佛教政策大起大落。从后赵开始，一直到北魏、北齐，绝大部分时间佛教得到了帝王直接的推动。北朝佛教出现了大规模的传播，寺院经济迅速膨胀，僧尼人数一度达到二三百万人，寺院竟有三四万所。这些寺院由王室、官员、百姓等不同阶层的信众施造，小的只可容纳3—5人，一般的可容纳50人以上，特别大的则可容纳万人以上。② 僧尼人数猛增，势必导致猥滥僧的增加，其中不乏作奸犯科的匪徒和流民。据道恒（346—417）《释驳论》，公元5世纪初僧人已因敛财滋事而为人诟病，被称为社会的"五横"之一，系"有国者之所大患"③。北齐颜之推（531—595）《颜氏家训·归心》列举了对僧尼

---

① 参见〔荷兰〕许理和《佛教征服中国》，李四龙、裴勇等译，第377、406页；汤用彤《汉魏两晋南北朝佛教史》，第323页。
② 参见〔法〕谢和耐《中国五—十世纪的寺院经济》，耿昇译，甘肃人民出版社，1987，第16-18页。该书绘制了历代僧尼、寺院的数量简表，其资料主要来自（北魏）杨衒之《洛阳伽蓝记》、（北齐）魏收《魏书·释老志》、（隋）费长房《历代三宝纪》、（唐）法琳《辩正论》、（唐）道宣《释迦方志》、（宋）本觉《释氏通鉴》、（宋）志磐《佛祖统纪》等。
③ 参见（东晋）道恒《释驳论》，载（南朝梁）僧祐《弘明集》卷六，《大正藏》第52册，第35页上。他说："或垦殖田圃，与农夫齐流；或商旅博易，与众人竞利；或矜恃医道，轻忤寒暑；或机巧异端，以济生业；或占相孤虚，妄论吉凶；或诡道假权，要射时意；或聚畜委积，颐养有余；或指掌空谈，坐食百姓……此皆无益于时政，有损于治道，是执法者之所深疾，有国者之所大患。且世有五横，而沙门处其一焉。"

的五种批评，其中之二就说他们"行业多不精纯"，"糜费金宝、减耗课役"①。

　　寺院经济的迅猛发展，同时意味着僧人阶层已是一股不容忽视的政治力量。在这一时期，各种斋会、社邑活动相当频繁，内部组织管理日趋完善，僧尼干政的案件不断上升，僧人参与甚至领导的军事暴动，亦频见于历史记载。② 这种冲突最激烈的表现，就是爆发帝王的灭佛运动。北魏太武帝最后下决心灭佛，起因之一是在寺院里发现了兵器粮草。从表面上看，他受到了道士寇谦之、儒生崔浩等的影响，甚至还受道教影响，440年改元太平真君，但从政治策略上看，此举可能是在安抚北方汉人的世族大姓。太平真君五年，下诏禁王公以下至庶人私养沙门。太平真君七年，太武帝西征到达长安，据说在佛寺发现兵器，还查出了寺僧触犯饮酒戒和淫戒，因此下诏诛杀长安沙门，废除全国佛教，"有司宣告征镇诸军、刺史，诸有佛图形象及胡经，尽皆击破焚烧，沙门无少长悉坑之"③。这是中国佛教史上的首次法难，拟用杀人的极端手段，所幸太子缓发诏书而使僧人有机会逃逸避祸。这场历时八年的法难，使当时的佛教中心转移到南方的建康。不过，民间的佛教在北魏文成帝继位以后得以迅速恢复，而在太和十七年（493）孝文帝迁都洛阳以后，当时的佛教中心重新回到了北方。《洛阳伽蓝记》展现了当时寺刹林立，佛门兴盛的景象。历经东魏、北齐，邺城佛教达到了北朝佛教的顶峰，邺城一地的寺院多达四千余所，义学研究蔚然成风。但是，这种景象，很快遭遇北周武帝的灭佛。这在心理上对

---

① 《颜氏家训·归心》说："俗之谤者，大抵有五：其一，以世界外事及神化无方为迂诞也；其二，以吉凶祸福或未报应为欺诳也；其三，以僧尼行业多不精纯为奸蠹也；其四，以糜费金宝、减耗课役为损国也；其五，以纵有因缘而报善恶，安能辛苦今日之甲，利益后世之乙乎？为异人也。"［（北齐）颜之推著，王利器撰《颜氏家训集解》（增补本），中华书局，1993，第371－372页。］
② 参见任继愈主编《中国佛教史》第三卷，中国社会科学出版社，1988，第52－55页。
③ （北齐）魏收：《魏书》卷一百一十四《释老志》，中华书局，1974，第3035页。对

当时的佛教徒打击很大,现实中的"法难"诱发了弥漫在当时佛教界的末法情绪。历史上还有唐武宗的会昌灭佛、后周世宗的限佛运动,史称"三武一宗法难"。

在佛教的中国化过程中,"法难"是极端情况,并不多见。佛教与中国社会的冲突,主要表现为生活方式、风俗习惯和伦理规范上的差异,也就是佛教的戒律与儒家的礼法有比较明显的冲突。前面提到的沙门敬不敬王者,即是其中的严重问题,涉及国家上层的政治运作。对庶民百姓来说,出家人剃发,与俗人蓄发有明显的不同,违反儒家所讲的孝道,"身体发肤,受之父母,不敢毁伤"①。最大的冲突是佛教的辞亲出家制度,直接违背了儒家所说的"不孝有三,无后为大"②,背后涉及赡养父母等具体的社会义务。生活在底层的庶民,习惯于"十里不同风,百里不同俗",他们对风俗习惯上的差异,实际上有很高的容忍度,关键是这些外来的信仰能否有助于他们的日常生活。但对那些熟悉儒家礼教的士大夫,特别是谙于礼教政治功能的帝王来说,风俗习惯、生活方式,往往代表了价值观的取向,移风易俗是文化认同、政治认同的标志,涉及伦理秩序的重新调整。风俗的改变,有可能改变以往的社会关系结构。无论是家庭的内部关系,还是个人与国家、社会的外部关系,它们可能波及经济利益的分配、权力结构的重组。佛教的出现,在王权之外、在宗法社会的血缘之外,多了一层新的人际关系,出现新的社会关系网络和社会动员方式,也就意味着出现新的社会权力核心。这种变化隐含了常态化的政治经济矛盾,并在特殊的情况下,有可能演变为现实中的实际冲突。宗教在风俗习惯上的差异,是宗教内部与外部之间的识别标志。对宗教的局外人来说,宗教风俗通常是他们回避的话题,但对宗教内部的人来说,这是他们维持神圣性的重要来源。

---

① 《孝经注疏·开宗明义章第一》,第3页。
② (汉)赵岐注,(宋)孙奭疏《孟子注疏》卷七下,北京大学出版社,1999,第210页。

对佛教来说，伦理关系建立在对佛法的信仰上，即形成皈依佛法僧三宝的僧团。这与以血缘为纽带的宗法社会的伦理关系很不相同，出家的生活妨碍了对家庭的责任，特别是对父母的孝顺，而其实际的后果影响子孙的繁衍、家族的延续。如何在观念上表明佛教的伦理关系并不影响中国社会的整体结构，甚至还说明佛教信仰如何推进儒家的道德伦理观念，这是历代高僧绕不过去的永恒话题。事实上，那些不涉及伦理关系的风俗，在佛教、道教和民间社会之间经常会有相互的借鉴，乃至于学者们现在常为某些宗教仪式的来源而争论不休。建立在佛教伦理基础上的僧团，有其相对固定的居住地，在中国习惯上被称为"寺院"。对传统的中国社会来说，这是一种全新的社会组织形态，与宗族很不相同，更与大一统的王权体制大相径庭。在佛教传入以后，中国社会形成了"王权—宗族—寺院"的三分结构，即：寺院成为在王权、宗族之外的公共社会空间，承担公共的社会教化功能，有时兼顾行使慈善、救济等职能。寺院或僧团在中国社会的职能分工一旦明确，佛教徒就有可能完成他们在中国社会的自我认同，儒释道的三教关系也就有了和谐共存的客观条件。

2. 佛教对中国文化的主动调适

面对冲突，佛教采取了主动的调适。佛教能够成功地扎根中国，既说明了中国文化的包容性与开放性，也说明了佛教对中国文化、中国社会的"屈服"：佛教，这个外来的宗教接受了中国固有传统的思想整合，特别是与儒家社会的纲常伦理相适应。在隋唐形成本土化的佛教宗派以前，佛教在汉代被当作求神成仙的道术，在魏晋又被看成玄学清谈，想让中国的知识精英接受全新的佛教思想，必然要用中国的思想解释佛教。与此同时，想让中国社会接受"寺院—僧团"这种全新的组织形态，也还必须适应中国原有的社会秩序与伦理规范。

佛教界普遍相信汉明帝"感梦求法"的故事：这位东汉皇帝夜间"梦见神人，身有日光，飞在殿前"，翌日向大臣们询问他所梦到的"神人",得知是"佛"以后,传说是在永平七年(64),派人前往印度求法,三年后返回,取回佛经"四十二章",并在洛阳城外建造"白马寺"。①东汉社会流行图谶纬书、方技术数,迷信阴阳灾异之说,喜好预断吉凶、禳灾祈福。因此,当时传入的佛教,也被认为是"求福祥""致太平"的"神仙祭祀致福之术"(《汉书·郊祀志》)。中国历史上早期信仰佛教的楚王刘英(？—71)、汉桓帝刘志(147—167年在位)都是佛老并重,楚王喜欢"黄老之微言"与"浮图之仁祠",汉桓帝在皇宫内同时设"黄老浮屠之祠"。从楚王到桓帝的近一百年间,东汉佛教是从属于黄老术的异域新方术,佛陀是一位能够飞行殿庭的神仙,并与黄帝、老子同时受到祭祀。桓帝初年,来到洛阳从事译经弘法的安世高,原为西域安息国太子,被描写成精通"七曜五行,医方异术"(《高僧传·安清传》),俨然一位方士;他所翻译的小乘禅学,因此被混同于中国固有的吐纳、服气等养生术。这种对佛教的误解,促成了佛教在中国社会的受容与传播。

魏晋时期的衣冠士子,喜好清谈玄学。王弼"得意忘言"的观点,与佛教所讲的"般若""不二法门"颇为类似。比安世高稍后来华的支谶,是西域大月氏国人,传译大乘经典,译有《道行般若经》。"般若经"主张"不废假名而说诸法实相",语言文字的施设假立,是为了说明宇宙世界的真相、本体;但在大乘佛教看来,万事万物都是各种因缘条件相互作用的结果,没有固定不变的自性。这种"自性空"的思想,在中国传统中原本没有,因此借用道家的术语译为"本无"。当时的名僧与名士,喜欢把佛学与玄学相互比附。僧人以《老子》《庄子》《周易》所谓"三玄"讲解佛法,谓

---

① 此说可见于《四十二章经序》、《牟子理惑论》、王浮《老子化胡经》(北周甄鸾《笑道论》引文)等多部古文献。此外,学术界还有"伊存授经"的说法,是依据《三国志》裴松之注引的鱼豢《魏略·西戎传》。参见任继愈主编《中国佛教史》第一卷,第94－105页;另见汤用彤《汉魏两晋南北朝佛教史》,第34－36页。

之"格义",即"以经中事数,拟配外书,为生解之例"(《高僧传·竺法雅传》)。这样做的结果,很快就使中国人接受了一套全新的思想观念,像轮回、涅槃、缘起、性空等。这些对中国人来说完全是闻所未闻的新奇想法,仅以"格义"的方法,理解起来并不如法。"格义"这种做法,虽与魏晋玄学以道家思想解读儒家经典的思路相合,最终却不能见容于佛门大德,这样的解读被认为乖离了佛教经典的原义。譬如,"本无"的译法,容易让人望文生义,把佛教的"空"与老子的"无"混为一谈。中国的僧人很快舍弃了"格义"这种方法。经过这么一轮的甄别以后,中国佛教学会了如何准确理解和表达佛教的原典与原义,迎来了南北朝时期无比灿烂的学派佛教,① 到隋唐时期形成了富有中国特色的新佛学,即佛教宗派。

佛教和道教思想的格义比附,拉近了它与中国社会的距离。但佛教与儒家的冲突,在其传入之初的数百年间,一度相当激烈。辞亲出家、削发袒服,常被指责为"无父无君""不忠不孝",有违儒家纲常。东晋南北朝时期,发生了多次朝廷要求淘汰、整治僧团的事件,甚至有北魏太武帝、北周武帝的两次"法难"。鉴于儒家的统治地位,佛教特别注重与儒家思想的沟通,挖掘佛教优于儒家的思想内容,争取士大夫的同情与理解。在南北朝的疑伪经中,在历代僧人的著作中,佛教徒编撰了不少故事宣扬佛家的"孝道",把佛家最基本的"五戒"(不杀生、不偷盗、不邪淫、不妄语、不饮酒)和儒家的"五常"(仁义礼智信)等同起来。中国文化追求和谐的整体特点,也使中国佛教特别注重"圆融无碍"的精神气质,像天台、华严等宗派都宣称自己属于大乘圆教。

佛教与儒家因此逐渐形成互补之势。先秦儒家罕言"性与天道",庄子批评儒家"明乎礼义而陋于知人心",佛教却能为儒家社

---

① 进入南北朝,除了般若类经典,宣扬涅槃佛性、三界唯心、如来藏、阿赖耶识等各种佛学思想的经典陆续流传,出现了一批精通某类佛教经典的专门学者。当时的佛教界学派纷呈,异说竞起,主要有涅槃学、毗昙学、成实学、三论学、地论学、摄论学等不同的佛学流派。

会的精英提供超凡入圣的心性修养理论。早期的高僧擅长概括儒佛之间的差异,深于"内外"之辩。他们把佛学称为"内",把儒学称为"外"。譬如,北周道安并不承认道教是一个独立的"教",把它并入"儒教"范围,他说:

> 救形之教,教称为外;济神之典,典号为内。……若通论内外,则该彼华夷,若局命此方,则可云儒释。释教为内,儒教为外,备彰圣典,非为诞谬。①

在佛教看来,儒教不过是"救形之教",解决外在的表面问题,犹如后来南宋孝宗说儒家能治世、道家能治身;佛教则能解决人心内在的问题,所谓"济神",剖析、滋养人的心性。在南北朝、隋、初唐时期,佛教的讲经与注经空前活跃,出现了大量佛教解经文献,形成了有鲜明中国特色的解经体例。也就是说,中国僧人逐渐形成了一套以中国传统术语讲解印度佛经的体例,旧瓶装新酒。这是中国佛教史上继"格义"之后又一重要阶段,本书称之为"解义"时期。"格义"重在术语上的比附,奠定了汉语佛教术语体系的基础,"解义"则是新论域的出现,中印文化激荡出新的思想空间,对中国人的哲学思想和审美标准有了新的提升。其中,最成功或影响最深远的领域,是心性论的发展。

南北朝初期开始传译的如来藏系印度佛典,宣扬一切众生皆有自性清净的如来藏,《涅槃经》强调一切众生皆有佛性,《法华经》强调所有修行人皆可成佛。这样的思想,比较符合中国文化所讲的人人皆可以为尧舜,符合中国人学为圣贤的教育理念。天台宗智顗以其毕生的精力梳理了汉译佛典的教义思想和禅修体系,最终把复杂的佛教禅修理论凝练为"观心"法门,禅宗六祖惠能更是把这种观心法门表述为"明心见性"。这些佛门大德的出现,使儒佛在心

---

① (北周)道安:《二教论》,《大正藏》第 52 册,第 136 页下。

性论问题上有了真正的沟通与交流，对"心"的认识论功能与本体论意义做出了充分的诠释。受到佛教心性论的启发，宋明儒学重点阐释传统儒学所罕言的"性与天道"，而其重要的思想家，如张载、朱熹、陆象山、王阳明，都曾有过"出入于佛老"的学术生涯。宋明道学的出现，是援佛入儒的结果。中国佛教能对印度佛教做出如此清晰的梳理，其重要的原因是儒家、道家特别重视修身的传统，强调个人修养的主动性。对心性问题的重视，可以说是儒释道三家思想的最大公约数。

除了在思想层面上主动适应中国文化，佛教还在制度层面上主动适应中国社会。只有教义思想和组织制度同时适应中国社会，佛教的中国化才有可能顺利展开。许理和在讲述"佛教征服中国"时，从社会史的角度说明佛教给中国社会引入了一种全新的社会组织形态，即"僧伽"或"寺院"制度。① 前面已经提到佛教传入以后和中国社会存在多方面的冲突，被认为削弱国家的经济实力，影响国家的政局稳定，伤害儒家的孝悌伦理，朝廷经常主张淘汰部分僧人，要他们遵守儒家的世俗礼仪。但是，作为对佛教发展起关键作用的历史时期，汉魏两晋南北朝是一个动荡的时代，佛教的处境与这个时代的格局息息相关。能否成功融入中国社会的关键因素，取决于佛教自身的功能定位，涉及"僧团—寺院"的组织制度。

汉魏两晋表面上看似动荡，但中国社会有其相对稳定的一面：从刘邦建立汉朝开始，中国始终面对主要来自西北地区的边患问题。国家的大一统有抵御外敌的实际功效，努力构建一种能维持文化优越感，但要付出昂贵经济代价的"朝贡体系"。面对危险的边疆，中国社会从那时起被迫开放，而且也在开放中茁壮成长。在这样的整体处境中，中国社会如何保持旧有的政治秩序与文化形态？汉民族在军事上的弱势，迫使他们最终以长江为屏障退守江南，其

---

① 〔荷兰〕许理和：《佛教征服中国》，李四龙、裴勇等译，第2页。

社会结构主要表现为潮起潮落的门阀政治:大族之间的聚散纵横,甚至可以决定王朝的兴替。衣冠士子把握社会教化的知识话语权,尽管在形式上没有帝王的权力,但他们掌握了社会主流思想和人物评价机制,这使当时的社会结构变得相对平稳。而在北方,国土易主,游牧民族执政,王权高于一切。佛教即是在这样的社会背景中流行中国的。

佛教在当时中国南方的发展,得益于司马家族等东晋士族的奉佛,社会名流与名僧或高僧之间的交往。社会的主流思想依旧是儒家的名教,但佛学的玄远虚胜,成为南方上层社会人物品评的重要内容,名士与名僧的朋友圈成为重要的社会力量,甚至可以影响一时的政治秩序。留在北方的汉族大姓,很难形成这样的朋友圈,他们常以道教维系自己的民族认同。佛教直接得到游牧民族帝王的皈依与推崇,几乎成了北方的国家宗教。僧团在北方的主要功能,是以佛教的思想、功德教化民众,化解战争与仇杀所导致的民族矛盾,重建日常生活的社会秩序,民众层面的佛教得以蓬勃展开。对执政未久的非汉族帝王而言,同样是外来的佛教更容易让他们接受,外来的贵族与佛教联盟能让他们得到更多的信心。但是,汉语与儒学,在北方社会仍是必需的,这些外来的贵族很快意识到,必须采用儒家所筹划的政治秩序,只是他们并不想以此接受儒家生活方式。即使到了公元5世纪末,北魏孝文帝迁都洛阳,想要全面汉化,依旧困难重重。从十六国到北朝,佛教得到了帝王的直接推动,北方成了当时中国佛经翻译的主要地区,也是中国源源不断接受外来佛学新思想的主要中转站。

在佛教入华的关键时期,中国社会面临空前复杂的民族关系。恰好是在这样的特殊年代,佛教与儒家朝廷的张力被掩盖了,迎来了大规模传播的历史机遇,找到了自己的功能定位。佛教给中国社会带来的震荡,除了在伦理秩序上挑战儒家礼法,更直接的是,"僧团—寺院"这种新的社会组织形式,挑战了中国传统的社会秩序,开拓了全新的社会空间。这种挑战最初并不显著,因为数量毕竟有限。然而，一旦寺院中的僧人与社会上的信众形成整体，佛教就会成为相当大的社会势力，就有可能让佛教找到新的功能定位。

寺院或任何一个宗教活动场所，并不仅仅是建筑物或某个空间，而是代表一种组织体系，包含了某种社会教化的组织体系。就佛教而言，这种组织体系的核心要素是佛教内部的僧俗关系，即僧团的构成。如何界定僧团？在家信众在不在僧团里？僧团的梵文 samgha，音译"僧伽"，有时亦译"僧众""众和会"，指三人或四人以上的比丘和而为众。但这个群体还包括俗家弟子，完整的僧团包括佛经里所说的"四众"（比丘、比丘尼、优婆塞、优婆夷）弟子，这是一个信仰的共同体。因此，寺院是以僧人为主体，但"僧团"或"教团"还包含在家的信徒，并在规模上远远超过僧众人数。

在《高僧传》《出三藏记集》等中国早期佛教史料中，有些人物的僧人或居士身份较难确定。当时的僧俗身份并没有引起足够的社会关注，但随着寺院、戒律在中国社会的流行，僧俗的身份及其相互关系，开始有了清晰的界定。在家佛教徒被认为需要优先考虑自己在国家体制中的身份认同，即"王权高于教权"。庐山慧远在解决这个佛教伦理难题时发挥了巨大的作用。他在《沙门不敬王者论》中说：

> 佛经所明凡有二科：一者处俗弘教，二者出家修道。处俗则奉上之礼、尊亲之敬、忠孝之义，表于经文。……出家则是方外之宾，迹绝于物，其为教也，达患累缘于有身，不存身以息患；知生生由于禀化，不顺化以求宗。[①]

[①] 《弘明集》卷十二《庐山慧远法师答桓玄书沙门不应敬王者书并桓玄书》，第84-85页；另见《集沙门不应拜俗等事》卷二，《大正藏》第52册，第448页上；慧远《沙门不敬王者论》第一部分"论在家"、第二部分"论出家"、第三部分"论求宗不顺化"，载（南朝梁）僧祐《弘明集》卷五。

因此，庐山慧远以世间法与出世间法各有礼俗，详细辨别"出家修道"与"处俗弘教"的不同，认为佛教有助于儒家的教化，同时也有自身的宗教目标。这位幽居深山的僧人，严持戒律，在社会上有着"唯庐山道德所居"的美誉，他的这篇文章维护了当时僧团的整体利益，标志着"寺院"这种新型组织真正合法地进入了中国社会。虽然历代都有各式各样的排佛之论，甚至发生"三武一宗"法难，但都没能动摇中国佛教的寺院制度。这一制度的确立，为中国佛教的本土化创造了经济基础与社会条件。

有了制度上的保障，佛教在中国社会站稳了脚跟，以其中国化了的教义思想、修行方法，吸引了大批信众，成为中国文化的新传统。甚至可以说，形成于隋唐时期的佛教宗派，使中国成为当时东亚社会的思想中心，唐代借助佛教的力量，让自己在文化上成为一个魅力四射的世界帝国。

3. 佛教成为中国文化的新传统

佛教的传入，改变和丰富了中国本土的思想传统，是中国传统文化不可或缺的组成部分。特别是禅宗，这个在中国孕育成熟的佛教宗派，受到了历代帝王、士大夫的推崇，影响了整个东亚儒家文化圈，在今天的欧美世界被当作东亚佛教最有特色的宗教文化现象。以汉语表述的佛教哲学，现在是中国传统哲学最重要的内容之一。

作为一种新的中国文化传统，中国佛教至少表现出三个显著特点：首先是形成了富有中国文化特色的佛教宗派；其次是确立了中国佛教徒的本土文化认同和政治认同；再次是融入了中国的本土文化体系，形成三教合流的新文化格局。

（1）佛教宗派在中国的形成

在隋唐时期，佛教在中国形成了具有中国特色的宗派，完成了自己的本土化历程，从印度佛教演化为中国佛教。通常认为，隋唐佛教宗派主要有八家：天台宗、三论宗、唯识宗、华严宗、净土宗、律宗、禅宗和密宗。其中，尤以天台宗、华严宗、禅宗、净土宗最有中国特色，表明中国佛教具备了独立发展与自我更新的能力。① 这些宗派，融入中国文化的方方面面，从宗教、哲学，到文学、艺术，从思维方式到审美体验，其中的佛法禅趣随处可见。

禅宗主张"教外别传，不立文字，直指人心，见性成佛"，在各个宗派中对中国文化的影响最大，渗透到了中国人的生活方式与思维习惯，几乎成了中国佛教的代表。禅宗的祖师在接引学人时，因材施教，或棒喝交施，或机锋话头，甚至呵佛骂祖，不一而足，留下了许多脍炙人口的禅门公案。禅宗不仅对中国的文学艺术、士大夫的审美趣味影响深远，还刺激了宋明心学的产生与发展。陆九渊（1139—1192）讲"心即理"，称"心"为"本心"，王阳明（1472—1528）讲"良知"是心之"灵明"，他们的心学思想受了禅宗的启发。禅宗还对两宋、金元的道教影响甚巨，特别是全真道北宗、南宗（金丹派）主张明心见性、性命双修，酷似禅宗。

天台宗、华严宗，是以教理见长的两个宗派，对中国的历代文人士大夫都有很大影响。天台宗构建了一套以止观双修为中心的佛学体系，对于丰富儒家的心性论起了直接的推动作用。唐代士大夫梁肃（753—793）是天台九祖湛然（711—782）的弟子，他把天台宗的止观实践看成儒家所说的"穷理尽性"，"导万法之理而复于实际"②。佛教的"实际"，在他看来，也就是儒家的"性之本"。后来李翱（772—841）援佛入儒，探求儒学的"性命之道"，提出"复性说"，思想上亦受天台止观的影响，认为只要去除迷惑人性的

---

① 这些宗派通过判教或编撰传法谱系，确立自己在佛教中的正统地位。判教，意为"教相判释"，即对佛陀的说教与各种佛教经典，提出自己的评判与分类的标准。编撰传法谱系，是给自己的宗派编造一个祖师相承的谱系，即"祖统"或"灯统"，给"传法定祖"披上合理的外衣。这些宗派在总结以往的修持方法与义学理论的基础上，试图揭橥一种在他们看来是最圆满的佛法，用来代表最正统、最契时机的佛教。譬如，天台宗认为《法华经》的思想最为圆满，称为"法华圆教"；华严宗认为《华严经》的思想最为究竟，自称"教内别传"；禅宗则声称自己的禅法属于"教外别传"，不同凡响；净土宗认为念佛法门最为契机，舍此无他。这些宗派大多没有完全因循汉译印度佛典的思想传统，而是有选择地继承与阐发他们心目中的佛法了义。

② （唐）梁肃：《天台止观统例》，《续藏经》第55册，第691页上。

"情",即可恢复人性。

华严宗大谈佛教的宇宙论,主张"无尽缘起",认为世界上的一切事物互为条件,犹如一滴海水含具百川之味,彼此互相依赖、互相包容、互相圆融,处在无穷无尽、无限复杂的普遍联系之中。《大乘起信论》认为,一切事物都是如来藏的变现,但这不过是"理事无碍法界",现象与本体虽有一体不二的关系,却还有理事、体用的分别。只有认识到一切事物各自有体有用,各随因缘而起,又能各守自性,事与事看似互为相对,却又互为相应,彼此互相交涉,万物相融无碍,这才是最圆满的"事事无碍法界"。这套缘起论,影响了宋儒在天理、天道与理气关系等问题上的论述,程颐(1033—1107)讲"体用一源、显微无间",朱熹(1130—1200)说"理一分殊",都有华严宗思想的痕迹。

净土宗主张念佛往生,认为在末法时代,众生要依靠阿弥陀佛的他力救助才能往生西方极乐世界,念佛往生是众生得救的唯一法门。这种简便易行的念佛法门,备受民间欢迎。宋代以后,净土思想因其简便易行而广为流行,乃至乡野村夫见面皆称"阿弥陀佛"。念佛成了诸宗共修的方便法门,禅宗提倡"禅净双修",天台宗则称"台净合一"。到了明清时期,禅净双修成了佛教的主流,尤其是"参究念佛",即让行者参究"念佛者是谁",是佛门最常见的接引方便。

(2)佛教徒的身份认同

僧团的社会影响力,根源于僧人能影响在家信徒。所以,外来宗教的中国化过程中,关键环节是中国信徒的身份认同。东晋南北朝时期,中国南北分裂。佛教在北方的发展,得益于帝王的支持,而在南方,士大夫阶层对佛教的接受与护持是促成佛教发展最主要的因素。俗家弟子的力量提升了僧人的地位与威望,在当时的门阀政治中,这会影响到帝王或朝廷的权威。在随之引发的政教关系矛盾中,前面提到的庐山慧远,在关键时候主动引导信众认同儒家的政治秩序和伦理规范,消除佛教信仰对在家信徒身份认同上的干扰。

慧远成功地区分了出家众与在家众在中国社会不同的身份认同：在家信佛，需要"奉亲而敬君"；出家学佛，可以不守世俗的礼教，但要不干涉世俗的政治事务，专注于生死解脱等宗教目标。这些思想见于我们前面已经讨论过的《沙门不敬王者论》，明确了在家信徒必须以世俗教化为重，王法高于佛法。慧远的这种区分，既为僧人赢得了社会的尊重，也使中国佛教的僧俗关系有了清晰的界限。历朝历代的僧人数目，从来并不很多，在家信徒的人数则在不断增长。从历史上看，信徒的人数变多并不是问题的关键，重要的是：僧俗关系要保持在适度的范围内，俗家弟子首先要认同世俗的法律制度、伦理规范，这样的佛教发展就不会伤害王权的权威性，也不会对政治或社会秩序产生威胁，并能有效发挥佛教在社会教化方面的积极作用。慧远的这种做法，在制度层面上使外来的佛教适应了中国社会。佛教主动区分僧俗关系，没有去借俗家信众的力量使佛法凌驾于王法之上，甚至还有意使僧人的影响局限在山林、寺院之中，僧俗关系处于若即若离的状态，根本不存在那种紧密无间的组织关系，居士们为了某件事情而临时组成的社邑，通常也是松散的。这是佛教在古代中国取得成功的重要因素，也是佛教成为中国文化新传统的宝贵经验。

有了这样的僧俗关系，佛教在中国社会的功能定位，逐渐被确立为"劝善"与"治心"，与儒家、道教合流，最后成为中国传统文化的三种主流形式之一。在这样的关系格局中，佛教徒容易形成多元并行的自我认同，既是中国人又是佛教徒。

（3）三教合流格局的出现

至少经过八百年甚至上千年的磨合，儒释道三教形成"一主两从"的宗教关系，以儒家为主，以佛道两教为辅，使中国人日常的宗教生活呈现出彼此边际不甚清晰的"差序格局"。佛教发展到这一地步，与中国社会的思想文化关系已近乎水乳交融。在庶民百姓中间，佛教首先是一种能够影响他们生活的信仰方式，遍及中国人社会生活的方方面面，有所谓"庶民佛教"或"民俗佛教"之称，影响到中国社会的民间风俗和日常生活。① 下一节内容将重点讲述佛教在历史上与儒、道两教的互动过程。

三 佛道互诤与三教讲论

佛教之所以融入中国文化,与儒释道三教的思想会通有关。历史上,道教与佛教两家的互动影响,复杂而深入。佛道之间,究竟谁对谁的影响更多,佛教徒与道教徒的观点完全不同。佛教学者常说佛教对道教的影响,道教学者却说"道教对佛教的影响,可能远比佛教影响于道教者多"②。在经典系统的完备性、教义思想的思辨性方面,佛教具有显著的优势。而在实践层面上,道教仪式内容丰富,又受欢迎,促成了佛教仪式的本土化与民俗化。

道教的形成与发展,与佛教在中国的传播息息相关。汉代的早期道教,吸收佛教的思想义理、戒律仪轨,逐渐演变为魏晋南北朝的神仙道教,并从下层民间逐步进入上层士大夫社会。与此同时,佛教的本土化亦深受道家、道教思想与科仪的影响。两汉之际,佛教初传中国,被当作一种外来的"道术",一种新的方术。最初的汉译佛典,基本上是用道家的术语翻译。禅宗的形成与流行,又与道教思想有所暗合。

佛教与道教在化胡说、夷夏论等问题上有直接的争论,最终在思想层面上对彼此的根本教义有深入的把握,并在实践中相互渗透。两家冲突与融合的历史,既彰显了中国与印度文化之间的差异,也丰富了中国自己的宗教传统,是传统儒家社会协调外来宗教与本土宗教关系的成功典范。在此过程中,在帝王主持下的三教公开辩论很有特点,既体现了前面讲过的"政主教从"关系,也反映了中国宗教的共生关系格局。

---

① 参见李四龙《民俗佛教的形成与特征》,《北京大学学报(哲学社会科学版)》1996年第4期。
② 萧登福:《道教与佛教》,东大图书公司,2004,第5页。

1. "通道"与三教讲论

儒释道三教关系论衡，可以远追到《牟子理惑论》。该书的成书年代、作者身份虽有争议，但总体上可以认为形成于东汉末年，堪称中国佛教史上的第一篇论文，作者自称"锐志于佛道，兼研《老子》五千文，含玄妙为酒浆，玩五经为琴簧"，以佛教为本、游心于儒道的形象跃然纸上。① 在此之后，三教之间的文字争辩未曾间断，有时还因一些特别的议题，如夷夏论、形神关系、敬不敬王者、踞食、袒服等，集中出现一批辩论文章，僧祐编撰的《弘明集》对此多有收录。

以上的争论都是发生在士大夫或僧人、道士之间，且以书面讨论为主。而在儒释道三教关系史上，帝王主持的三教讲论具有重要的风向标意义。据道宣编《广弘明集·归正篇》的整理，北魏孝明帝在正光元年（520），首次邀请佛、道两教代表在朝堂上公开辩论。此后，北周武帝灭佛前，仿照此例，从天和三年（568）开始多次召集儒道释代表在皇宫内"量述"三教。② 到了唐代，从高祖武德七年（624）开始，经太宗、高宗、玄宗，到德宗、宪宗、文宗、宣宗、懿宗，共有九帝举行三教讲论。③ 武则天时期亦在明堂举行三教讲论。这些活动，既是当时宗教政策的晴雨表，也是三教之间各自展现话语权或教义思想的重要事件。

讲论之风，中印两国皆有自己的传承，与讲经、讲学的教育传统有关。佛教所说的"讲论"，亦作"论义""论议"。佛陀在世时，常与弟子们问答讨论，亦即"论义""讲论"，称为"优婆提

---

① 引文依据周学农整理的《牟子理惑论》，载王宗昱、李四龙、杨立华、周学农编著《中国宗教名著导读（佛道教卷）》，第3页。汤用彤认为该书为真作，参见《汉魏两晋南北朝佛教史》"牟子作《理惑论》"，第52-57页。有关该书真伪的考辨，参见《四十二章经与牟子理惑论考辨》，载张曼涛主编《现代佛教学术丛刊》第11册，大乘文化出版社，1978。
② 参见罗香林《唐代三教讲论考》，第96页注五。该文把首次三教讲论归在北周武帝名下，但笔者认为改为北魏孝明帝更合适。
③ 参见罗香林《唐代三教讲论考》，第95页。

舍"(upadeśa)。这种用法也延伸到佛弟子之间,他们相互讨论,若与佛义相应,也被允许称为"优婆提舍"。传说佛陀涅槃后,他的舍利首先安奉在拘尸城中的新论义堂。① 佛教传入中国以后,讲论主要发生于译经和讲经的过程中。安世高在译经时,随文讲说解义,应与中国听众的疑问有关。此后的讲经有常规的仪式,一人发问一人对答,与汉代儒家讲经时诵经发问的"都讲"制度相似。② 东晋南北朝时期,讲论之风逐渐流行,内容上亦趋丰富,听众非常在意发问的水平和回答的深度。譬如,支道林解义,许询发难,被记入《世说新语·文学》,引为佳话。刘宋文帝夸奖自己的大臣与高僧有精彩的佛学辩论,亦以"支许之谈"类比。③ 这种讲论,在当时亦称"讲席",王公贵族颇有这种雅好,大多不是儒释道之间的对话。梁武帝时期,每有大法会,常有佛学上的讲论。为此,梁武帝敕令编纂《义林》八十卷,给他参加这些讲论提供佛学知识背景。费长房《历代三宝纪》对此书的编纂记载说:"普通年,敕开善寺沙门释智藏等二十大德撰。但诸经论有义例处,悉录相从,以类聚之。譬同世林,无事不植。每大法会,帝必亲览,以观讲论。宾主往还,理致途趣,如指掌也。"④ 他虽没有举行正式的三教讲论,但其本人对儒释道三教典籍均有涉猎,精心钻研。尽管日理万机,但他"披览内外经论典坟,恒以夜达曙。自《礼记》、古文《周书》、《左传》、《老》《庄》诸子、《论语》《孝经》,往哲未详,前儒所滞,悉皆训释"⑤。观其一生,早年学周孔,中年学道,晚年学佛,有"穷源无二圣"之叹。在儒佛关系的处理上,他为后代帝

---

① 参见《十诵律》卷六十,《大正藏》第 23 册,第 446 页中。
② 参见汤用彤《汉魏两晋南北朝佛教史》第五章"汉晋讲经与注经"一节,第 80 – 83 页。
③ (唐)道宣:《广弘明集》卷一,《大正藏》第 52 册,第 100 页中。
④ (隋)费长房:《历代三宝纪》卷十一,《大正藏》第 49 册,第 100 页上。据《续高僧传》卷五《智藏传》,智藏卒于普通三年(《大正藏》第 50 册,第 467 页中)。因此,此处的"普通年",应在公元 520 – 522 年。
⑤ (隋)费长房:《历代三宝纪》卷十一,第 99 页下。

王做出了表率,大兴佛寺,同时扩大"国学"的办学规模,另立"五馆博士",有"致孔释二门郁然麻茂"①之誉。

梁武帝最终选择了"舍道事佛",虽然他在佛教史上备受推崇,被誉为"菩萨皇帝",但在儒门和统治阶层,他被当作佞佛祸国的典型。后世道教游说帝王排佛,亦常援引梁武帝为例。其中虽有误解的成分,但他在处理三教关系上确实不太成功。而在几乎同时的北方,北魏孝明帝虽然也是贬抑道教,但是采取了公开讲论的方式。

据《续高僧传》的记载,北魏正光元年(520),孝明帝"请释、李两宗上殿。斋讫,侍中刘腾宣敕,请诸法师等与道士论义。时清道馆道士姜斌与最对论"。这位皇帝亲自发问:"佛与老子同时不?"姜斌援引《老子开天经》的"老子化胡"说,认为两人同时。昙谟最则以《周书异记》《汉法本内传》为据,认为释迦远早于老子四百三十年。辩论的结果,孝明帝派尚书令元又宣敕:"道士姜斌论无宗旨,宜令下席。"当时在场的大臣们,中书侍郎魏收、尚书郎祖莹等,还进一步否定《老子开天经》的真实性。孝明帝拟对姜斌施以极刑,因菩提留支的苦谏才赦免。经此辩论,"达儒朝士"纷纷皈依佛门,有"佛法中兴"的气象。② 这次讨论看上去比较客观,引经据典,但最后的结果有明显的倾向性,道士姜斌险遭极刑。这应该说是并不成功的三教讲论。孝文帝迁都洛阳后,立即下令加紧修建孔庙祭孔。赐给孔子后裔土地与银钱,让他们继续祭祀这位伟大的祖先。孝明帝的这场讲论,成为洛阳佛教在迁都之后全面复兴的重要转折点。

时隔半个世纪,北周武帝主持三教讲论,佛教和道教的处境发生了大逆转,出现了持续四年的佛教法难。当时,北周武帝有意吞并北齐,在其治国方略里想要禁抑佛教,增加国库收入。天和二年

---

① (隋)费长房:《历代三宝纪》卷十一,第99页下。
② (唐)道宣:《续高僧传》卷二十三,《大正藏》第50册,第624页下–625页上。

(567),还俗沙门卫元嵩上书请求删寺减僧。这位皇帝没有采取杀人等极端手段,在天和、建德年间(566—578),七次召集百官及沙门、道士等辩论儒释道三教的关系,拟为灭佛制造舆论。天和三年,周武帝召集百官、沙门、道士,亲自讲授《礼记》。建德三年(574)五月下诏禁断佛道二教,祀典所不载的其他奉祀,亦尽除之。当年六月,设置通道观,选佛、道名士120人,为"通道观学士"。建德六年灭北齐,周武帝入邺城,把禁佛令推行到原先的北齐境内。他说:

> 道无不在,凡圣该通,是则教无孔释,虚崇"如是"之言;形通道俗,徒加剃剪之饰。是知帝王即是如来,宜停丈六;王公即是菩萨,省事文殊。耆年可为上座,不用宾头。仁惠真为檀度,岂假弃国?和平第一精僧,宁劳布萨?贞谨即成木叉,何必受戒?俭约实是少欲,无假头陀。蔬食至好长斋,岂烦断谷?放任妙同无我,何藉解空?忘功全逼大乘,宁希波若?文武直是二智,不观空有。权谋径成巧便,岂待变化?加官真为授记,无谢证果。爵禄交获天堂,何待上界。罚戮见感地狱,不指泥犁。以民为子,可谓大慈。四海为家,即同法界。治政以理,何异救物?安乐百姓,宁殊拔苦?剪罚残害,理是降魔。君临天下,真成得道。汪汪何殊净土?济济岂谢迦维?卿怀异见,妄生偏执。即事而言,何处非道?①

这段引文,解释了武帝所说的"通道"之意,一方面强调"道无不在",不必再分儒佛,实则是以儒家的治政理念融摄佛教的慈悲思想;另一方面是以儒家伦理、价值观和道家的境界论替换佛教的各种主张。这位皇帝对佛教的思想相当熟悉,他的这份灭佛宣言没有

---

① 参见(唐)道宣《广弘明集》卷十《周高祖巡邺除殄佛法 有前僧任道林上表请开法事》,《大正藏》第52册,第155页上。

杀气，似乎全在说理，与北魏太武帝灭佛时的决绝态度有所不同。北魏太武帝在太平真君五年（444）的诏书，把佛教徒贬为"假西戎虚诞"的"妖孽"，太平真君七年（446）的灭佛诏，又把佛教比作"鬼道"，明令"有敢事胡神及造其形像泥人铜人者，门诛"，要求各地官府"有诸佛图形象及胡经，尽皆击破焚烧，沙门无少长悉坑之"。① 北周武帝看到了佛教所蕴含的哲学思想，解空、无我，这种破除表象的观念，与此前王弼所说的"得意忘象"相通，但在实际功效上未及儒家的治世。这位皇帝显得十分洒脱，"即事而言，何处非道？"但他破了一个表象，又立一个新的表象，忽视了信仰团体所具有的社会功能，远没有荀子所说的"君子以为文，而百姓以为神"的宽容精神。北周武帝废寺毁佛，沙汰僧尼，给当时中国北方的佛教一次沉重的打击。这次持续四年的法难，最大的悲剧是毁灭了当时特别繁荣的邺城佛教，乃至于现在的佛教史大多忽略了邺城佛教的卓越贡献。建德六年，北周灭齐，统一北方，这是北周武帝毕生最大的政绩。翌年，这位雄心勃勃的皇帝死了，佛法随即大规模复兴。②

北周武帝处理三教关系的结果显然也不成功。但北魏孝明帝、北周武帝的处理方式，有其可取之处，为唐代皇帝的三教讲论开了先河。北周武帝主观上想要灭佛，在策略上采取三教讲论的方式平衡国家的意识形态。讨论过程中，佛教徒表现出渊博的学识和卓越的论辩术。北周武帝无奈之余，同时灭佛教与道教，置通道观。"通道"的说法，是主张三教一体，存在一个先验的"通道"。这在中国的思想传统中原本没有错，"通道"类似"太极"或"太一"，或直接就是先天地生的"道"。但这位皇帝忽略了"道"的表现方式可以多元，中国文化钟情于"殊途同归"。这个典出于《周易·系辞》的短语，表达了中国人在处理复杂关系时的思维方式。"殊

---

① 参见（北齐）魏收《魏书》卷一百一十四《释老志》，第3034－3035页。
② 参见汤用彤《汉魏两晋南北朝佛教史》，第389－394页。

途"代表多元，泯灭多元，强求一致，并不是"道"的表现方式。北周武帝和梁武帝，在会通三教方面是失败的先驱，一个灭佛一个佞佛，看似对立，实质上都没有妥善处理三教关系。

唐高祖（566—635）的三教讲论取得了空前成功，这取决于他稳妥的宗教政策。论其根本，是唐朝对宗教有清晰的社会功能定位，将之归结到"劝善"。武德七年（624）二月，唐高祖去国子学，亲临释奠，并引道士、沙门，与博士相杂驳难。讲论之后，唐高祖下诏"今欲敦本息末，崇尚儒宗，开后生之耳目，行先王之典训。而三教虽异，善归一揆"①。"三教归善"的说法，在北周武帝三教讲论时，已经出现在道安《二教论》里。唐高祖以其帝王之尊奠定了宗教在中国社会的功能定位，以"劝善"促成了中国宗教重伦理重人文的特点。唐代诸帝举行三教讲论，逐渐由公开论难转向调和融会。唐玄宗（685—762）首次举行三教讲论，规模颇大，召集三教人物各100人，聚于内殿；他还自注《孝经》《道德经》与《金刚经》，成为历代帝王三教并重的象征性事件。当时的中书令张九龄（673—740）上表祝贺御批，说"三教并列，万姓知归"②，直白地说明了中国宗教的教化功能。不过，总体而言，除了武则天时期，唐代的三教政策略倾向于道教。

2. 道教早期对佛教的排斥

道教与道家，究竟在何种意义上有所区别，乃至于道教何时形成，都是颇难回答的问题。大体而言，道家的宗教化发生在汉代。汉武帝以后，道家与神仙方术、阴阳感应论相结合，逐渐忽视自然主义的宇宙论，转而成为关注禨祥感应，这种现象集中体现在《淮南子》中。③ 当时的"黄老道"，混合了黄老学和神仙方术，杂糅儒

---

① （宋）王钦若等编纂《册府元龟》卷五十《帝王部·崇儒术第二》，周勋初等校订，凤凰出版社，2006，第1册第529页。
② （唐）张九龄：《曲江集》卷九《贺御注〈金刚经〉状》，刘斯翰校注，广东人民出版社，1986，第559页。
③ 参见楼宇烈《胡适的中古思想史研究述评》，载《温故知新：中国哲学研究论文集》，第252页。

家、墨家、阴阳家、养生家、神仙家等多种学说，以太上老君为教主，祭祀黄老以求长生不老，金丹、房中、吐纳、导引、禁咒、符箓等方术，颇受欢迎。

东汉末年，张道陵、张鲁的五斗米道，张角的太平道，常被现代学者当作"道教"成立的标志。东汉安帝延光四年（125），张道陵开始学道，到顺帝汉安元年（142）在四川鹤鸣山自称受太上老君之命，被封为"天师"，创立"天师道"（五斗米道）。汉末，巴蜀地区原有崇祀巫鬼的俗信，称为"巫鬼道"或"鬼道"，张道陵把中原地区的"黄老道"带入巴蜀，使当地的巫觋变为祭酒或道民。① 张角主要依据《太平经》思想，约在汉灵帝建宁年间（168-171）创建"太平道"。他也信奉当时流行的"黄老道"，依托神道为人治病，道师作符祈祷，病者先要叩头思过，然后吞食符水。

不过，五斗米道、太平道，在当时只被视为"道流"，而非"道教"。"道教"这个称谓，虽在《牟子理惑论》《抱朴子外篇》等处已经出现，但是指儒教或佛教。真正用来称谓现在所谓的"道教"，应在北魏寇谦之和刘宋顾欢的时代，即在晋宋之际、南北朝初期。② 据《魏书·释老志》的记载，神瑞二年（415）十月，太上老君显灵，告诉寇谦之说："汝宣吾新科，清整道教，除去三张伪法，租米钱税及男女合气之术。"③ 这段引文明确使用了"道教"一词，而张道陵、张鲁、张角的做法，被贬为"三张伪法"。

初来乍到的东汉佛教，当时被误作一种新奇的"道术"，东汉的王室贵族，像楚王刘英、桓帝都是同时祠祀佛陀与老子。所以，佛教从一开始即与道家、道教方术发生交涉，歧义迭见。成书于东

---

① 但在道教界内部，还有不同的声音，并不赞成"张道陵创教说"。萧登福认为，张道陵创教说，出自北周末隋初释道安的《二教论》（参见萧登福《周秦两汉早期道教》，文津出版社，1998）。在他看来，张道陵不过是对秦汉神仙信仰（所谓"方士道"）进行改良的诸多改良者之一，并非创教者。
② 〔日〕小林正美：《三教交流中"教"的观念》，《六朝道教史研究》，李庆译，第493页。
③ （北齐）魏收：《魏书》卷一百一十四《释老志》，第3051页。

汉后期的《太平经》，体现了当时与佛教的密切关系。《太平经》出于琅琊，东汉佛教流行于彭城一带，境地相接。汤用彤对此多有介绍。譬如，《太平经》卷一百十七猛批的"四毁之行"，比较明显是针对当时的佛教徒。"今学为道者，皆为四毁之行，共污辱皇天之神道，并乱地之纪，讫不可以为化首，不可以为师法，不可以为父母……其第一曰不孝，第二曰不而性真，生无后世类，第三曰食粪饮其小便，第四曰行为乞者。"① 其中谈到的不孝、无后、行乞等，直接体现佛教的生活方式。稍后完成的《牟子理惑论》，则有比较明显的三教相通思想，基本的策略是援引儒家经典和《道德经》，以示佛教与儒道两家思想的相通，并以"金玉不相伤"表示儒佛两家可以和谐共生，但对当时的神仙道术给予坚决的驳斥。东汉以后，民间道教逐渐官方化、体制化，在此过程中，佛教与道教的思想冲突日趋明显。道教对佛教的排斥，在早期主要是利用"夷夏论"，以基于民族主义的文化优越感，编造"老子化胡说"。

司马迁《史记·老子列传》讲到老子最后慨叹周朝的衰微，顿生去意。到了函谷关，给关令尹喜讲完《道德经》以后就出关西去，不知所终。佛教的传入，给这个故事的结局留出了想象的空间。公元 166 年，著名的襄楷奏疏最先提到了"化胡说"："或言老子入夷狄为浮屠。"② 汤用彤认为，襄楷的这个说法，可能是受《太平经》的影响。襄楷对当时流行于东海齐楚地域的佛教与《太平经》都有了解，他的奏疏杂引《四十二章经》《道德经》和《太平经》，把黄老和浮屠视为同道。③ 许理和依据《列仙传》（历来误作刘向撰，实应撰于公元 2 世纪早期）、鱼豢《魏略·西戎传》（《三国志》注引）或《魏略·西域传》（法琳《辩正论》及陈子良注

---

① 参见王明编《太平经合校》，第 654 – 655 页。汤用彤：《汉魏两晋南北朝佛教史》第五章"《太平经》与佛教"一节，第 73 – 80 页。
② （南朝宋）范晔：《后汉书》卷三十下《郎顗襄楷列传》，中华书局，1965，第 1082 页。
③ 参见汤用彤《汉魏两晋南北朝佛教史》第四章"《太平经》与化胡说"一节，第 41 – 43 页。

引)、皇甫谧(215—282)《高士传》(法琳《辩正论》引),罗列了早期的"化胡说"。在这些传说中,老子或为佛本人或为佛的老师,有一种版本则被当作佛的弟子沙律(舍利弗)。许理和认为,这些早期的化胡说,未必是出于排佛的目的而故意矮化佛教,而更可能是当时正在形成中的道教与初传不久还一知半解的佛教相混合的结果,这恰好是汉代佛教的特点。① 不过,《老子化胡经》的出现,是道教徒借此故事故意贬低佛教的结果。西晋末年,具体应在晋惠帝时期(290—306),帛远去世(304)之前,这位贵族出身的僧人当时在长安,祭酒王浮是一位道士,与帛远辩论屡屡败北。情急之下,他照着当时流传的"化胡说",把《魏略·西域传》改头换面,伪造出《老子化胡经》。② 这部《化胡经》的出现,原来是道教徒想借此贬损佛教,想把佛教描绘成老子西去"化胡"的结果。但是,该书的出现,竟然会被最早的中国佛教徒用来证明佛教亦是源出于中华文明,而非纯粹的"夷狄之术"。最初只有一卷篇幅的《化胡经》,到隋代演变成了二卷本,而到公元8世纪初,竟已成了十卷或十一卷的大书。③

到了唐代,"化胡"已经不再是单纯的老子点化佛陀,当时的摩尼教也采用"老子化胡"的说法。譬如写于开元十九年(731)的摩尼教文献《摩尼光佛教法仪略》记载:"《老子化胡经》云:我乘自然光明道气,飞入西那玉界苏邻国中,示为太子,舍家入道,号曰摩尼,转大法轮。"④ "老子化胡",成了大家解读外来宗教的一

---

① 参见〔荷兰〕许理和《佛教征服中国》,李四龙、裴勇等译,第426–429页。
② 这些资料主要包括:慧皎(497–554)《高僧传》、裴子野(467–528)《众僧传》(法琳《辩正论》陈子良注引)、刘义庆(403–444)《幽明录》和《晋世杂录》(法琳《辩正论》引)等。许理和比较了这些史料之间的关系。参见〔荷兰〕许理和《佛教征服中国》,李四龙、裴勇等译,第431页。相对完整的记载,参见(南朝梁)慧皎《高僧传》卷一,《大正藏》第50册,第327页中。
③ (隋)法经等撰《众经目录》卷二记载:"《正化内外经》二卷(一名《老子化胡经》,传云:晋时祭酒王浮作)。"《大正藏》第54册收录敦煌残卷《老子化胡经》卷一、卷十,内题"净土寺藏经"。
④ 《摩尼光佛教法仪略》,《大正藏》第54册,第1280页上。这部敦煌文献,亦被定名为《摩尼教残经二》,收入陈垣《摩尼教入中国考》。

种思维模式。但唐代的佛教已在中国社会扎根，再也不愿承认"老子化胡"。在当时流通的佛教疑伪经中，普遍流传"三圣东行说"。譬如，《清净法行经》说："佛遣三弟子，震旦教化。儒童菩萨彼称孔丘，光净菩萨彼称颜渊，摩诃迦叶彼称老子。"① 这也就是把孔子、颜回、老子当作佛的弟子。其实，三圣东行说还有多种不同的版本。佛道之间的论争，就此几乎成了一种互相的怄气。总章元年（668），唐高宗下令禁断《化胡经》。到万岁通天元年（696），道教徒要求撤销这项决定。神龙元年（705），佛教徒再次要求禁断，朝廷在非议声中再次禁止《老子化胡经》的流传。佛道两教围绕"化胡"的争议，延续了相当长的时间。直到公元 13 世纪中期，元朝皇帝最终禁断所有版本的《化胡经》，予以彻底销毁。②

"化胡说"在佛道早期的论争中，只是表面的现象。论其思想根子，还在于中国传统的"夷夏论"：中国人并不能爽快地接受、认同外来的文化价值。大约在春秋时代，中国形成了具有强烈文化优越感的民族理论："夷夏论"。"华夏"民族居住在世界的中央，"夷、戎、蛮、狄"分别居住在世界的东西南北四方。这种地理概念，被称为"四裔五方"的"中国"意识。《礼记·王制》说："中国戎夷，五方之民，皆有性也，不可推移。"③ 中国是礼义之邦，四夷则是化外之民。华夏，是中国的代名词。孔子说："夷狄之有君，不如诸夏之亡也。"（《论语·八佾》）孟子说："吾闻用夏变夷，未闻用夷变夏者也。"（《孟子·滕文公上》）孔孟的这些言论成了"夷夏论"的宣言。《牟子理惑论》中的"问者"，站在儒家的立场上质问："吾子弱冠学尧舜周孔之道。而今舍之，更学夷狄之

---

① （北周）道安：《二教论》引文，《大正藏》第 52 册，第 140 页上。其他涉及化胡说的佛教文献，还有《空寂所问经》《须弥四域经》《须弥像图山经》《老子大权菩萨经》《十二游经》等。参见〔荷兰〕许理和《佛教征服中国》，李四龙、裴勇等译，第 451－456 页。
② 参见〔荷兰〕许理和《佛教征服中国》，李四龙、裴勇等译，第 435 页。
③ 《礼记正义》卷十二，第 398 页。

术，不已惑乎？"① 这样的问难，在牟子看来，只是看到了周孔言论的字面意思，而没有体会到他们深层的"大道"。牟子认为，学佛并不妨碍尊孔。但在佛教与道教的争论过程中，道教徒反复强化"夷夏论"的思想，排斥外来的佛教。这样做最激烈的后果，当数出现佛教史上所谓的"法难"。北魏太武帝、北周武帝的灭佛运动，虽说有其社会政治与经济的因素，但道士的怂恿与鼓动，是这两场佛教法难的重要诱因。

"道"先天地而生，因此从学理上说，佛教与道教理应相通，但有不同的现实针对性，也就是存在"夷"和"夏"不同的社会文化背景。在刘宋泰始三年（467）前后，道士顾欢撰写的《夷夏论》反映了这样的思路。他首先援引宣扬老子化胡说的道教经典《玄妙内篇》，随后宣称"道则佛也，佛则道也"，"泥洹仙化，各是一术。佛号正真，道称正一。一归无死，真会无生。在名则反，在实则合"，进而提出最主要的观点："佛道齐乎达化，而有夷夏之别"，"佛是破恶之方，道是兴善之术。兴善则自然为高，破恶则勇猛为贵"②。针对现实中的礼俗差异，顾欢抑佛扬道，把佛教界定为"破恶之方"，而不仅是此前所说的"夷狄之术"。这激发了当时明僧绍③等一批佛弟子撰文批驳，他们的讨论文章成了《弘明集》最重要的主题之一。④

南北朝是道教势力大发展的时代。当时佛教过度发展，在政治、经济、社会诸方面引起了统治者的不安。道教徒充分利用这种危机四伏的形势，夸大僧尼猥滥的情况，以夷夏论为理论武器，争

---

① 引文依据周学农整理《牟子理惑论》，载《中国宗教名著导读（佛道教卷）》，第8页。
② 引文依据王宗昱整理《夷夏论》，载《中国宗教名著导读（佛道教卷）》，第163页。原文可见《南齐书》卷五十四《高逸·顾欢传》。
③ 明僧绍隐居南京摄山，南齐永明（483－493）中，舍山宅为寺，即后世之栖霞寺。
④ 这些文章主要包括明僧绍《正二教论》、谢镇之《折夷夏论》、朱昭之《难夷夏论》、朱广之《咨夷夏论》、释慧通《驳夷夏论》、释僧愍《戎华论》等，收录在僧祐《弘明集》卷六、卷七。

夺儒家文化的权力资源，一再试图压制佛教。面对道教徒的排斥，佛教针锋相对，从多个方面揭露道教对佛教的模仿，同时还积极吸收道教的内容，尽量去迎合道教所展现的古代中国人的人生理想。所有这些，导致佛道两教最终在仪式、思想等方面相互借鉴、相互补充。

3. 佛教对道教的批驳

在印度佛教中，传说阿育王曾把佛祖的舍利分成八万四千份，派人四处分送建塔供养。中国的佛教徒，除了编排类似"三圣东行说"这样的故事去对付道教徒的"化胡说"，还在全国范围内寻找传说中的阿育王塔与佛骨舍利。这在东晋南北朝时期，属于佛教界极重要的事件，据传当时找到了16处或19处，以此证明佛教在中国悠久的历史渊源。[①] 但对佛教来说，更重要的应是理论上的批驳，北周武帝时期北方佛教徒拟从理论上否定道教存在的合理性，唐代法琳（572—640）的《辩正论》对这场论争做了细致的梳理。

佛教的批驳，最根本的是要否定"道教"的存在合理性，认为"道教"不能被称为"教"，只能称为"道流"。这样说的理由主要有两条：道教缺乏尊贵的教主，缺乏必要的经典。法琳说："道称教者，凡立教之法，先须有主。道家既无的主，云何得称道教？"[②] 在他看来，儒家之所以为"教"，"教是三皇五帝之教，教主即是三皇五帝"。但是，道教古来只被称为"道流"，譬如《汉书·艺文志》称"道家者流"。法琳认为，这是由于没有合适的教主。他说："若言以老子为教主者，老子非是帝王，若为得称教主。若言别有天尊为道教主者，案五经正典，三皇已来，周公孔子等，不云别有天尊，住在天上，垂教布化，为道家主。"道教常以"天尊"为教

---

① 佛教界从4世纪上半叶起，在中国境内四处寻找阿育王分送的佛舍利，亦有陆续发现阿育王塔、佛舍利与佛像的记载。参见〔荷兰〕许理和《佛教征服中国》，李四龙、裴勇等译，第395-399页。在（唐）道宣《广弘明集》卷十五，有一份资料列举了16处阿育王寺，而（唐）道世《法苑珠林》卷三十八列举了19处。

② （唐）法琳：《辩正论》卷二，《大正藏》第52册，第499页上。

主，不过是东汉末年的"三张伪法"，不足为据。法琳的这些论调，实际上是重复北周道安的《二教论》。

北周武帝偏向道教，想要灭佛，天和四年（569）三月，召集僧人、名儒、道士、文武百官二千余人，在皇宫正殿主持"量述"三教。四月初再次召集讲论，结果分出高下。为此，北周武帝敕命司隶大夫甄鸾，详研佛道二教，定其浅深。翌年，甄鸾写成三卷《笑道论》，讥讽诋毁道教。他在论文的"序"中说："为《笑道论》三卷，合三十六条。三卷者，笑其三洞之名；三十六条者，笑其经有三十六部。"① 结果在朝堂上，当着众臣的面，《笑道论》被武帝当场焚毁。道安受命撰文，三月以后写成《二教论》，唯立儒教、佛教，却不立道教。在他看来，教主必须要有才能与地位，缺一不可。古代帝王"功成作乐，治定制礼"，但是孔子虽然圣达，惜无地位，只能修述帝王与周公的言行，算不得是"教主"。只是一个柱下史的老子，更不能成为教主，道安认为，道家或道教（道流）应当归属于儒教。

佛教徒对道教的批驳，在否定老子是教主以后，还强调道教缺乏教典，指责当时的道经有抄袭佛经的现象。印度佛教的经典有经律论"三藏"，其中，佛经又有"十二分教"的说法。自东汉末年开始，中国开始系统翻译佛经。到东晋时期，佛典的传译已经颇有规模。受此刺激，道教在这一时期出现了"造经"运动，大批的道经缘此问世。道经数量之多，到刘宋时期，乃至于有天师道三洞派②着手整理道教经典，提出了"三洞"的编目结构。但在北周的佛道争论中，佛教徒认为，道典只是人为编造的伪作，并不具有权威性或神圣性。道安《二教论》第十节"明典真伪"，认为除了老子《道经》、庄子《内篇》，其他的像《黄庭经》《元阳经》《灵宝经》《上清经》《三皇经》等重要道典，都是出自"凡情""凡心"

---

① （北周）甄鸾：《笑道论》，载（唐）道宣《广弘明集》卷九，第144页上。
② 这是日本学者小林正美提出的概念。参见〔日〕小林正美《中国的道教》，王皓月译，第67-69页。

的伪经，甚至是对佛经的剽窃，而不是出自圣人之口的真经。他说：

> 《黄庭》《元阳》，采撮《法华》，以道换佛，改用尤拙。《灵宝》创自张陵，吴赤乌之年始出。《上清》肇自葛玄，宋齐之间乃行。……晋元康中，鲍靖造《三皇经》被诛，事在《晋史》。后人讳之，改为《三洞》。其名虽变，厥体尚存，犹明三皇，以为宗极。①

最重要的批驳，是在宇宙论层面对道教的批评。在古代中国，气是宇宙万物生成的依据，《道德经》把"道"视为先天地生的根本，因此在中国思想史上"气"与"道"孰为根本，成了理论难题。北周武帝、唐太宗时佛道争论，道教的元气生成论都成了佛教批判的靶子。法琳《辩正论》卷六《气为道本篇》说："《灵宝九天生神章》云：'气清高澄，积阳成天；气结凝滓，积滞成地。人之生也，皆由三元养育，九气经形，然后生也。'是知阴阳者人之本也，天地者物之根也。根生是气，别无道神。"② 这是借用元气生成论否定道教"道生万物"的说法。僧人否定"道神"或"道"的创生功能，主要是出于佛教的"缘起"思想，进而还以这个佛教根本思想否定气化论。宗密《原人论》说："儒道二教，说人畜等类，皆是虚无大道生成养育，谓道法自然，生于元气。元气生天地，天地生万物。故智愚贵贱，贫富苦乐，皆禀于天，由于时命，故死后却归天地，复其虚无。然外教宗旨，但在乎依身立行，不在究竟身之元由，所说万物，不论象外，虽指大道为本，而不备明顺逆起灭、染净因缘，故习者不知是权，执之为了。"③

在这种深层次的理论争论中，佛教与道教的核心教义逐渐浮现出来，其实也很难说谁赢谁输。这就好像佛教指责道教模仿佛经，

---

① （北周）道安：《二教论》，载（唐）道宣《广弘明集》卷八，第141页中。
② （唐）法琳：《辩正论》卷六，第536页上。参见卢国龙《道教哲学》，第353页。
③ （唐）宗密：《原人论》，《大正藏》第45册，第708页上。

大举"造经",但这并不能说明,佛教在此交涉的过程中没有受到道教的影响。两教的相互借鉴,远比他们各自承认的要多得多。

4. 自然与因缘:佛教与道教的思想会通

东晋南北朝时期,佛教已经发展成为全国性的文化现象,不仅是佛教的教理深入人心,而且,佛教特有的组织制度"寺院—僧团"也已扎根中国社会。原本流行于民间的黄老道、太平道、五斗米道等,经过两晋时期士大夫的"清整",逐渐演化为官方认可的正统宗教、神仙道教,从所谓的"道流"升格为"道教"。

两教的交涉及论辩,厘清了佛教与道教的特色与差异。顾欢在《夷夏论》里说"佛教文而博,道教质而精",看似公允地批判佛道两教的特点,但要细究,则是以中印文化的差异为借口,贬黜佛教。当时还有这样的说法:"华民易于见理,难于受教,故闭其累学而开其一极。夷人易于受教,难于见理,故闭其顿了而开其渐悟。"[①] 夷人难于见理,这种说法带有强烈的华夏族文化优越感,自然激起佛教徒的激烈反对。当时佛教徒僧愍(或作僧敏)在《戎华论》中说:"老以自然而化,佛以缘合而生。"[②] 差不多百年以后,甄鸾在上《笑道论》启文中,把他的观点发挥成一句经典名言:"佛者以因缘为宗,道以自然为义。自然者无为而成,因缘者积行乃证。"[③] 在以后的佛教争论中,"自然""因缘"常被当作道教与佛教最有代表性的理论特色。在初唐,这句概括被用来引导佛道的"论诤"。

佛道之间并非只有论争,两教的思想会通与相互借鉴,从佛教传入之初即已开始。特别是在佛经翻译过程中,译名的选择主要参考道家术语,这在上文已有交代。道教学者萧登福的《道家道教与中土佛教初期经义发展》(上海古籍出版社,2003),完全站在道家

---

① 参见谢灵运《辩宗论诸道人王卫军问答》,载(唐)道宣《广弘明集》卷十八,第 225 页上。
② 僧敏:《戎华论》,载(南朝梁)僧祐《弘明集》卷七,第 47 页下。
③ (北周)甄鸾:《笑道论》卷首,载(唐)道宣《广弘明集》卷九,第 143 页下。

道教的立场上，分析道家思想对早期中国佛教的发展所产生的决定性影响。不仅如此，在今天看来属于佛教的法事仪轨，其实也有许多内容来源于道教。萧登福的《道教与佛教》，是一部梳理佛教如何接受道教影响的专著。他在书里说，"在仪轨及习俗、炼养上，道教的讲经仪、坛仪、符印、星斗崇拜、安宅、葬埋、药饵、冶炼、食气、导引、灵签、节庆等等"，都曾对佛教有所影响，而且常被引用。①

到了唐代，道教的政治地位高于佛教。但是，佛教的义学与信仰当时十分兴盛，道门精英常会主动学习佛教思想，重玄学是援佛入道的重要表现。"重玄"一词始于东晋孙登的"托重玄以寄宗"②，"重玄"应指《道德经》的"玄之又玄"，从梁代孟智周开始，南朝、隋唐道教大兴"重玄之道"③。成玄英（约601—690）则把"玄之又玄"解释为"遣之又遣"，他说："有欲之人，唯滞于有，无欲之士，又滞于无。故说一玄以遣双执。又恐学者滞于此玄，今说'又玄'，更祛后病。既而非但不滞，亦乃不滞于不滞，此则'遣之又遣'，故曰玄之又玄。"④"遣之又遣"的说法，应是吸收了佛教中观学的思想方法，释"玄"为遣除执着，前"玄"遣除有、无之滞执，后"玄"遣除"不滞之滞"，两重遣滞，故名"重玄"。他把"有无双离"称为"一中道"，是第一重中道，"遣之又遣"则是第二重中道，类似三论宗的中道观。他说："无名之朴，亦将不欲。非但不得欲于有法，亦不得欲此无名之朴也。前以无遣有，此以有遣无。有无双离，一中道也。不欲以静，天下自正。静，息也。前以无名遣有，次以不欲遣无。有无既遣，不欲还息，不欲既

---

① 萧登福：《道教与佛教》自序。
② 参见（唐）成玄英《老子道德经开题序决义疏》，敦煌写本 P. 2353。转引自卢国龙《道教哲学》，第147页。
③ 参见（唐末五代）杜光庭《道德真经广圣义》卷五，《道藏》第14册，第340页下。
④ 《道德经》"玄之又玄"成玄英疏。参见（唐末五代）强思齐《道德真经玄德纂疏》卷一，《道藏》第13册，第361页下。

除,一中斯泯,此则遣之又遣,玄之又玄。"① 重玄家们还借鉴佛教的"佛性"论,盛谈"道性"问题。宋代内丹学、金元全真道,与禅宗思想关系极为密切,被认为是"丹禅融合"的典范。全真道还在组织制度上向佛教全面学习,建立了道教的出家修行体制。

除了在教义思想、组织制度、仪式轨仪等方面相互影响,在中国人的日常生活中,佛道两教也是难分彼此,互为表里。中国人平时爱用佛教装点门面,佛教是表,道教是里,与道观相比,佛庙总是显得富丽堂皇。但在平常,情况正好相反,道教是表,佛教是里,比起佛教的"一切皆空",道教的"长生不老"更能博得中国人的欢心。佛教犹如大门,道教犹如厨房,一家人没有大门可以照样生活,但要是没有厨房,那就很难活命了。日本著名佛教学者中村元(1912—1999)说:"中国人巧妙地改编了佛教,重组了佛教的结构,将它纳入中国固有的文化传统之中,赋予合理的地位。佛教之东渐,无论在宗教思想或宗教文化的任一方面,都给中国人带来了飞跃的发展和充实,其影响之巨,实在很难加以估量。"又说:"当佛教思想刚由中国人吸收时,它还只是某种新知识而已,然而当它真正转化成宗教思想而固定于生活之中时,它早就蜕变而为道教思想了,至少可称之为道教思想之主流了。"②

正统的佛教在民间社会通常会借用道教的形式,把原本没有神灵的佛教变成一个彻头彻尾的多神教,以各种各样的灵验故事打动人心,满足庶民百姓无所不求的世俗愿望。明清以降,无论是民间宗教信仰,还是社会主流思想,三教合流是其显著的思想特点。

四 三教合流的类型分析

儒释道虽然都说"三教合流",但是彼此的认同程度与理解方

---

① 《道德经》"无名之朴"成玄英疏。参见(唐末五代)强思齐《道德真经玄德纂疏》卷十,《道藏》第13册,第442页中下。
② 参见〔日〕中村元等《中国佛教发展史》上卷,余万居译,天华出版事业股份有限公司,1984,第593-595页。

式各不相同。这些不同的表述，可以概括为三种基本类型：三教平等、三教同源、三教同归。颇为有趣的是，佛家更多主张"三教同归"，殊途同归，强调佛教作为一个出世宗教有益于儒家社会的积极功效；道家侧重于主张"三教同源"，作为一个中国的本土宗教，道教强调儒释道思想的同源性；而以儒家为治国方略的帝王，更喜欢主张"三教平等"，出于治理社会、统摄人心的目的，平衡三教，不可偏废。

1. 儒家的出入佛老与帝王的三教平等

先秦儒学经过汉武帝的"罢黜百家，独尊儒术"，经过董仲舒的宗教化改造，发展成为一种政治儒学，成为在中国社会占统治地位的意识形态。但是，在政治上取得最高地位的儒学，在人们的精神生活中并不总是占据核心地位。尤其是在隋唐时期，佛教的繁盛，反衬出儒学人才的凋零，宋儒甚至有"儒门淡薄"的慨叹。面对这样的情景，儒学对佛道两教的思想吸收，势在必行。

中国本土文化素有"儒道互补"的特点，周敦颐的《太极图说》即是很好的例证。该图反映了宋儒所说的宇宙模型，基本类似道教先天太极图。朱熹也对道教深有研究，曾对《阴符经》《参同契》下过很深的工夫。王阳明的思想以"致良知"著称，有时他以"精气神"等带有道家色彩的术语解释"良知"。他说："夫良知一也，以其妙用而言，谓之神；以其流行而言，谓之气；以其凝聚而言，谓之精。安可以形象方所求哉？真阴之精，即真阳之气之母；真阳之气，即真阴之精之父。阴根阳，阳根阴，亦非有二也。苟吾良知之说明，即凡若此类，皆可以不言而喻。"[1] 他还认为，儒学以"养德"为务，道家以"养身"为重，两者其实"只是一事"。他说："大抵养德、养身，只是一事。元静所云'真我'者，果能戒谨不睹，恐惧不闻？而专志于是，则神住、气住、精住，而仙家所

---

[1] （明）王守仁：《传习录》卷中，《王文成公全书》卷一，王晓昕、赵平略点校，中华书局，2015，第77页。

谓长生久视之说，亦在其中矣。神仙之学与圣人异，然其造端托始，亦惟欲引人于道。《悟真篇后序》中所谓'黄老悲其贪着'，乃以神仙之术渐次导之者。"①

对宋明儒学而言，如何吸收或拒斥佛教的思想，这是他们的一项核心工作。张载（1020—1077）、程颢（1032—1085）、程颐、朱熹、陆九渊、王阳明等大儒，虽以"辟佛"标榜，却在他们的思想里饱受佛教的影响。程朱理学的奠基人、集大成者，朱熹借用佛教"月印万川"的比喻，说明"理一分殊"的思想。他说："释氏云：'一月普现一切水，一切水月一月摄'，这是那释氏也窥见得这些道理。"② 并以华严宗"一即一切"的说法解释"万个是一个，一个是万个"。③

王阳明是陆王心学的代表，有很多笔墨用来辟佛老。在他看来，道家讲"虚"、佛家讲"无"，都还只就养生或解脱而论，未能如他的儒学从"本体"上立论。他说："仙家说到虚，圣人岂能虚上加得一毫实？佛氏说到无，圣人岂能无上加得一毫有？但仙家说虚，从养生上来；佛家说无，从出离生死苦海上来。却于本体上加却这些子意思在，便不是他虚无的本色了，便于本体有障碍。"④ 他对佛教的批评十分直白，认为佛教逃避了儒家所讲的"三纲"责任。他曾说："佛氏不着相，其实着了相。吾儒着相，其实不着相。"因弟子请问而解释说："佛怕父子累，却逃了父子；怕君臣累，却逃了君臣；怕夫妇累，却逃了夫妇。都是为个君臣、父子、夫妇着了相，便须逃避。如吾儒有个父子，还他以仁；有个君臣，还他以义；有个夫妇，还他以别。何曾着父子、君臣、夫妇的相？"⑤

另一方面，王阳明又强调，佛道两教与儒学仅有极微的差异，

---

① （明）王守仁：《王文成公全书》卷五，第226页。
② （宋）黎靖德：《朱子语类》卷十八，第399页。
③ （宋）黎靖德：《朱子语类》卷九十四，第2409页。
④ （明）王守仁：《传习录》卷下，《王文成公全书》卷三，第131页。
⑤ （明）王守仁：《传习录》卷下，《王文成公全书》卷三，第123页。

所谓"二氏之学,其妙与吾人只有毫厘之间"①。他还说:"理无内外,性无内外,故学无内外。"②"圣人尽性至命,何物不具,何待兼取?二氏之用,皆我之用,即吾尽性至命中完养此身谓之仙,即吾尽性至命中不染世累谓之佛。但后世儒者不见圣学之全,故与二氏成二见耳。譬之厅堂三间共为一厅,儒者不知皆吾所用,见佛氏,则割左边一间与之;见老氏,则割右边一间与之;而己则自处中间,皆举一而废百也。圣人与天地民物同体,儒、佛、老、庄皆吾之用,是之谓大道。二氏自私其身,是之谓小道。"③ 这些引文反映了王阳明在辟佛与援佛之间,以儒门性命之学统摄佛老,而非拒斥二教。阳明后学大多潜心学佛,推陈出新。流风所及,明清两朝儒家士大夫向佛者日益,居士佛教渐成气候。

儒门大家这种看似矛盾的心态,折射出他们在思想深处融合三教的努力。这是一种独特的"三教合流",会通佛老,重建儒学,宋明道学家致力于挖掘儒学自身的心性论与工夫论,倡导《大学》的"三纲领八条目":明明德、亲民、止于至善,格物、致知、诚意、正心、修身、齐家、治国、平天下。内圣外王,旨在思想层面重新奠定儒学的主导地位,而不仅仅是从实用目的、社会分工的角度去平衡三教。帝王与儒家这两种姿态的相互配合,一方面强化、提升儒学的社会地位,推崇礼教,注重人伦道德的实践;另一方面,又使"三教合流"的观念在明清社会深入人心,儒释道三教共同成为支撑中国传统社会最主要的思想基础。

事实上,儒家始终有一批同情佛教的士大夫。北周时期,韦夐(502—578)回答北周武帝说:"三教虽殊,同归于善,其迹似有深浅,其致理殆无等级。"④ 隋代大儒王通(580—617)认为,三教各

---

① (明)王守仁:《传习录》卷上,《王文成公全书》卷一,第46页。
② (明)王守仁:《王文成公全书》卷三十四《年谱二》,第1448页。
③ (明)王守仁:《王文成公全书》卷三十四《年谱三》,第1468页。
④ (唐)令狐德棻等:《周书》卷三十一《韦夐传》,中华书局,1971,第545页。

有其弊,各有其用,"三教于是乎可一矣"①。唐宋时期,一批士大夫直接皈依佛门,成为佛教大居士,更是积极主张"三教合流"。

在儒学占思想主流的前提下,封建帝王需要调动社会各阶层的力量,平衡三教,三教分别治世、治身与治心的说法,最能代表儒家统治者的"三教平等"思想。儒家是治理国家的意识形态,佛、道两教只有在辅助推行儒家伦理的前提下,才能建立三教的和谐关系,否则就会受到儒家统治者的清理与整顿。

历代帝王大多主张会通三教,譬如唐玄宗把《孝经》《金刚经》与《道德经》列为儒释道三家的基本经典,加以推广;明太祖朱元璋作《三教论》,他说"三教之立,虽持身荣俭之不同,其所济给之理一。然于斯世之愚人,于斯三教,有不可缺者",强调"其佛仙之幽灵,暗助王纲,益世无穷,惟常是吉"。②南宋孝宗皇帝撰写《原道论》,提倡"以佛修心,以老治身,以儒治世"③。这一观点直接影响清代雍正皇帝,认为三教虽"各具治心治身治世之道",但各有所长、各有所短,彼此缺一不可。

缘此,在明清时期"三教合流"的观念深入人心,是中国社会的主流意识形态,甚至在文学艺术、建筑设计等方面都有所体现。④即使是在明清帝王极为头痛的民间宗教中,三教合流也是其最常见的表现形式。

2. 佛教的三教同归

佛教作为一种外来宗教,长期被视为"夷狄之术",促使它要与儒家、道家的思想相沟通。南北朝隋唐时期,出现了大批的疑伪经。这些极可能出自中国人之手的佛经,主要是拿佛教比附儒家的

---

① (隋)王通著,张沛校注《中说校注》卷五《问易篇》,中华书局,2013,第135页。
② 钱伯城、魏同贤、马樟根主编《全明文》第一册,上海古籍出版社,1992,第145-146页。
③ (元)念常:《佛祖历代通载》卷二十,《大正藏》第49册,第692页下。
④ 参见饶宗颐《三教论及其海外移植》,《中国宗教思想史新页》,北京大学出版社,2000,第195-196页。

思想伦理,特别强调儒家的忠孝观念,认为儒佛并不相违,强调佛教"有助王化"。早期的中国佛教素有"联儒辟道"的策略,与道教时有抵牾,逐渐形成"不依国主,法事难立"的政教关系。但到南北朝末,佛教徒已有三教并重的想法,不再一味地要与道教辩驳,渐开两教融通、互补的格局。

无论是辩驳还是互补,佛教何以展现自身的优势?既不能强调自己属于外来宗教的形象,又不能与儒家争揽世俗的事务,佛教就只有一条出路:强调自己在教义上的殊胜,即"出世法";并在世间法层面,主张三教的旨趣相通一致。因此,佛教的三教合流,往往主张"三教同归":从理体上说,三教圣人,同归一理;从事用上说,三教同归于治、同归于善。

唐代宗密(780—841)是华严宗五祖、禅宗荷泽神会的传人,在佛教史上有着重要的历史地位。他在《原人论》中说:"孔、老、释迦皆是至圣,随时应物,设教殊途。内外相资,共利群庶。……虽皆圣意而有实有权,二教唯权,佛兼权实。策万行,惩恶劝善,同归于治,则三教皆可遵行;推万法,穷理尽性,至于本源,则佛教方为决了。"① 儒释道是不同的教化,若能相资互用,最终都是为了利益众生;三教虽有权实,却可"同归于治"。受其影响,五代延寿(904—975)主张三教融合。在他的名著《万善同归集》里,延寿从"理、事"两个层面阐述"万善同归":在理体上,"众善所归,皆宗实相","诸法实相,无善恶相","一切理事,以心为本";但在事用上,"万善常兴","初即因善而趣入,后即假善以助成","儒道仙家,皆是菩萨,示助扬化,同赞佛乘"。② 后世佛门弟子论述三教关系,大多沿袭这种"二谛"说法的方法,并以佛法为根本。

宋代天台僧孤山智圆(976—1022)自号"中庸子",主张"修身以儒,治心以释",平时"宗儒述孟轲,好道注《阴符》,虚堂踞

---

① (唐)宗密:《原人论》,《大正藏》第45册,第708页上。
② (五代)延寿:《万善同归集》卷三,《大正藏》第48册,第988页上。

高台，往往谈浮图"。① "治心"亦即"观心"，是佛门的根本；心乃"万行之源"。而在平常日用，智圆兼通儒道，尤好《中庸》。禅门大德契嵩（1007—1072），更以推崇儒家孝道而著称。宋仁宗明道年间，他撰写《辅教篇》，认为儒佛两家都是教人为善，有相资善世之用，彼此相辅而成，互不可缺。其中的名篇《孝论》，高度赞扬儒家五经，提出"孝为戒先"的著名观点。他说："夫孝，诸教皆尊之，而佛教殊尊也。"② 明末高僧智旭（1599—1655）因循契嵩的思想，提出"以真释心行，作真儒事业"③，认为"儒以孝为百行之本，佛以孝为至道之宗"④。也就是说，佛教在事用方面亦有行孝、辅教的功能，完全支持儒家伦理，并无二致。

契嵩继承宗密的思想，认为三教"同归乎治"，只是有治世与治出世的差别。这位著名的禅师平时"习儒之书"，乐为文词，认为"儒、佛者，圣人之教也。其所出虽不同，而同归乎治。……故治世者，非儒不可也；治出世，非佛亦不可也"。⑤ 张商英（1043—1122）在宋徽宗时官至宰相，他的《护法论》是佛教史上的护教名篇，主张三教相资互用，同时突出了儒佛之异、佛法之殊胜。他说："三教之书，各以其道，善世砺俗，犹鼎足之不可缺一也。"他以治病良药为喻，形象地解释前人所讲的三教"同归于治"，却有不同的疗效："儒者使之求为君子者，治皮肤之疾也；道书使之日损损之又损者，治血脉之疾也；释氏直指本根，不存枝叶者，治骨髓之疾也。"张商英以佛教能治骨髓之病，突出佛教的特殊地位。在他看来，儒家的思想侧重于现实社会，而佛教归根结底是出世的宗教。他说："儒者言性，而佛者见性；儒者劳心，而佛者安心；

---

① （宋）智圆：《闲居编》卷四十八《潜夫咏》，《续藏经》第56册，第940页中。
② （宋）契嵩：《镡津文集》卷三《辅教编下·孝论叙》，《大正藏》第52册，第660页上。
③ （明）智旭：《灵峰蕅益大师宗论》卷六之一《广孝序》，《嘉兴藏》第36册，新文丰出版公司，1987，第352页上。
④ （明）智旭：《灵峰蕅益大师宗论》卷七之一《题至孝回春传》，第373页中。
⑤ （宋）契嵩：《镡津文集》卷八《杂著·寂子解》，第686页中。

儒者贪着，而佛者解脱……儒者有为，而佛者无为；儒者分别，而佛者平等……儒者治外，而佛者治内。"① 佛教的优越性，展现于此根本处。

其实，隋唐以来佛教界依据《法华经》的"会三归一"思想，一直主张"同归一理"，譬如，吉藏（549—623）在《法华义疏》中说，五乘人"同归一理"②。这种思路被引申到三教关系，开元二十三年的三教讲论，唐玄宗的御批说，"况会三归一，初分渐顿，理皆共贯，使自求之"③，以此主张三教调和。后代僧人说起三教合流，一则是在佛教内部，素来主张"若性若相，同归一理"④，"尘沙法门，异名别说，同归一理"⑤；二则是三教之间，"圣心佛心，同归一理"⑥。明代高僧云栖袾宏，是形塑明清佛教至关重要的人物，他也从"同归一理"的角度讲述"三教一家"："三教则诚一家矣。一家之中，宁无长幼尊卑亲疏耶？佛明空劫以前，最长也，而儒道言其近。佛者天中天、圣中圣，最尊，而儒道位在凡。佛证一切众生本来自己，最亲也，而儒道事乎外。是知理无二致，而深浅历然。深浅虽殊而同归一理。此所以为三教一家也，非漫无分别之谓也。"⑦

由此看来，佛教徒主张"三教同归"，大多着眼于事用方面的平等，而在理体上，佛家自以为最高明，以心为本，同归实相。从事用、功能的社会层面论述三教，元代刘谧《三教平心论》的概括，最能切合中国人的心迹。他说，若要讲述三教的关系，就"不

---

① （宋）张商英：《护法论》，《大正藏》第 52 册，第 643 页下、上、中。
② （隋）吉藏：《法华义疏》，《大正藏》第 34 册，第 564 页上。
③ （唐）李隆基：《答张九龄贺论三教批》，载周绍良主编《全唐文新编》第 1 部第 1 册，吉林文史出版社，2000，第 472 页。
④ 《华严融会一乘义章明宗记》，《续藏经》第 58 册，第 91 页上。
⑤ 孤山智圆语。参见（宋）思坦《楞严经集注》卷八，《续藏经》第 11 册，第 565 页上。
⑥ 永泰元年（765）西明寺上座等上表，称"圣心佛心，同归一理"。参见（唐）圆照《贞元新定释教目录》卷十六，《大正藏》第 55 册，第 886 页上。
⑦ （明）袾宏：《云栖法汇》卷十五《正讹集·三教一家》，《嘉兴藏》第 33 册，第 77 页上。

可以私心论，不可以爱憎之心论，惟平其心念究其功"，否则难以得出公正的结论。在他看来，韩愈、欧阳修、张载、二程和朱熹的排佛言论，实有偏颇。他说：

> 儒以正设教，道以尊设教，佛以大设教。观其好生恶杀，则同一仁也；视人犹己，则同一公也；惩忿窒欲，禁过防非，则同一操修也；雷霆众聩，日月群盲，则同一风化也。由粗迹而论，则天下之理不过善恶二途，而三教之意，无非欲人之归于善耳。①

刘谧说，儒教的作用是正纲常、明人伦，实施礼乐刑政；道教是教人清虚自守，归于静默无为之境；佛教则是教人舍伪归真，自利利他。在他这里，三教同归于善。这种思路，至今还是许多中国人对于宗教的基本看法，不管是什么宗教，都应劝人行善。

3. 道教的三教同源

在三教关系中，儒道互补的传统，一直到后来都没有改变。虽然儒家士大夫对民间的道教信仰时有微词，但这丝毫不影响道教全力支持儒家的伦理规范。道教经典通常都会宣扬忠君孝亲、报父母恩的思想，"道出于一，教分于三。故资事父以事君，则忠孝之义尽，取于治身而治国，则清净之化成。其在栖真者流，尤以报君为重"②，类似这样的话，并不鲜见。

道教认为，万善之要是"道德、孝慈、功能"，而万恶之要是"反道、背德、凶逆贼杀"③。这种"明道立德"，立善功、修道德，与"道"同一体性，乃是达到长生久视神仙境界的必由之路。因此，对道教而言，三教关系主要是如何处置道教与佛教的关系。

---

① （元）刘谧：《三教平心论》卷上，《大正藏》第52册，第781页中。
② 《玄门报孝追荐仪》，《道藏》第9册，第58页下。
③ （宋）张君房编《云笈七签》卷九十"七部语要"，李永晟点校，中华书局，2003，第4册，第1986页。

前面提到道教在早期排斥佛教的主要思想资源,是借用"夷夏论"编造"化胡经",从文化的根源上强调道教在中华文明中的优先地位,贬黜佛教。但到唐代以后,佛教在中国取得了强势的社会地位,对道教的思想影响亦在日趋深化。道教对佛教的姿态因此有所改变,宋代以后大多主张"三教合流",倡导"三教同源"。特别是在辽金元游牧民族统治的大背景下,道教把"化胡"的传说变成三教的"同源",所谓"天下无二道",三教既源于"道",亦归于"道"。① 在这方面,张伯端(983—1082)的内丹学与王重阳(1113—1170)的全真道,达到了历史的顶峰。

北宋道士张伯端在其《悟真篇》序言里说"教虽分三,道乃归一",在道教内部明确提出"三教合一"的主张。② 他说:

> 释氏以空寂为宗,若顿悟圆通,则直超彼岸。如有习漏未尽,则尚徇于有生。老氏以炼养为真,若得其要枢,则立跻圣位。如其未明本性,则犹滞于幻形。其次,《周易》有穷理尽性至命之辞,《鲁语》有毋意、必、固、我之说,此又仲尼极臻乎性命之奥也。③

张伯端是南宗金丹派祖师,人称"悟真先生""紫阳真人"。他的丹道理论融摄禅法,主张性命必须双修。惟其如此,才能"归于究竟空寂之本源"。他说:"先以神仙命脉诱其修炼,次以诸佛妙用广其神通,终以真如觉性遣其幻妄,而归于究竟空寂之本源。"④ 这套

---

① (宋)夏元鼎《三教归一图说》:"三教殊途同归,妄者自生分别。彼谓释、道虚无,不可与吾儒并论。是固然也。自立人极,应世变言之,则不侔。至于修真养性与正心诚意之道,未易畦畛也。"(《黄帝阴符经讲义》卷四,《道藏》第2册,第732页上。)
② 参见唐大潮《明清之际道教"三教合一"思想论》,宗教文化出版社,2000,第106页。
③ (宋)张伯端:《悟真篇·自序》,载王沐《悟真篇浅解》,中华书局,1990,第1页。
④ 语见(宋)翁葆光述《紫阳真人悟真篇拾遗》,《道藏》第2册,第1030页中。

"先命后性"的内丹功法，以禅宗顿悟法门为究竟，以佛家的"实相"理论充实对"大道"的理解，借以从根本上会通儒释道三教。

金元间，王重阳在北方地区创立"全真道"，其特色是高唱"三教归一"。创教之初，金大定八年、九年（1168—1169），王重阳在山东文登等地建立"五会"（三教七宝会、三教金莲会、三教三光会、三教玉华会、三教平等会），皆以"三教"冠名，劝人"诵《般若心经》《道德》《清静经》及《孝经》"，强调三教一家，不拘一教。他说："三教者，如鼎三足，身同归一，无二无三。三教者，不离真道也。喻曰：似一根树生三枝也。"① 意思是说，儒释道的理趣相通，源自同一个"道"，犹如一个树干生出三个树枝。不过，王重阳主要吸收佛教内容，而对儒家思想的摄入，主要由其弟子完成。陈兵认为："金代全真道学说乃佛道融合的典型，元代以后的全真之学才具足三教合一的性质。"② 三教合一，因此是全真道的中心思想，是北宋以后道教"三教合一"思想不断发展的产物，是内丹派与佛儒思想融合的结果。托名吕洞宾的清代著作《三宝心灯》甚至说："若皈道而不知三教合一之旨，便是异端邪说。"③

全真道主张三教合流，大多着眼于三教义理的同源一致。王重阳的"释道从来是一家，两般形貌理无差"，"儒门释户道相通，三教从来一祖风"④，后来成了常被引用的经典名言。丘处机（1148—1227）还说："儒释道源三教祖，由来千圣古今同。"⑤ 在后世的全真道著作里，三教同源的"道"进一步被归结为"心性"。《性命圭旨》"元集"说："儒曰存心养性，道曰修心炼性，释曰明心见性，心性者本体也。"⑥ 这个心性本体，以"一"、"太极"或"圆相○"

---

① （金）王喆：《金关玉锁诀》，《道藏》第25册，第802页中下。
② 陈兵：《略论全真道的三教合一说》，《世界宗教研究》1984年第1期，第10页。
③ 《三宝心灯》，《重刊道藏辑要》壁集四，光绪二十六年刻本，第7叶。
④ （金）王喆：《重阳全真集》卷一，《道藏》第25册，第691页中、693页中。
⑤ （元）丘处机：《磻溪集》卷一，《道藏》第25册，第815页下。
⑥ 《性命圭旨》元集《大道说》，载萧天石主编《道藏精华》第一集之三，自由出版社，1984，第3册第20页。

表示。全真道缘此常说"天下无二道，圣人不两心"①，认为三教之间道体相通，名三体一。在这个意义上，全真道也提倡"三教平等"。

道教内部"北宗先性后命，南宗先命后性"，全真道北宗的功法较之张伯端的南宗，更多地融摄禅宗心法，主张炼神还虚、以性兼命的丹法。明代伍冲虚的《仙佛合宗语录》说："仙佛同一工夫，同一景象，同一阳神证果"，"遇有仙可学，则学仙即学佛也；遇有佛可入，则入佛即仙也"。② 全真道以明心见性、养气炼丹、含耻忍辱为内修之"真功"，以传道济世为外修之"真行"，功行双全，以期成仙证真，方始谓之"全真"。

宋元时期的道教，因此放弃了以往单纯从民族血缘的历史渊源论证道教的优越地位，不再坚持"夷夏论"的文化优越感，而是彰显"道"之于三教的统摄力。道，既是儒释道三教的思想根源，又是道教炼养的修证目标。这是道教在三教合流过程中教义思想的重要转型。

上述儒道佛三家的三教合流思想，无形之中形成了三种不同的类型，各有自己的立场：

三教平等。这主要是历代帝王协调宗教关系的政治理念，主张三教各有不同的社会功能，譬如强调儒家治世、道家治身与佛家治心，或者强调佛教与道教均可有助于儒家君王治理社会。宋明道学家辟佛老的努力，是在更深层次上融合三教，强化儒学的思想优先地位，在社会上凝聚了"宗孔归儒"的共识。

三教同归。这主要是佛教徒的主张，譬如契嵩主张"同归于治"，元代刘谧说三教"欲人之归于善"。这些论调其实是随顺历代帝王的观点，从佛教的社会功能上立论；在宗义或思想的层面，佛教亦讲"三教同归"，主张以心为本，同归于"实相"，强调自身教

---

① 参见（金）刘祖谦《终南山重阳祖师仙迹记》，载白如祥辑校《王重阳集》，齐鲁书社，2005，第326页。
② （明）伍冲虚（伍守阳）：《仙佛合宗语录》，《重刊道藏辑要》毕集一，第104、111叶。

义的殊胜地位。

三教同源。这主要是道教特别是张伯端及全真道北宗的主张，不再强调道教在中华文明史的时间意义上的优先地位，而是突出道教在"道"这个思想根源上的基础地位。北宋以后的道教徒，大多也讲三教同归。但在此时，三教同归于"一"或"道"，亦即作为万物根源的"大道"。

这些不同立场的三教合流，彼此呼应，下行民间，成为中国社会主流的思想与信仰。三教合一，同样也是明代以来所有民间宗教的信条（这部分内容，将在下一章再做说明）。

小结　体用兼顾的共生格局

三教论衡的实质，是儒、道本土思想与佛教这种外来文化的关系协调。在此期间，佛教经历了中国化的过程，中国文化同时也得到了新的思想资源。儒佛之间有冲突有融合，诸如敬不敬王者这样的礼仪问题，涉及伦理秩序或社会秩序的重构问题，佛教做出了必要的让步。佛道之间，涉及化胡、夷夏等民族主义因素，最终在帝王、士大夫的协调下，彼此在诸如形神、自然、因缘等根本理论问题上越辩越明，求同存异。从中唐开始，特别是明清以来，儒释道三教相辅相成，上至王公贵族，下至走夫贩卒，他们的崇拜对象，综合了孔门圣贤、佛门菩萨与道教神仙，以此构筑他们日常生活的意义空间。

三教合流，并没有消除儒释道自身的特点，彼此相似的对话策略，保留了各自的主体性，体上会通，用上合流，体现了中国社会协调不同宗教关系的智慧。

1. 体上会通

竖立在嵩山少林寺钟鼓楼前的《混元三教九流图赞碑》，从左、中、右三个方向，可分别看见孔子、释迦牟尼、老子像，"三圣合体"，碑上还有"佛教见性、道教保命、儒教明伦""三教一体、九流一源"等赞语。该碑立于明嘉靖四十四年（1565），形象地反映了当时对"三教合流"思想的大力推崇。

"三教一体"这个赞语的含义，或如全真道所说的三教"道体"相通，或以"理体"相通。但三教的"道体"或"理体"果真一体三名吗？在中国历史上，始终有三教"齐"或"不齐"的争论。譬如，敦煌写本 S. 5645 刘晏《三教不齐论》，认为"佛法与周孔政乖，释典共孔经殊制"①，这是在强调儒佛之不同。从韩愈到宋儒，他们的辟佛言论，代表了中国文化内部"三教不齐"的主张。事实上，佛教内部著名的护法人物，像庐山慧远、北宋张商英，他们把佛法放在最优越的地位，这也是一种"三教不齐"论。甚至在唐代三教讲论时，如何安排三教代表人物的座次，也是当时政策上处理"齐不齐"的象征。

道体或理体的相通，并不代表三教的根本思想一致。儒道所讲的太极、天道或一，与佛教所讲的空性，在哲学内涵上并不一致，但都代表各自的宇宙论与世界观。三教的道体或理体，是它们所要面对的共同的根本理论问题，但彼此的答案完全不同。道家的"道"先天地生；而在儒家，天尊地卑；佛教完全否定这种预设的"道"。所以，作为最高层次的道体或理体，其实不容混淆。三教各有"极高明"处，这是各教的"理体"，无法等同。或许，三教的极高明处还可以会通到更高层次的"道"，但这样的"道"无法以语言表述，不可言说，不可思议。

三教既然已经各自成教，则应相互了解彼此的极高明处，即能以人类的语言表述自己的根本思想。古今中外，总有一批人坚信在所有不同宗教的背后存在一个贯通一切的道理或智慧，即作为终极的"道"。北周武帝在思想上的单纯，在于他相信存在这样的"道"，并要急切地搬到现实生活中。北周武帝的"通道观"失败

---

① 参见饶宗颐《三教论及其海外移植》，《中国宗教思想史新页》，第 165 页。他认为，此书可能即是日本入唐僧最澄（767 – 822）、空海（774 – 835）目录中提到的《三教不齐论》。

了，这并不是他个人的失败，人类社会很难在现实生活中直接表现贯通一切的道理或智慧。这也就是佛教为什么反复强调人间说法只能是方便说法的原因。在现实的生活世界中，我们能做的只是"极高明而道中庸"。哲学家的语言是，而且只是"道体之用"，亦即"用中之体"。中国历史上的三教合流，宣称三教一体，归根结底只是在"用"的层面上。

三教的"用中之体"无法替代，但可以在"道体之用"上合流，以不同的方式呈现于中国社会的日常生活，以期达到理想的社会秩序或社会形态，譬如天下大同、社会太平。

儒家讲究"正名"，敦礼明伦，这是儒学的社会功能。孔子罕言的性与天道，这是儒学背后的根本或本体。天命之谓性，性是人的天赋之德；人之为人，尚有以仁为特征的后天修德。作为性德与修德的根本何在？此即儒释道三教之体，它们的诠释各不相同。先秦的孔子，对此基本上保持沉默。宋明道学最主要的成就，是发展了儒学的心性之学：如何吸收或拒斥佛教的思想，从而重新确立儒学的本体，这是他们的一项核心工作。朱熹借用佛教"月印万川"的比喻，讲述"理一分殊"，但他认为佛教并没有完整地认识天地之间根本的道理。佛教自己不会同意朱熹的判断，但朱熹的态度表明了三教之间并没有可以一致的理体。

三教的理体，从来就有两种思路：一者向内，以心性为本，一者向外，以道或天道为本。佛教的诠释，以离言绝相的"实相"或"空相"为体，但在现实的修行中，"一切理事，以心为本"（《万善同归集》）。实相、天道，并不相同。天道作为儒家一切价值的源头，并不是空灵之物，内蕴尊卑正名的等级秩序，完全不可能像佛家所讲的无善无恶之实相。先天地生的道，独立而不改，周行而不殆，这是中国哲学里最接近于"本体"的东西，并没有尊卑秩序，万物皆相反相成。大乘佛教以"实相"为根本，究尽诸法实相是佛的境界，实相乃是无相、空相，不生不灭，不增不减。这与儒家所讲的"理"、道教所说的"道"，并不相同。三教从各自的立场出发，表示这些都是三教之体，强调自己的表述最圆满、最周全。在实际的修行或工夫上，道教所讲的"本性"，更多的是指"自然"，与佛家所讲的"空寂"、儒家所说的"穷理尽性"都有差别。

因此，虽然儒释道都有可能讲"三教一体"，但三教之体只有形式（体相）上的相似，而在内容（体性）上绝不相同。三教之间只能是相互理解，而不能彼此取齐，此乃所谓"体上会通"。李天纲在他的重要著作《金泽：江南民间祭祀探源》里提出"三教通体"的说法，应当也是就三教的体相而言。他说："中古以降，儒、道、佛三教存在同构关系——同一个文化结构下，以不同的方式，相互依赖着，共融共生。儒家、道家和佛学等学理之外，三教有其普遍信仰方式。近代学者都意识到，中国宗教的普遍信仰方式，与民间宗教有关。儒、道、佛三教相通，不但通在教理思想，而且通在民间实践，可以称为'三教通体'。"①

2. 用上合流

三教合流，只能是"用"即功能上的合流，或如李天纲所说，三教信仰方式及其民间实践的相通。儒家统治者主张"三教平等"，主要出于治理社会、统摄人心的目的，平衡三教，不可偏废，尤能代表历代帝王协调宗教关系、借用宗教治理社会的政治理念。佛家更多主张"三教同归"，强调佛教有益于儒家社会的道德教化；道教作为一个中国的本土宗教，主张"三教同源"，强调彼此思想的同源性，三教都在修道，同归于"一"或"道"。三教的合流，着眼于"事用"的层面，同归于善、同归于治，劝人为善，有助于帝王的教化。

相对于作为知识精英的宋明儒家"辟佛老"，封建帝王的心态总是最实用：三教各有其用。三教分别治世、治身与治心的说法，反映了儒释道在中国社会的定位与分工，以及它们在生活世界中的对话与合作。儒学是治理国家的意识形态，佛、道两教只有在辅助

---

① 李天纲：《金泽：江南民间祭祀探源》，第328页。

推行儒家伦理的前提下，才能与之建立三教的和谐关系，否则就会受到儒家统治者的清理与整顿。佛教在中国化的过程中，有行孝、辅助礼法的作用，完全支持儒家伦理。道教在这方面的表现毫不逊色于佛教，道教经典积极宣扬忠君孝亲思想，把道家"尊道贵德"这种哲学上的"道德"，改转为社会伦理中的道德实践。当然，缘于彼此"斗法"等复杂的因素，三教的功能还有层次上的比较，同样也会涉及三教"齐不齐"的问题。

"三治"的说法，让儒释道在功能上成为一个整体，三教一体并不是指三教存在统一的本体。明清时期的民间宗教，往往主张"宗孔归儒"，更是在功能层面强调三教合流，以入世为主导思想。从古至今，中国的民间宗教信仰，几乎没有提倡出世出家的流派。儒释道三教的"用上合流"，是一种生活化的宗教对话，是中国宗教重视人伦日用、以人为本的特色，也是本书讨论"人文宗教"最重要的研究对象。牟钟鉴先生多年以来以"多元通和"讨论中国传统的宗教生态，这种关系格局的形成机制，主要也在"用上合流"的层面上。把超越的宗教目标落实到现实生活，形成以"修身"为根本的信仰方式，这是人文宗教实现社会教化功能的主要途径，也是我们当前坚持宗教中国化方向的宝贵历史经验。

3. 劝善与平等

体上会通、用上合流，这是对中国历史上"三教合流"宗教现象的经验总结，有别于西方宗教的对话模式。这是以人文主义占主导的宗教体系的特色，契合中国传统文化中的一个根本理念：殊途同归。汉代司马谈《论六家要旨》引用"天下一致而百虑，同归而殊途"，认同"阴阳""儒""墨""名""法""道"等先秦诸子百家争鸣的合理性。三教合流，亦以"殊途同归"这种理念，引导和谐的社会秩序，实现中国文化的自我更新。

首先，三教同归的结合点是"劝善"，以各自劝善的方式开展社会教化，谋求彼此的"相资互用"。这也是中国社会处理不同宗教关系的传统方式，是中国社会对待外来宗教、外来文化的开放心态和交流模式。直至今日，中国人在理解宗教的社会功能时，大多坚信宗教都是劝人为善，教义可以有不同，却都应该有益于世道人心。其次，主张三教平等，中国宗教并没有设立笼罩一切的最高神，儒释道各有自己的圣贤，都可以在自己的范围内达到最高的境界。因此，理解中国的宗教，必须把握"劝善"与"平等"这两个要点。脱离了这两点，外来宗教或新兴宗教信仰就难以在中国社会立足。中国宗教史上不仅有儒释道三教，唐代还有"三夷教"，摩尼教、祆教与景教，在其传播过程中也未与中国的本土宗教发生严重冲突，这与西方历史上宗教之间你死我活的争斗形成鲜明的对比。而且，明代中期以后大量出现的民间宗教，其实都是三教互动的产物。

在中国历史上，"佛教"这种源自印度的外来宗教，成功地内化到中国文化的母体里。而到近代，像谭嗣同（1865—1898）这样的思想家，还提出了新"三教"，他在《仁学》的自序中就希望以"基督教"代替"道教"，以期革新中国的旧思想。这种"替代论"，表明了一种对文化更新的期待，但没有得到同时代人的普遍响应。取而代之的是一种更大范围的"合流论"：主张儒、释、道、基督教、伊斯兰教"五教合一"。"五教同源"的思想，在近代中国很受欢迎。在与当代宗教界人士交谈时，笔者还经常听到像"五教同辉"这样的形象比喻。

因此，以"相资互用"的模式，坚持"体上会通，用上合流"，形成"会通共生"的关系格局，这是中国文化历久弥新的文化更新机制。科学总结"三教合流"的历史经验，对处理当今世界复杂的宗教问题有重要的理论借鉴意义。

第五章

混元并用

——日常生活的信仰图景

民间信仰是中国人历史记忆的纽带,呈现了中国宗教内在的连续性和稳定性。

中国人的宗教生活，并不局限于儒释道等这些制度宗教。庶民百姓的宗教生活，通常没有精英阶层的特定思想立场，扎根于民间社会的宗教与信仰。他们的日常生活以及他们对儒释道等制度宗教的理解，依附于他们周围的生活环境。他们的信仰带有明显的功利色彩，实用心态较为直白，能真实反映中国人的文化心理与宗教经验。追求灵验是庶民百姓的信仰动力，而他们对信仰对象的界定则较为宽容，并不太追究神灵的来历。这也导致了民间宗教信仰的多元与混杂，很多不同的宗教元素融入他们的日常生活，通常也不会以某一个宗教排斥其他的信仰，客观上形成了中国传统社会和谐的宗教关系格局。

民间信仰保留了很多巫术的成分，诸如算命看相、看风水、跳大神等。与此同时，儒释道三教的内容一旦从经典形态转化为民间信仰，随即发生许多复杂的变化，有可能体现在我们平常的岁时节日及其丰富的民俗活动中。因此，如何观察、梳理与分析中国民间信仰，确实是一件非常困难的事情。有些民间信仰，表现在节日民俗里，没有什么系统和规范，却表现出很强的地方性。很多地方的祭祀对象，除了鬼神、祖宗，可能还有当地的英雄与传说中的精怪。这些祭祀，只有少部分得到了官方的认可，大部分可能会被官方视为"淫祀"，但又在默许的范围内。民间信仰表现得最充分的领域，当数名目繁多的民间宗教。民间宗教的神灵，一边杂糅了许多民间的祭祀对象与儒释道的崇拜对象，一边还会创造自己的神灵谱系。特别是从明代中期以后，民间宗教对中国人的精神生活有着重要的影响。其中有些还有严密的组织制度，具有一定的反政府色彩。本章拟对这些有组织体系和传承谱系的民间宗教做出简单的梳理，主要关注这些宗教的经典系统，即民间的"宝卷"及其思想。

本书第一章提到中外学者有过中国有没有宗教的争论，该问题的关键是如何面对融化在日常生活中的宗教信仰。佛教属于宗教，这在现代社会已经不容争辩，但在中国，民俗层面的佛教算不算宗教？这个疑问似乎有些多余，而一旦延伸到接近于各种神灵崇拜大杂烩的民间宗教信仰，多少还有争议。在封建时代，士大夫常把民间信仰视为"淫祀"，把民间教派视为"邪教"。如果以西方宗教的排他性理解中国民间社会的信仰生活，那就更会得到一系列否定的结论。明清之际的耶稣会士，率先以"迷信"（superstition）称呼中国的民间信仰和儒释道三教。19世纪中后期，宗教学在西方兴起之后，传教士们改用三种宗教（religion）翻译介绍儒释道三教，但民间信仰通常还被视为"迷信"。民国以来的中国社会，既沿袭了封建时代士大夫对民间社会的优越感，又受到了早期西方传教士贬低中国宗教的不良影响，形成了一个特殊的词语"封建迷信"。然而，改革开放的四十多年，让我们看到了民间信仰的活力，其对乡村社会的凝聚力及其在对外交流中的感召力，都是我们推进中国社会发展、振兴传统文化的重要社会力量。因此，本书在最后回顾了海内外学者对民间信仰的重要研究成果，特别是杨庆堃在《中国社会中的宗教》里所做出的里程碑式贡献。

杨庆堃把中国宗教分为"弥漫性宗教"（diffused religion，或译弥散性宗教、普化宗教、混合宗教）与"制度性宗教"（institutional religion），学术界常以他所说的"弥漫性"理解中国民间信仰。弥漫性宗教的主要形式，包括国家的祭天大典、家庭的祖先祭祀，以及各行业对其守护神的崇拜等，它们的教义、仪式和组织系统，与其他世俗的社会生活制度混而为一，是传统社会整合的重要内容。这组概念，有效化解了官方或正统与民间社会的对立关系，并能说明儒家与佛教、道教的差异。三教的差异，注定了三教关系在现代中国的解体。但被排除在宗教之列的儒家，并没有因此在现当代民间信仰中缺席。无论是人类学家对"地方崇拜"的深度叙事,还是历史学家对民间祭祀的历史溯源,都让我们真切地看到了儒家礼教在民间社会的历史稳定性和空间丰富性。

尽管现代的儒家学者可能对儒学经典有特别的感情,但在民间信仰的层面上,早已混合在各种神灵信仰中的儒家礼教,既是当代儒学最丰厚的社会基础或群众基础,也是在当代中国定位民间信仰的价值源头。这在很大程度上修正了西方宗教学对 religion 的理解,亦是用于解释"人文宗教"最重要的底色。

一 民俗生活里的多层信仰

中国各地有丰富多彩的风俗,既有浓郁的地方风采,也有相似的文化涵义。许多民俗节日,就其来源而言,或可分别隶属于儒释道不同的宗教传统;就其现实的表现而言,它们通常是把儒释道的多种因素糅为一体,形象地反映出中国民间社会的信仰特点。

在民间社会,死者葬仪、年忌节庆、祈福禳灾,通常会有佛道法事。而念佛劝善、烧香许愿,更是寻常百姓不经意间流露出来的生活实态。原本只是佛教、道教内部的节日,逐渐成了全社会的民俗节日,如农历四月初八的浴佛节、纪念佛陀成道的腊八节等,在宋代以后的民间社会成为极其隆重的节日。最为典型的例子,莫过于七月十五中元节,这在佛教被称为"盂兰盆节",而民间则把这些元素综合起来,祭祀先祖亡亲,成就儒家孝行。

1. 佛道为主的儒家丧祭

宗教的情感,很重要的来源是对死亡的体认。如何处理亲人的丧礼,往往体现了一个文化的基本特征。儒家文化特别看重"慎终追远",认为"礼莫重于丧祭"。中国人的丧礼前后要持续三年之久,每个环节又有复杂的仪式。在《仪礼》这部儒家经典中,有关丧礼的内容占了全书的小一半,儒家对于丧祭仪式的重视,由此可见一斑。佛教传入以后,对儒家的丧礼提供了新的解释,发展出新的仪式。

第一，改变了儒家单纯以"入土为安"为诉求的土葬，因受佛教火葬的影响，中国历史上还有简易的火葬。印度文化认为，世界万物是由地、水、火、风"四大"元素组成，因此人死以后有四种丧葬方式：土葬、水葬、火葬与天葬。人体的火化，佛教称为"荼毗"，佛及高僧的遗骨，则被称为"舍利"。释迦牟尼逝世以后，他的舍利被分为八份，分别供养。这种火葬仪式在印度最受重视，仪式也很隆重。宋代洪迈《容斋随笔》卷十三"民俗火葬"条说："自释氏火化之说起，于是死而焚尸者，所在皆然。"① 这种风俗起初只在僧人中间，后来民间仿效，到宋代已经颇为流行，特别是在江南还建有"化人亭"——古代的火葬场。不过，历代封建王朝不断下诏禁断火葬，清代法律甚至还对知情而不告发的地保、邻里"一同治罪"，视之为伤风败俗之事。1949年以后，火葬才得到了真正的推广。

第二，儒家的三年之丧，结合佛教的轮回、超度与回向等观念，逐渐演化出了"十王斋"的丧葬风俗。十王斋的内容包括：七七斋（做七）、百日斋、一年斋与三年斋。

《十王经》，全称《佛说预修十王生七经》，是中国民间的冥府信仰与佛教的地藏信仰、净土信仰相混合而产生的经典，描述人在死后，将因生前的罪业受到十王的制裁。这部作者身份很可疑的佛经，在经文的前面还有两个更详细的经题——《阎罗王预修生七往生净土经》《佛说阎罗王授记四众逆修生七往生净土经》，突出了阎罗王在十王中的特殊性。类似的经典还有《佛说地藏菩萨发心因缘十王经》等。② 太史文统计了35件现存敦煌《十王经》的单独写本，甚至还有从汉语《十王经》译为回鹘文、西夏文和藏文的版本。抄写这些写本的功能，从写本上保留的信息来看，主要是超度

---

① （宋）洪迈：《容斋随笔》，孔凡礼点校，中华书局，2005，第381页。
② 依据《续藏经》收录的版本，这两部经都被记作"成都府大圣慈〔恩〕寺沙门藏川述"。

亡亲。①

十王，也称"十殿阎王"，是在冥府裁断亡者罪业的十位冥官。依《十王经》的说法，人死以后在去冥界的途中，初七日过秦广王殿，二七日过初江王殿，三七日过宋帝王殿，四七日过五官王殿，五七日过阎罗王殿，六七日过变成王殿，七七日过太山王殿，百日过平等王殿，一周年过都市王殿，三周年过五道转轮王殿，依次接受十殿阎王的审讯与裁断。②依据南宋志磐《佛祖统纪》的说法，举行"十王供"这种仪式可能与唐代和尚道明有关。和许多应验录的写法一样，他"神游地府，见十王分治亡人"，经他这么一讲，当时大家"多设此供"③。敦煌遗书记载了晚唐五代修七七斋的风俗。十王信仰，最晚已在唐末五代流行。④

儒家的丧礼，里面有百日设奠祭祀的说法，七七斋的风俗完全是受佛教的影响所致。佛教认为，人死以后若不能解脱，还要转世投胎，依据自己的宿业在六道中轮回，天、人、阿修罗、饿鬼、畜生、地狱，都有投生的可能。若要解脱轮回之苦，或者想避免投向苦难深重的饿鬼、畜生、地狱道，亲属就要帮助亡者做功德，回向给亡者。佛教所讲的"投胎"，最长不过七七四十九天。所以每隔七日，就要请僧设斋，超度亡灵。但到后来，就不一定请和尚，也可以请道士，有钱人家索性把和尚道士一起请来，做道场，修斋坛，超度亡灵。事实上，道教也把"十王"的概念引入他们的追悼仪式，同样是在七个七日，另在周年、二周年和三周年，有时把十王的名称改为十位"真君"⑤。

---

① 参见〔美〕太史文《〈十王经〉与中国中世纪佛教冥界的形成》，张煜译，上海古籍出版社，2016，第15-18页。
② 参见《佛说预修十王生七经》，《续藏经》第1册，第409页中下。
③ （宋）志磐：《佛祖统纪》卷三十三，《大正藏》第49册，第322页上。
④ 参见高国藩《敦煌古俗与民俗流变：中国民俗探微》第九章"七七斋丧俗"，河海大学出版社，1989，第311-329页。
⑤ 参见《地府十王拔度仪》中，〔美〕太史文《〈十王经〉与中国中世纪佛教冥界的形成》，第202页。

这种风俗流传到民间，设斋供养僧人的意义逐渐消失，主要的目的是在"七七"设奠祭祀亡灵。也就是说，是在"百日"之外增加了祭奠的环节。甚至还从道教的角度解释"七七斋"的来历："人之初生，以七日为腊；人之初死，以七日为忌。一腊而一魄成，做七七四十九日而七魄具矣。一忌而一魄散，故七七四十九日而七魄泯矣。"①

一周忌与三周忌的来历，主要是儒家的说法。人生三年可以免于父母之怀，所以父母去世，亦有三年的哀悼。这些祭奠的仪式，有时邀请僧道出来主持。1949年以后，移风易俗，这方面的丧礼大为简化，但是近年又有反弹之势。

2. 斋僧度鬼与中元祭祖

每年农历七月十五，是佛教徒结夏安居结束的日子，是众僧"自恣日"。在汉传佛教中，这一天同时也是所谓的"盂兰盆节"，汉地寺院要举行"盂兰盆会"，兼有供佛斋僧、超度亡亲的目的。这种仪式始自梁武帝大同四年（538），② 自此以后，成为风俗。历代帝王、庶民百姓，无不举行，以报祖德。盂兰盆会，成为每年最重要的佛教法会之一。

《佛说盂兰盆经》（竺法护译）③ 全文八百余字，记载神通第一的目连，见其母堕饿鬼道受苦，虽欲救拔，却始终不能遂愿，于是向佛陀请教。佛陀教以救拔之法，在七月十五众僧自恣日，具备百味饮食、五果、香油等供养十方大德众僧，以此供养功德之力，救

---

① （明）田艺蘅：《春雨逸响》，商务印书馆，1937，第4页。
② 参见《佛祖统纪》卷三十七，《大正藏》第49册，第351页上。当时称为"盂兰盆斋"。
③ 现存还有一部失译《佛说报恩奉盆经》（《报像功德经》）1卷，不到400字，收入《大正藏》第16册。宗密《佛说盂兰盆经疏》卷下说："此经总有三译：一晋武帝时，刹法师翻云《盂兰盆经》；二惠帝时，法炬法师译云《灌腊经》……三旧本别录，又有一师翻为《报恩经》。"（《大正藏》第16册，第506页下。）此外，《开元释教录》卷十八《疑惑再详录》还有《净土盂兰盆经》1卷，《法苑珠林》卷六十二有引。以前认为已佚，但实际上存于敦煌遗书，编号P.2185。现在通行的是初译本。

拔其母出离苦难。

"盂兰盆"（Ullambana）历来有两种解释。一种认为，"盂兰"是梵音，义为"倒悬"；"盆"是汉语，指盛食供僧的器皿。竺法护的译本、宗密的解释①，都把"盆"当作一种容器。第二说以为"盂兰盆"三字都是梵语音译，慧琳《一切经音义》的解释即是如此，他明确说，过去把"盆"理解为"贮食之器"，这是完全错误的。② 不过，现在大多流行宗密的解释，大家习惯于把"盂兰盆"当作一种容器，把百味饭食安置在盂兰盆里，供养十方自恣僧，即可佑助身处厄难之中的七世父母及现在父母，使他们脱离饥虚倒悬之苦，早日投生人、天善道。中国的儒家社会原本十分注重孝亲，依据《佛说盂兰盆经》而于每年农历七月十五举行盂兰盆会，斋僧供佛，超度历代宗亲。这是以佛教的形式体现儒家的孝道思想，为中国民间社会祭祀祖先神灵及孤魂野鬼提供新的依据与模式。

从最初佛门的自恣日，到与道教的"鬼节"融为一体，这种转变，到宋代已经完成。当时，盂兰盆供的目的，主要是荐亡度鬼，最初所说的"供佛斋僧"已少有人问津。孟元老《东京梦华录》卷八"中元节"条记载，当时汴梁城内"印卖《尊胜》《目连经》。又以竹竿斫成三脚，高三五尺，上织灯窝之状，谓之盂兰盆。挂搭衣服、冥钱在上，焚之"。③ 盂兰盆会，原本是在寺庙内举行，虽很热闹，但还没有焚盆挂纸钱的做法。这最早可能是北宋的风俗，属于典型的祭鬼仪式。

农历七月，儒家本来就有祭祖的传统，与周朝在收成时节举行

---

① 宗密《盂兰盆经疏》卷下："盂兰是西域之语，此云倒悬；盆乃东夏之音，仍为救器。若随方俗，应曰救倒悬器。"（《大正藏》第 16 册，第 506 页下。）
② 慧琳《一切经音义》卷三十四说："盂兰盆。此言讹也，正言'乌蓝婆拏'，此译云：倒悬。案西国法，至于众僧自恣之日，云先亡有罪，家复绝嗣，亦无人飨祭，则于鬼趣之中受倒悬之苦。佛令于三宝田中俱具奉施佛僧，祐资彼先亡，以救先云倒悬饥饿之苦。旧云盂兰盆是贮食之器者，此言误也。"（《大正藏》第 54 卷，第 535 页中。）
③ （宋）孟元老撰，邓之诚注《东京梦华录注》卷八，中华书局，2010，第 211－212 页。

的祭礼有关。《礼记·月令》说："是月也，农乃登谷。天子尝新，先荐寝庙。"① 在秋收时节，天子以新谷祭祀祖庙，表达对祖先的敬意，以示慎终追远。由此，"荐新"的习俗存活了数千年，不过，这种习俗最初并没有固定的日期。在儒家的礼节中，祭祖、荐新都有多个不同的日期，譬如，明清皇帝祭祖分为时享、荐新、袷祭、禘祭等种类，而在每月初一都向祖宗祭献新鲜时令食品，即所谓的"荐新"。但在民间，因受佛教盂兰盆节、道教中元节的影响，在农历七月十五，祭祖与荐新相结合，规模最为隆盛。各地最终形成了"中元祭祖"的习俗，子孙们要以时鲜食物上坟，祭拜祖先。潘荣陛《帝京岁时纪胜》"中元"条说："中元祭扫，尤胜清明。"② 也就是说，中元祭祖的规模要超过清明节，这是清初的风俗。

事实上，唐代宗（762—779年在位）在内道场设盂兰盆会，并"设高祖已下七圣神座，备幡节龙伞衣裳之制，各书尊号于幡上以识之，舁出内庭，陈于寺观"③。这种做法，虽然被当时的士人视为"不典"，却已开启了"中元祭祖"的先河。

盂兰盆节演变为"鬼节"，这是佛教受中国文化影响的典型例子，这里主要是道教思想的影响。农历七月十五，是道教中元节。道教认为，天地间分三元，有三官，各司其职。三官诞日为三元日，是为三元节。上元节农历正月十五，有一品天官大帝赐福；中元节，有二品地官大帝赦罪；下元节农历十月十五，有三品水官大帝解厄。④

中元节当天，"地官校戒，擢选众人，分别善恶，诸天大圣普诣宫中，简定劫数、人鬼簿录。饿鬼囚徒，一时俱集。以其日夜烧香然灯，照耀诸天九幽长夜，八门之中作玄都大献，仿玉京山，采

---

① 《礼记正义》卷十六，第522页。
② （清）潘荣陛：《帝京岁时纪胜》，北京古籍出版社，2000，第27页。
③ 参见（宋）李昉等《太平御览》卷三十二《时序部·七月十五日》，第152页上。
④ "三元"的说法，可能肇始于五斗米道的"三官"。《三国志》卷八张鲁传注引的《典略》已有"三官"的记载。约在六朝末年，"三元"说已经确立，北周《无上秘要》已有"三元"用例。

诸花果，依以五色世间所有众奇异物……幡幢宝盖，庄严供养之具，肴膳饮食，百味芬芳，献诸众圣及道士等。于其日夜讲说是经，十方大圣齐咏灵篇，囚徒饿鬼当得解脱，一俱饱满，免于众苦，得还人中。"① 他们在作法事的时候，还以三牲五果普度十方孤魂野鬼。很早就形成了"中元普度"的习俗，唐代诗人令狐楚（766或768—837）有《中元日赠张尊师》的诗篇："偶来人世值中元，不献元（玄）都永日闲。寂寂焚香在仙观，知师遥礼玉京山。"李商隐（813—858）也曾写过"绛节飘飘宫国来，中元朝拜上清回"（《中元作》）的诗句。

现在，即使是在佛教寺庙里，盂兰盆会的目的主要也是"讽经施食"，盂兰盆节已成地地道道的鬼节，信众也以"荐亡度鬼"当作盂兰盆会的主要行事。

盂兰盆节、中元节，这在过去的中国意义非凡，同时承担了儒释道三家的教化功能。因此，它在民间社会衍生出了许多富于地方特色的风俗。在这一天，中国各地普遍都有"放焰口""放河灯""祭祖""拜鬼""度孤"等民俗活动，彼此的仪式、传说又有所不同。

闽南民间认为农历七月是"鬼月"，阴界的鬼会回到阳间。七月初一"开鬼门"，七月三十"关鬼门"。在此期间，孤魂野鬼争相来到人间。尤其在七月十五，鬼门大开，到处是鬼，人们不宜行走，忌出远门。闽南把孤魂野鬼称为"好兄弟"，把中元节时普度孤魂称为"拜好兄弟"。到了那天下午，家家户户在门口摆上丰盛的饭菜，每盘菜上要插一支香。祭拜完后，还要烧纸钱。全国各地的风俗各不相同，若能细加搜集，也是对民间文化与风俗的保护。

目连救母的故事，随着盂兰盆节或中元节的流行，已在中国社会广为流传，家喻户晓。目连成了能够"感动中国"的大孝子，以戏曲的形式走上舞台，走进民间。从事戏曲研究的学者认为，目连

---

① 《太上洞玄灵宝三元玉京玄都大献经》，《道藏》第6册，第272页上、中。

戏是宋元杂剧、南戏的典型，堪称是"戏祖""戏娘"。①

唐代已有《大目乾连冥间救母变文》②，原来只有八百余字的经文，却被演义出曲折动人的情节，称得上俗文学的一部杰作；在宋代，目连故事被搬上戏台，《东京梦华录》卷八"中元节"记载："构肆乐人自过七夕，便搬目连经救母杂剧，直至十五日止。"③ 到了明代，郑之珍《目连救母劝善戏文》更是情节生动，内容复杂。到清代，甚至还把四川青堤当作目连的故里。

目连戏影响到民间百姓的思想和生活。诸如"善恶报应""生死轮回""地狱鬼魂"等观念，大多来自目连戏。目连戏的影响并不是一时一地的，而是南北东西（尤其南方）各地开花，数百年而不绝。这部戏对中国社会影响之大，在民国时期编的安徽地方志里，甚至被认为"支配三百年来中下社会之人心"④。

所以，"盂兰盆节"的设立，颇能体现中国佛教旨在融入儒家社会的良苦用心，更能表现民间宗教生活的混杂多元。中国还有许多其他的风俗、节日，能反映中国民间的真实信仰。丧礼、中元节，只是其中特色最鲜明的代表。也就是说，即使是在中国人最普通的日常生活中，都能体现出多种宗教因素的浑然统一。

与民间信仰或习俗不同的是，民间宗教还有自己的经典教义与神灵系统，并能更好地表现"混元并用"的特点。他们普遍认同"三教合一"的思想观念，承认或重建现实的儒家政治秩序，持有仙佛鬼神不分的多神信仰，最终又以"灵验"作为他们的信仰动力。

3. 庙会与乡土文化

丧葬与祭祖，直到今天还是中国人生活中难以回避的组成部

---

① 参见刘祯《中国民间目连文化》，巴蜀书社，1997；朱恒夫《目连戏研究》，南京大学出版社，1993。
② 参见王重民、王庆菽、向达、周一良、启功、曾毅公编《敦煌变文集》，人民文学出版社，1957，第714－755页。
③ （宋）孟元老撰，邓之诚注《东京梦华录注》卷八，第212页。
④ 胡光钊：《祁门县志·艺文考》，1944（民国本），第20页。

分，在古代中国更是维系伦理秩序和社会稳定的基本方式。这些日常生活的宗教元素，与经济活动没有多少关系。但是，庙会是中国传统社会里与宗教生活密切相关的重要经济活动，或称"香会""庙市"，是集宗教、经济和娱乐于一体的文化综合体，赵世瑜《狂欢与日常：明清以来的庙会与民间社会》，以"狂欢"来形容庙会在传统社会里的文化功能。他还列举了那些基本没有宗教色彩的庙会，譬如因从事某种特定交易而形成的骡马会、农器会等，以及老北京的厂甸、天桥庙会等。① 这些徒有虚名的庙会，其实只是"集市"的俗称，并不是本书所谈的庙会。

庙是中国对宗教活动场所的传统名称，繁体字作"廟"或"庿"，最初泛指祖先神庙，陈列神主。《白虎通义·宗庙》解释说，"庙者貌也"，即指思想祖先仪貌的场所，后来泛指祭祀各类神灵的地方。在民间，庙宇的祭祀对象有在官方祀典里的神灵，还有一大批完全不在祀典的神灵。这是能集中体现民间信仰的地方，这些神灵在很多地方会被称为"老爷""神仙"，女性神灵还常被称为"娘娘"。这些庙宇大大小小，数量庞大，遍布乡村市镇。庙会通常是在这些神灵的生日举行，或在当地特定的岁时年节，譬如元宵节、清明节、七夕、中元节。东岳大帝、城隍、关公、龙王、土地公等是在民间最常见的神灵，此外还有鲁班等行业神。庙会最重要的活动，依旧是祭祀，在很多地方在重要的节日还会采用抬神出游绕境的方式。大规模的游神活动，是地方上的盛大节日，伴随着各种戏剧杂耍。安排这些文娱活动，最初是为了娱神，后来发现娱人的效果更明显，附带还有拉动经济的功能。在组织这些祭神、娱神活动的过程中，地方上各阶层力量都会被动员起来，望族挑头，小户跟进，社区的人际关系可能得到新的协调，地方整合能力也会有所提升。虽然也会滋生腐败现象，但其主要的作用是有利于地方乡土文

---

① 参见赵世瑜《狂欢与日常：明清以来的庙会与民间社会》，三联书店，2002，第188页。

化建设,在一定程度上能打破单一或少数大族垄断地方权力的集权体制。

佛教的寺院、道教的宫观,原本是相对独立的修行场所。但它们作为中国社会的公共空间,逐渐融入地方的乡土文化,成为地方文化的重要载体。这些寺庙的规模大,影响力也大。围绕这些大庙举办的庙会,通常对应于寺庙所推崇的重要节日或当地的岁时年节。参观庙会的人,会有许多外乡人,组织者也未必是当地人,地方大族在其中的影响较为有限。这样的庙会,往往是跨地区的文化交流和商贸活动,把寺庙这种公共空间的世俗性充分表露出来。举办庙会的地方,往往成为该区域的中心地,容易形成新的社会关系网络。对大部分人来说,这是消磨他们闲暇时间的好办法,朝圣、娱乐、购物和小吃,几乎全能顾上。如果能遇上地方戏、踩高跷表演,特别是对小孩子来说,往往是终生难忘的乡土记忆。不过,这方面的研究,总体上属于民俗学、社会史和文化史的领域。其与民间信仰有关的内容,将在本章第四节进一步说明。

二 基层社会的信仰重组与蜕变

究竟何为"民间宗教"?学术界并无统一的说法。海外学者常以暗示是某种宗教异端的"教派"(sect)一词界定"民间宗教"——具有较为明确的政治目的,以及较为严密的组织体系,在明清两朝被朝廷认定成"邪教"。中国学者大多从它们的教义思想入手,普遍认为,"民间宗教"是指主要流行于下层社会的民间秘密宗教,有别于儒释道等正统宗教,既不能直接归为儒释道的某一家,却又与正统宗教关系密切;有的甚至认为,民间宗教与在基层或民俗层面的正统宗教,如所谓的"民俗佛教""民俗道教",并无区别。[①]中国的民间宗教种类繁多,特别是到明清时期教派林立,据不完

---

① 梁景之说:"民间信仰、底层文化构成了正统宗教与民间宗教的共同基盘。"参见《清代民间宗教与乡土社会》,社会科学文献出版社,2004,第2页。

统计有 215 种，仅见于清宫档案的教派就有 100 多种。① 这些教派分为罗教与白莲教两大系统，特别是在明万历以后，罗教的实际影响要超过白莲教。②

白莲教最早是以念佛结社为其初衷，但从元代末年以后，作为民间宗教的白莲教，是以弥勒佛为信仰核心；从佛教禅宗蜕化出来的罗教，创造了自己的最高神灵，以无生老母为信仰核心。这两大系统的民间宗教，加之原本散化于民间社会的以太上老君为信仰核心的道教，以及民间对儒家圣贤的崇拜祭祀，共同构筑了中国的民间信仰体系。从总的源头来看，民间宗教主要是受道教、佛教与摩尼教的思想影响；而从后来的组织系统来看，民间宗教主要归属于白莲教与罗教这两个源头。

纷繁复杂的民间宗教，是我们理解中国人信仰生活与宗教结构的宝藏。从信仰的人数及其对社会的影响来说，这些民间宗教要比传统的佛教、道教等更有广度与深度。它们并不天然就是对抗朝廷的反叛力量，但在中国社会演变的过程中，民间宗教的思想体系与组织系统常被利用。

1. 民间宗教的演变小史

中国著名的民间宗教研究专家马西沙、韩秉方等持"四阶段"的分期说：从东汉末年到南北朝、从南北朝到北宋、从南宋初年到明代中叶、明朝正德年间（1506—1521）以后。③

初始阶段，是从东汉末年到南北朝。

---

① 参见马西沙《略论明清时代民间宗教的两种发展趋势》，《世界宗教研究》1984 年第 1 期。原文资料参见中国第一历史档案馆《军机处录副奏折》《朱批奏折》"农民运动类"目录。另据利玛窦在当时听到的说法，这些打着佛释道旗号的民间教派约有 300 种。参见〔意〕利玛窦、〔比〕金尼阁《利玛窦中国札记》，何高济、王遵仲、李申译，广西师范大学出版社，2001，第 77 页。
② 过去相当多的学者认为，这些教派都源于白莲教系统。但近些年大家的观点有所改变，大多认为可以分为两大系统。参见王庆德《中国民间宗教史研究百年回顾》，《文史哲》2001 年第 1 期。此外，若把民间的帮会也计算在内，民间宗教则还有另外一大系统：天地会或洪门。
③ 这一历史分期，依据韩秉方《中国的民间宗教》，收入汤一介主编《中国宗教：过去与现在》。

民间宗教的思想，可以追溯到远古的祖先崇拜、巫觋文化，如卜筮、占星、祭祀等。到了东汉时期，黄老道、谶纬、方术等与民间信仰相互渗透，逐渐形成民间宗教的最初形态：民间道教。张道陵在四川创立了五斗米道（或称天师道），张角在山东、河北创建"太平道"，发动农民起义，妄图建立新政权。在起义失败或投降以后，作为政治力量的太平道、五斗米道消失了，但它们的宗教力量并没有随之消散，继续在民间社会流传，甚至还从下层社会逐渐渗透到上流社会，进入士大夫阶层。

这种民间道教，不仅混合了当时的黄老道和神仙方术，还杂糅了儒家、墨家、阴阳家、养生家、神仙家等多种学说，信众以太上老君为教主，祭祀黄帝、老子，以求长生不老，金丹、房中、吐纳、导引、禁咒、符箓等方术，备受欢迎。现在研究民间宗教的专家，多把从东汉末年到南北朝这段时间视为中国民间宗教的初始阶段。

第二阶段，是从南北朝到北宋。

这一时期的民间宗教多以佛教异端形式出现，主要教派有源自佛教的弥勒教、大乘教，以及由摩尼教演化而来的民间教派。南北朝时期，民间道教经过教内知识分子的清整，已演化为受到官方保护甚至崇信的正统宗教，而把东汉末年的民间道教贬为"三张伪法"。民间道教的正统化过程，几乎与佛教的本土化同步。佛道两教有冲突与融合，到南北朝双方已成"均势"的格局，被儒家统治者看作社会教化的重要力量。

大乘教与弥勒教，都是以佛教的弥勒信仰为基础。弥勒是佛教里的未来佛，《弥勒下生经》描绘了"谷食丰贱，人民炽盛，多诸珍宝"[①]的太平盛世，他从兜率天宫下凡，在龙华树下三行法会，普度众生。因此，弥勒佛在中国民间被想象成现实社会的救世主。北魏延昌四年（515），冀州沙门法庆聚众闹事，自称"大乘"，提

---

① 《佛说弥勒下生经》，（西晋）竺法护译，《大正藏》第14册，第421页上。

出"新佛出世,除去旧魔",所到之处"斩戮僧尼,焚烧经像"。①隋大业九年(613),陕西扶风沙门向海明自称弥勒佛转世,聚众滋事,甚至自立为皇帝。隋唐时期的弥勒教活动比较频繁,教主都是自称"新佛"或"弥勒佛"。这些民间宗教,由于社会破坏力较大,一出现就采取了与朝廷对抗的极端姿态,所以都很短命,没有什么积极的实质影响。但是他们所打的旗号"弥勒佛",却在民间从此成为社会动员与组织的精神符号,成为此后民间宗教的思想源头,在民间宗教自己的神灵谱系中占据着极其重要的地位。②

摩尼教是在公元3世纪中叶由波斯人摩尼创立的,摩民自称"光明使者",要拯救这个充满罪恶与苦难的世界。③ 摩尼教的经典主要有:《密迹经》《大力士经》《净命宝藏经》《证明过去经》《福音》《撒布拉干》《指引与规约》七部。敦煌遗书藏有一些摩尼教经典,其中《摩尼教残经》《摩尼光佛教法仪略》最为重要。

摩尼的传教,引发了波斯传统宗教祆教的强烈反对,摩尼教被迫向外传播,摩尼本人也被钉死在十字架上。最晚在武则天当政时期,摩尼教已经传入中国。公元845年,唐武宗会昌灭佛,摩尼教同时遭到禁止。从此,摩尼教在汉地转入地下,流入民间,最终演化为民间宗教,渐有"明教"之称。五代后梁贞明六年(920)陈州母乙起义、北宋宣和二年(1120)方腊起义,都是利用摩尼教发动的农民暴动,在社会上引起了较大的影响。

"光明使者"的说法,后来被说成"明王",在民间易与"弥勒佛"的形象相联系。约在元代末年,明教与弥勒教的合流,形成"明王出世、弥勒下生"的思想,假托"白莲教"的名义,共同演化为一个庞大的民间秘密宗教系统。

第三阶段,从南宋初年到明代中叶。

在这一时期,最主要的事件是白莲教的兴起,从最初佛教内部

---

① (北齐)魏收:《魏书》卷十九上《景穆十二王列传·元遥传》,第445页。
② 参见濮文起《中国民间秘密宗教溯源》,江苏人民出版社,2000,第9-14页。
③ 王见川:《从摩尼教到明教》,新文丰出版公司,1992,第74页。

的白莲结社,到元代末年逐步演变为声势浩大的白莲教运动。白莲教,后来几乎成了所有具有反政府色彩的民间宗教的代名词。

第四阶段,从明正德年间到清朝末叶。

这个时期罗教的出现,彻底改变了中国宗教的结构。罗教拥有自己的教典,"五部六册"宝卷,标志着中国的民间宗教从此有了相对独立的教义、经典与神灵系统。罗教以批判白莲教、自许为佛教护法的面目出现,不再单纯追求政治层面的救世,而更多地关注精神层面的提升。

在这个过程中,中国的民间宗教不再简单地假托已有的宗教名称或神灵偶像,而是在罗教"五部六册"的框架内竭力推出自己的教祖与教义,民间宗教由此进入教派林立、空前活跃的历史时期。

数以百计的教门蜂起林立,构成封建社会后期下层社会民众运动的中心内容。除罗教,尚有黄天教、西大乘教、东大乘教、红阳教、龙天教、长生教、青莲教、八卦教和一炷香教等。

2. 白莲教的形成与演变

南宋绍兴三年(1133),江苏吴郡沙门茅子元创立"白莲宗"。创立之初,这是属于佛教内部融合天台宗与净土宗思想的念佛结社,白莲教徒自命为"莲宗真脉"。但到后来,元代末年的白莲教已是混合了弥勒教与明教思想的民间秘密宗教。

据元代普度(?—1330)《庐山莲宗宝鉴》"慈照宗主"条的记载,茅子元19岁落发为僧,学习天台宗的止观禅法,因闻鸦声而悟道,作了一首偈颂:"二十余年纸上寻,寻来寻去转沉吟。忽然听得慈鸦叫,始信从前错用心。"① 因为仰慕庐山慧远的白莲结社,劝人三皈五戒,念阿弥陀佛五声,以证五戒,普结净缘。同时依据天台宗的净土与忏法思想,撰写《圆融四土三观选佛图》《白莲晨朝忏仪》,创立"白莲忏堂",自称"白莲导师"。但在当时,茅子

---

① 参见(元)普度《庐山莲宗宝鉴》卷四《慈照宗主》,《大正藏》第47册,第326页上。

元的传教已被贬为"邪教",他的信徒以菜食为旨,不吃葱乳、不饮酒、不杀生,因此也被称为"白莲菜人",从而混同于此前明教的"吃菜事魔"。① 官府还因"事魔"之罪,把茅子元流放到江州(今九江),时年46岁。但到后来释放,甚至在乾道二年(1166),据《庐山莲宗宝鉴》,南宋高宗诏请茅子元到皇宫讲法,阐扬净土法门。②

宋代念佛结社的风气很盛,只要坚持念佛,就可以往生西方极乐世界,免受人间与来世的诸多苦难。这在佛教里被称为"易行道",相对于诵经、坐禅,确实简便易行。茅子元活动的江浙一带是天台宗的发祥地,历来盛行天台宗思想。天台宗到了北宋,特别重视修忏,慈云遵式(964—1032)修订了许多忏仪,被称为"百部忏主"。这些忏法的指导思想,是通过忏悔消除罪业,从而免于各种各样的恶报。所以,茅子元就把净土宗的念佛与天台宗的忏法结合起来,把他的修行场所称为"白莲忏堂",劝人"同修净业"。融合台净的做法,"修忏念佛",使茅子元的白莲宗很受下层百姓的欢迎。《佛祖统纪》卷四十七记载:"愚夫愚妇转相诳诱,聚落田里,皆乐其妄。"③ 这些信徒不必落发为僧,许有妻室,若以现在的眼光看待,白莲忏堂是古代的居士佛教团体,但因男女混杂,甚至还有男女通淫之事,遭到了佛门正统的严厉批评。

到了元代,白莲宗发展成为一个独立的宗教,即白莲教。马西沙、韩秉方《中国民间宗教史》给出了三条原因:第一,出现了大量的白莲忏堂,信徒多不胜计,其规模已与正统佛道两教相当;第二,白莲教徒不再称为和尚、尼姑或居士,而称为"白莲道人",忏堂既是道场,又是家人的生活场所,据寺为家,娶妻生子,类似于现在的日本佛寺;第三,白莲教的组织虽然松散,但其组织已遍及全国,不同于佛道两教。早在创宗之初,茅子元便以"普觉妙

---

① 参见《释门正统》卷四、《佛祖统纪》卷四十八。
② 参见马西沙、韩秉方《中国民间宗教史》,上海人民出版社,1992,第119–120页。
③ (宋)志磐:《佛祖统纪》卷四十七,《大正藏》第49册,第425页上。

道"四字派命法名。各地的白莲教徒不一定互相联系,也没有集权的中央机构,但教徒之间可从道号判断是否同道。许多根本不是信徒的人混入其中,原因之一就想借用白莲教的这套组织系统,把它作为一种社会动员与组织力量。① 不过,元代的白莲教徒并不承认自己是独立的一派,而是反复强调自己仍在佛教之列。元代中期的普度是其中最突出的一位,为了彰显茅子元的教义,破斥当时附托白莲教的异说,撰写《庐山莲宗宝鉴》,意在正本清源。

假借白莲教的名义造反,元初各地时有发生。② 至大元年(1308)五月,元朝终于决定"禁白莲社,毁其祠宇,以其人还隶民籍"③。白莲教遭禁以后,普度到北京奔走于王公贵族之间,直到向元武宗直接上万言书。上书的翌年,至大四年(1311),武宗去世,仁宗继位,颁旨恢复白莲教,两年以后还下旨护持一座白莲忏堂。但到了元代末年,在风起云涌的反元乱世中,白莲教徒已经无法坚守他们的佛教信念,虽然没有成为最主要的起义领导人,却因人数众多,力量雄厚,掩盖了当时实际起主导作用的"香会",到明初成了所有民间宗教的代名词。

香会,是"烧香结会"的意思,实际上是隋唐以来的弥勒教,信徒的主要活动是烧香礼拜弥勒佛。元末河北韩山童(?—1351)起事,诳称弥勒将生于河南、江淮之间,明王出以救世,自称宋徽宗八世之孙,扬言应为中国之主。此时的香会已融入了摩尼教的思想。韩山童死后,他的儿子被奉为"小明王"。当时的口号"明王出世,弥勒下生",正反映了明教与弥勒教的融合。曾经在安徽皇觉寺当过小和尚的朱元璋,后来为他的王朝定国号"大明",这被认为与当时民间流传的那个谶言有关。

风云际会,白莲教取代了香会,在元末成为世人心目中最大的反叛力量。它包容了弥勒教与明教的影响,从最初的阿弥陀佛信仰

---

① 参见马西沙、韩秉方《中国民间宗教史》,第138-140页。
② 参见马西沙、韩秉方《中国民间宗教史》,第143-146页。
③ (明)宋濂等:《元史》卷二十二《武宗纪》,中华书局,1976,第498页。

转为弥勒佛信仰，从自命为"莲宗真脉"，到别立一教，所有这些变化，已与创教之初面目全非，若是普度再世，恐怕也已无力回天。明朝初年，朱元璋的诏书全面禁止"白莲社"的活动，白莲教完全转入地下。但是，直到明朝末年，还有白莲教活动的踪迹。①

3. 罗教的创立与分流

明代正德年间出现的罗教，使民间的底层百姓从此有了自己的宗教信仰，而不再完全依附于传统的佛教、道教等制度宗教。民间宗教从此获得了独立的发展形态，有了能表达自己教义与信仰的载体。

中国研究罗教的专家徐小跃说："无论就其精神的超越，还是就其信仰的追求，在中国民间宗教正式登上中国历史舞台以前，在中国传统文化中没有直接可供下层中国民众崇奉和信仰的对象。"②罗教注重对人的精神及生命的超越和解脱，它的出现恰好可以填补这样的信仰空白。

罗教的创始人，人称"罗祖"（1442—1527），罗清、罗静、罗梦鸿等都被说成是他的名字。祖籍山东即墨，祖辈开始到北京密云卫古北口当兵，他在戍军期间即有说法度人之愿。明正德初年，创教于直隶密云。罗祖三岁丧父、七岁丧母，由叔婶抚养成人，从28岁起参师访友，潜心修道，历经十三年苦修，到40岁时明心开悟，创立罗教。罗祖随即撰写五部经典，宣扬他的悟道经历与思想体系，史称"五部六册"：第一部《苦功悟道卷》，第二部《叹世无为卷》，第三部《破邪显证钥匙卷》（二册），第四部《正信除疑无修证自在宝卷》（简称《正信除疑卷》），第五部《巍巍不动泰山深根结果宝卷》（简称《深根结果卷》）。这五部宝卷最终刊刻于明代正

---

① 有关白莲教的研究，国内外学者已有许多专著：喻松青《明清白莲教研究》（四川人民出版社，1987）、王兆祥《白莲教探奥》（陕西人民教育出版社，1993）、秦宝琦《中国地下社会》（学苑出版社，1993）等。另见杨讷《元代白莲教资料汇编》，中华书局，1989。

② 徐小跃：《罗教·佛教·禅学：罗教与〈五部六册〉揭秘》，江苏人民出版社，1999，第3-5页。

德四年（1509），成为此后民间宗教竞相模仿的"宝卷"。①

罗祖十三年的悟道经历，记载在《苦功悟道卷》。他曾花了八年时间专修净土，"念弥陀，无昼夜，八年光景；朝不眠，夜不睡，猛进功程"，但他觉得这样的修法还是没有结果，"下苦功，念弥陀，昼夜不住；心不明，不自在，又往前行"。后来不经意间，听到邻居家中众僧宣念《金刚科仪》，夜间当街站着细听，其中有一句"要人信受，拈来自检看"。缘此他就请了一部《金刚科仪》，整看三年，不肯放参，但终究也是没有悟到真处。"将科仪，且不看，再进一步；行一步，扫一步，无处投奔。"② 在最后的两年时间里，罗祖无师自通，终于在"一片光明"中明彻省悟。"我今参到这一步地，才得自在纵横。里外透彻，打成一片。无内无外，无东无西，无南无北，无上无下，纵横自在。行住坐卧，明明朗朗，一段光明。"③ 他最终悟到这点"灵光"，即是众生佛性，即是"极乐天堂""西方净土"，即是"古佛家乡"。

显然，罗祖的创教意识，丝毫没有政治上的反叛动机，而是源自"惧怕生死轮回之苦"。他所最后证得的"家乡"，是一个"安身立命"之所，永不轮回、长生不老、逍遥自在，融贯了佛道两教给人的宗教许诺。他的教义思想虽然也是来自佛教，但要比当时白莲教（实即弥勒教）的"弥勒下生"思想丰富得多。他的"还乡"思想主要也是个体的灵性修持，而不是要在现实人间创造新的家乡。

近年来的罗教研究，较为注重罗教与禅宗或佛教的关系，而不再局限于民间宗教的视角。这种努力的实质意涵是想摆脱罗教的异端色彩，一方面是尽力还原其历史的原貌，另一方面也是重估它在中国宗教史上的独特地位。罗祖以八年的时间否定了净土念佛的真实性，这就决定了他与正统佛教之间存在无法协调的分歧。因为明

---

① 参见马西沙、韩秉方《中国民间宗教史》，第173页。
② 《苦功悟道卷》，载濮文起主编《民间宝卷》第一册，《中国宗教历史文献集成之五》，黄山书社，2005，第126-130页。
③ 《苦功悟道卷》，载濮文起主编《民间宝卷》第一册，第137页。

代中期以后中国佛教"禅净双修、摄禅归净"已成基本格局，迄今没有改变。但他能以通俗的语言，大胆发挥禅宗的思想，提出自己对宇宙、万物、人生的看法，不再拘泥于禅宗所讲的机锋棒喝、公案灯录，"而是直以正面说理、循循善诱、现身说法、晓以利害来规劝诱掖民众信佛参道"① 接引信徒。在他的说法过程中，罗祖想象了一批新的神灵，以形象化的语言说明他的解脱境界。

"五部六册"所讲的"无生父母""无极圣祖""真空家乡"，被后来的民间宗教提炼为"真空家乡、无生老母"八字真言，糅合了儒释道三教的思想，而又另成一体，成为罗教以后所有民间宗教的根本教义。真空家乡，在后来的民间宗教中被说成是"无生老母"生活的地方，是在现实生活中流浪受苦的庶民百姓最终得度、梦想返回的地方。在罗祖的笔下，"真空家乡"仅是一种宗教的理想，是永不轮回的极乐国，是逍遥自在的安身处，并没有特定的神灵。这是他苦功悟道所见的"本来面目"，虚空无边，非有非无，无仙无佛。"五部六册"并没有出现"无生老母"一词，与此相似的"无生父母"，在罗祖那里实为一个贬称。这位教祖最初八年苦修念佛法门，但最后的结果使他忍不住要埋怨念佛之不灵，"单念四字阿弥陀佛，念得慢了，又怕彼国天上无生父母不得听闻，昼夜下苦，高声举念，八年光景，心中烦恼，不得明白"。② 当时有人把阿弥陀佛说成是"无生父母"，罗祖说，阿弥陀佛非男非女，如何生人？《正信除疑卷》有一品专门否定"婴儿见娘"的说法。罗祖感慨"无生父母"只是"顽空境界"，子虚乌有。③

无极圣祖或无极圣母，是罗祖虚构出来的至上神，是无边虚空的主宰、大千世界的本源。④ 这位圣祖随缘度化，"托化"成各种人

---

① 徐小跃：《罗教・佛教・禅学：罗教与〈五部六册〉揭秘》，第11页。
② 《苦功悟道卷》，载濮文起主编《民间宝卷》第一册，第126页。
③ 参见徐小跃《罗教・佛教・禅学：罗教与〈五部六册〉揭秘》，第143－149页。
④ 马西沙、韩秉方：《中国民间宗教史》"罗教与五部经典"；郑志明：《无生老母信仰溯源》，文史哲出版社，1985。

物，大多是些民间喜闻乐见的人物形象，劝喻世人积德行善，斩断轮回，归家还乡。这个充满道教色彩的神灵，成了后来民间宗教中"无生老母"的思想源头。

万历年间（1573—1620），民间宗教已势不可当，尤其是白莲教的影响极为广泛。到万历末年，形势更为风起云涌，明《神宗实录》卷五百三十三列举了醵钱会、涅槃教、红封教、老子教、罗祖教、南无净空教、净空教、悟明教、大成无为教等教名，而在官府看来，这些民间宗教"皆讳白莲教之名，实演白莲之教"，并称"张角、韩山童之祸将在今日"①。朝廷的这种断言，反过来证实当时白莲教对于社会遗祸之深。罗教因此要与白莲教划清界限，为自身的发展与传播创造良好的社会空间。所以，罗祖"破邪显正斥神通，正信除疑毁白莲"，向白莲教公开宣战，努力要在信仰方面赢得平民百姓的认同，成为民间信仰的主导力量。

罗祖去世以后，罗教开始分支分派。罗氏子孙及其衣钵传人继续传教，另外还演化出两个分支：一支最后发展成著名的行帮——青帮，②他们通过横贯南北的大运河的漕运水手，逐渐传遍运河两岸，大江南北；还有一支在浙江缙云采用所谓"转世传承"的方式，形成江南的老官斋教（简称斋教，又称大乘教），新教主自称罗祖转世。③

受罗教及其"五部六册"的影响，其他的民间宗教如雨后春笋，黄天教、三一教、长生教、闻香教、弘阳教、圆顿教等数十个教门相继在华北、江南一带产生，仿效罗教创制宝卷，倡导或移植两宋以来佛教禅宗或道教内丹道的理论与实践，最终迎来了明清两朝民间宗教的勃兴。其中，又以无为教、大乘教、八卦教、混元

---

① 参见明《神宗实录》卷五百三十三，万历四十三年（1615）六月庚子。
② 明清之际的民间帮会，通常取法正统佛道教的丛林制度。除了要求成员行"忠孝仁义"，其规矩仪式、组织系统，大多依照丛林制度的形式。
③ 韩秉方：《中国的民间宗教》，汤一介主编《中国宗教：过去与现在》，第170页。

教、老官斋教、青莲教等最活跃。①

教义思想并不复杂的民间宗教,在世人面前变得扑朔迷离,不易把握。时至今日,学者们还不能准确地弄清明清时期究竟有多少教派。以往我们常把所有的民间宗教,冠以同一个名字"白莲教"。现在则已清楚:首先,白莲教自身有一个蜕变的过程;其次,明代中期罗教的出现,才使民间宗教真正登上了历史舞台。

为什么我们要如此突出罗教在中国宗教史上的独特地位?因为这个宗教编撰了属于自己的经典——宝卷,"五部六册"。从此以后,民间宗教无须依附于制度宗教,而有自己创造的精神世界与神灵谱系。经过众多学者的研究,许多原本秘而不宣的教内宝卷陆续出版,神秘的面纱被揭开了,从中折射出庶民百姓内心真实的信仰结构。

在我们平常的表达中,社会精英阶层常被概括为贵族,在古代中国,这些精英包括皇室成员、高级官吏、士大夫,他们从民间社会的范畴中脱离出来,尤其是士大夫群体,由于有内圣外王的精神传统,成为王权体制的特殊阶层。那些和王权体制若即若离的庶民百姓,则构成了不折不扣的民间社会。但这种阶层划分从来就是粗线条的,因为古代中国人相信"天命靡常",阶层之间的垂直社会流动并不罕见。在帝王和草根之间的中间阶层,他们是古代中国的最大变数,既是这个体制的治理对象,也是这个体制最直接的依靠力量,协助帝王治理以大一统为目标的古代中国。皇室成员通常游离于这个精英阶层,直接成为王权的代言人。但在皇室人口大量增加的时候,他们中间的绝大部分也就自觉成为官吏和士大夫,甚至沦落到民间,成为庶民。国家行政体制通过官员的品级,儒家的礼制通过祭祀的等级,给这个数量庞大的精英阶层确立井然有序的社会秩序。官员和士大夫在这个秩序中是否安分、是否称职,直接决定古代中国的兴衰。在他们的职业生涯里,取悦帝王或上级是很重

---

① 马西沙、韩秉方:《中国民间宗教史》,第163页。

要的谋生手段，但从社会的整体来看，能否联络民心、体贴民情，则是他们最重要的职责，所谓"为生民立命"。

然而，这并不等于庶民阶层没有参与帝国政治运作的智慧和冲动，他们往往在自己的信仰体系中构造对帝国政治生活的想象。而且，这种想象以宗教的名义比实际的政治生活更有稳定性和持续性。民间宗教的这个特点，对国家治理而言，既可能是有利的，也可能是危险的。就其增进地方文化认同而言，这是有利的；但这些信仰一旦刻意强化阶层的固化与对立，就会成为国家治理的障碍。

三　民间的经典崇拜

民间宗教的经典，被称为"宝卷"，是指"重要的经典"或"珍贵的书本"。不过，并非所有的宝卷都与民间宗教有关。宝卷，又名宝传，是一种流行于民间的讲唱文学，在南方地区是所谓"宣卷"的底本，其内容亦可是些民间神话传说，如《孟姜女哭长城宝卷》《天仙配宝卷》等。目前在偏僻地区或部分农村地区，如西北酒泉、江浙农村，还可以听到讲唱宝卷的声音，念卷、抄卷的活动还在继续。这里所要讲述的，当然是与民间宗教有关的宝卷，不妨称之为"宗教宝卷"。

有关宝卷的研究，在过去的一个世纪里已有许多成果。顾颉刚、郑振铎、赵景深、胡士莹、李世瑜等，收藏与研究流传于民间的宝卷，还编撰了目录提要，比较有影响的有郑振铎《佛曲叙录》、傅惜华《宝卷总录》、胡士莹《弹词宝卷目》和李世瑜《宝卷综录》[①]等，其中以李世瑜《宝卷综录》相对完备，著录中国国内公私19家618种宝卷，得版本1487种及有文献著录而未见传本者35种。但是，这份编于20世纪50年代后期的目录与现在已知的宝卷

[①] 李世瑜编《宝卷综录》，中华书局上海编辑所，1961。

收藏量尚有不小差距,① 车锡伦自 1982 年起,积 15 年之功,编成《中国宝卷总目》②,共收国内及海外公私所藏的 1585 种宝卷,得版本 5000 余种、宝卷异名 1100 余个,大致已囊括中国国内和日本、俄国之公私收藏,欧美各国亦多所顾及。③ 各种宝卷的编印,其实在民间还有相当多的流通。而经学者的整理,现在也有相当数量的宝卷得以刊印。④

在明清社会,宝卷是一种相当流行的善书,民间的善书铺、善堂通常也是刊行宝卷的场所,因为这些宝卷通常宣扬孝道、宣扬修善去恶。宝卷源自唐代佛教的俗讲,是变文的嫡派子孙。郑振铎说,宝卷"也当即'谈经'的别名。'宝卷'的结构,和'变文'无殊;且所讲唱的,也以因果报应及佛道的故事为主"⑤。把宝卷看成佛教通俗化的产物,得到了大家的认同。但把宝卷说成是"谈经"的别称,后来的学者基本否定了这个说法。

---

① 郑天星:《中国民间秘密宗教在国外》,《世界宗教资料》1985 年第 3 期。另据《酒泉宝卷》前言,酒泉地区宝卷总数为 133 种,版本为 265 种,约有 63 种不见于李世瑜《宝卷综录》。由于宣卷还在活动,像甘肃的"念卷"和江苏的"宣卷",就发现有大量的宝卷抄本和翻抄本,其中有些从未见于著录。
② 车锡伦编《中国宝卷总目》,北京燕山出版社,2000。
③ 该书在补录新发现的宝卷之外,剔除了那些不具宝卷形式且不以"宝卷"为名的民间宗教其他经卷。
④ 除了零星的出版,主要是收在以下三套丛书中:《宝卷初集》(张希舜主编,山西人民出版社,1994,40 册)、《民间宝卷》(濮文起主编,黄山书社,2005,20 册)、《明清民间宗教经卷文献》(正编 12 册,王见川、林万传主编,新文丰出版公司,1999;续编 12 册,王见川、车锡伦、宋军、李世伟、范纯武主编,2006)。台湾地区编印的这套大丛书,主要收录明清时代教门盛行的经卷文献和民间流传的善书与救劫经书(亦称谶言、预言书),其中有些是海内外罕见的珍本。另有马西沙主编《中华珍本宝卷》(社会科学文献出版社,2012,20 册);车锡伦、钱铁民编《中国民间宝卷文献集成·江苏无锡卷》(商务印书馆,2014,15 册)。
⑤ 郑振铎:《中国俗文学史》,商务印书馆,2017,第 521 页(该书初版于 1938 年)。他还说:"在'变文'没有发现以前,我们简直不知道'平话'怎么会突然在宋代产生出来?'诸宫调'的来历是怎样的?盛行于明、清二代的宝卷、弹词及鼓词,到底是近代的产物呢?还是'古已有之'的?许多文学史上的重要问题,都成为疑案而难于有确定的回答。……发现了变文……我们才明白许多千余年来支配民间思想的宝卷、鼓词、弹词一类的读物,其来历原来是这样的。"(《中国俗文学史》第 156 页。)在此之前,郑振铎已在 1928 年撰写《佛曲叙录》,将宝卷视为宣扬佛教的经典介绍给读者。

唐代，尤其是在文宗时代（827—840），寺院流行讲唱佛教故事或佛经道理，所谓"俗讲"，当时有许多僧人被称为"俗讲僧"或"化俗法师"，很受听众的欢迎，有时还会奉敕宣讲。讲唱的底稿被称为"变文"，① 主要是把深奥的佛法道理通俗化，迎合普通信众的理解能力与欣赏趣味，通常会选故事性较强的经典如《维摩诘经》等，讲讲唱唱，引人入胜。变文是佛教通俗化的产物，但这种讲唱的形式，到宋代流传到休闲娱乐场所（瓦子、勾栏瓦舍），出现所谓的"说经""平话"。郑振铎认为宝卷的形成与宋代的"说经"或"谈经"有关，但后来的学者否定此说，认为"宝卷"的形成或可追溯到宋元僧人撰写的科仪书、坛仪书和忏法书等，② 并被民间宗教用来演述它们的教义，糅合了儒释道三教的思想。李世瑜认为，宝卷是为各种民间秘密宗教服务的，而变文是为佛经服务的，"宝卷是一种独立的民间作品，是变文、说经的子孙，不是他们的'别称'"。③

最早的宝卷究竟起于何时，学术界长期有争议。郑振铎认为，最早的宝卷是禅宗和尚普明撰的《香山宝卷》，作于公元 1103 年。李世瑜认为，最早的宝卷当推罗教开祖罗清撰的"五部六册"，刊

---

① 赖于20世纪初敦煌文书的发现，唐代变文得以重见天日。罗振玉在其《敦煌零拾》中率先收入"变文"这种文体，当时他称之为"佛曲"。人民文学出版社在1957年编印了《敦煌变文集》上下两卷，共收入78种变文。
② 参见〔日〕泽田瑞穗『増補宝卷の研究』国书刊行会、1975、32-33页；〔日〕酒井忠夫《中国善书研究》，刘岳兵等译，江苏人民出版社，2010，第448页；车锡伦《中国宝卷研究》，广西师范大学出版社，2009，第57-64页。
③ 李世瑜：《宝卷新研：兼与郑振铎先生商榷》，《文学遗产》第四辑增刊，1957，第170页。宝卷，具有鲜明的民间文学特色。为了便于念诵，宝卷采用韵文和散文交互运用的形式。每部宝卷通常有一二万字，多数分为上下卷二十四品，也有的分得较少，个别的不分品。全文分吟诵部分、说白部分和歌唱部分三部分：吟诵部分包括宝卷开头的开经偈、焚香赞，结尾的收经偈，以及正文中的韵文；宝卷韵文常为七言、十言，七言韵文经常是四句或八句为一组，十言韵文最为普遍，句法是三言、三言、四言的组合；说白部分在每品中起韵文之前，或者变换形式之处；歌唱部分一般在每品之末，还有一些固定的民间曲牌，如《傍妆台》《耍孩儿》《山坡羊》《驻马听》《沽美酒》等，酒泉地区的念卷还有《哭五更》《浪淘沙》《达摩佛》《莲花落》等词牌。

刻于公元1509年。这在时间上相差四百来年。酒井忠夫认为，还有比《香山宝卷》更早的宝卷，即《销释金刚科仪》，可能是南宋南昌地区一个名为"宗镜"的人所作。大致而言，《金刚科仪》《香山宝卷》被认为是宋元时期面向民间的解经作品，属于最早的宝卷。① 目前纪年最早的存世宝卷，是在山西发现的元代至正年间（1341—1368）的《绣红罗宝卷》。②

若从实际的影响力来看，"五部六册"最值得关注。罗教以后的民间宗教，大多效仿罗祖的"五部六册"，编撰自己的宝卷，"每立一会，必刻一经"（清代黄育楩《破邪详辨》卷一）。正德四年（1509）刊印的"五部六册"使用"宝卷"之名，此后民间宗教的经书纷纷采用此名。因此，有的学者认为："宝卷最初是佛教向世人说法的通俗经文或带有浓厚宗教色彩的世俗故事的蓝本，僧侣以这种形式宣扬因果轮回，以宏扬佛法，时在元末明初。此后不久，民间秘密宗教开始借用宝卷形式，作为自己教义思想的载体。"③ 现在留存下来的宗教宝卷，充分体现了民间宗教多元混杂的特性。

在民间宗教里秘密流通的宝卷，其主要的功能是宣传秘密教义，不仅融会儒释道三教，而且还把明教、弥勒教、白莲教，乃至种种民间巫术熔为一炉，反映了民间宗教的信仰体系。如何来剖析宝卷的思想内容？郑振铎立足于佛教，把宝卷分为有关佛教的和非佛教的两类，佛教部分又可分为劝世经文和佛教故事，非佛教部分又可分为神道故事、民间故事和杂卷，后一部分宝卷往往从佛教菩萨一直写到道教神仙，甚至各种鬼怪或儒家圣贤。他的这种分法，其实并不留意民间宗教的问题。李世瑜则从民间宗教的角度来分，

---

① 〔日〕酒井忠夫：《中国善书研究》，第448－450页。吉冈义丰把宝卷的直接源头列为"香山卷"和"科仪卷"，认为"科仪卷"是在《香山宝卷》成立百年后才出现，即在南宋末年。参见氏著《中国民间宗教概说》，中国书店出版社，2010，第162页（该书日文初版于1974年）。
② 参见西北师范大学古籍整理研究所、酒泉市文化馆编《酒泉宝卷》前言，甘肃人民出版社，1991，第1页。
③ 濮文起：《宝卷学发凡》，《天津社会科学》1999年第2期。

他把宝卷分为三大类：一是演述秘密宗教道理的；二是袭取佛、道教经文或故事以宣传秘密宗教的；三是杂取民间故事、传说或戏文等的。① 郑振铎、李世瑜的分歧，在于对待民间佛教的态度。郑振铎把民间佛教视为较正统、较纯粹的佛教，李世瑜则视之为秘密宗教。本书主要关注涉及民间宗教的宝卷，其记载民间宗教的教义思想、神灵谱系、仪式戒规以及教主身世等。②

这些宗教宝卷所表现的民间信仰体系，是以"无生老母"为最高神，以"还乡"为根本理念，以诸佛仙圣临凡救劫（三期三佛、三阳劫变）为核心内容，具有鲜明的多神崇拜特色。③ 这种信仰，被归纳为"无生老母、真空家乡"八字真言。在南炳文主编的《佛道秘密宗教与明代社会》中，宝卷主要讲述的内容被归纳为六个方面：说明世界之起源、人类之本初，通常是用道家道教的创世模式；劝人多做善事，否则将会受到严惩；宣传孝敬父母与手足亲情；宣扬普度众生，给人希望；介绍教祖身世；描述"真空家乡、无生老母"的极乐世界。④

所以，除去劝善行孝的说教，宗教宝卷的内容主要有三个方面：演义民间宗教的理想世界、宣扬末日救度的必要性，并且提供一套混杂而又简便的修炼法。

1. 宝卷的信仰对象

中国民间社会供奉的神灵很多，既有儒释道三教原来就有的神灵，也有在各地形成的地方性神灵。若就宝卷所体现的神灵而言，无生老母在它的神灵谱系中居于关键的核心位置。"真空家乡、无生老

---

① 参见李世瑜《宝卷新研：兼与郑振铎先生商榷》，第 171 页。
② 约从道光年间开始，宝卷还分化出一种新的体裁，加进了扶乩通神降坛垂训的"坛训"，内容相对简单，印数大，流传广。不过，严格说来，"坛训"应当属于"劝善文"之列。劝善书主要有《太上感应篇》、《文昌帝君阴骘文》和"功过格"等，其主要内容是劝人"行善立功"，讲述"善恶相报，如影随形"的道理。参见濮文起《民间宗教与结社》，国际文化出版公司，1994，第 55 - 56 页。
③ 梁景之：《清代民间宗教与乡土社会》，第 34 页。
④ 参见南炳文主编《佛道秘密宗教与明代社会》，天津古籍出版社，2001，第 164 - 166 页。

母",这八字被认为是民间宗教的"八字真言"。学者们大多把它的发明权归于罗教,但这八字并未直接出现于罗教的"五部六册"。

真空家乡,表达的是一个超越尘世的幸福家园,是黎民苍生期盼的太平盛世;若能如法修行,就有可能回到家园,脱离苦难,接受"无生老母"的慈悲关爱。在不同的民间宗教中,无生老母的角色会有差异。譬如,在弘阳教中,混元老祖、无生老母、飘高老祖,是三位最高的神祇。混元老祖与无生老母是夫妇,他们育有四子,长子孔子、次子佛陀、三子老子,最为年幼的则是飘高老祖,排行第四,是弘阳教的教主。这位飘高老祖,可能是明万历年间的韩太湖(1570—1598)[①],医术精湛,曾有出家修禅的经历,25岁创教以后入京传教,得到朝廷权贵特别是宦官的支持,一度极为得势。不过,总体而言,在民间宗教的宝卷里,基本会把自己的教主说成是"无生老母"派到人间的使者,有时直接谓之"弥勒佛"——佛教所讲的"未来佛",要求信徒"入教避劫"。在这些民间宗教中,弥勒信仰的色彩很浓,但它们想象了有女性色彩的最高神灵——无生老母。

八字真言的核心内容是无生老母创世、救世说。在远古的时代,无生老母造出96亿特殊的人,所谓"原子"(元人、皇胎儿女)来整治世界。然而,这些"原子"为物欲所染,作恶多端。被激怒的无生老母,原想毁灭世界,但因诸天仙佛的求情,同意在降劫除恶的同时,也来降道度人。降道分为三个历史阶段——青阳期、红阳期、白阳期,故有"三阳劫变"说。每个时期各派一位祖师掌道,通常是佛教所讲的"三世佛":燃灯佛、释迦佛、弥勒佛。但是,前两个时期仅仅救度了4亿原子,还有92亿需在白阳期一次度尽。[②] 因此,信徒只要能虔诚入教,依着"三教归一"的精神,

---

[①] 参见马西沙、韩秉方《中国民间宗教史》,第494–498页。
[②] 譬如,《普静如来钥匙佛宝卷》就有明确的"三佛应劫救世"思想:燃灯佛代表道家掌教,度化2亿"皇胎儿女";释迦佛代表佛教掌教,度化2亿"皇胎儿女";弥勒佛代表儒家掌教,度化其余的92亿"皇胎儿女"。参见马西沙、韩秉方《中国民间宗教史》,第67–68页。

即可脱离苦海,回到真空家乡。

"八字真言"蕴含了儒释道三教的核心价值,民间宗教使之通俗化,变为一种佛道混融的人格神,恒存于儒家式的宗法社会。无生,代表大乘佛教的根本思想,诸法无我,一切皆空,真空妙有,不生不灭;大乘菩萨的修行以"无生法忍"为基础,自利利他。老母,则体现了道家的"守雌"哲学,所谓"知其雄守其雌",柔弱胜刚强。这种人格形象,或许脱胎于最晚在西汉就已流行的西王母信仰。① 真空家乡,则是会通儒佛。佛家的真空,是断离烦恼的涅槃境界,是如如不动的法界实相,绝非凡夫俗子所能体味;民间宗教则以"家乡"为喻,以儒家的宗法关系、家庭伦理给予形象化的解释。

2. 救劫的教义思想

民间宗教之所以要去描绘理想的幸福家园,是要反衬现实社会的黑暗与苦难,因此也会宣扬人类末日的思想,突出"信教得救"的必要性。这在明清时期的民间秘密宗教中,主要是依据历史上的弥勒信仰,提出了一套自成体系的"末日救度"理论。

佛教把过去世称为"庄严劫",把现在世称为"贤劫",把未来世称为"星宿劫"。三劫之中各有大大小小的天灾人祸,同时各有千佛出世,过去世主要有燃灯佛,现在世是释迦佛,未来世则有弥勒佛。佛教里的《弥勒下生经》,宣扬弥勒佛将来下凡救世的思想。弥勒成佛后,在龙华树下宣讲佛法,共有"三会"。初会说法,96亿人得阿罗汉;第二大会说法,94亿人得阿罗汉;第三大会说法,92亿人得阿罗汉。② 早在南北朝时期,道教已经吸收了佛教的这种

---

① 此为猜测。西王母信仰早在西汉时期已在底层社会流行,马西沙、韩秉方《中国民间宗教史》认为:"东王公传说应同时问世,而远早于太上老君的传说。后世东王公形象逐渐消失,太上老君形象突出出来。"见该书第66页。不过,在罗祖的观念世界中,"母即是祖,祖即是母"。在他之后才提出的"无生老母",或许主要形容其"根本""始祖"的至上地位,但被赋予了女性形象(特别是在弘阳教内,无生老母有与其相配的混元老祖)。

② 《佛说弥勒下生成佛经》,鸠摩罗什译,《大正藏》第14册,第425页上。

"应劫"思想,提出"开劫度人"的宗教理想。譬如《灵宝略纪》说:"过去有劫,名曰龙汉,爰生圣人,号曰梵气天尊,出世以灵宝教化,度人无量。"① 明清的民间宗教,因此利用这些旧思想,添加民间信仰的内容,予以杂糅,提出"三阳劫变"的说法。

民间宗教中影响极大的一部宝卷,《古佛天真考证龙华宝经》(简称《龙华宝经》或《龙华经》)就很直露地宣扬这种"劫变"思想。该经是弓长在崇祯末年开始编撰、顺治初年完成的。受无生老母之命,弓长"东去取经",所谓"昔日法王留真经,后有弓长转法轮。法从西转流东土,收入海藏镇龙宫。……取将经来传留世,龙华出世度缘人"。这个宝卷认为,历史分为三个时期:龙华初会、龙华二会和龙华三会,分别代表过去、现在和未来。初会由燃灯佛执掌,二会由释迦佛执掌,三会由弥勒佛执掌。弥勒佛之后由天真老祖执掌世界,即弓长或弓长祖。按照中国传统的宇宙论,混沌之初,混元一气,无男无女,本无一物,"但从真空中炼出一段金光","化出一尊无极天真古佛来","古佛出现安天地,无生老母立先天","无极真空化乾坤,安立日月掌星辰,立祖根","无生老母生祖根"。这位无生老母,"在家乡,莲台坐定,掌定天轮;弓长祖,到家乡,听母吩咐","到家乡,见古佛,永续长生"。② 这部宝卷的主题,被凝练为一句"返家认祖续长生",人们则在这位弓长祖的教导下回家消灾,安康长生。不仅是《龙华宝经》,其他民间宗教如弘阳教、八卦教、天理教等也信奉无生老母,把她作为精神领袖。

"龙华三会"的说法,在宝卷里常与"三阳"(青阳、红阳、白阳)结合,分别代表过去、现在和未来三个时期。这是借用道教关于青帝、赤帝、白帝的说法,青帝即青阳之气,赤帝即红阳之气,

---

① (宋)张君房编《云笈七签》卷三《道教本始部·灵宝略纪》,第38页。
② 《龙华宝经》,载濮文起主编《民间宝卷》第三册,《中国宗教历史文献集成之五》,黄山书社,2005,《东西取经品第十二》,第444页;《混沌初分品第一》,第428-429页;《慧眼开通品第六》,第434页。

白帝即白阳之气。三气改运，从而形成青阳、红阳与白阳的劫期。①这种"三劫"的思想，与佛教的三佛救世相结合，三阳的主宰者因此成了三佛：青阳期由燃灯佛掌教，红阳期由释迦佛掌教，白阳期由弥勒佛掌教。民间宗教缘此竭力宣扬"劫变"与"救世"的思想。以弘阳教为例，该教宣扬"红阳劫变说"：青阳期，没有天地，但已有了黑暗和光明两种势力；红阳期，黑暗势力占据上风，形成大患，招致"恐怖大劫"即白阳劫的来临；弥勒佛随之降生，领导人们驱走黑暗，摆脱灾难，白阳理想世界实现，白阳期从此来临，即"红阳劫尽，白阳当兴"。而当白阳劫到来时，人们只有皈依弘阳教，信奉飘高老祖，才能得到拯救，前往天宫（真空家乡），去侍伴无生老母，永享安康。

元明清三代多次农民起义，虽然真正所依的民间宗教形形色色，但他们大多打着"白莲教"的旗号，利用"末劫来临""弥勒转世，当主天下"等信仰，也就是"三阳劫变"的思想来进行社会动员。

3. 佛道教和民间法术杂糅的修炼法

但凡宗教信仰，都要有神秘的宗教体验。民间宗教亦不例外。在民间宗教的宝卷里，就有大量的修炼法，介绍如何盘腿打坐、默念存想。这些修法，通常被称为"坐功运气""打坐运气""坐功念经""打坐入功""坐功""运气之法""参功悟道功夫""运气念无字真经"等。梁景之把民间宗教的这些修法归结为金丹法或内丹术，②也就是说，民间宗教的修法主要采用道教的内丹修炼法。

民间宗教并非都有自己的经典宝卷，遑论思想精湛、文字典雅，然而，历史上确有一批宝卷，作者曾有出入佛道的苦功悟道经历，因而对于功法修炼的描述颇为细致。譬如《龙华宝经》经常讲述教主练功的场景：

---

① 参见《中国民间宗教史》第二章"弥勒救世思想的历史渊源"，第66－67页。
② 参见梁景之《清代民间宗教与乡土社会》，第243页。该书除了引用《龙华宝经》内容，还列举了一批讲述金丹法或内丹术较多的宝卷。

祖在禅床，盘膝打坐。每日行动，掐定玉诀。存住祖气，巍巍不动。观住一针，搬柴运水，上下升腾。穿山透海，运转乾坤。打断呼吸，闭住六门，开关展窍，劈破分身。昆仑顶上，打个登登。元神出窍，显现金身。猛然大悟，别是家风。①

若想详细说明这些修法，殊非易事。在这部宝卷里还细化为"十步修行"：掐定玉诀，开闭存守；先天一气，穿透中宫；卷起竹帘，回光返照；西牛望月，海底捞明；泥牛翻海，直上昆仑；圆明殿内，性命交宫；响亮一关，开关展窍；都斗宫中，显现元神；空王殿里，转大法轮；放去收来，亲到家乡。

这些修法虽说复杂，甚至可以演义为武侠小说，但在理论上，往往不离道教所讲的"性命双修"。《皇极金丹九莲正信皈真还乡宝卷》（简称《皇极宝卷》）第二十一品说："祖师传，无为法，金丹大道。……神为性，气为命，性命双修。"②《龙华宝经》第七品说："性在天边，命在海底。性不见命，怎么行功？命不见性，怎么接行？离南坎北，不得相逢。祖有妙诀，一点昆仑。开关展窍，海底捞明，泥牛翻海，直上昆仑。元神出现，讽诵真经，性命相续，会合中宫，打成一片，永续长生。……性命不续，劳而无功。"③ 这些宝卷把"性命双修"说成是"阴阳和合"的"真道"，谓之"阴阳大道"。《普静如来钥匙佛宝卷》（简称《钥匙佛宝卷》）第十七品说："一夫一妇，阴阳和合，善男子，善女人，同习修炼，男采先天真乙之精成佛，女采先天真乙之神成菩萨之体。若十气具足，一无女相。先天之内，阴五神，阳五气。男聚阴神者，即成菩萨之

---

① 《龙华宝经》卷二《警中游宫品第八》，载濮文起主编《民间宝卷》第三册，第437页。
② 《皇极金丹九莲正信皈真还乡宝卷·无为谈道作歌品第二十一》，载濮文起主编《民间宝卷》第三册，第398－399页。
③ 《龙华宝经》卷二《圣来投凡品第七》，载濮文起主编《民间宝卷》第三册，第435－436页。

果。女采阳五气，即成佛果之身。"① 这种说法，原本是说，外阴而内阳、外阳而内阴，阳不独立，阴不独行，阴阳和合，天地中和。但是，这种说法极易被理解成"男女双修"，民间宗教的信徒"夜聚晓散、男女混杂"，因此有时容易出轨。这也为士大夫的诟病提供了依据。

不过，这些繁复的功法，虽有宝卷的叙述讲解，但对普通信徒而言，显然还是无法理解与接受。所以，那些民间宗教的教首往往只教信徒念些容易的口诀或名号，譬如"真空家乡、无生老母"八个字，或者仅仅要求正身端坐，吸气叩齿咽唾沫。

从上面三点的分析，我们可以看到，宗教宝卷给信徒规划了一条完整的信仰之路，体现了普通中国人的信仰结构。民间宗教有自己的理想世界"真空家乡"，那里有既慈悲又严厉的"无生老母"；这些宝卷还对现实社会进行无情的鞭挞，宣扬"入教避劫"的必要性；并给信徒一些具体的修炼术。这些被作为民间宗教宝典的宝卷，通常还把自己的教派教主偶像化，认为是弥勒佛、无生老母的接班人或代言人。

宝卷的思想与信仰，相对于单纯的佛教或道教，确实有些"混杂"，语言文字的表达有时通俗到了近乎"鄙俗"。这就意味着入教的门槛很低，而像这种形式的民间宗教结社，在其发展过程中，甚至在其创立时就容易滋生社会的不安定因素，容易引发政教冲突。在中国的历史上，朝廷与民间宗教的冲突通常相当激烈，最后的结果往往是没有商量与妥协的余地，在朝廷是要铲除而后快，在民间是要自拥为王。基于这样的政教冲突风险，民间宗教随之就有一个相伴而来的特征：组织的秘密性。为了防止朝廷不必要的猜忌，民间宗教的活动往往是对外人保密，"入教"需要有熟人介绍，而且有一定的入教仪式，要求宣誓严格遵守教规，听从教主的旨意。有

---

① 《普静如来钥匙佛宝卷·钥匙佛开如来修道诸品第十七》，载濮文起主编《民间宝卷》第二册，第478页。

些民间宗教，后来确实发展成为对中国社会产生巨大危害的帮会组织，成为中国地下社会的重要组织形态，即所谓的"会道门"。[1]

民间宗教的绝大部分信徒，并没有政教冲突的意识，更没有什么明确的政治纲领，通常都是社会主流价值观的信奉者。在很多情况下，他们入教只是出于经济方面的原因，譬如谋求互助或共同富裕；在古代社会有时还有安全方面的考虑，谋求某种形式的生命或财产保护。信徒在一个宗教团体内，要比孤独的个人在社会上更容易获取经济利益或社会地位，而民间宗教的教主如果过多地强调自己的世俗利益，也会被认为是"借教敛财"，最终必然会受到朝廷的整治或铲除。中国的民间宗教，最容易滋生的问题是：聚众与敛财。"聚众"可能直接激起政治冲突，"敛财"则有可能引起社会不公，容易激发民愤。

不过，民间宗教可能引发的这些社会问题，根子并不在宝卷的思想与信仰。宝卷的内容宣扬各种混合的信仰，同时也劝人积德行善。几乎所有的宝卷，都在宣扬儒家的孝道，都在宣扬善有善报恶有恶报。民间宗教的问题，根子是在它们的组织方式和朝廷的监管模式不匹配，更确切地说，教主的地位无法得到及时有效的法律约束。但凡人间的教主地位过高，就有可能误入歧途。一旦激发了教主的物质贪欲或政治野心，这种民间宗教可能会蜕化为反政府或黑社会的组织力量。但是，如果教主的地位始终能在法律的监管范围内，民间宗教就有可能给底层社会构筑一个秩序井然的神圣空间，一种属于老百姓的心灵秩序，这对维系民间或基层的精神生活多了一种可能性。

民间宗教的治理，应当将之淡化为一种没有人间教主的普通民

---

[1] 参见刘平《中国秘密宗教史研究》，北京大学出版社，2010。此外，刘平、〔美〕裴宜理共同主编"中国秘密社会研究文丛"，出版了多部海外学者的优秀著作：《华北的叛乱者与革命者（1845－1945）》（裴宜理著）、《中国历史上的白莲教》（田海著）、《骆驼王的故事：清末民变研究》（蒲乐安著）、《兄弟结拜与秘密会党》（王大为著）和《华南海盗（1790—1810）》（穆黛安著）等，值得参考。

间信仰。过去的封建士大夫总是批判他们,今天的宗教学者要理解中国社会的实际状况,简单的批判不足取,单纯的恢复更不足取。

四 民间信仰的观念史

中国的民俗包含了丰富的宗教内容,我们常以"民间信仰"一词概括这些松散而又贴近日常的民俗生活。在区分"民间宗教"和"民间信仰"时,我们发现以往所讲的"民间宗教"并非都有严密的组织性,很多亦不过是地方性的民间信仰。而在反思"民间信仰"时,却也发现它们并非如我们想象的那样散漫,其中也有一定的组织性和连贯性。

前面谈到了中国民间宗教的历史演变和思想结构,其中绝大部分对当时的朝廷并没有危害,与我们平常所讲的民间信仰并没有本质的差异。像拜财神、关公,祭龙王、灶神等,这些民间信仰与地方风俗几乎融为一体。这是我们重点关注的民间日常生活中的信仰元素。民间信仰和民间宗教大多"仙佛不分",夹杂着儒释道的思想,表现出混元并用的特点。前面提到的农历七月十五,既可以当作佛教的盂兰盆节,也可以是道教的中元节,主要表达儒家的孝亲思想。这在民间或许只是一种风俗,是生者对逝去亲人的纪念或补偿,其最主要的信仰元素是鬼神崇拜。主持这些活动的人或许有明确的身份认同,寺院的和尚或宫观的道士,但参加的信徒未必有那么清晰的界定。我们很难对这些民间信仰做出类型学上的归纳分类。在老百姓的日常生活里,这些信仰往往只和他们的地方社会有关,是他们个人的乡愁、地方凝聚力的组成部分,甚至并不比他们平常的美食小吃更神圣。

但是,作为宗教学者,我们在中国发现一个特别有意思的现象:在无神论者占绝对主体的国家里,严格按宗教戒律生活的信徒在总人口中的比例很少,但杂采多种宗教元素、生活中有多种禁忌的人数并不少。也就是说,绝大多数中国人的信仰若有若无,融合在他们的日常生活中。因此，学者们一方面继续执拗地研究这种信仰的特点，进而修正我们一直在说的主流"宗教"定义，另一方面也在试图说明这些民间信仰的仪式及其背后的宗教观念和社会结构。宗教学家的工作，和其他行当也差不多，有的喜欢研究内部的事，有的则谈对外联络。前一种有本质主义的倾向，后一种则是功能主义者。"民间信仰"这个研究领域，目前看似边缘，实则非常热闹，尤其是海外的汉学家，基于不同的学科背景，从宗教学、人类学、社会学、民俗学等给出了很多有意义的研究。本节对他们的研究做出简要的观念史回顾，并尝试说明民间信仰与基层社会教育的关系。

1. 淫祀、邪教和迷信：谁在给草根社会贴标签？

在今天的中国，民间信仰大多得到了地方政府的保护，譬如妈祖信仰。如果足够幸运的话，甚至还有可能被冠以"非物质文化遗产"的头衔，譬如"目连救母戏"。但不可否认的是，大多数中国人会把民间信仰当作"封建迷信"看待，这种现象表面上似乎是1949年以后各种思想教育的结果，但如果细加考察，民众对自己的民间信仰持否定态度，其实由来已久。从早期封建士大夫的"淫祀""邪教"，到明清之际耶稣会士的"迷信"，都是在批评、贬斥民间信仰。

儒家社会的宗教生活，主要是各种形式的祭祀。民间信仰的核心，也是对各种神灵的祭祀，或以佛教的方式供养这些神灵。但按照儒家的礼制，历代对祭祀的对象有明文规定，即所谓"祀典"。祭祀不在规定之列的神灵，则被称为"淫祀"，从而产生了正祀与淫祀的区分。《礼记》对此讲得非常清楚："凡祭，有其废之，莫敢举也。有其举之，莫敢废也。非其所祭而祭之，名曰'淫祀'。淫祀无福。"[①] 民间信仰崇祀的对象，来源非常复杂。有的来自正统宗教，譬如观音娘娘、东岳大帝等；有的来自地方社会的民间传说，譬如关公、妈祖；有的则是造福一方的地方官，死后受到当地百姓纪念，这些神灵在民间信仰里常被称为"老爷"；有的则有古老的

[①] 《礼记正义》卷五《曲礼下》，第155页。

来源，长期摇摆于官方与民间之间，譬如龙王、土地神、八腊。其中，有些神灵会受到历代朝廷或地方政府的褒扬而被列入祀典，有些则不断受到士大夫的批评与指责。但这种神灵的升迁现象，已经表明了"淫祀"的说法并不是固定的，士大夫的意见并不代表最终的结果。能否纳入祀典，完全取决于朝廷或皇帝的态度。

士大夫通常还对民间信仰贴上"邪教"的标签。古书中的"邪教"，并没有现代汉语那层"邪恶的"意思，而只是相对于"正教"而言。朝廷、正统的宗教，也都爱用"邪教"批评那些不太守规矩的新兴教团或异端群体。譬如，南宋天台宗僧人志磐《佛祖统纪》，把当时在社会上已有一定影响的白莲宗贬为"邪教"，他说：受白莲宗创始人茅子元（当时自称"白莲导师"）"邪教者谓之传道，与之通淫者谓之佛法。相见傲僧慢人，无所不至。愚夫愚妇转相诳诱，聚落田里，皆乐其妄"。① 这些信徒都是在家的俗人，平时吃素念佛，但被当时的佛门称为"吃菜事魔"。佛门高僧"事魔"的说法，与儒家所讲的"淫祀"有异曲同工之妙。清代道光年间（1821—1850）曾在河北任职的黄育楩，在其任内收缴当地流传的各类民间宗教经卷48种，称之为"邪经"，将其中的说教称为"邪教"，将各种法术称为"邪术"，撰著《破邪详辩》。② 他所破斥的主要内容，是当时流传的民间宝卷，但据其引用的《大清律例》，该书所要破斥的对象并不限于宝卷，而是泛指各种各样的师巫邪术。这位清代后期的基层官员，不仅费尽心力编撰此书，还个人捐资印书，四处赠送，其用意是在"除邪崇正"。与此相映成趣的是，这些民间宝卷从一开始就标榜自己"破邪显正"或"辟邪归正"。显然，朝廷和民间一直在争夺"正"与"邪"的话语权。

士大夫群体是明清时期这场邪正之辩的主导力量，他们在替朝廷维护传统的纲常伦理。但在明清时期，随着社会生产力的发展、

---

① （宋）志磐：《佛祖统纪》卷四十七，《大正藏》第49册，第425页上。
② 该书有光绪九年北京琉璃厂五云堂刻本，并有日本泽田瑞穗《校注破邪详辩》（东京道教刊行会，1972）。

全球航海时代的到来，中国的社会结构正在发生巨大的转变，在由朝廷和王权所代表的国家体制之外，一个由普通百姓组成的民间社会获得了前所未有的物质财富，彼此之间的社会交往完全超越了宗族社会的边界，民间宗教也不愿意屈就于传统的佛教、道教的寺庙系统。当时的统治者主要关注这些民间势力的政治危害，但即使给这些教民施以严刑峻法，也没有减缓这些民间宗教漫延发展的速度。这种发展，并不仅仅在于层出不穷的宝卷，也不在于不同名目的教派，最主要的是它们与基层社会的民间信仰融为一体。今天的宗教学家经常苦于难以区分民间宗教与民间信仰，或与明清之际特殊政治环境下民间宗教的漫延方式有关。与单纯的日常生活不同，与宗教信仰有关的民俗生活往往隐含着独特的宇宙论或世界观，譬如中国人普遍相信阴阳五行和气的变化，有明显的生活禁忌，古代的中国人尤其相信方位风水、良辰吉时，"黄历"上说的宜忌，甚至在今天的中国人生活中还有一些影响。明清时期，日常生活与宗教信仰的融合，远比我们想象的复杂，甚至到了匪夷所思的地步。

清代初期的周克复虔信念佛的净土思想，他在顺治十六年（1659）编的《净土晨钟》中讲述了当时民间宗教信仰的混杂性，基于佛教立场，谓之"邪教之妄"。他说："有谬解南无者，有谬解般若何以故者，有谬解念佛是谁谁字者，有妄分男普女妙者，有妄分三字、四字、六字佛者，有妄分在家为弥陀教、出家为释迦教者，有捏称释迦去世、弥勒治世者，有捏称烛光见鬼神者，有捏称香烟断吉凶者，有捏称拔罪抽丁收法眷转男身者，有捏称天堂挂榜、地府除名、长生超劫者，有以镜照人自见王侯冠服者，有咒水洗眼具现空中佛像、龙凤幡幢者，有错认夫妇为一合相、男女为双修者，有错认不产后嗣为不生、不绝欲心为不灭者……更有种种奸人，动将道门修养法，玷冒莲宗：如妄执四大脉络，以当宝网交罗；指方寸色心，以况弥陀安住；肺属西而名金地，舌生津而号华池者；……如伪作十六字经，摄气归脐，尽力奔送，直至丹田者；……囚字四围，或云酒色财气，或云地火水风，或云生老病死……将眼眵鼻涕津溺等尽取食之，谓修无漏果者……又捏称六祖云，宁度白衣千万，不度空门半个僧……"① 这些杂乱不堪、似是而非的修行方法，应当发生在那些平时在家学佛的群体中间。但这些打着佛教旗号的修法，杂糅了民间流行的或与道教有关的各种法术，对佛教的基本概念给出了完全随意的解释，甚至连"酒色财气"都用上了。

这位清初居士在原文中指责的民间宗教信仰的修法还有很多，文繁不引。里面有些内容，在今天看来已经非常费解。这份资料的可贵之处，在于它讲到了很多具体的修法，与民间宗教可能涉及的政治活动、社会组织毫无关系。这些技术性的信仰，类似古代中国的方术，对那些普通的信众有很强的吸引力，有些人有可能因此会被吸纳为教民。大部分人平常去学那些修法，可能只当作他们在平凡的日常生活中的调味品。从现存的宝卷来看，既有主要依附佛教的民间宗教，也有主要依附道教的民间宗教，它们在民间的流传，其复杂性接近于周克复所批判的那样。

明末清初是一个特殊的时代，天主教传教士的涌入让中国的士大夫多了一种批判对象。崇祯十六年（1643），一代高僧蕅益智旭以其俗名钟始声（字振之）编写完成《辟邪集》，该版主要收录他自己写的《天学初征》《天学再征》，批判当时传入的天主教。这位高僧最初是热衷科举的儒生，以辟佛老为己任，"誓灭佛老"。但在17岁时，他读云栖祩宏的《竹窗随笔》幡然悔悟，出家后成了中国佛教史上最著名的高僧之一。他以俗名撰文，并引儒家经典批天主教，这也反映了当时儒家士大夫的立场。在智旭之前四年，崇祯十二年（1639），徐昌治编成《破邪集》八卷。这位在家的佛弟子汇集了群臣、诸儒、僧人破邪卫道的著作，痛斥当时的天主教贬佛毁道、援儒攻儒。② 然而，正当中国士大夫以"破邪显正"维护自己

---

① （清）周克复：《净土晨钟》卷九《了邪教之妄》，《续藏经》第62册，第83页中至第84页上。
② 参见郑安德编《明末清初耶稣会思想文献汇编》第五卷，北京大学宗教研究所，1999。

的立场时,当时活跃在中国社会的传教士,则以"迷信"一词批判中国的民间信仰,并已注意到儒释道三教合流的现象,把佛教、道教统称为"偶像崇拜",有时还把神像、佛像拿到天主堂前毁坏。①

公元 16 世纪,欧洲开启了宗教改革运动,罗马天主教失去了一批信徒。借助航海时代的交通便利,罗马教廷积极尝试到海外建立教会,耶稣会是其中最有影响的一支。1583 年,利玛窦(Matteo Ricci, 1552 - 1610)抵达广东肇庆,后来又去韶州、南昌、南京等地,最终于 1601 年 1 月 24 日进入北京。他在中国的传教经历,以及他所留下的重要著作,为我们理解早期的中欧文明交流以及当时的中国社会,提供了十分珍贵的历史资料。《利玛窦中国札记》反映了他对中国民间信仰和儒释道三教的态度,该书第一篇第九章把民间信仰称为"迷信",第十章把儒释道三教称为"迷信"。最让利玛窦困惑的"迷信",是中国人至今还很常见的"选日子"。他说:"整个国家最普遍的一种迷信莫过于认定某几天和某些事。因为他们所做的每一件事结果如何都取决于时间的规定。这种骗局在他们中间弄得像煞有介事,因而皇家的占星术家每年要编撰两本黄历,由官方公开发行。这种历书大量出售,每家都有一本。"② 他随后批判破土动工、出门旅行"迷信"吉日吉时的做法,并对用生辰八字、星象、看相、看风水等算命的做法极为不屑,直接把它们称为"骗术""骗局",把这些遍布中国底层社会的算命先生归为一类:"骗子"。利玛窦把这些流传于中国民间的信仰,和其他在他看来甚至是罪恶的"陋习"放在一起介绍给西方的读者:卖子女为奴,溺死女婴,以上吊、跳河、服毒自杀讹人或复仇等。他还特别提到了两种"非常愚蠢的做法",一种是炼金术,一种是长生术。当时有很多中国人热衷于此,耗费了巨额财富,甚至还为吃那些长生不死药而付出死亡的代价。利玛窦在中国的传教策略是联合儒家,跻身

---

① 参见赵世瑜《狂欢与日常:明清以来的庙会与民间社会》,第 151 - 152 页。
② 〔意〕利玛窦、〔比〕金尼阁:《利玛窦中国札记》,第 61 页。

主流社会，但在该书第十章，他把儒释道三教称为"三种迷信"，并把三教和当时在中国可能有 300 种之多的民间宗教几乎放在同等的位置上。在他的笔下，这些都是"异教教派"（sects）。他说："这三种教派大体包括这一异教人民的全部主要迷信，但他们世俗愚蠢的虚荣还不仅限于此。随着时间的推移，由于他们领袖人物的影响，每一种迷信的根源都会衍生出许许多多骗人的小支派，以致在这三大牌号之下，人们可以数出约 300 种不同的独立小教派。"①

路遥、张志刚等认为，中国的民间信仰被贬为"迷信"（superstition），始于明清之际的传教士。② 传教士的看法，在民间信仰的研究史上确有非凡的重要性，他们既成功地借用了儒家士大夫乃至正统宗教对民间信仰的鄙视心态，同时也给他们自己的传教找到了针对中国文化的突破口。我们不得不承认，四百年前的传教士对民间信仰的批判，在很多方面已经是当代中国人普遍接受的基本观念。本书完全没有要给中国民间信仰写翻案文章的意图，但始终有两个问题萦绕不去：一是在当年传教士贬称、士大夫辟邪的过程中，我们的先人错失了什么？乃至于我们在近代史上接受了传教士对待民间信仰的态度；二是即使我们接受了传教士对民间信仰的批判，现代中国一直在让老百姓移风易俗，但相当多的民间信仰仍在今天的中国广为流行，难以磨灭，这是为什么？显然，民间信仰在不同人的心目中，其内涵和范围有很大的差异，这需要专门解释。

士大夫辟邪与传教士贬称，两者存在显著的差异。士大夫把天主教贬为"邪教"，这是他们批判异端思想时的一贯思路：正邪之分，是基于宗教伦理的价值观判断。但传教士提出了一个新的概念"迷信"，这是相对于"真理"而言。利玛窦深信自己在传播基督福音、传播真理，尽管他把儒家也归在"迷信"里，但以"理性之光"解释儒家所说的"天"，并以"理性的命令"解释儒家所说的

---

① 〔意〕利玛窦、〔比〕金尼阁：《利玛窦中国札记》，第 77 页。
② 参见路遥《中国传统社会民间信仰之考察》，《文史哲》2010 年第 4 期；张志刚《"宗教中国化"义理研究》，第 233 页。

"天命"。利玛窦是在知识论意义上使用"迷信"一词,指理性的匮乏、没有充足的依据,他所借用的批判工具,包括欧洲文艺复兴的人文主义以及随之而起的理性主义。① 耶稣会士在中国不仅传教,还对中国的文化与社会进行了全方位的考察,源源不断地向欧洲汇报他们的见闻。但中国的士大夫,除了少数受洗的教徒,对天主教的教义、经典,对欧洲社会的历史、自然科学的发展基本没有兴趣,缺乏最基本的了解。利玛窦在他的札记里也抱怨,中国人对医学和技术的兴趣,远远比不上他们对哲学(特指儒家的四书五经及其解释)的热爱,因为后者能让他们走上仕途。②

偏好伦理学、轻视知识论,这是中国士大夫一直就有的特点。佛教传入中国之初,像中观学、唯识学的著名经典《中论》《成唯识论》等,也都译成了汉语,但中国的佛教徒,包括那些受教育程度很高的士大夫对这些思辨色彩很浓的著作也没有多少兴趣,更不要说去钻研那些晦涩的因明学论著。佛教知识论在儒家士大夫阶层并没有受众,他们从佛教吸收了能用于修身的心性论,甚至还用佛教强化他们的伦理主张,以佛教故事宣扬孝道。到了明末清初,同样的故事再次上演。

17–18世纪的中国士大夫,显然不了解耶稣会士来华的世界史背景:并不仅是宗教改革在挤压天主教徒的生存空间,当时正在兴起的自然科学和技术革命,也在颠覆他们的世界观及其知识体系。直到今天,欧美国家的耶稣会还在追踪俗世的变化,努力用全新的知识体系论证自己的传统信仰。到了晚清,那些经历了工业革命和现代转型的欧美列强,以其现代军事、政治、经济、教育等叩开了

---

① 参见李天纲《金泽:江南民间祭祀探源》,第4页。
② 参见〔意〕利玛窦、〔比〕金尼阁《利玛窦中国札记》,第25页。对此,冯友兰有不同的解释,他说:"中国人不那么关切宗教,是因为他们太关切哲学了;他们的宗教意识不浓,是因为他们的哲学意识太浓了。他们在哲学里找到了超越现实世界的那个存在,也在哲学里表达和欣赏那个超越伦理道德的价值;在哲学生活中,他们体验了这些超越伦理道德的价值。"(《中国哲学简史》,赵复三译,第6页。)

中国的大门。在三千年未有之大变局中，尽管还有士大夫在继续"辟邪"，但这个国家的精英开始不得不正视欧美世界的知识体系。以京师大学堂为代表的新式教育全面兴起，而以五四新文化运动为代表，中国传统的知识体系宣告终结：不仅"孔家店"要被打倒，佛道教的寺庙也被用来办学校，那些民间信仰被说成是"迷信"，遍布乡野的神祠要被扫进历史垃圾堆！

从五四运动到今天，又过了一百年。大家对民间信仰的态度，似乎又有变化。

2. 神灵、仪式和组织：民间信仰的范围与中国宗教的整体性

民间信仰和民俗文化，彼此有很多交集，至少在仪式上有很多重叠。不过，它们之间的区别还是显而易见：民间信仰与特定的神灵有关，至少组织者是有清醒的神灵崇拜；民俗文化即使在源头上与神灵有关，但在现实中已经处于日用而不知的状态，经常只是当地百姓的生活习惯。

民间信仰处于宗教和民俗生活之间，与宗教最大的差别是民间信仰的信众结构松散，而与民俗生活不同的是，民间信仰还能找到挑头做事的人和地点，即有一定的组织性，也有相应的聚会中心。对有组织能力的民间信仰，有时也很难说就是民间宗教。譬如妈祖信仰，虽然这个信仰的源流演化比较清晰，不仅在海峡两岸，在全世界的华人社区有很多的道场，但几乎没有专门的教职人员，这些道场里的工作人员更像公司职员。针对这样的信仰团体，当代宗教学者金泽提出了一个概念——"民间教团"。他说，民间教团，"一般是指非官方、亦非正统宗教，而是占据主流地位且活动民间的宗教团体"。[①]

民间信仰算不算宗教？持否定态度的学者主要是根据民间信仰的组织结构比较松散，因此，希望将民间信仰纳入宗教范围的学者试图说明民间信仰亦有组织结构。但笔者认为，这并不是认识民间

---

① 参见金泽《民间信仰面临的挑战与选择》，《中国民族报》2007年3月20日"宗教周刊·理论"版。

信仰的主要方面。定义"宗教"的方式可以有很多,但概括起来主要有三类情况:(1)以信仰的对象为中心,(2)以信仰主体的个人体验为中心,(3)以信仰的社会功能为中心。第三种定义是目前对"宗教"最流行的研究视角,尤其是涂尔干的宗教定义。在中国宗教学界,对宗教的批判,往往聚焦在信仰对象上,即对有神论的批判。但在谈到宗教在现实中存在的合理性时,通常是从社会功能入手。涂尔干的宗教定义,主要包括三个要素:信仰、仪式和道德共同体。在这个社会学视角中,宗教的组织性即形成一个教会或教团,宗教作为社会子系统的重要成员受到了高度的重视,甚至盖过了宗教的信仰对象、信徒的个人体验。就信仰对象而言,中国的民间信仰是"造神"的高手,从风雨雷电到祖宗先烈,都有可能成为信仰对象,只是他们的祭祀活动并不一定能得到官方的认可。就个人体验而言,民间信仰并不乏讲故事高手,各地有很多广为流传的修道、灵验故事。像《白蛇传》这样的民间传说,包含了很多民间信仰的元素,讲述了白蛇修行成人的历程,演绎善恶报应的道理,且与正统的宗教存在内在的张力。在民间故事中,修行的目标并不高远,而是能过上正常的凡俗生活。所以,将民间信仰视为宗教,并非毫无理由,只是其缺乏完备的教义和经典。

张志刚《"中国民间信仰研究"反思——从田野调查、学术症结到理论重建》,是近年讨论民间信仰的重要文献。[①] 他在文中引到中国台湾学界对"民间信仰"的界定,相对比较清晰,用来概括以下四类现象:"(1)在信仰层面,包括对'神、鬼、祖先'三类人格化的超自然力量的崇拜,以及对'气、命、运、风水'等神秘力量的信仰;(2)在实践层面,包括'算命、改运、进香、收惊、看风水、积功德、神人沟通'等宗教行为;(3)在仪式层面,包括'庙祭、绕境、巡游、打醮'等社区性仪式,以及与生命周期相关

---

① 该文原载于《学术月刊》2016年第11期,收入氏著《"宗教中国化"义理研究》。

的个人性仪式（如丧礼）；（4）在组织层面，包括家族性的仪式组织，以地缘或社区庙宇为中心的仪式组织。"① 每个层面所包括的内容，我们在不同地区会有不同的发现，信仰、实践、仪式和组织的四种分类，则对我们的考察有重要的启发意义。路遥系统整理了天主教汉语文献对中国"迷信"的批判，经他汇总的、被作为批判对象的民间信仰，种类繁多，远远超出上面列举的内容。② 事实上，学者们对全国各地民间信仰的具体研究，堪称汗牛充栋，难以穷尽。笔者将上述四个层面进一步压缩成三个层面：神灵、仪式和组织。这里的神灵，泛指具体的神灵和抽象的神秘力量，以及对这些神秘力量的运用。这种概括，主要是为了区别民间信仰和民俗活动。当代学者更关注这些民间信仰的仪式和组织，人类学家和社会学家对此做出了许多重要贡献。笔者努力借助他们的研究成果，集中考虑中国宗教的整体性，从而加强以"人文宗教"概括中国宗教观的学术基础。

什么是中国人信仰生活的整体性？在没有引入"宗教"概念的时候，这并没有成为我们的关注对象。《汉书·艺文志》呈现的是两汉之际中国人的知识体系，在二千年前的中国人观念里，六艺、诸子、诗赋、兵书、术数、方技，六个方面浑然一体。现在被我们归到民间信仰中的术数和方技，和儒家的经典纷然并陈，都被收入汉代皇家内府藏书。甚至现在被我们归入道教的神仙，当时亦是方技之学的最高境界，虽然编者基于儒家的立场对当时的怪迂乱象给予谴责，但对其中的心性修养表露出由衷的赞叹。《隋书·经籍志》采用了"经史子集"的四部分类，进一步彰显了儒家的地位，道经、佛经作为附录列在四部之后，方技、术数作为古代中国人的技术知识被收在子部，其实际地位有所下降，但在四部的知识体系中有相应的位置。经历了唐代佛教、道教的繁荣发展，三教合流的思潮在明代已经蔚然盛行。各种方术、巫术成为民间信仰的主体内

---

① 张志刚：《"宗教中国化"义理研究》，第 225 页。
② 参见路遥《中国传统社会民间信仰之考察》，《文史哲》2010 年第 4 期。

容，并和儒释道三教相混合，混杂着对各种神灵的祭祀或供养，成为明清时期民间教派的修法。也就是说，在"宗教"这个概念被引入中国以前，中国人的信仰和其他知识体系融为一体，和中国人世俗的日常生活水乳交融，具有明显的整体性。当然，这种整体性并不代表它们之间的一致性。

但是，引入"宗教"概念以后，中国人传统的信仰不再具有原先的整体性：有些被踢出了"宗教"之列，譬如民间盛行不衰的各种方术或法术；有些被贴上了宗教的标签，譬如佛教、道教；有些则处在模棱两可之间，譬如儒家或儒教算不算宗教，估计在未来很长时间内也不会有结论。这样的类型学分析，听上去似乎很有学术的品质。但当我们从头开始仔细品味中国传统文化的时候，这样的分类更像一种肢解。本书的工作目标之一，是在传统知识体系分裂之后重建中国人信仰生活的整体性，即对"中国宗教"做出整体的理解，把握"中国宗教"的根本精神或信仰基盘。

很多宗教学家已经做了或正在做这样的工作，只是基于不同的学科背景和学术目的。其中最关键之处，是界定民间宗教信仰与正统宗教、社会制度、日常生活之间的关系。杨庆堃1961年出版的《中国社会中的宗教：宗教的现代社会功能与其历史因素之研究》，无疑是最值得介绍的。他以制度性宗教和弥漫性宗教的分类，获得了在中国民间宗教研究领域的教父级地位，影响了半个多世纪的中国宗教研究。① 王斯福（Stephan Feuchtwang）1992年出版的《帝国的隐喻：中国民间宗教》，强调了仪式在地方崇拜中的重要性，试图厘清地方性的仪式和崇拜与政府及其正统之间的关系。李天纲2017年出版的《金泽：江南民间祭祀探源》，以祭祀为主线，探讨了民间信仰的主体内容、基本形式，揭示了中国宗教内在的连续性和稳定性。相关的研究还有很多优秀成果，但上述三位作者分别代

---

① 参见丁仁杰《杨庆堃与中国宗教研究：论中国宗教研究典范的继承、转移与竞争》，载李四龙主编《人文宗教研究》第四辑，宗教文化出版社，2014。

表了社会学家、人类学家和历史学家的视角，对中国宗教的整体性做出了富有建树的解释。

(1) 制度性宗教与弥漫性宗教

杨庆堃在写作时一直在思考"宗教在传统中国社会的地位问题"，这在逻辑上有一个前提：首先得承认中国社会有宗教。作为一位社会学家，他丝毫没有去纠缠有关宗教的历史与文献，而是直接描写现实社会的景象："在中国广袤的土地上，几乎每个角落都有寺院、祠堂、神坛和拜神的地方。寺院、神坛散落于各处，举目皆是，表明宗教在中国社会强大的、无所不在的影响力，它们是一个社会现实的象征。"① 中国社会表面上缺乏一个结构显著的、组织化的宗教系统结构，但他的研究为此提供了一个清晰的中国宗教秩序：制度性宗教和弥漫性宗教。

"弥漫性宗教"的特征是教义、仪式及组织都与其他世俗的社会生活制度混而为一，如国家的祭天大典、家庭的祖先崇拜，以及各行业对其守护神的崇拜等，它们能和其他层面的社会秩序结构混合，成为整合社会形态的重要部分；"制度性宗教"，如佛教、道教，有自己的教义思想、仪式和组织，独立于其他的世俗社会组织，发挥特定的宗教功能，不同于其他世俗的社会制度。② 他的这种分类，基于结构功能主义的理解，重视宗教与世俗社会生活制度之间的关联程度。"制度性宗教"主要包括三种形式：巫术或方术，佛教与道教，有组织的民间宗教。③ 这里有两点需要给予特别的说明。

第一，杨庆堃把风水、算命等需要专业技术的活动归入"制度性宗教"。他说："这一群体保存了传统神学思想和古代宗教神秘法术，而且其成员大多将其宗教实践视为一种行业或职业，因此扮演了一种与其世俗社会成员地位相分离的角色。"④ 这部分内容，从中

---

① 〔美〕杨庆堃：《中国社会中的宗教》，第6页。
② 〔美〕杨庆堃：《中国社会中的宗教》，第17、228-229页。
③ 〔美〕杨庆堃：《中国社会中的宗教》，第229-235页。
④ 〔美〕杨庆堃：《中国社会中的宗教》，第234页。

国古代史的角度来看，属于方术或巫术。按照涂尔干的宗教定义，巫术不能被称为宗教，巫术是属于个人的体验，被称为宗教的东西必须是一种社会现象。① 杨庆堃的概括，突破了涂尔干的经典定义。方术，在古代中国是跨越社会阶层的公共技术，其内部也有师徒的传承，尽管在很多时候是男性家庭成员之间的秘传。本书在前面已经说明了方术在古代中国的分化，有的成了真正的专业技术，那些著名的方士被纳入世俗的官僚体制，有的则摇身一变，融入道教的法术系统，更多的方术则在民间流传，成为民间信仰的重要组成部分。鉴于方术的复杂性，笔者并不同意杨庆堃笼统地把它归入制度性宗教。从明清以来的情况来看，虽有专门的从业人员从事这些法术或巫术，但这些从业人员彼此往往没有联系，甚至是残酷的竞争者，最主要的是，他们和服务对象之间并没有思想上的沟通或法缘上的亲切感。所以，比较合适的分类，是把这种形式的法术或巫术归入民间信仰，因为巫师的服务对象往往只是痴迷巫师的法力。

第二，杨庆堃没有把儒家或儒教归入"制度性宗教"。该书最大的亮点，是以"弥漫性宗教"论述中国的民间信仰以及属于儒家礼教的祭祀活动，把祖先崇拜当作弥漫性宗教的主要形式。他说："信仰死者的灵魂，祖先的灵魂在道德上和物质上都对后辈有影响，而子孙也要慎终追远，保证供奉祖先的香火不断，这些构成传统宗教信仰的一部分，紧密地交织于血缘关系价值的主体及传统家庭的观念中。葬礼、祭祀仪式和家庭内部其他的与死去祖先有关的社会经济活动，形成了家庭制度不可或缺的一部分。"② 也就是说，在儒家礼教中最有制度规范意义的丧礼、祭礼，成了杨庆堃笔下"弥漫性宗教"的主要形式。这种理解上的反差，是非常强烈的！但杨庆堃的最终意图，是要说明宗教在中国社会的功能。在他看来，弥漫性宗教在中国社会发挥的作用要比制度性宗教大："弥漫性宗教的

---

① 〔法〕涂尔干：《宗教生活的基本形式》，渠东、汲喆译，第 50–54 页。
② 〔美〕杨庆堃：《中国社会中的宗教》，第 230 页。

信仰和仪式发展为有组织的社会体系，成为社会组织整体的一部分，以其有组织的方式出现在中国社会生活的各个主要方面，发挥着广泛的功能。"因此，他说："在中国有正式组织性的宗教不够强大，并不意味着在中国文化中宗教功能价值或宗教结构体系的匮乏。"①他甚至认为，弥漫性宗教维持着中国社会伦理、价值观和道德秩序的连续性与稳定性。同时，他也指出，弥漫性宗教在很大程度上取决于世俗制度的命运，也很难有独立的宗教生活制度，甚至感叹"弥漫性宗教"随着中国社会的现代化而在丧失自己的社会基础。

本书第一章罗列了中国宗教史的三大研究领域：中国传统宗教生活、外来宗教和民间宗教信仰。杨庆堃的研究，主要是对中国传统宗教的内部结构进行了区分，并不在意外来宗教及其中国化的进程。"弥漫性宗教"这个概念的提出，突破了西方宗教学对宗教团体的组织性要求，突出了中国宗教自身的表现形式。他也没有延续学者们对儒释道三教关系的传统理解模式，认为精英文化和乡土文化互为表里，相互依存，实际上是以"弥漫性宗教"和世俗社会制度的密切联系，否定了民间信仰在正统宗教面前的矮化或污名化。然而，在他成功构建中国宗教的整体性之际，杨庆堃"弥漫性"(diffused)一词有松散而没有组织性的隐含之义，这种理解倾向又引起其他学者的追问。②

（2）仪式与地方崇拜

王斯福的著作，关注仪式在宗教生活中的重要性，研究民间宗教信仰如何将分散的个人组织在一起。仪式研究，是过去半个多世纪宗教学研究的重要领域。这在很大程度上回避了世界各地不同信仰的定位问题：非洲或太平洋岛国原住民的信仰，算不算宗教？任

---

① 〔美〕杨庆堃：《中国社会中的宗教》，第17页。
② 这场追问，最先由欧大年提出。他认为，杨庆堃的"弥漫性"意味着缺少组织结构，而且该词在英文世界中有"劣等"之意。参见他的《中国民间信仰的秩序和内在理性》（1999年），转述自杨庆堃《中国社会中的宗教》中文本的译者"代序"第XI页。该词在汉语世界还被译为"普世的""普化的""弥散的""分散的""混合的"等。

何一种回答,都有可能受到批评。从人类学的角度观察原住民信仰的仪式过程,这在研究方法上是对"宗教"这个敏感词的悬置,并把学术的精力集中到讨论这些信仰生活的结构关系和社会功能。

他的名著《帝国的隐喻:中国民间宗教》,借"地方崇拜"(local cults),说明民间社会的习俗背后隐含着中华帝国政治运作的逻辑,民间社会以"神似而非形似"的方式对帝国的运作逻辑进行"隐喻式模仿"[①]。民间宗教信仰以仪式建构权威的过程,折射了民间社会对权力的理解与塑造。他认为,地方崇拜所展现的宇宙观,并不是那种中央集权的行政体系,"而是一种对鬼的命令和控制的多元中心的组织",其中既有正统也有异端。他结合王铭铭对泉州的个案研究,认为作为中国基层社会的地域,常有一种地方性的神话以及与此相关的一套仪式和崇拜。那些求助于鬼神的仪式,构成了一种具有超越性的古老隐喻。王斯福甚至认为,仪式权威是帝国统治的一部分,这些仪式(既有宗教的也有巫术的仪式)通常代表了一种地方传统、政治文化资源。[②] 譬如,在台湾和福建年年为地域保护者举行的游行,一方面以"绕境"的方式圈定地域的边界,另一方面以推举游行首领(被称为"炉主",负责照看一只可以挪动的香炉)的方式确立地方秩序,巩固乡民之间的相互认同。[③] 在表现地方崇拜的庙会或迎神赛会和驱鬼仪式中,当地百姓首先关心的事并不是地方祭祀是否被官方认可,而是这些被祭祀的鬼神是否有"灵"。王斯福发现,借助地方崇拜祈求地方性保护的努力,与帝国统治所期待的平安存在张力,"两者艰难地并存在一起"。在地方崇拜中,导致不安全的恶魔带有地方性,以祈求地方性保护神的

---

① 〔英〕王斯福:《帝国的隐喻:中国民间宗教》,赵旭东译,江苏人民出版社,2018,"译者的话"第2页。
② 〔英〕王斯福:《帝国的隐喻:中国民间宗教》,中文版序第2-6页。他所引用的王铭铭研究:Wang Mingming, "Place, Administration, and Territorial Cults in Late Imperial China: A Case Study from South Fujian," *Late Imperial China* 16:1, pp. 33-78。
③ 〔英〕王斯福:《帝国的隐喻:中国民间宗教》,第29页。

方式举行驱鬼仪式，这在官方看来是离经叛道的，威胁到帝国范围内整体的宇宙和谐，甚至还与像民团这样地方性的军事自卫组织有关。① 这在一定程度上说明了民间宗教信仰通常不被官方认可的深层原因，同时又常被地方政客或精英视为文化资源的内在机制。

《帝国的隐喻：中国民间宗教》细致地展现了"官方与民间"这个研究视角的重要性与复杂性，但在这种微妙的张力中，民间宗教信仰表现出中国宗教的持续性和稳定性，地方崇拜有其自身的信仰逻辑。以往的中国宗教史，过多倚重官方正统宗教，譬如儒释道三教，彼此的差异显然多于共性。而当视角转换到民间宗教信仰时，则以整体的地方性信仰描述中国人真实的宗教生活，进而从中概括统一的中国宗教体系。王铭铭用"民间宗教"概括不同于外国制度化宗教和中国儒、释、道三教的民间信仰、巫术、迷信、仪式、民俗等文化现象，他认为这个概念并不十分贴切，但便于与官方文化和文本进行区别。他说："民间宗教除了满足一般民众的个人心理需要之外，还表现出个人与社会的不可分割性。对'己'和'他人'、个人和社会、私和公、人和超人、世俗和神圣关系的界定，是民间信仰和仪式的主要内容。"在他看来，"中国民间宗教是复杂社会的宗教，但它不具有制度化的宗教的某些特点，与社会中的文本传统、官方文化和社会精英有相当微妙的关系，因此构成世界上少见的宗教类型"。② 因此，民间信仰与民间宗教很难有截然的区分，都可以纳入同一个宗教文化体系，在民间社会的"儒释道"乃至其他的宗教信仰，都有共通的基盘，存在兼容并包、混元并用的特点。以"地方性"概括民间宗教信仰的特点，是认识中国宗教整体性的重要视角。

在下面介绍的李天纲的研究中，他也剖析了民间信仰的地方性。他从"祭祀"入手，发现江南社会具有独立的、完整的祭祀系统，并有强烈的民间信仰特征。只是相对于西方教会式的组织宗

---

① 〔英〕王斯福：《帝国的隐喻：中国民间宗教》，第 103 - 104 页。
② 王铭铭：《社会人类学与中国研究》，三联书店，1997，第 162、181 页。

教,中国的民间信仰是一个弱组织的宗教。但他并没有停留在地方宗教,而是提升到中国宗教的完整性或整体性。

(3) 民间祭祀与三教通体

李天纲对上海郊区的青浦金泽镇做了十余年的田野调查和学术研究,调阅大量的地方志,佐以口述史资料,最终以"祭祀"为中心,研究江南地区的民间宗教信仰,完成了一部中国宗教学研究的重要著作《金泽:江南民间祭祀探源》。他认为,"从儒教祠祀系统演变而来的民间宗教,才是中国现代宗教的信仰之源"①,并着力展现民间宗教的信仰基础和组织结构。该书所讲的"民间宗教"相对宽泛,同时包含了笔者所讲的民间信仰。他认为,民间宗教(folk religion 或 popular religion)作为一种知识体系,在明清以前并不存在。该概念是从明清之际传教士所说的"迷信"一词演化而来。其中起关键作用的人物,是荷兰汉学家高延(Jan Jakob Maria de Groot,1854-1921)。他在1892年出版的巨著《中国的宗教系统》里说,中国的民间宗教,是儒、道、佛三教之外的独立宗教,自成一体。②

杨庆堃对中国宗教的整体性并不十分在意,他的研究价值在于对宗教在中国社会的结构和功能方面的分析和诠释,也就是主要关注宗教和社会秩序的关系,而并非对中国宗教系统进行详细的描述。③ 但在李天纲看来,弥漫性宗教的说法并不精确,"因为儒家一直将来自民间的宗教信仰和实践加以秩序化,事实上中国民间的祠祀(包括祀典、正祀、私祀、淫祀)系统也相当完整,自成一体"④。他

---

① 李天纲:《金泽:江南民间祭祀探源》,封底简介。
② 参见李天纲《金泽:江南民间祭祀探源》绪论第一节"民间宗教:渊源与反省"。此处所引的高延的观点,见李天纲该书第6页。网络上有李天纲的讲演稿《传教士汉学与"三教"划分及民间宗教定义》,主要观点收在《金泽:江南民间祭祀探源》绪论。高延的原书 The Religious System of China: Its Ancient Forms, Evolution, History and Present, 1892-1901,现已出汉译本:《中国的宗教系统及其古代形式、变迁、历史及现状》(六册),花城出版社,2018。
③ 〔美〕杨庆堃:《中国社会中的宗教》第一章"导论",第19页。
④ 李天纲:《金泽:江南民间祭祀探源》,第246页。"中国宗教",在该书亦称"中华宗教"。

在这个宗教体系中发现了一种"秩序",中国宗教"呈现出某种类似于体制宗教的秩序。明、清两代,中央政府对各省的寺庙有完整的统计和管理。各行省有多少座寺庙,由礼部造册登记,统计的口径是按官方祭祀的'祀典'('敕建')和民间自行祭祀的'私祀'('私建')两种分类"①。这是基于儒家礼教的原生态宗教秩序,有别于王斯福的"地方性"视角。王斯福从地方崇拜的仪式入手,说明了地方宗教的整体性,但其重心落在杨庆堃的话题上,即宗教在中国社会的功能,确切地说,关注地方崇拜与帝国政治运作的关系;李天纲研究江南社会的民间祭祀,表面上延续了王斯福的地方性视角,但其核心话题回到了宗教体系自身——认为民间宗教信仰有其内在的秩序,以"秩序"或"组织性"解读中国宗教体系的整体性。这项研究,回应了当前宗教工作的实际理论难题,无论是杨庆堃还是王斯福,都没有中国学者现实的理论处境。与此同时,这项研究梳理了自明末清初传教士以来对民间宗教信仰的解释史,试图给出基于中国儒家文化正脉的对民间信仰的客观理解。

作为研究明末清初传教士的专家,李天纲很重视耶稣会士对"三教"的划分,并认为三教在与基督教的交流过程中,开启了融入世界宗教的历程,努力寻求在现代社会的转型。利玛窦把儒释道三教统称为"迷信",并能分辨三教的差异,把它们称为三个教派(three sects)。而到晚清,英国来华传教士苏慧廉(William Edward Soothill, 1861 – 1935),把"三教"译为"三种宗教"(three religions)②。Sect 一词常被用来指称异教的教派,而以 religion 翻译儒释道三教,应与当时比较宗教学在英国的兴起有关。有趣的是,在近现代中国,传统的三教结构也被拆散。谭嗣同提到的新三教,踢出道教,补入基督教。晚清还有"五教同源"的说法,在以往的三教基础上增加基督教和伊斯兰教。在今天官方认可的五大宗教中,

---

① 李天纲:《金泽:江南民间祭祀探源》,第 244 页。
② William Edward Soothill, *The Three Religions of China*: *Lectures Delivered at Oxford*. Hodder & Stoughton, 1913.

儒教被划出宗教的范围,广义的基督教被分为天主教和基督教(特指"新教")两种。李天纲特别提到了1927年国民政府采用"新文化"思想后,儒教和佛道两教被区别对待,从而划出一批新的民间信仰;1928年国民政府颁布《神祠存废标准》,明令禁止大量的传统祭祀,只是后来并没有严格推行。他说:"祀典规定的祠祀结束后,大部分的神祇,如神农、关公、天后、文昌等,都脱离了儒教体系,归入道教。道教也不接受的小神祇,如江南地区的'杨老爷''刘猛将'等,只能划归民间信仰,大多被列为封建迷信,一禁了之。儒教纯化为'儒学',不再有祠祀供奉。"①

研究活跃于明清时期的江南小镇,可知传统的儒释道三教仍是最基本的信仰。李天纲把"祭祀"还原到儒家的礼教系统,大量使用古典文献和地方志资料,一方面努力以人类学家"深描"的方式去讲述小镇的宗教生活或宗教现象,另一方面挖掘江南地区祭祀生活的内在源头,将小镇生活置放在江南地区的时空演变之中,有时代的变迁,有阶层的差异,呈现出民间信仰的组织特点和基本形式。

在绝大多数人的心目中,民间信仰是松散的,甚至毫无结构或组织可言,并有复杂的仪式表演。这也是杨庆堃"弥漫性宗教"容易给人的印象:中国宗教是松散的,没有组织性。在西方的"宗教"定义中,至少从社会学家的角度来看,有神论、仪式和组织,是最关键的三个要素。杨庆堃的研究,重在揭示中国民间信仰和世俗生活、社会制度的密切关系,并不把宗教团体的组织性放在特别重要的位置。李天纲的研究,强化了杨庆堃所说的"弥漫性"这个概念的解释力度,他在金泽镇发现了足够的证据,说明:作为一种民间信仰的祭祀神灵,与小镇的日常生活密不可分,与儒家的宗法关系、礼教制度密不可分。应该说,教化功能与日常生活的密切结合,这是"弥漫性"一词的功能特征。

但是,李天纲从另一方面批评了杨庆堃的"弥漫性",认为江

---

① 李天纲:《金泽:江南民间祭祀探源》,第13-14页。

南社会有独立的、完整的祭祀系统，对各种神灵（当地人称"老爷"）的信仰和祭祀有其自成一体的制度性。他批评杨庆堃"对中国宗教系统本身的描述并不详细"，直接批评"弥漫性宗教"的说法也不精确，否定了杨庆堃"弥漫性"这个概念的理论预设！他希望建立"中国宗教"（中华宗教）的本质特征或主体性，而杨庆堃对此并不在意，后者关心的是这个本质特征并不清晰的中国宗教的社会功能。因此，李天纲批评杨庆堃并没有关注这个"实体"（中国宗教）的特殊构成，汉语学界将 diffused religion 译为"弥漫性宗教"（《金泽：江南民间祭祀探源》将之译为"分散性宗教"），加剧了"割裂中华宗教整体性的误导"。虽然弗里德曼（Maurice Freedman, 1920-1975）赞扬杨庆堃的研究，"使中国宗教成为一个实体"，但李天纲认为，这个"实体"在杨庆堃那里仍然是一个"虚体"。他说："杨庆堃试图探索中华宗教的整体性，囿于社会学的功能主义理论，并没有对这个整体性作出解释。"对杨庆堃理论的质疑，很重要的依据来自杨庆堃在 1961 年对中国宗教的预言并没有出现。杨庆堃说，随着中国社会结构的变化，中国宗教便会消亡。但李天纲说，"进入 21 世纪以来，中国宗教并没有随着城市化、市场化等世俗社会的变化而'没落'，相反，宗教和信仰作为人性因素，正在当今的世俗社会中恢复、转型和再兴"①。

这样的民间信仰有共同的信仰基础和内在的组织关系。他说，中国宗教"的组织性主要在于它有完整的祭祀体系"。② 这套儒家祭祀体系，从汉代以来延续至今，并基本按照《白虎通义》的规则收录祭祀的神祇。在某种意义上说，目前残存在古村落里的底层文化，学者们经常称之为"民间宗教"，"其本质则是古代祠祀"。③ 这样的观点，并不完全基于他对儒家经典文献的梳理，同时也是对金泽镇庙宇系统进行田野考察的结果。他发现，金泽镇的有些庙

---

① 李天纲：《金泽：江南民间祭祀探源》，第 247-249 页。
② 李天纲：《金泽：江南民间祭祀探源》，第 252 页。
③ 李天纲：《金泽：江南民间祭祀探源》，第 196 页。

宇，在江南地区的民间信仰中发挥了"中心庙"的作用。到"香汛"①的时候，许多"进香团"从四面八方涌现金泽镇，形成"一个兼跨了很多个江南乡村市镇的区域性信仰共同体"②。无论是在历史上还是在现代，在金泽镇数十所庙宇中，总会出现一座或多座江南地区的中心庙。展现民间信仰或民间宗教的组织性，并对民间祭祀的结构做出了说明，这是《金泽：江南民间祭祀探源》一书的重要成果。他把弗里德曼所说的"中国宗教"这个实体真正说实了。

李天纲提出了"三教通体"的概念，强调儒释道三教共同建立在民间宗教的基础上，与基层的民间信仰是相通的、一致的。③ 他以钱谦益（1582—1664）、钱大昕（1728—1804）等士大夫为例，他们对地方祭祀、地方宗教采取了宽容的态度，与家乡的僧道关系也都很好，但这不妨碍他们撰写公开的排佛文章。这是一个值得认真对待的概念，重新界定了三教与民间信仰的关系，颠覆了传统士大夫对民间信仰的优越感。本书第四章专门讨论了中国历史上的三教关系，从发生学的角度上说，笔者无法接受把民间信仰作为三教基础的观点。但在明清时期"三教合流"已成社会共识的背景下，"三教通体"的说法，把佛道兼容视为基层信仰的基调，"三教合为一庙"，"合于民间宗教"，有助于说清楚明清以来中国社会的宗教文化结构。

杨庆堃并没有把"弥漫性宗教"定义为无组织的宗教，他的贡献是让我们看到了中国社会制度中的宗教元素。在这位社会学家的研究中，"结构"是一个十分重要的概念。此后有一批学者从仪式的角度研究中国宗教，特别是王斯福、弗里德曼等，人类学的理论背景让他们更关注地方性仪式的社会功能，将民间宗教降解为仪式研究，在叙事上更细致，但没有触及中国宗教自身的整体特点。《金泽：江南民间祭祀探源》以祭祀为切入点，详细说明民间信仰

---

① 参见李天纲《金泽：江南民间祭祀探源》，第39、406页。
② 李天纲：《金泽：江南民间祭祀探源》，第262、111页。
③ 李天纲：《金泽：江南民间祭祀探源》，第360-361页。

或中国宗教内在的秩序感和组织性。仪式和组织的整合，以及对神灵的祭祀，这就给中国人的信仰生活提供了一个属于"宗教"的完整论证。也就是说，在我们面对儒释道、民间宗教信仰等多样化的宗教生活时，所有这些宗教生活有其共同的整体特点。这也是本书讲述的"人文宗教"的基本内涵。

然而，我们还要思考的问题是，我们是否需要这样一个论证？中国的宗教学者主张"中国有宗教"，把三教和民间信仰整合为一个完整的、系统的"中国宗教"，强调它在中国社会制度结构中的重要作用，研究中国宗教的仪式和组织。其实，这整个研究思路，依旧是在西方宗教定义的模式下展开的。但在中国，我们没有像欧美国家那样宗教占有主流价值观的社会文化背景，我们的实际情况是无神论为主流意识形态的社会状况。在这样的无神论社会里，就像笔者在第一章里讨论的那样，"文神"关系远比"人神"关系重要。协调世俗礼教制度与宗教生活的共存，其重要性要超过人对神灵的崇拜。这也就是为什么"弥漫性宗教"比"制度性宗教"重要的原因。李天纲所说的民间信仰的组织性，在很大程度上也是世俗礼教制度提供的组织性，而非作为宗教生活的信徒之间的组织性。只是这个礼教制度自身带有一定的宗教色彩。

功能主义的宗教分析，突出了中国宗教，特别是被称为弥漫性宗教的部分，与世俗日常生活的整体性：宗教生活被整合到各种社会制度中，特别是帝王体制、亲属系统等。这些内容体现了人文宗教重伦理、重实效的特点。

3. 民间信仰与基层人文教育

对士大夫来说，知识或信仰的纯正性可能是首要的，所谓"正见""正信"。这就好像大学教授喜欢把民间的哲学爱好者贬为"民哲"，把民间爱好科学的人士贬为"民科"。但是，民间社会一方面有自己的知识与信仰，另一方面喜欢附和主流社会推崇的知识与信仰，将之作为自己的处世金针。因此，明清时期的民间信仰，其基调是形形色色的三教合流，普遍存在"仙佛不分"的现象，佛教与道教互为表里。民间信仰因此大多主张"三教归儒",三教同源一致是民间宗教的基本信念。这方面的典型例子是"三一教",其创始人林兆恩(1517—1598)将平生撰述总名《圣学统宗》,主张儒释道"道一教三",把三一教的宗旨定为"归儒宗孔"。

佛教、道教等制度宗教,它们的民俗层面,其实与民间信仰很难区分。以佛教为例,这种流传在民间社会的佛教,通常称为"庶民佛教"或"民俗佛教",有别于佛门大德、士大夫所持的佛教观。这种多少有些非正统的佛教,是宋代以后中国佛教的真实面貌。民间的道教信仰更是混杂多种元素,道教成为很多民间信仰的总称。

"三教"合为"一教",其实并无可能。所谓"三教合一",只是在各自立场上和会、吸收其他宗教里面与自家传统相通相近的方面罢了。然而,明清时期的民间宗教,却在混合三教的基础上,提出新的信仰系统,所谓"合三教为一"。特别是在明代中期,罗教出现,再次改变了中国社会的宗教结构,把"三教合一"的进程推向新的历史高度。明末还出现了"三一教"。教主林兆恩,是明代正德至万历年间的人,"欲会三教为一"。他说,"道一教三""源一流三","道本不殊""根源为一",认为坊间流传的儒释道未得三教正宗。他"以坐禅之病释也,运气之病道也,支离之病儒也",强调汇同佛道,归儒宗孔。他说:"余之设科也:有曰立本者,是乃儒氏之所以为教也;有曰入门者,是乃道氏之所以为教也;有曰极则者,是乃释氏之所以为教也。而其教之序也,先立本,次入门,次极则也。"①

孔子、老子、释迦三圣出世的时候,倡教立说,并没有什么"儒、道、释"的名称,只是履行"教化"之职。但到后来,三教名立,徒众日广,彼此互相攻击,遂使道统中绝,如此绵延千百年。林兆恩欲以"归儒宗孔"为宗旨,想把三教合为一教,浑然一

---

① 崇祯版《林子全集》元三册《道一教三》。参见韩秉方、马西沙《林兆恩三教合一思想与三一教》,《世界宗教研究》1984年第3期。

体，不复再分儒、分道、分释，是为"三一教"。惟其如此，三教才能返本归源，重回道统，才使"三教正宗"得以昌明于世。在此亦可看出中国宗教"一主两从"的关系格局，体现一种"和而不同"的宗教关系。他在家乡后来还建了"宗孔堂""三纲五常堂"。

林兆恩的说法，代表了明清时期绝大多数民间宗教的思想特点。譬如，清朝中期出现的刘门教、太谷学派，都有类似特点，以儒学为主，汇通佛道。① 前面介绍的民间宗教宝卷，基本上是儒释道三教的混合物。佛教的弥勒、弥陀、观音、如来，道教的李老君、张天师，儒家的孔孟颜回，都是他们颂扬崇拜的偶像。坊间流行的各类劝善书，大多也是采取这种方式，混合三教，宣扬儒家的伦理纲常，② 宣扬忠孝节义、轮回报应、赏善罚恶等。

民间宗教的思想综合，并不仅是儒释道三教的混合，有时还会糅入其他的外来宗教，如摩尼教等；同时还会有新的创造，出现新的神灵系统。不过，三教合一的思路并没有改变，民间宗教在三教合流的问题上态度最真诚、表现最彻底。这些民间信仰或民间宗教，常以旧有的信仰去包容新来的宗教或信仰。明清时期，数以百计的民间宗教，虽然组织关系纷繁复杂，但究其源头，不外乎脱胎于白莲教、罗教等少数几家民间宗教。这些民间宗教的信仰结构，则又不外乎儒释道，或者再加些摩尼教、基督教等内容，"混元并用"，推陈出新。

在实际功能上，这些民间宗教信仰，最主要地还是承担了基层的社会教育，满足他们日常生活中的精神需要。信徒进庙烧香，除了心灵的慰藉，主要是借佛菩萨神仙的力量实现他们的世俗需要，特别是治病延寿的愿望。我们在民间的造像记中很容易找到这方面的佐证材料。民间俗谚"无事不登三宝殿""临时抱佛脚"等，无不表现了民间社会追求灵验、讲究实用的特点。中国的神灵，特别

---

① 参见马西沙、韩秉方《中国民间宗教史》第十三章"林兆恩与三一教"、第二十二章"太谷学派与黄崖教"、第二十三章"刘门教与济幽救阳"。
② 参见唐大潮《明清之际道教"三教合一"思想论》，第 153 – 154 页。

是在道教中，名目繁多，关系复杂。许多妖怪精灵还显得相当可怕，现在的中国农民生了病，有时还要请人捉妖驱魔；遇上有人横死，也要请人招魂消灾。但在中国的文学作品中，这些神灵却经常组成一个温情脉脉的社会，因为他们也有通人性、很灵验的时候。信徒普遍不关心这些神灵的来历，而更在意他们是否灵验。

普通百姓对于外来宗教或新兴宗教的接受与认同，主要取决于灵验可信。民间秘密宗教的流行、基督教在中国的传播，都曾有过借医行道的经历。民间社会依据他们自己的灵验观，决定是否皈依，如果有人觉得新宗教很灵验，民间社会就会有办法协调新旧信仰之间的冲突。其实，中国人的信仰往往并不以新的信仰取代旧的信仰，而是选择相互的调适与和谐的共处。若以最通俗的语言表述，这是老百姓在信仰层面上"谁也不得罪"的心态。这种实用心理的背后，是老百姓对这些神灵的超自然力量的信赖。超自然力量，作为一个源自西方的学术术语，可以很好地对应中国人平常所说的"灵"。这种对"灵"的信任，甚至比西方宗教学所说的万物泛灵论还普遍。

"模糊"是生活的特点。民间信仰所展现的生活实态，并不需要刻意区分儒释道，唯有"劝善"。劝善的善恶标准是什么？无非是儒家所讲的"父慈子孝、兄良弟悌、夫义妇听、长惠幼顺、君仁臣忠"，其中最重要的是"忠""孝"两字。儒家伦理居于首位，佛、道两教辅助配合。《太上感应篇》说："立善多端，莫先忠孝。即成仙证佛，亦何尝不根基于此。"《文昌帝君阴骘文》还明确劝人"或奉斗朝真，或拜佛念经……报答四恩，广行三教"。相对于制度宗教同时宣扬深邃的教义思想，民间信仰直接营造生活的秩序，利用神的权威，具体承担了世俗教化的社会功能。基层社会的人文教育，即是在这个意义上展开的。其中，最主要的内容是儒家的价值观或礼教。其次还有善恶报应这种来自佛教、道教的宗教伦理教育，以及以地方文化认同为主的社会教育。参加这些民间信仰活动，既能受到一种思想教育，也能形成社会交往关系网络，这对文化程度并不高的底层百姓，实际上非常重要。

民间信仰在近现代中国的社会处境，要比佛教、道教等制度宗教艰难许多，因为没有明确的利益代言人。但在民间，这些信仰的稳定性最强，即使被毁后的恢复也最迅速，船小调头快，它们的道场通常很小，所费资金也不多，与当地群众的社会交往最直接。在中国社会的变革转型中，很多民间宗教信仰已经变得不合时宜，但在基层还有它们的传统影响力。底层群众需要有一个闲暇之余的去处，既能解闷，又能听到些有别于日常生活的新鲜事。其实，民间信仰主要是在这样的意义上发挥社会教育的作用。

小结　乡愁·历史记忆的纽带

李天纲《金泽：江南民间祭祀探源》记载了一则小事：这个江南小镇的统战干部在讨论当地的民间宗教时，外来干部主张要研究"民间宗教的规范化管理"，本地干部则要研究"民间宗教的合法化"。① 事情不大，意味深长。民间信仰就是在这样的张力中存在着。

"民间信仰"对于知识群体，从被贬斥的对象转变为备受关注的研究对象，是中国社会的内部结构和外部环境发生重大变化的结果。传统士大夫对民间信仰的鄙视，主要还是基于儒家礼教的正邪之间的批判。事实上，正邪之间还有很多共通的知识背景与信仰基础。传教士把民间信仰界定为"迷信"，一是借用了士大夫的辟邪心态，二是开启了近代社会的中外之争，历史上以夷夏论处理中外关系的传统模式，逐渐让位于以世界观、知识论为根本的处理模式。到20世纪新文化运动全力推崇西方的科学精神，80年代提出"科学技术是第一生产力"，新知识新技术，在中国人的观念里变成了没有国界的人类公共财富。中外关系有了新的理解方式，这与最初的中外宗教关系问题已经没有多少联系。在这层理解背后，中国

---

① 李天纲：《金泽：江南民间祭祀探源》，第84页。

民间信仰的知识体系、观念世界愈发得不到理解或同情。

然而,基层社会有其自身的信仰逻辑,这是由他们的经济收入、社会地位和教育程度决定的。只要他们对自身命运的支配程度还不够高,只要他们对生活中各种偶发事件或心理波动的协调能力还不够强,他们就有可能参与宗教活动,而民间信仰是其中最廉价的方式。我们现在的工作,并不是指责基层群众的信仰状态,而是引导他们的思想觉悟,改善他们的生活待遇,并要提高他们的教育水平。

作为宗教学者,我们要说清楚中国本土宗教不同于西方宗教的基本特点。第一,中国人对"神"的理解完全不同于西方宗教,我们的"神"既没有至上、唯一的地位,也没有创造宇宙万物的本事;人和神的关系也不同于西方宗教,中国人相信自己通过修身也能达到神的境界。第二,中国人的民间信仰比较松散,但也有内部的组织关系。本章的主要内容,是说明"中国宗教"可以被当作一个整体,民间宗教信仰和那些正统宗教,有其共同的信仰基础。

民间信仰是我们历史记忆的组成部分,是我们认识乡土中国的桥梁。主张宗教生态论的学者,因此也对民间信仰给予最多的同情。相对于海外学者,中国学者注定了不仅是单纯的观察者,还需要做出面向未来的理论思考。

余论

即圣而凡的未来社会

近年来，我经常反省宗教学科在大学教育体系中的位置。"人文宗教"的提法，在一定程度上是在寻找宗教学科更深的学术空间。很多人一听说宗教研究，就会本能地认为是为宗教辩护或批判宗教。其实，研究人类历史上这么深厚的宗教传统，对当代大学师生而言，更多是基于我们的人文主义传统。任何社会都不能缺乏人文精神，人文宗教的意义还需要深入研究。这既是对中国信仰传统的概括总结，也是对未来社会的殷切期待。我们是一个无神论思想占主导的国家，历来如此，但这不等于说，中国人的内心没有宗教感。更何况在全球化时代，我们不可能对西方世界的宗教视而不见。中国社会有自己的宗教观，这需要我们这一代学者有更清晰的理论阐释。

1961年，伊利亚德发表《宗教史与一种新人文主义》[①]，把现代社会描写为一个"去神圣化的世界"。当前正在发生的变化，可能超出了伊利亚德的想象。新技术的大量使用，无处不在的资本力量，不断泛滥的偶像化崇拜，正在全面改变人类的交往方式和价值观。表现在宗教领域，未来社会的宗教信仰可能会越来越私人化，甚至依托网络而不再有真实见面的宗教生活。传统的"神圣—世俗"二元模式，早已被无限多样的偶像、明星所取代。所有的传统宗教，以及政府部门的管理手段，都将面临前所未有的挑战。

在未来的社会，最大的变化可能是伦理秩序。19世纪以来，西方社会的人际交往，其原则越来越不依赖基督教精神，转而依据政

[①] Mircea Eliade, "History of Religions and a New Humanism," *History of Religions* Vol. 1 No. 1, Summer 1961.

治学、经济学、法律、社会学和伦理学等世俗知识体系。20世纪以来，中国社会的人际交往，同样也是越来越依赖世俗的原则，譬如，个人的维权意识非常强烈，前所未有，儒家所讲的温良恭俭让，似乎正在远离我们的日常生活。技术的发展，使人口流动变得快速而频繁，全球化的格局让任何一个突发事件波及全世界。宗教的作用或影响，亦将在此格局中随之变化。

首先是信教人数，这个数字有可能会下降。其次是信教方式，去传统宗教活动场所的人数会继续下降，网络虚拟空间或私人聚会方式，可能会持续增长。再次是宗教能影响的领域可能会发生变化，以往的研究主要集中在宗教对政治、经济、法律等领域的作用方面，今后在这些方面的影响可能持续走弱，就像我们现在已经很少考虑宗教对军事的影响。宗教对经济的影响，现在已急剧萎缩，比起一百年前韦伯写《新教伦理与资本主义精神》的时代，几乎不可相提并论。但宗教在社会交往、日常生活、人格塑造等方面的影响可能会增强，而且可能会出现多宗教的多元影响模式。也就是说，随着现代国家治理能力的提升，宗教的影响可能回归其社会教育的本位，在社会生活、文化艺术等领域保持积极的表现。

本书研究"人文宗教"，最主要的是概括中国宗教的整体特点，突出"人文化成"在中国人宗教生活中的根本地位。但这个概念并不局限于此，一方面是对韦伯宗教类型学所说的"文化宗教"的继承，另一方面也是对贝拉所说的"公民宗教"（civil religion）的改造。贝拉提出这个概念，其中有卢梭、涂尔干的影响，亦有他研究日本德川宗教的因素。"公民宗教"，首先是相对于私人化的宗教信仰，其次是用来解释宗教与政治的关系。在他看来，日本的公民宗教肯定政治权力的神圣性，天皇则是其最高象征；美国的公民宗教并不是对"美国"这个国家的崇拜，而是基于终极实在对美国经验的理解，这是一种超越性维度，其核心象征是美国犹太—基督宗教传统所共享的终极实在，但上帝、社会和个体之间高度分化，美国《宪法》第一修正案第一款禁止确立国教，宗教不是政治的工具，政治也不听命于宗教。① 因此，贝拉的"公民宗教"，是在宗教徒占主体的现代国家寻找宗教与政治关系的平衡点。然而在中国，并不存在这样的宗教分布。

人文宗教，是以中国传统宗教生活为典型。在古代中国，宗教受制于儒家人文主义的理性生活，确切地说，是受制于家国同构的伦理生活。有的学者把这种以祭祀为中心的儒家伦理生活直接定义为"宗教"，甚至将之解释为"国家宗教"。我不赞成这样的做法，但我认为，这种儒家伦理生活反映了中国人独特的宗教观，也就是东方宗教的人文特质。以往我们习惯于以西方的宗教定义考察中国的传统宗教生活，但是，本书的研究，倾向于以中国宗教的这种人文特质去理解世界上其他地方的宗教生活。当西方宗教学在强调有神论的时候，"人文宗教"的说法则在强调世界各宗教都有自己的人文价值，人文主义是基本的宗教伦理。无论是韦伯的"文化宗教"，还是贝拉的"公民宗教"，都没有摆脱"宗教是文化的核心"这个西方宗教学的理论预设。古代的中国没有这样的预设，而未来的人类社会很可能会彻底摆脱这个理论预设。

人文宗教，是古代中国的宗教观，也很可能是未来社会的宗教观。这种突出伦理特点的宗教观，彰显了"宗教"一词的教化功能，或许可以对治全球化所引发的伦理秩序冲突。当前，全球范围的大学教育，越来越像职业培训，大学越来越像高科技研发中心、政府智囊团，而对人性内在的弱点、人类生活的非理性因素越来越漠视。这是大学教育功能的异化。作为大学的人文学者，我们试图以人文教育消除当前大学功能的异化。我们把宗教学纳入大学的人文教育体系，在宗教、科学和哲学之间找到一个恰当的平衡，这需要一个理论解释。人文宗教，是一种基于中国人宗教生活而作的说明。

---

① 参见孙尚扬、王其勇《进化论与日本宗教：理解贝拉公民宗教概念的新视角》，《世界宗教研究》2018年第4期。

参考文献

一 中国古代典籍

（魏）王弼注，（唐）孔颖达疏《周易正义》，北京大学出版社，1999。

（晋）韩康伯注，（魏）王弼撰，楼宇烈校释《周易注》，中华书局，2011。

廖名春：《帛书〈要〉释文》，载朱伯崑主编《国际易学研究》第一辑，华夏出版社，1995。

（汉）孔安国传，（唐）孔颖达疏《尚书正义》，北京大学出版社，1999。

（汉）毛亨传，（汉）郑玄笺，（唐）孔颖达疏《毛诗正义》，北京大学出版社，1999。

（汉）郑玄注，（唐）贾公彦疏《周礼注疏》，北京大学出版社，1999。

（汉）郑玄注，（唐）贾公彦疏《仪礼注疏》，北京大学出版社，1999。

（汉）郑玄注，（唐）孔颖达疏《礼记正义》，北京大学出版社，1999。

（周）左丘明传，（晋）杜预注，（唐）孔颖达疏《春秋左传正义》，北京大学出版社，1999。

（汉）公羊寿传，（汉）何休解诂，（唐）徐彦疏《春秋公羊传注疏》，北京大学出版社，1999。

（汉）赵岐注，（宋）孙奭疏《孟子注疏》，北京大学出版社，1999。

（唐）李隆基注，（宋）邢昺疏《孝经注疏》，北京大学出版社，1999。

（西汉）司马迁：《史记》，中华书局，2003。

（汉）班固：《汉书》，中华书局，1962。

（南朝宋）范晔：《后汉书》，（唐）李贤等注，中华书局，1965。

（晋）陈寿：《三国志》，陈乃乾校点，中华书局，1982。

（北齐）魏收：《魏书》，中华书局，1974。

（南朝梁）沈约：《宋书》，中华书局，2003。

（唐）令狐德棻等：《周书》，中华书局，1971。

（唐）魏征等：《隋书》，中华书局，1973。

（明）宋濂等：《元史》，中华书局，1976。

《明神宗实录》卷五三三，万历四十三年（1615）。

吴毓江：《墨子校注》，孙启治点校，中华书局，2006。

姜涛：《管子新注》，齐鲁书社，2009。

张纯一校注《晏子春秋校注》，中华书局，2014。

徐元诰：《国语集解》（修订本），中华书局，2002。

（清）王先谦：《庄子集解》，中华书局，1987。

楼宇烈主撰《荀子新注》，中华书局，2018。

（战国）吕不韦撰，（东汉）高诱注《元刊吕氏春秋校订》，俞林波校订，凤凰出版社，2016。

——许维遹集释《吕氏春秋集释》，中华书局，2009。

《老子道德经河上公章句》，王卡点校，中华书局，1993。

张双棣：《淮南子校释》，北京大学出版社，1997。

何宁：《淮南子集释》，中华书局，1998。

姚春鹏译注《黄帝内经》，中华书局，2010。

皮锡瑞：《尚书大传疏证》，中华书局，2015。

（清）苏舆：《春秋繁露义证》，钟哲点校，中华书局，1992。

（汉）董仲舒：《春秋繁露》，凌曙注，中华书局，1975。

（清）陈立：《白虎通疏证》，吴则虞点校，中华书局，1994。

（清）赵在翰辑《七纬（附论语谶）》，钟肇鹏、萧文郁点校，中华书局，2012。

（汉）许慎：《说文解字》，汤可敬译注，中华书局，2020。

朱谦之校辑《新辑本桓谭新论》，中华书局，2009。

黄晖：《论衡校释》，中华书局，1990。

（晋）郭璞传，（清）郝懿行笺疏《山海经笺疏》，张鼎山、牟通点校，齐鲁书社，2010。

（晋）干宝：《搜神记》，马银琴、周广荣译注，中华书局，2009。

——《搜神记》，汪绍楹校注，中华书局，1979。

——《新辑搜神记》，李剑国辑校，中华书局，2007。

（南朝宋）刘义庆撰，郑晚晴辑注《幽明录》，文化艺术出版社，1988。

（北魏）杨衒之撰，范祥雍校注《洛阳伽蓝记校注》，上海古籍出版社，1978。

（北齐）颜之推著，王利器撰《颜氏家训集解（增补本）》，中华书局，1993。

高步瀛：《文选李注义疏》，曹道衡、沈玉成点校，中华书局，1985。

（隋）王通著，张沛校注《中说校注》，中华书局，2013。

（唐）卢照邻著，李云逸校注《卢照邻集校注》，中华书局，1998。

（唐）欧阳询撰，《宋本艺文类聚》，上海古籍出版社，2013。

（唐）杜佑：《通典》，王文锦、王永兴、刘俊文、徐庭云、谢方点校，中华书局，1988。

（唐）李隆基：《答张九龄贺论三教批》，载周绍良主编《全唐文新编》第1部第1册，吉林文史出版社，2000。

（唐）张九龄：《曲江集》，刘斯翰校注，广东人民出版社，1986。

（唐）白居易著，谢思炜校注《白居易诗集校注》，中华书局，2006。

（宋）陈善：《扪虱新话》，上海书店出版社（影印涵芬楼本），1990。

（宋）李昉等：《太平御览》，中华书局，2000。

（宋）王钦若等编纂《册府元龟》，周勋初等校订，凤凰出版社，2006。

（宋）程颐：《周易程氏传》，王孝鱼点校，中华书局，2011。

（宋）程颢、（宋）程颐：《二程集》，中华书局，1981。

（宋）张载：《张载集》，章锡琛点校，中华书局，1978。

（宋）朱熹：《四书章句集注》，中华书局，1983。

（宋）黎靖德撰《朱子语类》，王星贤点校，中华书局，1986。

（宋）孟元老撰，邓之诚注《东京梦华录注》，中华书局，2010。

（宋）洪迈：《容斋随笔》，孔凡礼点校，中华书局，2005。

（明）曹一麟修、徐师曾等纂《嘉靖吴江县志》，学生书局，1987。

（明）王守仁：《王文成公全书》，王晓昕、赵平略点校，中华书局，2015。

（明）王艮：《王心斋全集》，江苏教育出版社，2001。

（明）田艺蘅：《春雨逸响》，商务印书馆，1937。

钱伯城、魏同贤、马樟根主编《全明文》第一册，上海古籍出版社，1992。

（清）潘荣陛：《帝京岁时纪胜》，北京古籍出版社，2000。

《般泥洹经》，失译，《大正藏》第1册。

《杂阿含经》，（南朝宋）求那跋陀罗译，《大正藏》第2册。

《太子瑞应本起经》，（东吴）支谦译，《大正藏》第3册。

《金刚般若波罗蜜经》，（姚秦）鸠摩罗什译，《大正藏》第8册。

《佛说弥勒下生经》，（西晋）竺法护译，《大正藏》第14册。

《佛说弥勒下生成佛经》，（姚秦）鸠摩罗什译，《大正藏》第14册。

《金光明经》，（北凉）昙无谶译，《大正藏》第16册。

《佛说报恩奉盆经》（《报像功德经》），失译，《大正藏》第16册。

《十诵律》，（姚秦）弗若多罗、鸠摩罗什译，《大正藏》第23册。

〔古印度〕龙树：《大智度论》，（姚秦）鸠摩罗什译，《大正藏》第25册。

〔古印度〕龙树：《中论》，（姚秦）鸠摩罗什译，《大正藏》第30册。

〔古印度〕法胜造、优波扇多释《阿毗昙心论经》，（北齐）那连提耶舍译，《大正藏》第28册。

〔古印度〕世亲：《俱舍论》，（唐）玄奘译，《大正藏》第29册。

（古印度）世友：《异部宗轮论》，《大正藏》第49册。

《佛说立世阿毗昙论》，（南朝陈）真谛译，《大正藏》第32册。

《佛说预修十王生七经》，《续藏经》第1册。

（东汉）牟融：《牟子理惑论》，载王宗昱、李四龙、杨立华、周学农编著《中国宗教名著导读（佛道教卷）》，北京大学出版社，2004。

（姚秦）鸠摩罗什等：《注维摩诘经》，《大正藏》第38册。

（东晋）慧远：《沙门不敬王者论》，载僧祐《弘明集》卷五，《大正藏》第52册。

——《庐山慧远法师答桓玄书沙门不应敬王者书并桓玄书》，载僧祐《弘明集》卷十二。

（东晋）道恒《释驳论》，载僧祐《弘明集》卷六。

（南朝宋）竺道生：《法华经疏》，《续藏经》第27册。

（南朝宋）谢灵运：《辩宗论诸道人王卫军问答》，载道宣《广弘明集》卷十八，《大正藏》第52册。

（南朝宋）傅亮等撰《观世音应验记三种》，孙昌武点校，中华书局，1994。

（南朝梁）僧敏：《戎华论》，载僧祐《弘明集》卷七。

（南朝梁）僧祐撰，李小荣校笺《弘明集校笺》，上海古籍出版社，2013。

（南朝梁）法云：《妙法莲华经义记》，《大正藏》第33册。

（南朝梁）慧皎：《高僧传》，《大正藏》第50册。

（北周）道安：《二教论》，载道宣《广弘明集》卷八。

（北周）甄鸾：《笑道论》，载道宣《广弘明集》卷九。

（陈隋）惠达：《肇论疏》，《续藏经》第54册。

（隋）智𫖮：《妙法莲华经玄义》，《大正藏》第33册。

——《妙法莲华经文句》，《大正藏》第34册。

——《摩诃止观》，《大正藏》第46册。

——《观音玄义》，《大正藏》第34册。

（隋）吉藏：《大乘玄论》，《大正藏》第45册。

——《法华义疏》，《大正藏》第34册。

（隋）费长房：《历代三宝纪》，《大正藏》第 49 册。

（隋）法经等：《众经目录》，《大正藏》第 55 册。

（隋）杨雄等：《庆舍利感应表》，载道宣《广弘明集》卷十七。

（隋）王邵：《舍利感应记》，载道宣《广弘明集》卷十七。

（唐）彦悰：《集沙门不应拜俗等事》，《大正藏》第 52 册。

（唐）法琳：《辩正论》，《大正藏》第 52 册。

（唐）梁肃：《天台止观统例》，《续藏经》第 55 册。

（唐）惠能说，（元）宗宝编《六祖大师法宝坛经》，《大正藏》第 48 册。

（唐）道宣：《续高僧传》，《大正藏》第 50 册。

——《广弘明集》，《大正藏》第 52 册。

——《集神州三宝感通录》，《大正藏》第 52 册。

（唐）慧琳：《一切经音义》，《大正藏》第 54 卷。

（唐）道世：《法苑珠林》，《大正藏》第 53 册。

（唐）宗密：《原人论》，《大正藏》第 45 册。

——《佛说盂兰盆经疏》，《大正藏》第 16 册。

（辽）非浊：《三宝感应要略录》，《大正藏》第 51 册。

（五代宋）延寿：《万善同归集》，《大正藏》第 48 册。

（宋）赞宁：《大宋僧史略校注》，富世平校注，中华书局，2015。

（宋）智圆：《闲居编》，《续藏经》第 56 册。

（宋）契嵩：《镡津文集》，《大正藏》第 52 册。

（宋）张商英：《护法论》，《大正藏》第 52 册。

（宋）宗鉴：《释门正统》，《续藏经》第 75 册。

（宋）志磐：《佛祖统纪》，《大正藏》第 49 册。

（元）念常：《佛祖历代通载》，《大正藏》第 49 册。

（元）普度：《庐山莲宗宝鉴》，《大正藏》第 47 册。

（元）刘谧：《三教平心论》，《大正藏》第 52 册。

（明）袾宏：《云栖净土汇语》，《续藏经》第 62 册。

——《云栖法汇》，《嘉兴藏》第 33 册，新文丰出版公司，1987。

（明）智旭：《灵峰蕅益大师宗论》，《嘉兴藏》第 36 册。

（清）周克复：《净土晨钟》，《续藏经》第 62 册。

（清）仪润：《百丈清规证义记》，《续藏经》第 63 册。

王明编《太平经合校》，中华书局，1992。

饶宗颐：《老子想尔注校证》，上海古籍出版社，1991。

（晋）葛洪：《抱朴子内篇校释》，王明校释，中华书局，2002。

——《神仙传校释》，胡守为校释，中华书局，2010。

（南朝齐）顾欢：《夷夏论》，载《中国宗教名著导读（佛道教卷）》。

（唐）成玄英：《老子道德经开题序决义疏》，敦煌写本 P. 2353。

（唐）孟安排：《道教义枢》，《道藏》太平部，文物出版社、上海书店、天津古籍出版社，1988，第 24 册。

（唐末五代）强思齐：《道德真经玄德纂疏》，《道藏》洞神部玉诀类，第 13 册。

（唐末五代）杜光庭：《道德真经广圣义》，《道藏》洞神部玉诀类，第 14 册。

（宋）张君房编《云笈七签》，李永晟点校，中华书局，2003。

（宋）张伯端：《悟真篇浅解》，王沐浅解，中华书局，1990。

（宋）夏元鼎：《黄帝阴符经讲义》，《道藏》洞真部玉诀类，第 2 册。

（金）王喆：《金关玉锁诀》，《道藏》太平部，第 25 册。

——《重阳全真集》，《道藏》太平部，第 25 册。

（金）刘祖谦：《终南山重阳祖师仙迹记》，载白如祥辑校《王重阳集》，齐鲁书社，2005。

（元）邱处机：《磻溪集》，《道藏》太平部，第 25 册。

（明）伍冲虚（伍守阳）：《仙佛合宗语录》，《重刊道藏辑要》毕集一。

（明）《性命圭旨》元集，萧天石主编《道藏精华》第一集之三，自由出版社，1984，第 3 册。

（清）《三宝心灯》，《重刊道藏辑要》壁集四。

《地府十王拔度仪》，《道藏》洞真部威仪类，第3册。

《太上洞玄灵宝三元玉京玄都大献经》，《道藏》洞玄部本文类，第6册。

《玄门报孝追荐仪》，《道藏》洞玄部威仪类，第9册。

《洞神八帝元变经》，《道藏》正一部，第28册。

（唐）《摩尼光佛教法仪略》，《大正藏》第54册。亦作《摩尼教残经二》，载陈垣《摩尼教入中国考》。

（明）林兆恩：《林子全集》元三册，崇祯版。

《苦功悟道卷》，载濮文起主编《民间宝卷》第一册，黄山书社，2005。

《普静如来钥匙佛宝卷》，载濮文起主编《民间宝卷》第二册，黄山书社，2005。

《龙华宝经》，载濮文起主编《民间宝卷》第三册，黄山书社，2005。

《皇极金丹九莲正信皈真还乡宝卷》，载濮文起主编《民间宝卷》第三册，黄山书社，2005。

（清）黄育楩：《破邪详辨》，光绪九年（1883），北京琉璃厂五云堂刻本。

〔日〕泽田瑞穗《校注破邪详辩》（东京道教刊行会，1972）。

〔加〕郑安德编《明末清初耶稣会思想文献汇编》第五卷，北京大学宗教研究所，1999。

二　中国近现代研究论著论文

蒲慕州：《追寻一己之福：中国古代的信仰世界》，上海古籍出版社，2007

车锡伦：《中国宝卷研究》，广西师范大学出版社，2009。

陈兵：《略论全真道的三教合一说》，《世界宗教研究》1984年第1期。

陈鼓应：《易传与道家思想》，商务印书馆，2007。

——《老子注译及评介》，中华书局，2009。

——《管子四篇诠释：稷下道家代表作解析》，商务印书馆，2006。

陈静：《试论王充对"天人感应论"的批判》，《哲学研究》1993年第11期。

陈侃理：《儒学、数术与政治：灾异的政治文化史》，北京大学出版社，2015。

陈来：《古代宗教与伦理：儒家思想的根源》，三联书店，1996。

——《古代思想文化的世界：春秋时代的宗教、伦理与社会思想》，三联书店，2002。

——《明代的民间儒学与民间宗教：颜山农思想的特色》，《中国近世思想史研究》，商务印书馆，2003。

陈梦家：《商代的神话与巫术》，《燕京学报》二十期（1936年）。

陈槃：《古谶纬研讨及其书录解题》，上海古籍出版社，2010。

——《谶纬释名》，《历史语言研究所集刊》第十一本。

陈晓毅：《中国式宗教生态：青岩宗教多样性个案研究》，社会科学文献出版社，2008。

陈垣：《明季滇黔佛教考（外宗教史论著八种）》（含《元也里可温教考》《开封一赐乐业教考》《火祆教入中国考》《摩尼教入中国考》《回回教入中国史略》），河北教育出版社，2000。

唐文明：《敷教在宽：康有为孔教思想申论》，中国人民大学出版社，2012。

邓子美：《传统佛教与中国近代化》，华东师范大学出版社，1994。

丁仁杰：《杨庆堃与中国宗教研究：论中国宗教研究典范的继承、转移与竞争》，载李四龙主编《人文宗教研究》第四辑，宗教文化出版社，2014。

丁山：《中国古代宗教与神话考》，上海书店出版社，2011。

董志翘：《〈观世音应验记三种〉译注》，江苏古籍出版社，2002。

——《〈观世音应验记三种〉校点志疑（上）》，《文教资料》1996

年第 5 期。

费孝通:《乡土中国》,北京大学出版社,1998。

冯友兰:《中国哲学史新编》(修订版)第一册,人民出版社,1980。

——《中国哲学史》上册,商务印书馆,2011。

——《中国哲学简史》,赵复三译,三联书店,2013。

冯佐哲、李富华:《中国民间宗教史》,文津出版社,1999。

高国藩:《敦煌古俗与民俗流变:中国民俗探微》,河海大学出版社,1989。

高天麟:《黄河流域新石器时代的陶鼓辨析》,《考古学报》1991年第 2 期。

高振农:《佛教文化与近代中国》,上海社会科学院出版社,1992。

葛兆光:《中国思想史》,复旦大学出版社,2001。

龚方震、晏可佳:《祆教史》,上海社会科学院出版社,1988。

龚学增、王冬丽:《论李维汉的宗教观》,《世界宗教研究》2006 年第 3 期。

顾颉刚:《秦汉的方士与儒生》,上海世纪出版集团,2005。

韩秉方:《中国的民间宗教》,载汤一介主编《中国宗教:过去与现在》,北京大学出版社,1992。

韩秉方、马西沙:《林兆恩三教合一思想与三一教》,《世界宗教研究》1984 年第 3 期。

韩华:《民初孔教会与国教运动研究》,北京图书馆出版社,2007。

何光沪:《宗教与当代中国社会化》,中国人民大学出版社,2006。

侯外庐、赵纪彬、杜国庠:《中国思想通史》,人民出版社,1957。

胡光钊:《祁门县志》,1944(民国本)。

胡适:《中国中古思想史长编》(附《中国中古思想小史》),上海古籍出版社,2014。

——口述,〔美〕唐德刚译注《胡适口述自传》,华东师范大学出版社,1983。

黄心川:《古代印度哲学与东方文化研究》,中国社会科学出版社,

2018。

纪华传：《南京国民政府时期的庙产兴学运动》，《中国佛学》总第37期（2015年）。

——《民国初期的佛教政策及寺院财产管理》，《世界宗教研究》2018年第6期。

金泽：《民间信仰面临的挑战与选择》，《中国民族报》2007年3月20日"宗教周刊·理论"版。

孔令宏：《晚清民国时期三大政治运动对佛教和道教的影响》，《武汉科技大学学报》2016年第5期。

雷闻：《郊庙之外：隋唐国家祭祀与宗教》，三联书店，2009。

李剑国：《唐前志怪小说史》，人民文学出版社，2019。

李零：《中国方术考》（修订本），东方出版社，2001。

——《中国方术续考》，东方出版社，2000。

——《绝地天通：研究中国早期宗教的三个视角》，乐黛云、〔法〕李比雄主编《跨文化对话5》，上海文化出版社，2001。

——《死生有命 富贵在天：〈周易〉的自然哲学》，三联书店，2013。

李申：《儒学与儒教》，四川大学出版社，2005。

李四龙：《天台智者研究：兼论宗派佛教的兴起》，北京大学出版社，2003。

——《略论"中国宗教"的两个思想基础》，《北京大学学报（哲学社会科学版）》2006年第4期。

——《民俗佛教的形成与特征》，《北京大学学报（哲学社会科学版）》1996年第4期。

——《论中国佛教的民族融合功能》，《中国宗教》2009年第6期。

——《论仁寿舍利的"感应"现象》，《佛学研究》2008年总17期。

——编《人文立本：楼宇烈教授访谈录》，北京大学出版社，2009。

李世瑜编《宝卷综录》，中华书局上海编辑所，1961。

——《宝卷新研：兼与郑振铎先生商榷》，《文学遗产》第四辑增刊，1957。

李泰玉主编《新疆宗教》，新疆人民出版社，1989。

李天纲：《金泽：江南民间祭祀探源》，三联书店，2017。

李向平：《中国当代宗教的社会学诠释》，上海人民出版社，2006。

——《"宗教生态"，还是"权力生态"：从当代中国的"宗教生态论"思潮谈起》，《上海大学学报》2011年第1期。

李学勤：《东周与秦代文明》（增订本），文物出版社，1991。

——《李学勤集》，黑龙江教育出版社，1988。

李亦园：《宗教与神话》，广西师范大学出版社，2004。

李泽厚：《说儒学四期》，《己卯五说》，中国电影出版社，1999。

——《由巫到礼 释礼归仁》，三联书店，2015。

——《孔子再评价》，《中国古代思想史论》，人民出版社，1985。

李宗侗：《中国古代社会史》，华冈出版社，1954。

梁景之：《清代民间宗教与乡土社会》，社会科学文献出版社，2004。

梁启超：《中国历史研究法补编》，《中国历史研究法》，上海古籍出版社，1998。

梁漱溟：《中国文化要义》《人心与人生》，《梁漱溟全集》第3卷，山东人民出版社，1990。

——《东西文化及其哲学》，商务印书馆，2011。

林悟殊：《摩尼教及其东渐》，中华书局，1987。

——《中古三夷教辨证》，中华书局，2005。

——《波斯拜火教与古代中国》，新文丰出版公司，1995。

刘宝才：《巫咸事迹小考》，《西北大学学报》1982年第4期。

刘林魁：《梁武帝〈会三教诗〉及其三教会通思想考论》，《古籍整理研究学刊》2012年第5期。

刘平：《中国秘密宗教史研究》，北京大学出版社，2010。

刘小枫：《现代性社会理论绪论》，上海三联书店，1998。

刘亚丁：《佛教灵验记研究：以晋唐为中心》，巴蜀书社，2006。

刘悦笛：《巫的理性化、政治化和文明化——中国文明起源的"巫史传统"试探》，《中原文化研究》2019年第2期。

刘桢：《中国民间目连文化》，巴蜀书社，1997。

刘正埮、高名凯等编《汉语外来词词典》，上海辞书出版社，1984。

楼宇烈：《温故知新：中国哲学研究论文集》，商务印书馆，2004。

——《中国佛教与人文精神》，宗教文化出版社，2003。

——《中华文化的人文特质》，载李四龙主编《人文宗教研究》总第十辑，宗教文化出版社，2018。

——《探求合乎本土文化传统的宗教学研究理论》，《中国宗教》2008年第11期。

——《中国人的人文精神》，北京联合出版公司，2020。

吕大吉、牟钟鉴：《概说中国宗教与传统文化》（《中国宗教与中国文化》第一卷），中国社会科学出版社，2005。

卢国龙：《道教哲学》，华夏出版社，2007。

鲁迅：《中国小说史略》，中国和平出版社，2014。

——《汉文学史纲要》，北京联合出版公司，2014。

——《1918年8月20日致许寿裳》，《鲁迅全集》第11卷，人民文学出版社，1981。

路遥：《中国传统社会民间信仰之考察》，《文史哲》2010年第4期。

罗秉祥、赵敦华编《基督教与近代中西文化》，北京大学出版社，2000。

罗香林：《唐代三教讲论考》，香港《东方文化》1954年第1期。

马虎成主编《当代中国民族宗教问题研究》第4集，甘肃民族出版社，2009。

马西沙、韩秉方：《中国民间宗教史》，上海人民出版社，1992。

马西沙：《略论明清时代民间宗教的两种发展趋势》，《世界宗教研究》1984年第1期。

马小鹤：《摩尼教与古代西域史研究》，中国人民大学出版社，2008。

牟钟鉴、张践：《中国宗教通史》（修订版），中国社会科学出版社，2007。

牟钟鉴：《中国宗教生态的多元通和模式》，载李四龙主编《人文宗教研究》第四辑，宗教文化出版社，2014。

——《儒道佛三教关系简明通史》，人民出版社，2018。

——《中国宗教与文化》，巴蜀书社，1989；台北唐山出版社，1995。

——《中国宗法性传统宗教试探》，《世界宗教研究》1990年第1期。

牟宗三：《中国哲学十九讲》，上海古籍出版社，1997。

纳海：《狄更斯小说中的宗教表述》，载李四龙主编《人文宗教研究》总第十辑，宗教文化出版社，2018。

南炳文主编《佛道秘密宗教与明代社会》，天津古籍出版社，2001。

彭国翔：《宗教对话：儒学第三期开展的核心课题》，《孔子研究》2006年第3期。

彭林：《中国古代礼仪文明》，中华书局，2004。

皮庆生：《宋代民众祠神信仰研究》，上海古籍出版社，2008。

濮文起：《中国民间秘密宗教溯源》，江苏人民出版社，2000。

——《民间宗教与结社》，国际文化出版公司，1994。

——《宝卷学发凡》，《天津社会科学》1999年第2期。

钱汝平：《萧衍研究》，四川大学博士学位论文，2007。

秦宝琦：《中国地下社会》，学苑出版社，1993。

饶宗颐：《中国宗教思想史新页》，北京大学出版社，2000。

任继愈：《论儒教的形成》，《中国社会科学》1980年第1期。

——《唐宋以后的三教合一思潮》，《世界宗教研究》1984年第1期。

——主编《儒教问题争论集》，宗教文化出版社，2000。

——主编《中国佛教史》，中国社会科学出版社，第一卷，1981；第三卷，1988。

荣新江：《中古中国与外来文明》，三联书店，2001。

沙宗平：《中国的天方学》，北京大学出版社，2004。

沈睿文：《中古中国祆教信仰与丧葬》，上海古籍出版社，2019。

苏秉琦：《华人·龙的传人·中国人》，辽宁大学出版社，1994。

苏国勋等：《走出韦伯神话：〈儒教与道教〉发表百年后之反思》，《开放时代》2016年第3期。

孙尚扬：《对贝拉教授演讲的回应》，载李四龙主编《人文宗教研究》第三辑，宗教文化出版社，2013。

孙尚扬、王其勇：《进化论与日本宗教：理解贝拉公民宗教概念的新视角》，《世界宗教研究》2018年第4期。

孙宗文：《仁寿舍利塔》，《现代佛学》1958年第1期。

谭伟伦：《民间佛教研究》，中华书局，2007。

谭嗣同：《仁学》，中华书局上海编辑所，1958。

汤用彤：《汉魏两晋南北朝佛教史》，中华书局，1983。

唐大潮：《明清之际道教"三教合一"思想论》，宗教文化出版社，2000。

唐君毅：《中国文化之精神价值》，广西师范大学出版社，2005。

唐晓峰：《改革开放以来的中国基督教及研究》，宗教文化出版社，2013。

汪桂平主编《中国本土宗教研究》第三辑，社会科学文献出版社，2020。

王重民、王庆菽、向达、周一良、启功、曾毅公编《敦煌变文集》，人民文学出版社，1957。

王汎森：《明末清初儒学的宗教化：以许三礼的告天之学为例》，《晚明清初思想十论》，复旦大学出版社，2005。

王国维：《释礼》，《观堂集林》，河北教育出版社，2001，第144页。

王见川：《从摩尼教到明教》，新文丰出版公司，1992。

王铭铭：《社会人类学与中国研究》，三联书店，1997。

王庆德：《中国民间宗教史研究百年回顾》，《文史哲》2001年第1期。

王栻主编《严复集》（全5册），中华书局，1986。

王守华：《西周》，载铃木正、卞崇道等《日本近代十大哲学家》，上海人民出版社，1989。

王媛媛：《从波斯到中国：摩尼教在中亚和中国的传播》，中华书局，2012。

王兆祥：《白莲教探奥》，陕西人民教育出版社，1993。

王治心：《中国宗教思想史大纲》，东方出版社，1996（初版1931年）。

王宗昱编《儒礼经典选读》，北京大学出版社，2011。

王宗昱、李四龙、杨立华、周学农编著《中国宗教名著导读（佛道教卷）》，北京大学出版社，2004。

王作安：《我国宗教状况的新变化》，金泽、邱永辉主编《中国宗教报告（2008）》，社会科学文献出版社，2008。

翁绍军校注《汉语景教文典诠释》，三联书店，1996。

吴丽娱：《从郊天祭祖之变论儒道并行之源》，载李四龙主编《人文宗教研究》总第十一辑，宗教文化出版社，2019。

西北师范大学古籍整理研究所、酒泉市文化馆编《酒泉宝卷》，甘肃人民出版社，1991。

向达：《摄山佛教石刻补记》，《东方杂志》第26卷第6期（1929年3月）。

萧登福：《先秦两汉冥界及神仙思想探源》，文津出版社，1990。

——《道教与佛教》，东大图书公司，2004。

谢重光、白文固：《中国僧官制度史》，青海人民出版社，1990。

熊月之：《从晚清"哲学"译名确立过程看东亚人文特色》，《社会科学》2011年第7期。

许抗生、聂保平、聂清：《中国儒学史》（两汉卷），北京大学出版社，2011。

徐复观：《中国人性论史·先秦篇》，九州出版社，2001。

徐晓鸿主编《中国基督教史》，中国基督教两会，2019。

——编著《唐代景教文献与碑铭释义》，宗教文化出版社，2020。

徐小跃：《罗教·佛教·禅学：罗教与〈五部六册〉揭秘》，江苏人民出版社，1999。

徐兴无：《谶纬文献与汉代文化构建》，中华书局，2003。

徐跃：《清末庙产兴学政策的缘起和演变》，《社会科学研究》2007年第4期。

许兆昌：《先秦社会的巫、巫术与祭祀》，《史学集林》1997年第3期。

阎步克：《乐师与"儒"之文化起源》，《北京大学学报（哲学社会科学版）》1995年第5期。

晏昌贵：《巫鬼与淫祀——楚简所见方术宗教考》，武汉大学出版社，2010。

杨富学、李晓燕、彭晓静：《福建摩尼教遗存踏查之主要收获》，《宗教学研究》2017年第4期。

杨讷：《元代白莲教资料汇编》，中华书局，1989。

杨向奎：《宗周社会与礼乐文明》，人民出版社，1992。

——《中国古代社会与古代思想研究》，上海人民出版社，1962。

游自勇：《隋文帝仁寿颁天下舍利考》，《世界宗教研究》2003年第1期。

余敦康：《易学今昔》，广西师范大学出版社，2005。

——《宗教·哲学·伦理》（《中国宗教与中国文化》第二卷），中国社会科学出版社，2005。

——《两汉时期的经学和白虎观会议》，《中国哲学论集》，辽宁大学出版社，1998。

——《夏商周三代宗教：中国哲学思想发生的源头》，《中国哲学》第24辑，辽宁教育出版社，2002。

喻松青：《明清白莲教研究》，四川人民出版社，1987。

袁行霈、严文明、张传玺、楼宇烈主编《中华文明史》（全4册），北京大学出版社，2006。

詹鄞鑫：《神灵与祭祀：中国传统宗教综论》，江苏古籍出版社，1992。

章太炎：《国故论衡》，商务印书馆，2010。

张岱年：《中国哲学中"天人合一"思想的剖析》，《北京大学学报（哲学社会科学版）》1985年第1期。

张光直：《美术、神话与祭祀》，辽宁教育出版社，1988。

——《中国青铜时代》，三联书店，2013。

张践：《简明中国政教关系史》，中国社会科学出版社，2021。

张曼涛主编《四十二章经与牟子理惑论考辨》，《现代佛教学术丛刊》第11册，大乘文化出版社，1978。

张荣明：《中国的国教：从上古到东汉》，中国社会科学出版社，2001。

张星烺编注《中西交通史料汇编》第3册，中华书局，1978。

张志刚：《"宗教中国化"义理研究》，宗教文化出版社，2017。

——等：《当代宗教冲突与对话研究》，经济科学出版社，2011。

郑天星：《中国民间秘密宗教在国外》，《世界宗教资料》1985年第3期。

郑文光：《中国天文学源流》，科学出版社，1979。

郑易林：《王充与天人感应论——以"疾虚妄"为中心》，载李四龙主编《人文宗教研究》总第十二辑，宗教文化出版社，2020。

郑振铎：《中国俗文学史》，商务印书馆，2017，第521页（该书初版于1938年）。

郑志明：《无生老母信仰溯源》，文史哲出版社，1985。

赵世瑜：《狂欢与日常：明清以来的庙会与民间社会》，三联书店，2002。

赵轶峰：《明代国家宗教管理制度与政策研究》，中国社会科学出版社，2008。

中国社会科学院近代史研究所中华民国史研究室编《胡适的日记》上册，中华书局，1985。

钟少华：《"Science"与"科学"的结合：试述辛亥革命前科学知识在中国之躁动》，《自然辩证法通讯》2011年第5期。

钟肇鹏：《谶纬论略》，辽宁教育出版社，1991。

邹昌林：《中国古代国家宗教研究》，学习出版社，2004。

周策纵：《古巫医与"六诗"考：中国浪漫文学探源》，上海古籍出版社，2009。

周汝昌：《神州自有连城璧》，山东画报出版社，2005。

朱恒夫：《目连戏研究》，南京大学出版社，1993。

朱谦之：《中国景教》，商务印书馆，2017。

——《中国思想对于欧洲文化之影响》，山西人民出版社，2014。

朱有瓛主编《中国近代学制史料》第二辑上册，华东师范大学出版社，1987。

卓新平编著《西方宗教学研究导引》，中国社会科学出版社，1990。

——《中国人的宗教信仰》，中国社会科学出版社，2015。

——主编：《中国宗教学40年（1978－2018）》，中国社会科学出版社，2019。

三 日韩相关研究论著论文

〔日〕安居香山：《纬书与中国神秘思想》，田人隆译，河北人民出版社，1991。

〔日〕安居香山、中村璋八辑《纬书集成》，河北人民出版社，1994。

〔日〕渡边浩：《东亚的王权与思想》，区建英译，上海古籍出版社，2016。

——《从"Religion"到"宗教"》，《复旦学报》2017年第3期。

〔日〕夫马进：《中国善会善堂史研究》，伍跃、杨文信、张学锋译，商务印书馆，2005。

〔韩〕河由真：《竺道生佛学思想研究：简论竺道生的般若、涅槃、法华思想》，北京大学哲学系2008年博士学位论文。

〔日〕吉冈义丰：《中国民间宗教概说》，中国书店出版社，2010（该书日文初版于1974年）。

〔日〕菅野博史：《中国法华思想的研究》，张文良、张宇红译，国际文化出版公司，2017。

〔日〕津田左右吉：《儒道两家关系论》，李继煌译，山西人民出版社，2015。

〔日〕酒井忠夫：《中国善书研究》，刘岳兵等译，江苏人民出版社，2010。

〔日〕浅野裕一:《古代中国的宇宙论》，吴昊阳译，江苏人民出版社，2020。

〔日〕洼德忠:《老子化胡说是谁提出的?——我的推测》，肖坤华译，《宗教学研究》1985年第S1期。

〔日〕小林正美:《六朝佛教思想研究》，王皓月译，齐鲁书社，2013。

——《六朝道教史研究》，李庆译，四川人民出版社，2001。

——《中国的道教》，王皓月译，齐鲁书社，2010。

〔韩〕郑爱兰:《商周巫术与宗教政治之心态》，韩国中国学会编《国际中国学研究》第3辑，2000。

〔日〕中村元等:《中国佛教发展史》，余万居译，天华出版事业股份有限公司，1984。

〔日〕大渊忍爾编『中國人の宗教禮儀－佛教・道教・民間信仰』福武書店、1983。

〔日〕井上哲次郎ほか编『哲學字彙』，東京大學三學部印行，初版（1881、明治十四年）

〔日〕松川健二编『論語の思想史』汲古書院、1994。

〔日〕澤田瑞穗『增補宝卷の研究』国書刊行会、1975。

四 欧美相关研究论著论文

〔德〕奥托:《论"神圣":对神圣观念中的非理性因素及其与理性之关系的研究》，成穷、周邦宪译，四川人民出版社，1995。

〔美〕包尔丹（Daniel L. Pals）:《宗教的七种理论》，陶飞亚等译，上海古籍出版社，2005。

〔法〕伯希和、沙畹:《摩尼教流行中国考》，冯承钧译，载《西域南海史地考证译丛八编》，中华书局，1958。

〔美〕柏桦:《烧钱:中国人生活世界中的物质精神》，袁剑、刘玺鸿译，江苏人民出版社，2019。

〔美〕柏夷:《道教研究论集》，孙齐、田禾、谢一峰、林欣仪译，中西书局，2015。

〔德〕布伯：《我和你》，杨俊杰译，浙江人民出版社，2017。

〔英〕布洛克：《西方人文主义传统》，董乐山译，三联书店，1997。

〔法〕杜瑞乐：《从法术到"理性"：黑格尔与中国宗教》，《中国学术》2001年第2期。

〔美〕杜维明：《论儒学的宗教性》，武汉大学出版社，1999。

——《"第二届精神人文主义研讨会"主旨发言》，载陈来主编《精神人文主义论文集》第一辑，人民出版社，2020。

〔美〕杜赞奇：《文化·权力与国家：1900－1942年的华北农村》，王福明译，江苏人民出版社，2003。

〔英〕弗雷泽：《金枝：巫术与宗教之研究》上册，汪培基、徐育新、张泽石译，商务印书馆，2017。

〔荷〕高延（J. J. M. de Groot）：《中国的宗教系统及其古代形式、变迁、历史及现状》（全6册），林艾岑、王樾、孙英刚、邵小龙、邓菲、芮传明等译，花城出版社，2018。（*The Religious System of China：Its Ancient Forms, Evolution, History and Present*, 1892－1901.）

〔美〕格尔茨：《文化的解释》，纳日碧力戈等译，上海人民出版社，1999。

〔美〕韩森：《变迁之神》，包伟民译，浙江人民出版社，1999。

〔德〕黑格尔：《精神现象学》下册，贺麟、王玖兴译，商务印书馆，1979。

〔德〕卡西尔：《人论》，甘阳译，上海译文出版社，1985。

〔美〕康儒博：《修仙：古代中国的修行与社会记忆》，顾漩译，江苏人民出版社，2019。

〔德〕孔汉思、〔加〕秦家懿：《中国宗教与基督教》（*Christianity and Chinese Religions*），三联书店，1990。

〔意〕利玛窦、〔比〕金尼阁：《利玛窦中国札记》，何高济、王遵仲、李申译，广西师范大学出版社，2001。

〔德〕卢克曼:《无形的宗教:现代社会中的宗教问题》,覃方明译,中国人民大学出版社,1996。

〔古罗马〕卢克莱修:《物性论》,方书春译,商务印书馆,1981。

〔英〕鲁惟一:《董仲舒"儒家"遗产与〈春秋繁露〉》,戚轩铭、王珏、陈颢哲译,香港中华书局,2017。

〔英〕缪勒:《宗教学导论》,陈观胜、李培茱译,上海人民出版社,1989。

——《宗教的起源与发展》,金泽译,上海人民出版社,1989。

〔美〕保罗·尼特:《宗教对话模式》,王志成译,中国人民大学出版社,2004。

〔美〕普鸣:《成神:早期中国的宇宙论、祭祀与自我神化》,张常煊、李健芸译,三联书店,2020。

〔美〕祁泰履(Terry F. Kleeman):《由祭祀看中国宗教的分类》,载李丰楙、朱荣贵主编《仪式、庙会与社区》,台北"中研院"文哲研究所,1996。

〔德〕施鲁赫特:《作为救赎宗教的早期佛教与耆那教:韦伯对黑格尔宗教观的反动》,载李四龙主编《人文宗教研究》总第十辑,宗教文化出版社,2018。

〔美〕史华兹:《古代中国的思想世界》,程钢译,江苏人民出版社,2008。

〔美〕史密斯:《宗教的意义与终结》,董江阳译,中国人民大学出版社,2005。

(Smith, Wilfred Cantwell. *The Meaning and End of Religion: A New Approach to the Religious Traditions of Mankind.* New York: Macmillan Company, 1964.)

〔法〕石泰安:《二世纪到七世纪的道教和民间宗教》,王宗昱译,《汉学研究》第四集,中华书局,2000。

〔美〕太史文:《〈十王经〉与中国中世纪佛教冥界的形成》,张煜译,上海古籍出版社,2016。

——《幽灵的节日：中国中世纪的信仰与生活》，侯旭东译，浙江人民出版社，1999。

〔美〕蒂利希：《文化神学》，陈新权、王平译，工人出版社，1988。

〔荷〕田海（Barend ter Haar）：《中国历史上的白莲教》，刘平、王蕊译，商务印书馆，2017。

〔法〕涂尔干：《宗教生活的基本形式》，渠东、汲喆译，上海人民出版社，1999。

〔英〕王斯福（Stephan Feuchtwang）：《帝国的隐喻：中国民间宗教》，赵旭东译，江苏人民出版社，2018。

〔德〕韦伯：《新教伦理与资本主义精神》，于晓、陈维纲等译，三联书店，1987。

——《社会科学方法论》，韩水法、莫茜译，中央编译出版社，2002。

——《宗教社会学》，康乐、简惠美译，广西师范大学出版社，2011。

——《中国的宗教：儒教与道教》，康乐、简惠美译，广西师范大学出版社，2004。

〔美〕韦思谛编《中国大众宗教》，陈仲丹译，江苏人民出版社，2006。

〔美〕武雅士编《中国社会中的宗教与仪式》，彭译安、邵铁峰译，江苏人民出版社，2014。

〔德〕西美尔：《现代人与宗教》，曹卫东等译，中国人民大学出版社，2005。

〔古罗马〕西塞罗：《论神性》，石敏敏译，商务印书馆，2012。

〔法〕谢和耐、戴密微等：《明清间耶稣会士入华与中西汇通》，耿昇译，东方出版社，2011。

〔法〕谢和耐：《中国文化与基督教的冲撞》，于硕、红涛、东方译，辽宁人民出版社，1989。

——《中国五—十世纪的寺院经济》，耿昇译，甘肃人民出版社，1987。

〔荷〕许理和：《佛教征服中国：佛教在中国中古早期的传播与适

应》,李四龙、裴勇等译,江苏人民出版社,2017。

〔美〕杨庆堃:《中国社会中的宗教:宗教的现代社会功能与其历史因素之研究》,范丽珠译,四川人民出版社,2016。(C. K. Yang, *Religion in Chinese Society: A Study of Contemporary Social Function of Religion and some of their Historical Factors*, The Regents of The University of California, 1961)

——《儒家思想与中国宗教之间的功能关系》,载〔美〕史华兹等《中国思想与制度论集》,段昌国等译,联经出版公司,1979。

〔美〕伊利亚德:《宗教思想史》,晏可佳、吴晓群、姚蓓琴译,上海社会科学院出版社,2004。

〔罗马尼亚〕伊利亚德:《神圣与世俗》,王建光译,华夏出版社,2002。

Bellah, Robert N. *Religion in Human Evolution: From the Paleolithic to the Axial Age.* Cambridge: Harvard University Press, 2011.

Bokenkamp, Stephen R. "The Early Lingbao Scriptures and Origins of Chinese Monasticism," *Cahiers d'Extrême-Asie* 20 (2011): 95 – 126.

Eliade, Mircea. "History of Religions and a New Humanism," *History of Religions* Vol. 1, No. 1, Summer 1961, The University of Chicago Press, pp. 1 – 8.

Köppen, Karl Friedrich. *Die Religion des Buddha und ihre Entstehung.* Berlin: F. Schneider, 1857, 1859.

Malinowski, Bronislaw. *Magic, Science and Religion.* New York 1954.

Masuzawa, Tomoko. *The Invention of World Religions: or, How European Universalism Was Preserved in the Language of Pluralism.* Chicago and London: The University of Chicago Press, 2005.

Smart, Ninian. *Dimensions of the Sacred: An Anatomy of the World's Beliefs.* Berkeley: University of California Press, 1996.

Soothill, William Edward. *The Three Religions of China: Lectures Delivered at Oxford*. Hodder & Stoughton, 1913.

Stark, Rodney & Finke, Roger. *Acts of Faith: Explaining the Human Side of Religion*. Berkeley: University of California Press, 2000.

Strickmann, Michel. *Chinese Magic Medicine*. Stanford: Stanford University Press, 2002.

Waley, Arthur. *The Nine Songs: A Study of Shamanism in Ancient China*. London: Allen & Unwin, 1955.

Weller, R. *Unities and Diversities in Chinese Religion*. London: Macmillan, 1987.

Zücher, Eric. "Buddhist Influence on Early Taoism: A Scriptural Evidence," *T'oung Pao* 66 (1980): 84–147.

致敬与鸣谢

从 2006 年秋季开始,我在北京大学推动开设"中国宗教史",迄今 16 年了。第一次开课,楼宇烈先生主讲第一课,王宗昱老师、王宇洁老师、吴飞老师、吴玉萍老师、沙宗平老师共同参与课程建设,后来逐渐由我和王宗昱老师轮流主讲。本书出版之际,我首先要感谢这六位老师,大家的支持鼓励让我不断前行。直到本书最后的写作修改,王宗昱老师还时不时给我提供很多相关材料,让我非常受益。这是我博士毕业以后新开拓的学术领域,与我 2001—2002 年到哈佛大学哈佛燕京学社、世界宗教研究中心的访学经历有关。当时,我听了哈佛大学世界宗教研究中心主任苏利文(Lawrence Sullivan)教授一学期的课,"如何理解宗教",深受启发。这是我第一次系统地学习西方的宗教学理论,也让我意识到理解中国的宗教问题必须放到世界史的范围内思考:我们既要有自己的理论主心骨,也要有当代的国际现场感。

2009 年北大哲学系创办北京大学宗教文化研究院,同年 11 月设立宗教学讲座系列"虚云讲座",2011 年 9 月我主编的《人文宗教研究》正式创刊。所有这些活动背后的重要因素是探索有中国特色的宗教学理论。我在楼宇烈先生的启发下,研究思考"人文宗教"的内涵与特点,并以办刊的方式聚集相关学者共同讨论。"人文宗教"的提法,首先是展现世界各大宗教的人文价值,虚云讲座五周年的论文集起名《宗教与人文价值》(宗教文化出版社,2017),即有此意。同时,"人文宗教"作为一种中国的宗教观,从整体上概括中国宗教,扎根于中国历史上实际的宗教生活。这种宗教生活,既有本土宗教的兴起与演变，也有外来宗教中国化的历程与经验。人文宗教观，并不以对神灵的信仰为中心，而是考察如何借助神灵建构井然有序的现实生活。古代中国人并不缺乏宗教感，特别注重与神圣对象的相互感应，富有理性的人文主义精神。在此，我要向楼先生致敬，感谢他这么多年对中国传统文化特质的精辟阐释，并向袁行霈、杜维明、陈鼓应、叶朗、赵敦华、张志刚、姚卫群等老师对我的启迪和帮助表示由衷的感谢。

同时，我要感谢此前刊发或出版本书部分内容的期刊和出版社，特别感谢《北京大学学报（哲学社会科学版）》编辑部，龙协涛、程郁缀、杨河等前后几任主编和刘曙光常务副主编的关心提携，促成了本书的写作。本书第一、二、四章的核心内容，曾陆续在这家学报上发表：《论人文宗教：中国宗教史的核心范畴与研究领域》，载《北京大学学报（哲学社会科学版）》2016 年第 3 期；《略论"中国宗教"的两个思想基础》，载《北京大学学报（哲学社会科学版）》2006 年第 4 期；《论儒释道"三教合流"的类型》，载《北京大学学报（哲学社会科学版）》2011 年第 3 期。这三篇论文，构成了本书的骨架。本书第四、五章部分内容最初发表于张志刚教授牵头撰写的《当代宗教冲突与对话研究》（经济科学出版社，2011）。本书第三章部分内容来自我的论文《论仁寿舍利的感应现象》，载《佛学研究》总第 17 期（2008 年）。

最后，我要特别感谢社会科学文献出版社人文分社宋月华社长、胡百涛副编审，两位老师的信任和细致工作促成了本书的出版。

图书在版编目(CIP)数据

人文宗教引论：中国信仰传统与日常生活／李四龙著.－－北京：社会科学文献出版社,2022.2(2024.1重印)
ISBN 978-7-5201-9653-6

Ⅰ.①人… Ⅱ.①李… Ⅲ.①宗教信仰-关系-中华文化-研究 Ⅳ.①B928.2

中国版本图书馆 CIP 数据核字(2022)第 016971 号

人文宗教引论
——中国信仰传统与日常生活

著　　者／李四龙
出 版 人／冀祥德
组稿编辑／宋月华
责任编辑／胡百涛
责任印制／王京美

出　　版／社会科学文献出版社·人文分社 (010) 59367215
　　　　　地址：北京市北三环中路甲29号院华龙大厦　邮编：100029
　　　　　网址：www.ssap.com.cn
发　　行／社会科学文献出版社 (010) 59367028
印　　装／三河市东方印刷有限公司
规　　格／开　本：787mm×1092mm 1/16
　　　　　印　张：24.75　字　数：334千字
版　　次／2022年2月第1版　2024年1月第4次印刷
书　　号／ISBN 978-7-5201-9653-6
定　　价／138.00元

读者服务电话：4008918866

版权所有 翻印必究